시가
있는
경제학

메마른
경제학의
공식을
허무는
감성탑재
실전지식

시가 있는 경제학

1판 1쇄 인쇄 2016. 6. 3.
1판 1쇄 발행 2016. 6. 10.

지은이 윤기향

발행인 김강유
편집 고우리 | 디자인 정지현
발행처 김영사
등록 1979년 5월 17일(제406-2003-036호)
주소 경기도 파주시 문발로 197(문발동) 우편번호 10881
전화 마케팅부 031)955-3100, 편집부 031)955-3250
팩스 031)955-3111

값은 뒤표지에 있습니다. ISBN 978-89-349-7470-3   03320

독자 의견 전화 031)955-3200
홈페이지 www.gimmyoung.com | 카페 cafe.naver.com/gimmyoung
페이스북 facebook.com/gybooks | 이메일 bestbook@gimmyoung.com

좋은 독자가 좋은 책을 만듭니다.
김영사는 독자 여러분의 의견에 항상 귀 기울이고 있습니다.

이 도서의 국립중앙도서관 출판예정도서목록(CIP)은 서지정보유통지원시스템 홈페이지(http://seoji.
nl.go.kr)와 국가자료공동목록시스템(http://www.nl.go.kr/kolisnet)에서 이용하실 수 있습니다.
(CIP제어번호: CIP2016012715)

윤기향

시가 있는 경제학

김영사

우리는 매일 경제 문제와 맞부딪친다. 사소하게는 점심식사 메뉴를 정하는 것부터 보다 복잡하게는 주식시장에서 어떤 종목에 투자할 것인가 하는 판단에 이르기까지, 매순간 경제적인 의사결정을 내려야 한다. 매일의 삶은 경제적 의사결정의 연속이라고 볼 수 있다. 이러한 결정은 경제적 의미에서 항상 비용을 수반하기 때문에 우리는 합리적인 결정을 내리지 않으면 안 된다.

물론 경제학에 대한 기본지식이 없어도 경제적 의사결정을 할 수 있다. 자동차에 내비게이션이 없더라도 운전해서 목적지까지 갈 수 있듯이, 우리는 경제학의 도움이 없더라도 가게를 운영해서 돈을 벌 수 있다. 그러나 처음 가는 길을, 그것도 안개가 짙게 깔린 캄캄한 밤에 운전한다고 생각해보자. 우리의 운전길은 위험하기 그지없을 것이다. 그에 비해 내비게이션이 일러준 정보에 따라 운전하는 경우에는 목적지까지 더 쉽게, 더

빨리, 그리고 더 안전하게 갈 수 있다. 내비게이션은 위험한 길, 막히는 길을 미리 알게 해주고 피하도록 안내해준다. 경제학도 삶의 현장에서 내비게이션 역할을 한다고 볼 수 있다. 지금의 경제 상황은 한 치 앞을 내다볼 수 없을 정도로 불투명해서, 마치 안개 자욱한 거리에서 운전하는 것과 같다.

이 책은 일반 독자들을 위한 경제학 안내서이다. 일반 독자들의 경제적 의사결정을 위한 내비게이션이 되는 것을 목적으로 한다. 좋은 내비게이션이라면 우선 스크린의 정보를 확인하기 쉬워야 하고, 정보 내용은 풍부해야 한다. 화면 구성이 아름답기까지 하다면 더 좋을 것이다. 이 책이 지향하는 것도 그와 비슷하다. 설명은 쉽게, 내용은 알차게, 표현은 아름답게 꾸미는 것이 이 책의 목적이자 목표이다.

이 책은 시장에 나와 있는 여느 경제학 책들과 차별화되는 특징을 가지고 있다. '시가 있는 경제학'이라는 제목대로, 경제학을 시에 접목하고 있다는 점에서 기존 경제학 책들의 형식과 틀을 과감히 파괴한다. 경제학을 시에 접목하려는 시도는 아마 이 책이 처음일 것이다. 경제학을 재미없고 지루한 학문이라고 생각하는 일반 독자들도 경제학에 흥미를 느낄 수 있도록, 이 책은 경제학을 논리의 언어가 아니라 감성의 언어로 설명한다. 《시가 있는 경제학》에서는 총 28편의 영미시, 한국시, 중국시, 일본

시들이 소개되고 있다(영문시는 번역이 아무리 잘되었다고 하더라도 완벽할 수
없다. 원문이 주는 향기가 궁금한 독자들은 저자 이메일 yuhn@fau.edu이나 출판사
로 연락을 하면 곧바로 받아볼 수 있다).

　다음으로 이 책은 경제학을 중립적 입장에서 설명한다. 경제학을 다룰
때는 크게 두 가지 입장이 있다. 시장의 역할을 중시하는 보수주의적 입
장(주로 고전학파)과 정부의 역할을 강조하는 진보주의적 입장(주로 케인스
학파)이다. 이에 따라 경제학은 보수주의적 입장에서 설명될 수도 있고 진
보주의적 입장에서 설명될 수도 있다. 그러나 이러한 접근 방법은 경제학
을 한쪽 눈으로만 바라보는 편파성을 띨 위험성이 있다. 음식을 대접하는
사람이 자기 입맛에 맞추어 너무 짜거나 싱거운 요리로 상을 차린다면 이
는 손님에게 좋은 접대가 아닐 것이다. 이와 마찬가지로 경제학을 전공하
지 않은 일반 독자들에게 너무 오른쪽으로 쏠리거나 너무 왼쪽으로 쏠린
경제학을 제공한다면 좋은 서비스가 아닐 것이다. 이 책은 두 입장을 소
개하되 어느 한쪽으로 치우치지 않고 중립적 입장에서 양쪽을 동등하게
설명한다. 이는 중용 또는 중도의 입장이라고도 볼 수 있다. 자연 질서, 인
간세계, 경제 현상 모두 중도에 있을 때 최상의 상태에 이른다. 어느 입장
이 옳은가 또는 바람직한가를 판단하는 것은 독자들의 몫이다.

　이 책은 총 16강으로 구성되어 있다. 1강은 과거의 경제위기를 개관한

다. 경제는 유기체와 같이 살아 움직이지만 그것은 굽이굽이 흐르는 물줄기와 같아 순탄하게 흐르지만은 않는다. 경제위기가 반복해서 일어나는 것은 자본주의 발전 과정의 한 특징이다. 과거의 경제위기가 우리에게 교훈을 주지만 사람들은 과거의 교훈을 쉽게 잊는다. 그래서 경제위기는 반복된다. 우리는 과거의 경제위기가 주는 교훈을 살펴보는 것으로 우리의 첫 여정을 시작할 것이다. 2강은 중국경제의 부상을 살펴본다. 중국경제는 글로벌 경제위기를 완화하는 완충장치의 역할을 할 수도 있지만 경제위기를 부채질하는 풀무가 될 수도 있다. 앞으로 세계경제는 미국과 중국이라는 두 개의 축에 의해서 판이 짜이고 운영될 전망이다. 자본주의의 선도자인 미국과 자본주의의 모방자인 중국의 관계가 어떻게 형성되는가에 따라 세계경제의 풍향도 달라질 것이다.

3강부터 5강까지는 근대경제학의 출발점인 고전학파 경제학에서부터 시작하여 그에 대한 안티테제로 등장한 케인스학파 경제학, 그리고 다시 테제로 회귀하려는 신자유주의 경제사조를 다룬다. 6강과 7강에서는 경제규모와 생활수준을 측정하는 경제지표를 논의한 다음 현대판 스핑크스의 수수께끼로 등장한 소득불균형과 복지 문제를 살펴본다. 8강부터 9강까지는 경제의 생태계에 활력을 불어넣는 저축과 투자, 그리고 경제의 생태계를 교란시키는 인플레이션과 실업을 논의한다. 10강은 경제정책을 사용하여 경제의 두 질병인 인플레이션과 실업을 치유할 수 있는가

하는 문제를 검토한다. 11강에서는 경제의 동맥이라고 할 수 있는 돈의 기능과 역할을 살펴본다. 돈을 잘 쓰면 경제에 활력을 불어넣을 수 있지만 잘못 쓰면 경제의 질병을 키울 수 있다.

12강과 13강에서는 경제의 동적인 과정을 살펴본다. 경제는 올라갈 때가 있으면 내려갈 때가 있다. 그래도 경제는 장기적으로는 더 높은 봉우리를 향해 성장해간다. 15강에서는 우리의 시야를 넓혀 글로벌 차원에서 경제를 바라본다. 여기에서 우리는 국제무역과 금융이 국내경제에 미치는 영향을 분석한다. 16강에서는 앞으로 닥쳐올 불확실성의 시대를 전망해본다. 마지막 에필로그에서는 한국경제의 미래를 다룬다.

학자에게 책을 쓴다는 것은 외로운 작업이다. 더욱이 일반 독자들을 위한 저술활동은 연구 업적으로 평가받지 못한다. 하지만 나는 경제학이 경제학자들만의 학문에서 모든 사람의 일상에 밀착된 학문으로 외연을 넓혀가야 한다는 사명감에 따라 보람과 기쁨을 느끼며 이 책을 썼다. 이 책은 지난 2년간 내 열정의 산물이다.

이 책이 나오기까지 여러 사람들의 도움이 컸다. 특히 김영사의 김윤경 편집주간님과 고우리 편집팀장님은 프로페셔널리즘을 발휘해서 이 책을 완성하는 데 놀라운 역할을 해주었다. 그러한 헌신이 없었더라면 아마 이 책은 햇빛을 보기 어려웠을 것이다. 한성대학교의 박승록 교수는 그래프를 만드는 데 도움을 주었고 신라대학교의 유영명 교수와 한국농촌경제연구원의 김상효 박사는 처음부터 끝까지 원고를 읽고 유용한 조언을 해주었다.

2012년, 내가 여름방학을 맞이해서 한국에 체재하는 동안 신라대학교에서 멋진 게스트하우스를 마련해주었다. 생각을 가다듬기에 안성맞춤인 분위기와 아늑함이 깃든 곳이었다. 앞에 낙동강의 하류가 보이는 백양산의 숲속에서 한 달여 머물면서 이 책을 구상했다. 그곳에서는 아름다운 숲을 볼 수 있었고 나무들도 살필 수 있었다. 그러한 기회를 제공해주신 신라대학교 박언표 재단이사장님과 신라대학교 여러분들에게 감사를 드린다.

이 책을 쓰는 동안 아내는 시간이 없다는 나의 핑계에도 불만을 표현하지 않고 마음으로부터 도움과 응원을 아끼지 않았다. 아들 필현이와 딸 선혜도 항상 든든한 힘이 되어주었다. 마지막으로 2012년 여름 머물렀던 백양산 기슭은 내가 어머님과 마지막으로 함께 지냈던 아름다운 추억을 간직했던 곳이기도 하다. 아들의 글이 신문에 나온 것을 보실 때마다 항상 기뻐하셨던 어머님의 영정에 이 책을 바친다.

윤기향

차례

15강 **무역과 국제금융**

16강 **불확실성의 시대**

경제학이 시를 만나다

이 책은 일반 독자를 대상으로 한 경제학 입문서이다. 정통 경제학을 다루지만 시의 향연이 펼쳐진다. 기존의 경제학 책들이 배경음악 없이 대사만 나오는 영화라면 이 책은 배경음악이 흐르는 영화와 같다.《시가 있는 경제학》은 난해한 경제학을 시와 접목함으로써 감성의 언어로 설명한다. 시에는 생각의 힘이 농축되어 있고 언어의 힘이 압축되어 있다. 시는 사람을 감동시키고, 감동은 사람을 미지의 세계로 끌어들인다.

경제학을 시에 접목하려는 노력은 아마 이 책이 처음일 것이다. 그러나 학계에서는 이러한 시도가 새로운 것은 아니다. 1988년 노벨물리학상을 수상한 저명한 물리학자 리언 레더먼Leon Lederman 박사가 미국 페르미연구소의 이론물리학자인 크리스토퍼 힐Christopher Hill 박사와 함께 이미 2011년에《시인을 위한 양자물리학Quantum Physics for Poets》이라는 책을 발간했다. 물리학은 자연과학 가운데 가장 난해한 학문으로 알려져 있다.

그런 물리학을 시에 연계시키려는 발상은 신선한 충격이었다. 그들은 양자물리학을 시와 접목함으로써 쉽게 접근할 수 있고 매력적이며 재미있는 학문으로 만들려고 노력했다. 레더먼과 힐은 책의 첫 장에서 "당신이 충격을 받지 않았다면 당신은 아직 이해하지 못한 것이다"라는 명문을 남겼다.《시인을 위한 양자물리학》은 로버트 프로스트Robert Frost의 〈자물쇠 없는 문The Lockless Door〉을 비롯해서 열 편의 시를 싣고 있다.

경제학은 사회과학 가운데 가장 어려운 학문으로 알려져 있다. 경제학은 때로는 '음울한 학문dismal science'이라고 불리기도 한다. 이 책은 경제학을 시에 접목함으로써 쉽게 이해할 수 있도록 돕고자 한다. 경제학을 논리의 언어가 아니라 감성의 언어로 설명함으로써, 이렇게 이해할 수도 있구나 하는 충격을 독자들에게 주어 경제학을 유쾌한 학문으로 승화시키려고 노력했다.《시가 있는 경제학》이 지향하는 것도《시인을 위한 양자물리학》이 의도하는 바와 비슷하다. 일반 독자들의 눈높이에 맞추어 설명의 수준은 낮추되 내용의 수준은 높이려고 했다. 그동안 경제학에 걸어놓았던 높은 빗장을 푸는 것이야말로 경제학의 대중화를 위한 첫걸음이 될 것이다.

《시가 있는 경제학》에서는 28편의 시가 소개되고 있다. 구미의 영문시들은 물론이고 한국시와 중국시, 일본시 등도 다루어진다. 우연의 일치지만《시가 있는 경제학》과《시인을 위한 양자물리학》모두 첫 번째 시로 프로스트의 시를 소개한다.《시가 있는 경제학》에서는 〈가지 않은 길The Road Not Taken〉이 소개되며《시인을 위한 양자물리학》에서는 〈자물쇠 없는 문〉이 소개된다. 미국이 글로벌 경제위기를 맞이해서 양적 완화 조치를 취한 것은 이전까지 가보지 않은 길이었다. "나는 사람들이 덜 다닌 길을 택했고 그것이 모든 것을 바꾸어놓았다"고 프로스트가 노래했듯이 양적 완화 조치는 미국경제를 바꾸어놓았다. 한편 "문을 두드리는 소리가 났을 때 나는 잠글 자물쇠가 없는 문을 생각했다"는 프로스트의 시에는 양자물리학의 비밀이 숨어 있는 듯하다.

이 책에서는 경제학과 시를 결합할 뿐만 아니라 경제 이론과 경제 현실의 결합도 추구한다. 이론이 없는 풍월은 공허하고, 현실이 결여된 이론은 무미하다.《시가 있는 경제학》에서는 경제이론이 체계적으로 다루어지지만 삶의 현장에서 만나게 되는 경제 현실도 풍부하게 활용된다. 결국 경제학은 현실 문제를 떠나서는 존재할 수 없는 학문이기 때문이다. 예를 들면 명품업체들이 왜 최근에 국가별로 많은 차이가 나던 그들 제품의 가격을 비슷한 수준으로 조정하는 가격정책을 채택했는지 많은 사람들은 의아해할 것이다. 이는 바로 경제이론이 경제현장에 적용된 사례이다.

경제는 숲에 비유할 수 있다. 전체 경제(거시경제)는 숲에, 그리고 개별 경제주체(미시경제)는 나무에 비유할 수 있다. 우리는 산을 바라볼 때 숲 전체를 보기도 하고 나무 하나하나를 보기도 한다. 경제를 바라볼 때도 우리는 경제 전체의 현상을 관찰하기도 하고 개별 경제주체의 행위를 살펴보기도 한다. 나무 하나하나가 모여서 숲을 이루듯이 개별 경제주체인 한 명 한 명의 행위가 모여서 경제 전체를 움직인다. 나무 하나하나가 건강하게 자라야 숲 전체가 울창해지듯이 개별 경제주체들의 행위가 조화를 이룰 때 전체 경제도 건강하게 성장할 수 있다.

윌리엄 블레이크William Blake는 모래 한 알에서, 들꽃 한 송이에서, 그리고 시간의 한 순간에서 순수를 보았다.《시인을 위한 양자물리학》에서도 소개된 〈순수의 전조Auguries of Innocence〉에서 시인은 이렇게 노래한다.

　＊　　모래 한 알에서 세상을 보고
　　　한 야생화에서 하늘을 본다.
　　　손바닥에 무한을 잡고
　　　한 순간에 영겁을 담는다.

　우리는 한 그루 나무에서 순수를 찾는 열정으로 숲으로의 여행을 떠날
것이다. 특히 실업과 복지, 소득불균등의 문제는 그러한 열정을 필요로
한다. 숲을 여행하면서 나무 하나하나도 정성껏 살피는 마음으로 숲의 끝
자락까지 여행을 마칠 때 우리의 시야에 펼쳐지는 세상은 여행을 떠나기
전보다 더욱 아름다운 모습으로 다가올 것이다.

1강 ____

과거의
경제위기로부터
배운다

경제학은 위기의 학문이다. 경제위기 때마다 경제학의 새로운 패러다임
이 탄생했다. 20세기 최악의 경제위기였던 대공황 때 케인스혁명이 일
어났으며 그때까지 주류경제학이었던 자유방임주의 경제학은 그 앞에서
무릎을 꿇었다. 1970년대 석유위기를 전후해서 이번에는 역사가 되풀이
된다는 것을 보여주듯이 케인스혁명에 대한 반혁명이 일어났다. 그 연장
선에서 신자유주의의 파고가 밀려왔으며 기세등등했던 케인스주의는 빛
이 바래갔다. 2008년의 글로벌 경제위기 이후에는 다시 신자유주의에
대한 역풍이 거세져 그 여파로 자본주의 4.0이라는 새로운 물결이 밀려
오고 있다. 1강에서는 지난 한 세기 동안 발생했던 경제위기의 실체에 초
점을 맞춘다. 이는 경제학이 무엇을 위한 학문이고 누구를 위한 학문인가
를 이해하기 위한 길라잡이가 될 것이다.

1

새천년과
탐욕의 먹구름

2000년 1월 1일은 영원한 시간의 흐름 속에 있는 한 점일 뿐이다. 그러나 사람들은 새로운 천년을 시작하는 2000년에 특별한 의미를 부여하고 들떠 있었다. 제야의 종소리가 울려 퍼질 때, 사람들은 저마다 대박을 터뜨리는 꿈을 꾸었을 것이다. 그들이 수평선에서 떠오르는 눈부신 태양을 기다리며 해맞이에 분주했을 그때, 태양의 저편에서는 먹구름이 몰려오고 있었다.

1990년대 중반부터 몰아닥친 정보기술(IT)혁명은 새천년에 대한 기대를 한껏 높였다. IT혁명은 팡파르를 울리면서 실물경제의 영역으로 진군해갔다. 생산성이 눈에 띄게 향상되기 시작했다. 노동자들은 같은 시간을 일하고 더 많은 양을 생산해냈다. 기업들은 더 많은 노동자들을 채용했고 실업률은 계속 하강곡선을 그려갔다. 임금은 올라가는데도 인플레이션은 떨어졌다. 그것은 노동자들이 임금상승분을 높은 생산성으로 충분히 보상할 수 있었기 때문이었다. 미국의 실업률은 2000년 4월 3.8%까지 떨어졌다. 이는 미국경제의 마지막 황금기였던 1969년 12월에 도달한 실업률 3.5% 이후 가장 낮은 수준이었다. 이제 미국경제는 낮은 실업률과 낮은 인플레이션이라는, 이전에는 한 번도 경험해보지 못한 새로운 현상 앞에서 미래에 대한 희망으로 들떠 있었다. 이보다 더 좋을 수 없었다. 이러한 현상은 '신경제new economy'로 불렸다.

IT혁명에 대한 기대감을 반영해 주가도 천정부지로 고공행진을 이어 갔다. 우선 기술주들이 많이 상장되어 있는 나스닥(NASDAQ)의 주가지수를 살펴보면 1995년 7월에 1,000의 고지를 넘어선 이후 1998년 10월에는 2,000을, 1999년 11월에는 3,000을 뛰어넘었고 그 한 달 후인 1999년 12월에는 4,000을 단숨에 넘어섰다. 그리고 2000년 3월에는 대망의 5,000선까지도 뛰어넘었고 2000년 3월 10일 5,049에서 정점을 찍었다. 이 경이로운 기록은 그로부터 15년이 지난 2015년 4월에야 깨졌다.

1995년 7월부터 2000년 3월까지 채 5년도 되지 않은 기간에 나스닥 주가는 무려 다섯 배 이상이 뛰었다. 1995년에 1,000달러를 나스닥에 투자한 사람은 거품이 꺼지기 직전인 2000년 3월에는 5,000달러가 넘는 돈을 벌었을 것이다. 이러한 투기열풍은 흔히 닷컴dot-com 거품으로 불리게 되었으며, 당시 미국 연방준비제도Federal Reserve System(미국의 중앙은행. 연준The Fed) 이사회의 의장이었던 앨런 그린스펀Alan Greenspan은 이를 두고 "비이성적 열광"이라고 표현했다.

그러나 새천년에 대한 기대는 무한대로 뻗어나갈 수 없었다. 주가의 수직 상승은 거기까지였다. 새천년에 대한 들뜬 기대가 한껏 고조되고 있을 때 주가는 속절없이 무너지기 시작했다. 나스닥이 정점을 찍은 지 한 달 후인 2000년 4월 14일 나스닥 주가는 34%나 하락한 3,321로 곤두박질했다. 이후 날개 없는 추락을 거듭한 끝에 약 2년 후인 2002년 10월 9일에는 1,114까지 떨어졌다. 이는 최고점에 달했던 5,049에서 4분의 1 수준으로 떨어진 것이다.

1995년에 1,000달러를 나스닥에 투자한 사람이 그 주식을 2000년 3월까지 약 5년 동안 보유했으면 5,049달러를 벌었을 것이다. 하지만 2002년 10월까지 약 7년 동안 계속 보유했다면 겨우 1,114달러를 건졌을 것이다. 이 기간 투자자들은 천국과 지옥을, 온탕과 냉탕을 오가는 경험을 했다. 다우존스산업평균Dow Jones Industrial Average 주가도 상황은 비슷했다. 2000년 1월 14일 1만 1,723까지 치솟았던 주가지수는 2002년 10월 9일에는 반 토막 수준인 7,286으로까지 하락했다.

2 미국발 글로벌 경제위기

탐욕은 이성을 흐리게 만든다. 합리적인 경제주체라고 하더라도 탐욕에 눈이 어두우면 판단이 흐려지게 된다. 즉 과거의 잘못된 관행을 쉽게 잊어버리는 것이다. 2000년 닷컴 거품경제가 붕괴된 지 5년도 채 지나지 않아서 이번에는 주택시장에 이상 징후가 나타나기 시작했다. 그러나 탐욕에 눈먼 경제주체들은 거품의 붕괴가 자신들에게는 찾아오지 않을 것이라는 기대를 가졌다.

미국에서는 그때까지 주택은 투기의 대상으로 여겨지지 않았다. 극히 일부 지역에서만 주택 가격이 매우 높은 수준에서 형성되었을 뿐이었다. 그러나 남부지역을 일컫는 선벨트Sun Belt를 중심으로 주택 가격이 숨 가쁘게 오르기 시작했다. 탐욕에 눈먼 은행들은 대출적격 수준보다 신용점수가 낮거나 소득이 낮은 사람들에게 거의 100%까지 주택융자를 해주는 것을 마다하지 않았다. 이것이 서브프라임(적격 미달) 대출이었다. 여기에 주택에 투자하면 '땅 짚고 헤엄치기' 식으로 돈을 번다고 생각한 주택 구매자들의 '묻지 마 투자'도 한몫했다.

낮은 금리도 주택 가격의 급등이라는 불길에 기름을 끼얹는 격이 되었다. 그러나 2000년 초 정보기술 버블이 꺼지자 미국경기는 급냉각하기 시작했다. 주가는 곤두박질쳤다. 이에 당황한 연방준비제도 이사회와 의장인 그린스펀은 통화금융정책을 경기확대 기조로 바꾸고 연달아 은행 간 기준대출금리인 페더럴펀드 금리federal funds rate를 인하하기 시작했다. 기준금리는 은행이 다른 은행으로부터 돈을 빌릴 때 적용되는 금리이다. 2000년 5월 16일 6.5%까지 올랐던 기준금리는 2001년에는 11차례나 인하되었으며, 2003년 6월 25일에는 1%로 떨어졌다. 이렇게 금리가 낮아지자 주택 가격뿐만 아니라 주가도 상승하기 시작했다. 다우존스지수는 2007년 10월 9일에는 그때까지 사상 최고 수준인 1만 4,165까지 회복되었으며, 나스닥지수도 2007년 10월 31일 기준 2,862까지 상승했다.

한때 세계경제의 지휘자, 마에스트로로 불렸던 그린스펀은 IT버블경제가 붕괴된 후 경기를 진작시키기 위해 금리 인하를 주도했을 뿐만 아니라 주택 구입자들에게 중앙은행의 정책 방향에 관해서 혼란을 일으킬 수 있는 발언을 쏟아냈다. 그는 연준 의장 시절 주택 수요자들에게 금리가 수시로 변하는 변동금리의 모기지(주택담보금융)를 권장하고 주택 소유자들에게는 주택 대출금의 리파이낸싱(대출 갈아타기)을 권유하기까지 했다. 이런 이유로 그린스펀은 2007년까지 이어져온 주택시장의 과열 현상을 부채질했다는 비판에 시달리기도 했다. 주택시장 과열이 '그린스펀 버블Greenspan bubble'이라고도 불리는 것은 이 때문이다.

미국의 주택담보대출 부실, 이른바 서브프라임 모기지 문제로부터 시작된 금융위기는 쓰나미가 몰아치듯 전 세계의 금융시장을 순식간에 황폐화시켰다. 그것은 마치 맹렬히 타오르는 산불과도 같았다. 불길은 먼저 85년의 역사를 가진, 미국 제5위의 투자은행인 베어스턴스Bear Sterns로 번지기 시작했다. 베어스턴스는 2006년 11월 기준으로 자산이 3,500억 달러에 달하는 대형 투자은행이었다. 2008년 3월 뉴욕연방준비은행은 긴급대출을 해주었으나 베어스턴스를 살리는 데는 역부족이었다. 베어스턴스는 그해 5월 주당 10달러로 JP모건체이스JP Morgan Chase에 매각되었다. 한때 주가가 133.20달러에 달했던 베어스턴스의 초라한 몰락이었다.

월스트리트 제5위의 투자은행이 무너진 후 위기는 161년의 전통을 가진 미국 제4위의 투자은행 리먼브라더스Lehman Brothers로 옮겨갔다. 리먼브라더스는 베어스턴스보다 규모도 두 배나 크고 역사도 두 배나 오래되었다. 파산하기 바로 직전인 2008년 9월 리먼브라더스의 자산은 6,910억 달러에 달했다. 9월 15일 리먼브라더스마저 무너지자 넥타이를 맨 풀죽은 군상들이 월스트리트로 쏟아져 나왔고, 불길은 유럽으로, 아시아로 확대되기 시작했다.

이에 앞서 제3위의 투자은행인 메릴린치Merrill Lynch는 2008년 9월 뱅크오브아메리카(BOA)에 매각되었다. 이제 세계 금융계를 쥐락펴락했던 두 자은행 가운데 살아남은 행운아들은 모건스탠리Morgan Stanley(2위)와 골드만삭스Goldman Sachs(1위)뿐이었다. 이 위기의 와중에 목숨을 부지한 골드만삭스와 모건스탠리도 투자은행에서 상업은행(은행지주회사)으로 변신했는데 이는 스스로 연준, 재무성 등 금융감독기관의 감독과 규제에 굴복하겠다고 백기를 든 것이나 다를 바 없었다.

불길은 투자은행에서 보험회사와 모기지회사로 그리고 상업은행으로 옮겨 붙기 시작했다. 2008년 9월 초에는 미국 정부가 2,000억 달러를 들여 미국의 양대 주택금융회사인 패니매이Fannie Mae와 프레디맥Freddie Mac을 접수하는 극단적 시장개입이 발생했다. 뒤이어 미국 최대의 보험회사인 AIG가 지급불능 위기에 처하자 미국 연준은 9월 16일 850억 달러에 달하는 자금을 긴급 수혈했다. 1812년에 설립된 미국 최대의 상업은행 시티뱅크Citibank도 자산가치의 하락으로 도산위기에 몰렸다. 미국 정부는 2008년 11월 시티뱅크에 총 500억 달러에 이르는 구제금융을 제공했다.

위기가 이제 월스트리트에서 메인스트리트로 번지기 시작했다. 고통이 금융경제에서 실물경제로 전이되고, 범위가 미국에서 전 세계로 확대되어갔다. 특히 미국 산업 중 가장 취약한 자동차산업이 글로벌 경제위기의 직격탄을 맞았다. 2008년 11월에 미국의 3대 자동차회사, 제너럴모터스GM, 포드Ford, 크라이슬러Chrysler는 파산을 피하기 위해 미국 정부에 500억 달러의 자금 지원을 요청했다. 이후 5년 동안 미국 정부가 자동차산업에 제공한 구제금융의 총액은 800억 달러에 이르렀다.

GM은 구제금융을 받는 대가로 주식의 60%를 담보로 제공하기로 했다. 미국경제에서 이전에는 생각할 수도 없었던 일이 일어난 것이다. 미국 정부가 잠시나마 민간기업의 주주가 된 셈이다. 이와 같이 글로벌 경제위기 동안, 과연 미국경제가 자본주의 시장경제인가 하는 의문이 들 정도로 정부의 적극적인 개입이 일어났다. 사회주의 통제경제 수준으로 다가갔다는 비판까지 제기되었다. 2008년의 글로벌 경제위기가 미국식 시장자본주의와 미국 주도의 금융 질서에 종언을 고하는 서막이라고 보는 견해가 나온 것도 이러한 맥락에서였다.

사실 미국경제는 이미 2007년 12월에 경기침체 국면으로 접어들었다. IT 열기의 마지막 불씨가 꺼지기 직전인 2000년 4월 3.8%까지 떨어졌던 미국의 실업률은 2009년 10월에는 10%까지 뛰어올랐다. 이는 전후 최고치였던 1982년 12월 10.8% 이후 가장 높은 수준이었다. 미국 정부와 중앙은행은 전력을 다해 경제 살리기 작전을 펼쳤다. 마지막 임기의 부시George W. Bush 행정부와 의회는 7,000억 달러에 이르는 구제금융을 금융기관에 공급하는 조치를 단행했으며 정권을 이어받은 오바마Barack Obama 정부도 경기부양 조치의 일환으로 7,870억 달러에 달하는 돈을 쏟아부었다. 이를 위해 미국 정부는 재무성증권treasury bills(TB)을 팔아 막대한 규모의 돈을 빌려야 했으며 미국의 부채는 눈덩이처럼 불어갔다.

중앙은행인 연준도 글로벌 금융위기가 깊어지자 2008년 12월에 기준금리를 0% 수준으로 낮추었다. 미국의 제로금리 수준은 연준이 2015년 12월 16일 기준금리 목표치를 0.25~0.5%로 인상할 때까지 7년 동안이나 유지되었다. 또한 연준 100년의 역사에서 한 번도 사용해보지 않은 양적 완화quantitative easing(QE)라는 새로운 금융정책 도구를 세 차례에 걸쳐 사용하기도 했다. 극단적인 상황에서는 극단적인 조치가 필요했던 것이다. 이전까지의 전통적인 통화정책은 통화량을 늘리기 위해 중앙은행이 주로 단기 재무성증권을 은행으로부터 사고 그 대가로 은행에 새로운 돈을 공급하는 것이었다. 그러나 양적 완화는 연준이 장기적인 자금을 공급하기 위해 장기 재무성증권과 주택담보부증권mortgage-backed securities(MBS)을 사고 그 대가로 시장에 돈을 푸는 새로운 형태의 통화정책이다. 양적 완화 조치의 결과로 연준의 재무성증권 보유액은 가파르게 증가하기 시작했으며 통화량 또한 비온 뒤 강둑의 물처럼 불어났다.

2008년의 글로벌 경제위기는 1930년대에 세계가 경험했던 대공황 이후 가장 심각한 경제적 시련이었다. 그래서 많은 사람들은 이 경제위기가 대공황에 버금가는 경제적 재앙으로 번지지 않을까 걱정했다. 실제로 2008년 경제위기가 심도에 있어서는 대공황에 미치지 못하지만 규모에 있어서는 대공황보다 훨씬 광범위했다고 볼 수 있다. 대공황은 미국과 유럽에 국한되었지만 2008년에는 몇몇 폐쇄적인 나라들을 제외하고 지구상의 거의 모든 나라들이 글로벌 경제위기의 영향권 안에 들어갔기 때문이다.

대출 부적격자에 대한 주택금융이 글로벌 경제위기를 가져온 직접적인 원인이었지만 일부에서는 탈규제 바람도 위기를 부채질했다고 주장한다. 1960년대 중반부터 밀턴 프리드먼Milton Friedman을 중심으로 한 시카고학파가 '작은 정부' '적은 규제'를 옹호하는 이론적 기틀을 마련하고 1970년대 말 영국과 1980년대 초 미국에서 각각 마거릿 대처Margaret Thatcher 총리와 로널드 레이건Ronald Reagan 대통령의 보수주의 정권이 들어서면서부터 신자유주의의 물결이 거세게 일기 시작했다. 신자유주의의 등장으로 규제는 적을수록 좋다는 신념이 경제정책에 반영되었다. 그래서 은행권을 비롯한 경제의 많은 분야에서 탈규제 움직임이 일어났다.

특히 미국의회는 은행, 보험 및 투자를 서로 분리시키기 위해 대공황이 한창이던 1933년에 제정된 글래스-스티걸법Glass-Steagall Act을 1999년에 폐기했다. 그 결과 증권 및 보험회사들은 은행을 매입할 수 있게 되었으며 은행도 보험 및 증권 업무를 수행할 수 있게 되었다. 이러한 금융규제법이 철폐되자 은행, 증권, 투자 등을 종합한 백화점식 공룡 금융기관들이 탄생하게 되었고 금융기관들은 무한 경쟁시대로 접어들게 되었다. 은행은 그래도 예금자 보호를 위해서 강력히 규제되었지만 투자은행은 투자자가 자기 위험 아래 투자를 하는 것이기 때문에 거의 규제의 대상에서 벗어나 있었다. 2008년의 글로벌 경제위기로 탐욕과 결합된 시장자본주의의 민낯이 드러난 것이다.

오바마 정부의 적극적인 시장개입과 미국 중앙은행의 유례없는 양적완화 조치로 경제에 대한 사람들의 신뢰가 점차 회복되어갔다. 미국의 경기침체도 2010년 12월에 공식 종료되었다. 다우존스 주가는 2014년 12

월 23일 18,024.17을 기록함으로써 사상 처음으로 18,000선을 넘어섰으며 2015년 들어서도 최고 수준을 몇 차례 갱신하는 기염을 토했다. 그동안 굼벵이처럼 서서히 회복되던 나스닥 주가도 드디어 2015년 4월 23일 5,056.06을 기록함으로써 15년 만에 이전의 최고 기록을 깨고 한 번도 도달하지 못한 봉우리에 올랐다. 미국의 실업률도 꾸준히 하락해서 2015년 10월에는 5%까지 떨어졌는데 이는 글로벌 경제위기가 발생하기 전인 2008년 4월 이후 최저 수준이다. 이로써 대공황 이래 가장 심각했던 경제위기도 사람들의 기억 속에서 서서히 사라져가고 있다.

미국은 2008년 글로벌 경제위기를 맞이해서 이전까지 한 번도 가보지 않은 길인 양적 완화라는 통화정책을 택했고 그것은 미국경제의 많은 것을 바꾸어놓았다. 마치 20세기 미국의 국민 시인으로 칭송받는 로버트 프로스트가 〈가지 않은 길〉에서 "숲속에 길이 두 갈래로 갈라져 있었고 나는 사람들이 덜 다닌 길을 택했다. 그리고 그것이 모든 것을 바꾸어놓았다"고 노래한 것처럼, 새로운 통화정책은 미국경제의 방향을 바꾸어놓았다. 그러나 우리가 지나온 길의 끝이 종착역인지 아니면 간이역인지는 탐욕이 또다시 이 땅을 휩쓸고 가느냐에 달려 있을 것이다.

* 두 길이 노랗게 물든 숲속에서 갈라져 있었습니다.
  내가 몸이 하나니 두 길로 갈 수 없는 것을 안타까워하며
  한참을 서서
  나는 낮은 관목 숲으로 꺾어져 내려가는 한쪽 길을
  내가 볼 수 있는 데까지 멀리 내려다보았습니다.
  그러고 나서 나는 다른 길을 택했습니다. 아주 공평하게
  그리고 그 길은 아마 더 많은 것을 요구하는 길로 보였습니다.

그 길은 풀이 무성하고 또 신발이 더 닳을 것 같았기 때문이

지요.

그 길도 지나가다보면

두 길이 거의 같을 정도로 닳게 되겠지요.

그날 아침 두 길은 똑같이 놓여 있었고

낙엽에는 밟고 지나간 아무런 검은 자국도 없었습니다.

아! 나는 첫 번째 길을 훗날을 위해 남겨놓았습니다.

길은 어떻게 계속 길로 이어지고 있는가를 알기에

내가 다시 돌아올 수 있을는지 모르겠습니다.

나이가 계속 들어간 후 어디에선가

나는 한숨지으며 이야기할 것입니다.

숲속에 길이 두 갈래로 갈라져 있었고 나는……

사람들이 덜 다닌 길을 택했다고.

그리고 그것이 모든 것을 바꾸어놓았다고.

3

포효의 1920년대와 대공황
그리고《분노의 포도》

2008년의 대침체Great Recession와 1930년대의 대공황Great Depression 사이에는 유사한 측면도 있지만 근본적으로 다른 측면이 더 많다. 공통점은 '시장이 사실이 아니라 공포에 의해 움직였다'는 점과 주식 가격이 속절없이 무너졌다는 점이다. 다른 점은 대공황이 할퀸 상처는 글로벌 경제위기가 남긴 자국보다 훨씬 처참했다는 점이다.

미국의 대공황은 1929년 10월 28일 월요일에 갑자기 시작되었다. 그리고 미국증시는 블랙 먼데이가 시작된 후 1주일 만에 그 가치의 25%를 잃었다. 그 이후 1933년 바닥에 이르기까지 미국의 국내총생산gross domestic product(GDP)은 무려 30%가 감소했고 실업률은 3%에서 25%까지 상승했다. 물가도 이 기간 25%가 하락했으며 통화량은 35%가 줄어들었다. 3년 만에 2만 5,000여 개에 달했던 상업은행 가운데 9,000여 개가 문을 닫았다.

프랭클린 루스벨트Franklin Roosevelt 대통령이 1933년 3월 한 달 동안 모든 은행의 영업을 정지하는 극단적 조치, 이른바 은행 홀리데이를 취하면서 뱅크런bank run(예금인출사태)은 진정되었다. 그리고 루스벨트 대통령이 뉴딜New Deal로 알려진 일련의 대규모 공공지출 정책을 집행하면서 대공황의 불길은 어느 정도 수그러들기 시작했다. 그러나 1937년에는 다시 공황의 유령이 어슬렁거리기 시작했으며 미국경제가 대공황의 검은 그림자에서 완전히 벗어난 것은 미국이 1941년 제2차 세계대전에 참전하기 시작하면서부터였다.

이제 대공황이 발발한 1920년대로 시곗바늘을 돌려보자. 대공황이 일어나기 전에도 부동산투기, 주식투기의 광풍이 몰아쳤다. 대공황 바로 직전인 1929년 미국의 주식시장은 '포효의 20년대'의 마지막을 장식이라도 하듯 많은 사람들에게 돈벌이를 위한 축제의 장이 되었다. 1929년 약 1,000만 명의 투자자들이 주식시장으로 몰려들었다. 그들은 주식에 투자한 돈이 나무가 자라듯 무럭무럭 커가는 것을 지켜보면서 눈앞에 다가오는 심각한 경제적 재앙을 짐작도 하지 못했다. 타이타닉호의 승객들이 몇 시간 후에 다가올 재앙을 전혀 예감하지 못하고 정신없이 환희의 댄스에 도취돼 있던 것처럼, 미국 시민들은 몇 달 후면 다가올 재앙을 전혀 감지하지 못하고 돈벌이의 환희에 취해 있었던 것이다. 소돔과 고모라 성이 무너지던 그날도 찬란한 아침 해는 떠올랐다.

광풍에 가까운 투자열풍은 분명 거품을 많이 내포하고 있었지만, 투자에 따르는 위험성은 뜨거운 투기열풍에 가려 부질없는 걱정으로 치부되었다. 바람이 팽팽히 들어찬 고무풍선에 핀을 꽂으면 금방 펑 터지듯이 미국 주식시장의 거품은 갑자기 터졌다. 주식시장의 잔치가 끝났을 때 상황은 마치 거대한 댐이 갑자기 무너져 내린 듯 처참했다. 1929년 10월

29일 화요일, 사자 주문은 실종된 채 팔자 주문이 눈사태처럼 밀려들기 시작하면서 주식시장은 순식간에 무너져 내렸다. 이날 단 하루 동안 미국 주식시장에서 그전 1년 동안 증가했던 시장가치와 맞먹는 금액이 공중으로 연기처럼 사라져버렸다. 대공황의 시작이었다. 대공황이 발발하기 전 종이자산(주식)의 증가만 믿고 부자가 된 양 착각했던 수백만 명의 투자자들은 하루아침에 거지로 전락했다. 자살하는 사람들이 속출했다. 아직까지 무엇이 미국증시의 붕괴를 가져왔는지에 관해서는 확실한 답을 얻지 못하고 있다. 다만 한 가지 분명한 것은 대공황 직전의 투자열풍은 합리적인 이윤 추구의 한계를 훨씬 벗어난 탐욕의 결과였다는 사실이다.

대공황이 일어나기 전까지는 시장경제의 힘을 믿는 고전학파 경제학이 학계는 물론이고 정치계도 지배했다. 그러나 대공황은 고전학파의 믿음을 송두리째 흔들어놓았다. 고전학파 경제학자들은 경제주체들이 자기의 이익을 추구하고 시장이 완전경쟁 상태에서 움직이면 경제 문제는 저절로 해결된다는 믿음을 가지고 있었다. 그러나 대공황은 고전학파의 시장경제에 대한 믿음을 여지없이 짓밟은 것이다. 경제는 안정을 찾지 못하고 균형을 벗어나 10년 이상이나 표류했다.

이때 백기사 존 메이너드 케인스John Maynard Keynes가 등장했다. 정부의 개입을 옹호하는 새로운 패러다임의 탄생이었다. 케인스는 대공황 때 미국을 세 번 방문하고 루스벨트 대통령을 만나 위기 탈출을 위한 해법을 조언한 것으로 알려졌다. 케인스의 영향인지는 모르지만 루스벨트 대통령은 대규모 공공사업인 뉴딜정책을 실시했으며 그 결과 대공황으로부터 탈출할 수 있는 기반을 마련했다. 루스벨트 대통령은 대공황 당시 다음과 같은 말을 남겼다. "우리가 두려워해야 할 것은 두려움 그 자체입니다." 만약 케인스혁명이 일어나지 않았더라면 공산주의혁명이 미국 땅에서 일어났을지도 모른다고 말하는 학자도 있으니, 케인스의 시장개입주의가 자본주의를 구출했다고 말해도 과언이 아닐 것이다(이러한 이유로 케인스 경제학을 수정자본주의라고 부르기도 한다). 대공황은 미국의 자본주의를 더 굳건하게 만들었다고 볼 수 있다.

대공황의 원인에 관해서는 여러 가지 설명이 있지만 아직도 정확한 원인은 규명되지 않고 있다. 프리드먼 같은 경제학자는 통화량의 급격한 감소가 대공황을 악화시킨 주범이라고 주장한다. 사실 대공황 때는 정책당국자들이 경제위기에 대처하는 데 있어서 충분한 경험과 지식을 축적하지 못했다고 볼 수 있다. 미국의 중앙은행인 연준이 창설된 것은 1913년이었고 대공황이 발발한 것은 그로부터 고작 16년이 지난 후였다. 대규모의 공황을 처음으로 경험한 연준은 대공황을 대처하는 데 있어서 미숙함을 드러낸 것이다. 대공황 초기 3년 동안 통화량이 35%나 감소한 것이 이를 말해준다. 그러나 통화량의 급격한 감소가 대공황을 악화시킨 것은 부인할 수 없지만 그것이 대공황을 촉발했다고 결론짓기에는 증거가 충분치 않다.

은행들의 과도한 투기활동도 상황을 더욱 악화시켰다. 은행들은 예금을 받고 대출을 해주는 전통적인 영업활동 이외에 건설 프로젝트를 지원하기 위한 대출인 프로젝트 파이낸싱project financing, 증권, 보험 등으로까지 영역을 확대해갔다. 이러한 위험한 투자활동의 결과로 대공황이 일어나자 불과 3년 만에 9,000개의 은행이 문을 닫은 것이다. 그래서 미국의회는 대공황이 절정에 달했던 1933년 금융기관들이 고유 영역에서 벗어나서 과도한 이윤을 추구하는 것을 막기 위해서 금융시장을 은행, 투자, 증권의 세 영역으로 나누고 서로 이 영역을 침범하지 못하도록 하는 글래스-스티걸 법을 통과시켰다. 그러나 은행들의 탐욕적인 행태는 2008

년의 글로벌 경제위기 때 우리가 또다시 만나게 된다.

대공황은 지난 한 세기 동안 수많은 문학작품과 영화의 소재가 되었다. 우리에게 아련한 추억을 남긴 1961년작 영화 〈초원의 빛Splendor in the Grass〉도 대공황의 처참한 상황을 배경으로 한 것이다. 내털리 우드Natalie Wood와 워런 비티Warren Beatty가 주연한 〈초원의 빛〉은 대공황을 주제로 한 영화는 아니었지만 대공황이 발발한 1920년대 말에서 1930년대 초 미국 캔자스의 시골 마을을 무대로 하고 있다. 영화는 이곳에서 살아가는 10대 청춘들의 애정과 갈등 그리고 대공황의 비극에서 벗어나지 못하고 슬픔을 간직한 채 새로운 환경에 적응해가는 그들의 삶을 그렸다.

이 영화의 주인공인 윌마 디니 루미스(내털리 우드)와 아서 버드 스탬퍼(워런 비티)는 고등학교 졸업반 연인이었다. 디니의 부모는 성에 대해서 매우 경건한 입장을 가지고 있었다. 디니의 부모는 가난한 집안 출신으로, 재산은 버드의 아버지가 소유주인 스탬퍼 석유회사 주식이 전부였다. 그들은 보유하고 있는 주식을 팔면 디니를 대학에 보낼 수 있지만, 전 재산을 팔아 디니를 대학에 보낼 생각은 없었다.

한편 버드의 아버지 스탬퍼 씨는 유전개발로 많은 돈을 벌었다. 그는 버드가 예일대에 진학해서 공부를 마친 후 본인 사업을 이어주기를 원했다. 그는 아들이 디니와 가까워져서 임신이라도 할 경우 계획이 물거품이 될까봐 두 사람의 교제를 원치 않았다. 그는 버드에게 공부가 끝날 때까지 결혼을 미루라고 강력히 요구한다.

두 청춘 남녀는 부모들의 강박적인 요구에 번민하면서 갈등하고 반발한다. 방황 끝에 디니는 심한 우울증을 앓게 되며 정신치료 병동에 입원한다. 그리고 버드는 예일대에 진학한다.

디니의 부모는 디니가 입원한 지 6개월 만에 그녀를 방문했다. 그리고 그때 라디오에서 흘러나오는 뉴스에 귀를 기울이게 된다. 그것은 뉴욕증권거래소(NYSE)가 개장 이래 최악의 폭락 사태를 맞이했으며 하루 동안 1,400만 달러의 자산가치가 사라졌다는 뉴스였다. 스탬퍼 석유회사 주식을 얼마간 소유하고 있던 그들은 허탈해한다. 예일 대학에 다니는 아들을 방문 중이던 스탬퍼 씨도 같은 시각에 그 뉴스를 들었다. 회사의 주가가 폭락한 데 충격을 받은 그는 그날 저녁 호텔 창문 밖으로 뛰어내려 자살로 생을 마감한다. 다음 날 아침 버드는 담요에 싸여 있는 아버지의 시신을 발견하고 망연자실했다.

영화 제목 '초원의 빛'은 영국의 낭만파 시인 워즈워스William Wordsworth의 시 〈어린 시절의 회상으로부터 영생불멸을 깨닫는 송시 Ode, Intimations of Immortality from Reflections of Early Childhood〉의 한 구절에서 따온 것이다.

* 한때 그렇게 빛나던 광채였건만
  이제 나의 시야에서 영원히 사라졌도다.
  초원의 빛이여, 꽃의 영광이여
  아무것도 시간을 뒤로 돌릴 수 없지만
  우리는 슬퍼하지 않으리. 오히려 우리는
  뒤에 남은 것들의 강함을 깨닫게 될 것이다.

영화 〈초원의 빛〉이 '가진 자'의 비극을 그렸다면 존 스타인벡John Steinbeck의 《분노의 포도 The Grapes of Wrath》는 '못 가진 자'의 분노를 그린 기념비적인 문학작품이다. 이 소설은 대공황이 거의 끝나갈 무렵인 1939년에 발표되었는데 출간되자마자 폭발적인 반향을 불러일으켰다. 스타인벡은 이 소설로 퓰리처상을 받았으며 1962년에는 노벨문학상을 수상했다. 또한《분노의 포도》는《타임 *Time*》지가 선정한 '1923~2005년 영어로 쓰인 100대 소설'에 선정되었으며 영국《데일리 텔레그래프 *Daily Telegraph*》는 2009년 '누구나 읽어야 할 소설 100선'에 이를 포함시켰다. 1998년 〈모던 라이브러리 Modern Library〉는 '20세기에 영어로 쓰인 100대 소설'의 순위에《분노의 포도》를 10위로 올렸다.《분노의 포도》는 경제적인 고통 앞에서 사람들은 불평등에 대한 분노를 표출하는 정도를 넘어서 세상을 뒤엎으려는 혁명가적 행동을 나타낼 수 있음을 보여준다.

이 소설의 제목은 성경 〈요한계시록〉에 근거한다. 거기에 "그도 하나님의 진노의 포도주를 마시리니 그 진노의 잔에 섞인 것이 없이 부은 포도주라"라는 구절이 나온다. 그러나 '분노의 포도'라는 말 자체는 미국 남북전쟁 중에 줄리아 하우 Julia Howe가 작시한 북군 군가 〈공화국의 성전 The Battle Hymn of the Republic〉에서 따온 것이다.

《분노의 포도》는 대공황의 여파로 생활이 궁핍해지자 3대에 이르는 한 가족이 고향인 오클라호마를 떠나 캘리포니아로 이주해가는 과정과 새로운 정착지에서 일어난 사건들을 다루고 있다. 톰 조드가 소설의 주인공이다. 소설에 등장하는 3대 가족은 톰의 부모, 할아버지와 할머니, 삼촌인 존 그리고 톰의 형제들과 누이들이다. 누이동생인 '샤론의 장미'의 남편인 리버스까지 포함해서 조드 가家 사람들은 총 열두 명에 이른다.

살인죄로 복역 중이던 톰은 형 집행정지를 받고 출옥해 오클라호마에 있는 고향 마을로 돌아온다. 고향으로 돌아오는 길에 톰은 어려서 그에게 세례를 베풀었던 케이시 목사를 만나 여정을 함께한다. 톰이 교도소에 있는 동안 가족들은 농작물이 모래 강풍으로 피해를 입는 바람에 은행대출을 갚지 못하고 지급불능 상황에 빠졌으며 결국 집에서 쫓겨나는 신세가 되었다. 살길이 막막해진 조드 가 사람들은 재산을 모두 처분해서 캘리포니아로 떠나기로 결정한다. 그리고 케이시 목사도 그들과 동행하기로 한다.

캘리포니아에 도착한 후 그들은 좋은 보수를 받을 수 있으리라는 희망을 접었다. 노동력은 공급 과잉으로 넘쳐났고 노동자의 권리는 보장되어 있지 않았다. 대형 농장들은 담합을 해서 임금을 억제하고 있었으며, 소규모 농장들은 농작물 가격 하락으로 어려움을 겪고 있었다.

조드 가 사람들은 복숭아 농장에서 일하게 되는데, 이곳에서 파업이 일어난다. 케이시 목사가 그 파업에 연루되어 있었다. 케이시는 농장주들의 노동 착취에 대항해 노조를 결성하도록 돕는 등의 활동을 해왔다. 톰은 그 파업에 관해서 좀 더 알고 싶어 숲속에서 열리던 비밀회합에 참석한다. 그런데 그 모임이 캠프 관리인에게 발각되고, 옥신각신 끝에 케이시 목사가 관리인에게 살해된다. 이 과정에서 케이시를 보호하려던 톰은 그만 관리인을 죽이게 된다. 톰은 이제 도망자의 신세가 되었다. 조드 가 사람들은 복숭아 농장을 떠나 목화 농장으로 옮기지만, 톰은 언젠가 그의 과거가 들통날지 모른다는 불안감을 떨쳐버릴 수 없었다.

톰은 그곳을 떠나기로 결심하면서 사회정의와 사회개혁을 위해 투쟁함으로써 이 세상에서 케이시 목사가 이루지 못한 사명을 이어가겠다는 결의를 다짐한다. 톰은 어머니에게 작별인사를 고하면서 어디로 가든 억압받는 자들을 위한 대변자가 되겠다고 말한다. 그리고 그는 분노의 잔을 든다. 대공황은 이렇듯 국가를, 가정을 그리고 개인을 파괴해갔던 것이다.

4 아시아의 금융위기

너무 일찍 터트린 샴페인

우리의 기억에 선명히 남아 아직까지 그 여흔이 가시지 않는 1997년의 아시아 경제위기는 우리가 일찍이 겪어본 적이 없는 아픔이었다. 어느 날 갑자기 찬바람이 길거리에 휘몰아쳤으며 서러운 마음을 가진 실직자들이 거리를 메웠다. 위기의 그림자는 마치 무리를 지으며 따라오는 비처럼 우리와 우리의 이웃들을 스멀스멀 집어삼켜갔다. 그 쓸쓸한 풍경은 이소라가 2004년에 발표한 곡 〈바람이 분다〉의 가사를 떠올리게 한다.

*   바람이 분다.
　　서러운 마음에 텅 빈 풍경이 불어온다.
　　머리를 자르고 돌아오는 길에
　　내내 글썽이던 눈물을 쏟는다.
　　하늘이 젖는다.

어두운 거리에 찬 빗방울이 떨어진다.

무리를 지으며 따라오는 비는

내게서 먼 것 같아.

이미 그친 것 같아.

세상은 어제와 같고

시간은 흐르고 있고……

　1997년 아시아를 강타한 경제위기에는 여러 가지 원인이 있겠지만 이역시 투기가 불러온 측면이 강하다. 근본적으로 투기가 외환에 집중되었다는 점에서 외환위기라고 볼 수 있다. 이 지역에서 풍요의 1990년대가 무르익어가던 무렵인 1997년 7월 갑자기 태국 바트화의 가치가 떨어졌다. 홍콩의 주권이 영국에서 중국으로 이양된 다음 날인 1997년 7월 2일이었다. 바트화가 폭락하면서 아시아의 외환위기에 불씨가 뿌려졌다. 아시아의 외환위기는 갑자기 찾아왔다고 하지만 사실 그 원인은 오래전부터 배태되기 시작했다. 국제 외환시장에서 투기꾼들은 바트화가 더욱 떨어질 것으로 예상하고 바트화를 계속 투매하기 시작했다. 그리고 투기 세력의 공격은 그해 10월에는 한국의 원화로, 필리핀의 페소화로 그리고 인도네시아의 루피아화로 번지기 시작했다.

　아시아 외환위기의 유탄을 맞은 나라들의 경제는 처참함 그 자체였다. 먼저 1997년 6월부터 1998년 7월까지 이 나라들에서의 통화가치(1달러당 환율)의 변동을 보면 한국 원화가 850원에서 1,290원으로 34.1%, 태국 바트화가 24.5바트에서 41바트로 40.2%, 인도네시아 루피아화가 2,380루피아에서 14,150루피아로 83.2%, 필리핀의 페소화가 26.3페소에서 42페소로 37.4%, 그리고 말레이시아의 링기트화가 2.48링기트에서 4.88링기트로 45% 각각 하락했다.

그리고 같은 기간 이 나라들의 GDP는 한국이 4,300억 달러에서 2,830억 달러로 34.2%, 태국은 1,700억 달러에서 1,020억 달러로 40%, 인도네시아는 2,050억 달러에서 340억 달러로 83.4%, 필리핀은 750억 달러에서 470억 달러로 37.3%, 그리고 말레이시아는 900억 달러에서 550억 달러로 38.9%가 각각 줄어들었다.

한국은 1997년 12월 국제통화기금(IMF)으로부터 195억 달러, 국제개발부흥은행(IBRD)과 아시아개발은행(ADB)으로부터 각각 70억 달러와 37억 달러를 지원받아 가까스로 발등에 떨어진 불을 껐다. 그 결과 외환위기는 서서히 진정되기 시작했다. IMF가 한국에 대한 구제금융을 제공하기로 결정한 날이 성탄절이었다. 외신들은 IMF의 구제금융을 '성탄절의 선물'이라고 불렀다.

이 나라들의 공통적인 특징은 고도성장의 과실들이 나무에 주렁주렁 달려 탐스럽게 익어가는 것을 보고 그동안 땀 흘려 축적한 부를 과시하려는 분위기에 젖어 있었다는 사실이다. 그리고 그들은 샴페인을 터트리며 자축하면서 과소비시대를 맞이했다. 겉으로는 먹음직스럽게 열매를 맺었지만 나무가 자라고 있는 토양은 메말라가기 시작했는데, 이를 미처 깨닫지 못한 것이다.

이 대부분의 나라들, 특히 한국은 이미 1990년대 중반부터 성장의 동력이 꺾이는 변곡점에 들어갔다. 한국은 세계화다, 개방화다 해서 그동안 외국시장에 빗장을 걸어놓았던 국내시장을 개방하기 시작했다. 이는 거스를 수 없는 시대적 요구였다. 소비자들은 새로운 외국 상품에 눈을 뜨기 시작했고 외국여행에 대한 관심도 높아졌다. 기업들 또한 개방화의 여파로 외국투자에 눈을 돌리기 시작했다. 과잉소비, 과잉투자가 일기 시작한 것이다. 이러한 과잉소비, 과잉투자는 필연적으로 과잉차입을 요구한다. 문제는 이러한 소비, 투자를 위해서는 외환, 특히 달러가 절대적으로 필요하게 된다는 점이다.

1997년 외환위기가 일어나기 바로 직전 한국의 외환 곳간은 급격하게 비어갔다. 과잉소비, 과잉투자가 가져온 결과였다. 그 당시 한국은 '샴페인을 너무 일찍 터트렸다'는 비아냥거림을 들었다. 한 나라의 외환보유액이 바닥에 이르면 투기 세력들은 그 나라가 환율을 적정수준에서 방어할 수 없음을 간파하게 된다. 국제 투기 세력들이 볼 때 이는 좋은 먹잇감이다. 외환시장에서 사람들이 원화를 팔고 달러를 사면 한국의 외환보유액은 더욱 줄어들게 되며 미국 달러화에 대한 한국의 원화가치가 더욱 하락하게 되는 것은 누구나 예상할 수 있는 일이다.

1997년 외환위기에서 한 가지 특징적인 현상은 위기의 충격파가 급속도로 다른 나라로 전이된 점이다. 이는 전염효과contagion effect로 알려진 현상이다. 물론 이전에도 이와 비슷한 현상이 나타나곤 했다. 예를 들면 1990년대 남미 국가들은 마치 도미노 현상처럼 연쇄적인 화폐 평가절하의 나락으로 빠진 적이 있다. 국제화, 개방화가 급속도로 진행되고 있는 상황에서 거의 모든 경제위기는 다른 나라로 파급되는 경향이 강하게 나타난다. 일반적으로는 미국과 같이 규모가 큰 선진국에서 위기가 발생해 소규모 개방경제로 번져나가는 것이 보통이다. 그러나 아시아 외환위기는 소규모 개방경제에서 발생한 위기가 전염병처럼 급속도로 다른 나라로 전이되었다는 점에서 이전과는 다른 특징을 보였으며, 이때 전염효과라는 말이 처음으로 사용되었다. 태국에서 일어난 위기가 한국, 필리핀, 말레이시아, 홍콩으로 파급되기까지는 채 두 달도 걸리지 않았다. 그리고 나중에는 러시아와 브라질까지 전이되었다.

1997년의 아시아 경제위기는 한국경제에 지울 수 없는 생채기를 냈다. 한국경제는 1961년 경제개발이 본격적으로 시작된 이후 1995년까지 연평균 잠재성장률이 8%에 달했다. 그러나 1990년대 중반 이후 잠재성장률은 반 토막으로 떨어지기 시작했다. 급속한 경제성장기를 지나 이제 성장 추세가 하강곡선을 그리기 시작했는데, 이를 자각하지 못한 것이 패착이었다. 한국경제가 외환위기에 쉽게 전염될 수밖에 없는 상황이 조성된 것으로 볼 수 있다. 여기에 2008년의 글로벌 경제위기는 한국경제에 가해진 또 한 번의 시련이었다.

5

———

일본의
'잃어버린 20년'

    아침 바다에서 떠오르는 붉은 태양처럼 타오르던 일본경제가 1990년
대 초에 갑자기 개기일식을 만난 듯 빛을 잃기 시작했다. 무엇이 일본의
거침없는 질주를 멈추게 했을까? 1990년대 초부터 시작된 일본경제의
내리막길은 흔히 '잃어버린 10년'으로 불린다. 일본의 경제규모를 측정
하는 실질GDP는 1970년부터 20년 동안 연 4.3%로 성장했으나,
1991~2002년 실질GDP 성장률은 1.3%로 떨어졌다. 1인당 국민소득도
1991년에는 미국의 86%에 달했으나 2002년에는 70% 정도로 떨어졌
다. 실업률도 1991년 2.1%에서 2002년에는 5.4%까지 상승했다. 일본경
제의 내리막길은 여기에서 그치지 않고 아베 신조安倍晉三 정권이 들어서
기 전까지 거의 20년 동안 이어졌다. 사람들은 이제 일본의 '잃어버린 20
년'을 이야기하기 시작했다.

    일본의 잃어버린 10년은 1930년대 미국의 대공황에 비견될 만큼 심

각한 침체는 아니었지만, 여러 면에서 닮은 점이 많았다. 첫째, 두 경제위기 모두 주식 가격과 부동산 가격의 곤두박질로 시작되었다. 일본의 1990년대 말 주가는 1990년대 초 주가의 반에도 미치지 못했다. 1980년부터 천정부지로 치솟던 일본의 땅값 또한 수직으로 하락했다. 일본의 부동산 과열이 한창이었을 때는 도쿄의 땅을 팔면 미국 땅 전체를 살 수 있고, 일왕의 궁전 땅을 팔면 캘리포니아 땅 전체를 살 수 있다는 말이 나올 정도였다. 주식 가격과 부동산 가격이 하락하자 일본 소비자들은 허리띠를 졸라매고 소비를 줄이기 시작했다.

둘째, 금융체제가 효율적이지 못했다. 주식과 부동산의 가격이 하락하는 상황에서 그동안 과보호되었던 일본의 은행들은 속절없이 무너지기 시작했다. 미국도 대공황 때 9,000개나 되는 은행이 문을 닫았다. 1980년대에 일본의 은행들은 주식이나 땅을 담보로 대대적인 프로젝트 파이낸싱을 제공했다. 담보가치가 떨어지자 차입자들은 그들이 빌린 차입금에 대한 지급불능에 빠졌고, 차입자의 지급불능은 은행의 대출 능력을 크게 위축시켰다. 은행들의 신용경색은 기업들이 은행으로부터 투자자금을 빌리는 것을 더욱 어렵게 만들었고 결과적으로 기업투자를 크게 위축시켰다.

셋째, 엔화의 달러 환율이 1990년대 초부터 급격히 하락하기 시작했다. 이는 엔화가치가 급격히 상승했음을 의미한다. 엔화의 강세는 1985년 미국, 일본, 영국, 서독, 프랑스 5개 선진국 대표들이 뉴욕 플라자 호텔에 모여서 합의한 플라자 협정의 결과였다. 1980년대 중반까지만 해도 엔화의 대미 달러 환율은 1달러당 250엔대에 머물렀다. 엔화가치가 약세를 보인 것이다. 엔저低는 일본의 수출을 크게 증가시킨 일등공신이었다. 저평가된 통화가치는 수출 주도형 성장전략에 필수적인 조건이다. 일본의 자동차, 전자제품 등이 파죽지세로 미국시장을 휩쓸면서 미국 산업을 초토화시켰다. 미국은 더 이상 참을 수 없었다. 미국, 일본, 서독 등 당사국들이 엔화를 1달러당 120엔대로 유지하자는 협정을 맺게 된 데는 이러한 배경이 있었다. 일본의 수출경쟁력은 급속도로 떨어지기 시작했다. 이제 총수요의 세 번째 요소인 수출마저 빨간불이 켜지기 시작했다.

넷째, 경제에 디플레이션이 발행했다. 경기가 침체되자 일본 정부는 처음에는 경기를 활성화시키기 위해 정책금리를 매우 낮은 수준으로 유지했다. 그러나 설상가상으로 자금수요가 떨어짐에 따라 시장금리도 떨어지고 경제는 저금리의 덫에 걸리게 되었다. 일본은 1995년 이후 단기금리가 1% 밑으로 떨어졌고 2001년부터 2005년까지는 0.1%에 머물렀다. 미국도 대공황 때 이와 비슷한 상황을 경험했다. 미국의 단기금리는 1931년 이후 1% 밑으로 떨어졌고 1938년부터 1940년까지는 0.05%까지 떨어졌다. 한 나라의 경제가 낮은 금리의 덫에 걸리는 것을 '유동성 함정liquidity trap'이라고 한다. 물가가 하락하자 소비자들은 상품구입을 뒤로 미뤘으며 기업들은 이윤을 보지 못하자 생산을 더욱 줄였다. 경기의 악순환이 시작된 것이다.

다섯째, 정책의 선택이 마땅치 않았다. 보다 정확하게 말하자면, 일본의 정책당국은 소극적이고 근시안적인 안목으로 재정 및 통화 정책을 잘못 운영했다. 중앙은행인 일본은행은 금리가 거의 0% 수준의 절벽 앞에서 자신들이 할 수 있는 일이 별로 없다고 판단했다. 일본 정부 또한 공공부채가 GDP의 100%를 넘어선 상황에서 할 수 있는 일이 별로 없다고 판단했다. 일본은 그동안 민간으로부터의 차입을 통해 재정지출을 크게 늘린 터라, 만약 세금을 감면하거나 정부지출을 늘리면 과도한 공공부채를 더욱 악화시킬 것으로 우려했다. 이로써 정책 딜레마에 빠진 것이다.

출구가 막힌 듯 보일 때는 역발상이 필요하다. 예컨대 민간에서 돈을 쓰지 않을 때는 중앙은행이 정부에 돈을 빌려주어 정부로 하여금 돈을 쓰게 하는 것이다. 일본은행이 새로 화폐를 발행해서 이를 일본 정부에 빌려주는 것은 일본을 정책 딜레마로부터 탈출시킬 수 있는 정책의 묘수가 될 수 있었다. 일본은행이 일본 정부에 돈을 빌려주는 메커니즘은 간단하다. 일본 정부가 국채를 발행하고 일본은행은 화폐를 발행해서 이를 매입하는 것이다. 이는 통화확대-재정확대의 정책조합이다.

통화의 증가를 통한 세금 감면 또는 재정지출의 지원은 일석삼조의 효과를 가져올 수 있다. 먼저 새로 발행되는 통화는 정부의 감세나 재정지출을 지원하기 위한 재원으로 사용될 수 있다. 또한 금리가 매우 낮은 상황에서는 중앙은행이 돈을 풀더라도 시중에 돈이 돌지 않을 가능성이 높은데, 이때 중앙은행이 정부로 하여금 돈을 사용하도록 하면 돈이 그 사용처를 찾아 돌게 된다. 다시 말해 경제가 유동성 함정의 늪에서 빠져나올 수 있는 것이다. 또한 일본 정부는 일반 대중으로부터 차입을 하지 않아도 되기 때문에 재정적자와 공공부채에 대한 부담을 덜 수 있다. 마지막으로 새로 발행되는 통화는 물가하락으로 신음하는 경제에 새 활력을 불어넣을 수 있다.

'새로운 화폐 발행을 통한 재정적자 지원'이라는 정책조합은 그동안 선진국에서는 터부시되어왔다. 이를 '재정적자의 화폐화monetization of the deficit' 라고 하는데 이러한 정책은 인플레이션에 이르는 지름길로 간주되어왔기 때문이다. 이러한 관행은 주로 개도국, 그것도 권위주의 정권 아래에서 널리 행해졌으며 특히 중남미 국가들이 단골메뉴로 이용해왔다. 그러나 인플레이션이 아니라 디플레이션을 걱정해야 하는 상황에서 화폐발행을 통한 재정적자 지원은 더 이상 금기시되어야 할 정책선택이 아니다.

그러나 일본은 이러한 길을 가지 않았다. 잃어버린 10년을 탈출하기 위해서는 대규모 감세가 필요하다고 많은 경제학자들이 충고했는데도 일본 정부는 과감한 조치를 취하지 못했다. 일본 정부는 국가부채의 폭발적인 증가를 우려해서 세금 감면에 소극적이었다(오히려 일본 정부는 재정적자를 줄이기 위해 1999년 4월 소비세율을 3%에서 5%로 인상했다. 이러한 소비세율 인상은 일본의 잃어버린 세월을 연장시키는 데 일조했다).

　또한 일본은행은 0%에 가까운 인플레이션을 목표로 했기 때문에 통화량을 늘리는 데 주저했다. 그러나 '연간 인플레이션률 2%도 괜찮다'는 사고의 전환이 이루어지고 '중앙은행이 돈을 찍어 정부에 빌려줘도 괜찮다'는 인식의 변화가 이루어졌다면 일본은 터널 끝에서 비쳐오는 불빛을 볼 수 있었을 것이다. 아베 신조 총리가 화살 통에 세 개의 화살을 꽂고 구원투수로 등장할 때까지 일본 정부는 이러한 과감한 처방, 즉 통화량 확대를 통한 공격적 재정지출을 사용하는 데 주저했고, 결국 기회를 놓치고 말았다.

6   아베노믹스와
       '세 개의 화살'론

세계의 경제 우등생이던 일본은 '잃어버린 20년' 동안 거의 모든 과목에서 낙제점을 받는 학생으로 전락했다. 2012년 12월, 아베가 일본의 새로운 총리로 선출되었을 때 그의 마음과 결의는 마치 잃어버린 영광을 되찾으려는 전사戰士의 그것과 같았을 것이다. 그리고 그는 세 개의 화살을 꺼내 들었다. 성장률 둔화(또는 실업률 증가)와 물가하락(디플레이션)은 경기침체기에 나타나는 전형적인 특징이지만, 거의 20년 동안이나 지속된다는 것은 다른 경제에서는 좀처럼 찾아보기 힘든 현상이었다. 미국도 대공황 때 성장률 둔화와 물가하락을 겪었지만 그러한 침체는 10여 년 지속되었을 뿐이다. 역사적으로 디플레이션이 20년 가까이 지속된 것은 1870년대 미국이 겪었던 대물가하락Great Deflation 이래 처음이었다.

새 총리로 선출된 아베는 먼저 이러한 악순환의 고리를 끊는 것을 경제정책의 최우선 목표로 세웠다. 그의 경제정책은 흔히 '아베노믹스

Abenomics'로 불리는데, 무제한의 양적 완화, 적극적인 재정지출, 경제구조 개혁이라는 세 개의 화살을 무기로 한다. 아베는 이 세 가지 조치를 따로 따로 실시하면 효과가 없음을 인지하고 세 개의 화살을 거의 동시에 쏘 겠다는 의지를 표명했다. 이것이 아베 총리의 '세 개의 화살'론이다.

그가 시도한 첫 번째 돌파구는 연간 인플레이션률을 2%로 끌어올리는 것이었다. 이는 그동안 1% 이하 인플레이션을 타깃으로 정했던 기존의 통화정책에서 커다란 전환이 이루어졌음을 의미했다. 이를 위해 그는 2013년 4월에 무제한 양적 완화라는 첫 번째 화살을 쏘았다. 그리고 6월 에는 세 번째 화살인 구조개혁안을 발표했다.

아베가 강한 추진력으로 경제정책을 밀고 나가자 시장은 뜨거운 반응 을 보였다. 엔화가치는 계속해서 하락세를 보였고, 그동안 지지부진했던 주가는 단기간에 급등세로 돌아섰다. 아베 정권이 출발할 당시 1달러당 80엔대였던 환율은 2015년 6월 초에는 126엔대까지 상승했다. 이는 2002년 5월 이후 가장 높은 수준이다.

닛케이평균주가지수는 같은 기간 10,230에서 2015년 4월 22일에는 20,133.90을 기록했다. 이는 아베 총리가 취임할 당시에 비해 두 배 가까 이 증가한 것이다. 닛케이평균주가지수가 종가기준으로 20,000선을 돌 파한 것은 2000년 4월 14일 20,434.68 이후 15년 만에 처음이었다(닛케 이평균주가는 1989년 12월 29일 38,915를 정점으로 이후 계속 미끄럼질을 했다). 아베노믹스는 일본경제의 화려한 부활을 알리는 신호탄이 되었으며 아 베 총리의 성적표는 경제에서는 A-로 평가받을 만하다.

아베노믹스와 관련해서 특히 우리의 관심을 끄는 것은 무제한의 양적 완화가 장기적으로도 과연 성공할 것인가이다. 구조개혁을 제외한 두 개 의 화살, 즉 무제한 양적 완화와 공격적 재정지출은 단기적으로는 반짝 효과를 가져올 수 있으나 장기적으로도 효과가 지속될 수 있느냐에 관해서는 견해가 엇갈린다. 특히 임금상승이 뒷받침되지 않고 단순히 돈만 찍어 물가상승을 유도하는 정책에는 한계가 있다. 임금상승이 뒷받침되어야 소비자의 구매력이 증가하고 상품에 대한 수요가 늘어나 인플레이션을 보다 효과적으로 조장할 수 있는 것이다. 실제로 일본의 평균 실질임금은 1997년 이후 2014년까지 줄곧 하락해왔다.

아베 총리의 '세 개의 화살'론과 관련해서 헨리 롱펠로Henry Longfellow의 〈화살과 노래The Arrow and the Song〉가 떠오른다. 아베의 무제한 양적 완화는 쏘아 올린 화살처럼 시선이 따라갈 수 없을 정도로 빠르게 진행되었다. 시인은 오랜 세월이 흐른 후에 한 참나무에 박힌 화살을 찾았지만, 장기적으로 아베의 화살이 목표로 한 과녁에 박힐지는 아직 모른다.

* 공중을 향해 화살 하나를 쏘았으나,
  땅에 떨어졌네. 내가 모르는 곳에.
  화살이 너무 빠르게 날아가서
  시선은 따라갈 수 없었네.
  공중을 향해 노래를 불렀으나,
  땅에 떨어졌네. 내가 모르는 곳에.
  어느 누가 그처럼 예리하고 강한 눈을 가져
  날아가는 노래를 따라갈 수 있을까?
  오랜, 오랜 세월이 흐른 후, 한 참나무에서
  화살을 찾았네, 부러지지 않은 채로.
  그리고 노래도, 처음부터 끝까지,
  한 친구의 가슴속에서 찾았네.

7

유로존의 불안한 동맹

19인 20각 게임

유럽 국가들은 제1, 2차 세계대전을 겪은 후 상호 전쟁을 억제하고 긴장을 완화하기 위한 효과적인 방안으로 경제통합을 추진해왔다. 그 최초의 형태가 1948년에 벨기에, 네덜란드, 룩셈부르크 3국이 체결한 관세동맹customs union이었다. 이는 이 국가들 간에 모든 관세 및 비관세 장벽을 철폐하며 비참가국에는 이 세 나라가 동일한 무역장벽을 부과하는 것을 목표로 했다.

그 후 1951년 벨기에, 프랑스, 이탈리아, 룩셈부르크, 네덜란드, 서독 등 6개국이 유럽석탄-철강공동체European Coal & Steel Community를 체결했고 1957년에는 이 국가들이 유럽경제공동체European Economic Community(EEC)를 구성했다. 1973년에는 여기에 영국, 아일랜드, 덴마크가 참가했으며 그 후 1981년 그리스, 1987년 스페인과 포르투갈이 참가해 EEC 회원국은 총 13개국으로 늘어났다.

1993년 마스트리히트 조약이 발효됨에 따라 EEC는 유럽연합European Union(EU)으로 확대 개편되었다. 이후 1995년 오스트리아, 핀란드, 스웨덴이 참가하여 유럽연합 회원국은 총 16개국으로 늘어났다. 구소련 동맹체제가 붕괴된 후 2004년에는 중앙유럽 및 동유럽 국가 10개국이 참가했으며 2007년에는 다시 불가리아와 루마니아가 참가함으로써 EU 회원국은 총 28개국으로 늘어났다. 2012년 노벨위원회는 평화와 화합, 민주주의, 인권에 기여했다는 공로로 EU에 노벨평화상을 수여했다(그러나 유럽에 닥친 최악의 경제위기와 회원국 간 대립, 사회불안 등의 문제를 지적하며 EU 내부에서도 이견이 있었다).

28개국으로 구성된 EU는 지구상에서 가장 큰 경제블록으로 등장했다. EU는 미국 및 동아시아 3국(중국, 일본, 한국)과 함께 세계 3대 경제축의 하나를 형성하고 있다고 볼 수 있다.* 이 세 개의 경제권 가운데 미국은 단일 연방국가로서 동질성이 가장 강하고, EU의 유로존Eurozone도 단일 통화를 사용하고 있어 경제의 응집력이 높다. 반면 동아시아 국가들은 상호 경제적 의존도는 높지만 응집력은 약하다고 볼 수 있다. 동아시아 3국이 EU같이 단일 통화를 쓰는 경제통합을 이룩할 수 있느냐는 역사적, 지정학적 이해관계가 복잡하게 얽혀 있어 앞으로의 숙제로 남아 있다.

EU는 역내 거래에 관세를 부과하지 않는 공동시장common market을 형

---

* 2013년 8월 현재 EU의 총 인구는 5억 명이 넘어 미국(3억 2,000만 명)보다 2억 명 정도가 많다. 이는 2014년 말 현재 72억 명인 세계 전체 인구의 약 7.3%를 차지한다. 인구 면에서는 동아시아 3국(약 15억 5,000만 명)이 가장 많다. 2014년 EU의 명목GDP 총액은 18조 5,271억 달러로서 세계 최대의 경제규모를 자랑한다. 이는 미국의 GDP 총액(17조 3,481억 달러) 및 동아시아 3국의 GDP 총액(16조 3,693억 달러)을 약간 상회한 규모이다. 세계 전체의 2014년 GDP총액은 77조 2,692억 달러에 달했다. 한편 2013년 무역 규모에서는 동아시아 3국(6조 7,800억 달러)이 EU(4조 4,900억 달러)와 미국(4조 1,600억 달러)을 크게 앞서고 있다. 2013년 세계 전체의 무역규모는 37조 7,060억 달러에 달했다.

성했지만 EU 지도자들은 보다 강화된 형태의 통합을 원했다. 이는 단일 중앙은행을 설립하고 단일 통화를 채택하는 것을 목표로 하는 통화동맹 monetary union을 말한다. 1991년에 조인된 마스트리히트 조약에서 2002년 까지 화폐통합 절차를 마무리한다는 목표를 정했다. 또한 이 조약에서 회원국가가 통화동맹에 가입하려면 그 나라의 경제 상황이 다른 나라들과 비슷해야 한다는 이른바 수렴원칙이 마련되었다. 수렴기준은 다음과 같다.

- 물가 안정: 후보 회원국의 인플레이션은 인플레이션률이 가장 낮은 세 나라의 평균 인플레이션률보다 1.5% 포인트 이상 높지 않아야 한다.
- 금리 안정: 후보 회원국의 장기금리는 이 세 나라의 평균 금리보다 2% 포인트 이상 높지 않아야 한다.
- 환율 안정: 후보 회원국이 통화동맹에 가입하기 전 최소한 2년 동안 자국 화폐의 평가절하를 단행한 적이 없어야 하며 후보 회원국의 환율은 EU 통화동맹의 목표 범위 내에서 유지되어야 한다.
- 공공재정 건전성: 후보 회원국의 연간 재정적자는 자국 GDP의 3%를 초과하지 않아야 하며 정부부채는 GDP의 60%를 초과하지 않아야 한다.

당초 마스트리히트 조약이 체결되었을 때 EU는 15개 나라로 구성되었다. 15개국은 오스트리아, 벨기에, 덴마크, 핀란드, 프랑스, 독일, 그리스, 아일랜드, 이탈리아, 룩셈부르크, 네덜란드, 포르투갈, 스페인, 스웨덴, 영국이었다. 이 회원국들 가운데 11개 회원국만이 유럽통화동맹European Monetary Union(EMU)의 창립 멤버가 되었다. 영국과 덴마크는 EMU에 가입하기를 거부했고 그리스와 스웨덴은 수렴기준을 충족하지 못했다.

드디어 1999년 1월 1일, 11개 EMU 회원국의 단일 통화인 유로화가 탄생했다. 이때 유로가 유로존 국가들의 법적인 통화가 되었지만, 실제 거래에 사용되기 시작한 것은 2002년 1월 1일부터였다. 그 뒤 그리스 (2001), 슬로베니아(2007), 사이프러스와 몰타(2008), 슬로바키아(2009), 에스토니아(2011), 라트비아(2014), 리투아니아(2015)가 차례로 유로존에 가입했다. 2015년 12월 말 현재 총 28개 EU 회원국 가운데 19개국이 유로존에 가입하여 유로화를 공통 통화로 사용하고 있다.

1999년 도입된 이후 유로화는 국제거래와 외환보유액에서 일본 엔화와 영국 파운드화를 누르고 존재감을 크게 부각시켜왔다. 단일 통화로서 유로화의 이점은 무엇일까? 유로존 국가들이 유로라는 단일 통화를 사용해 모든 상품과 서비스가 단일 통화단위로 표시되고 거래가 단일 통화단위로 이루어짐으로써 각국 간의 물가 비교가 쉬워졌으며 분명해졌다. 이와 같이 단일 통화의 사용은 이 나라들에 인플레이션을 낮추는 효과를 가져올 수 있다. 또한 유로존 국가 간에는 통화의 교환이 필요 없어졌고 환율이 사라져 거래가 매우 간소화되었을 뿐만 아니라 환율변동에 따르는 환리스크를 줄일 수 있게 되었다. 주식과 채권 등 금융자산도 모두 단일 통화로 표시됨으로써 국가 간 자산거래와 투자가 보다 활발하게 이루어지게 된 것도 단일 통화가 가져온 이점이다.

그런데 이러한 미시경제적 혜택에도 불구하고 거시경제적 측면에서 유로화는 많은 문제점도 지니고 있다. 한 나라가 경제위기에 처했을 때 대내 및 대외 균형을 회복하기 위해서 정책 당국자는 세 개의 경제정책 수단, 즉 통화정책, 재정정책, 환율정책을 사용한다. 통화정책은 중앙은행이 통화량과 금리를 조절하여 경제에 영향을 미치는 정책이고, 재정정책은 정부가 정부지출과 세금을 조절하여 경제에 영향을 미치는 정책이다. 그리고 환율정책은 환율을 변동시켜 경제에 영향을 미치는 정책이다.

지구상의 모든 독립국가들은 고유의 중앙은행을 가지고 있으며 고유의 통화정책을 통해서 경제활동에 영향을 미치려고 한다. 그러나 유로존 회원국들은 통화 주권을 초국가적 기구인 유럽중앙은행European Central Bank(ECB)에 이양했다. 그에 따라 통화정책과 외환정책도 유럽중앙은행이 수행한다. 따라서 각국은 통화정책이나 외환정책을 독자적으로 수행할 수 없게 되었다. 유로존에 공통적인 요인으로 발생한 경제위기가 아니라 개별 국가에 한정된 경제위기의 경우 그 나라는 정부지출을 늘린다거나 세금을 줄이는 등 오로지 재정정책 수단만을 사용해서 위기를 돌파해야 한다. 그러나 정책수단 하나만을 사용하는 것보다 재정정책과 통화정책의 혼합, 또는 통화정책과 환율정책의 혼합이 훨씬 효과적이라는 것은 잘 알려진 경제이론이다.

설상가상으로 글로벌 경제위기의 여파로 유로존 국가 가운데 재정적자와 정부부채가 늘어나서 당초의 수렴기준에서 크게 일탈한 국가들이 생겨나기 시작했다. 일반적으로 북부 유로존 국가들의 경제 실적은 양호한 반면, 남부 유로존 국가들의 경제 실적과 재정 상황은 크게 악화되었다. 특히 알파벳 첫 글자를 따서 PIGS로 알려진 국가들, 포르투갈, 이탈리아, 그리스, 스페인의 경제 상황은 한때 유로존이 더 이상 유지되기가 어려울 정도로 나빠졌다. PIGS, 즉 '네 돼지'의 최근 실업률은 모두 두 자리 숫자로* 이 나라들의 경제가 얼마나 골병들어 있는지를 알 수 있다(여

---

* PIGS의 실업률은 그리스 26%, 스페인 23.7%, 포르투갈 13.5%, 이탈리아 12.6%이다. EU의 평균 실업률은 9.8%이다.

기에 아일랜드를 추가해 PIIGS라고 부르기도 한다).

이처럼 일부 회원국들이 수렴기준을 벗어나고 있지만 이를 해결하기 위한 통화정책이나 외환정책이 없기 때문에 유로존에는 바람 잘 날이 없다. 2015년 8월 유로존의 재무장관 협의체인 유로그룹이 그리스에 860억 유로 규모의 구제금융을 제공하기로 합의함으로써 그동안 끊임없이 제기되었던 그리스의 유로존 탈퇴위기는 일단 진정 단계로 접어들었다. 유로체제가 붕괴되면 세계금융 질서는 다시 한 번 큰 소용돌이 속으로 빠져들 가능성이 높으며 그 여파는 글로벌 경제위기에 비할 바가 아닐 것이다. 19개 국가로 구성된 유로존은 지금 19인 20각의 불안한 달리기 경기를 하고 있는데 서로 보조가 잘 맞지 않아 비틀거리는 상황이다.

유로라는 명칭은 유럽에서 따온 것이며 유럽의 어원은 그리스 신화에 나오는 에우로페Europe에서 연유한다. 에우로페는 페니키아의 왕 아게노르의 딸이었다. 제우스 신은 에우로페의 아름다움에 반해 그녀가 해변에서 놀고 있을 때 흰 황소의 모습으로 둔갑하여 접근했다. 황소에 이끌린 에우로페가 황소 등 위로 올라타자, 제우스는 이 기회를 놓치지 않고 바다로 뛰어들어 헤엄쳐 크레타 섬까지 갔다. 이후 유럽은 에우로페가 황소를 타고 돌아다닌 지역을 일컫게 되었다. 제우스의 에우로페 납치는 수많은 미술품과 조각품의 소재가 되었다. 그 가운데서도 기원전 480년경에 제작된 〈그리스 화병에 그려진 에우로페와 황소〉가 유명하다.

제우스는 에우로페에게 침략자들로부터 그녀를 보호하는 청동인간 탈로스, 사냥감을 발견하면 절대로 놓치지 않는 사냥개 라일랍스, 그리고 과녁을 빗나가는 일이 없는 투창을 주었다. 라일랍스는 그 후 미노스 왕에게로 넘어갔다가 다시 케팔로스에게 인계되었다. 케팔로스는 이 사냥개를 결코 잡히지 않는다는 테우메소스 여우를 사냥하는 데 이용하려 했

〈그리스 화병에 그려진 에우로페와 황소〉(타르퀴니아 박물관 소장)

다. 이것은 분명 모순이었다. 일단 사냥감을 발견하면 절대로 놓치지 않는 라일랍스 개가 절대로 잡히지 않는 테우메소스 여우를 잡으려고 한다는 것 자체가 이율배반이었다. 이러한 모순은 어쩌면 오늘날 유로존의 운명을 암시한 것인지도 모른다. 유럽이 하나 되기 위하여 형성된 유로존은 이제 분열하지 않으면 존립이 위태로워지는 아이러니한 상황에 놓여 있기 때문이다.

8

탐욕이 부른
경제위기

세계경제는 지난 수세기 동안 크고 작은 경제위기를 끊임없이 겪어왔다. 경제위기는 어떤 패턴을 가지고 주기적으로 일어나는 것일까, 아니면 인간의 탐욕이 가져온 배설물일까? 전에는 경제위기가 주기적으로 일어난다고 보는 견해가 상당한 설득력을 가졌다. 7년 주기설도 주장되었고 11년 주기설도 나왔다. 1차 산업(농업, 임업, 어업 등)이 경제의 주종을 이루었을 때는 경제위기가 어느 정도 주기를 가지고 반복되었을 수도 있다. 그러나 오늘날 경제위기의 주기설을 믿는 사람은 거의 없다. 지난 100여 년 동안 전 세계적 규모로 발생한 경제위기들, 예를 들면 1930년대의 대공황, 1970년대의 석유파동, 2000년의 IT버블 붕괴, 2008년의 글로벌 경제위기를 보더라도 어떤 패턴을 가지고 주기적으로 발생했다고 보기는 어렵다.

경제위기에 주기가 있는 것이 아니라 인간의 탐욕이 경제위기의 싹을 키웠다는 것이 역사가 가르쳐준 교훈이다. 인간의 탐욕에는 주기가 없다.

탐욕은 기회가 있으면 언제라도 분출하는 특성이 있다. 1930년대 미국을 황폐화시킨 대공황도, 2008년 세계를 뒤흔든 글로벌 경제위기도 모두 사람들이 합리적으로 추구할 수 있는 이윤의 범위를 넘어 탐욕을 추구했기 때문에 나타난 결과들이다(1970년대의 석유파동은 공급충격에 의해 유발되었으므로 성격이 다르다).

역사상 가장 유명한 투기거품으로서 1636년부터 1637년에 네덜란드에서 일어난 튤립열풍Dutch tulip mania을 들 수 있다. 네덜란드는 옛날부터 튤립의 생산지로 유명했다. 1636년 어느 날 네덜란드에서 어떤 사람이 2000년 달러가치로 환산하면 몇십 달러밖에 되지 않는 튤립의 돌연변이 품종을 100달러에 사서 200달러에 팔았다. 이것을 본 이웃이 이번에는 200달러를 주고 사서 300달러를 받고 팔기 시작했다. 이러한 튤립열풍은 1년 만에 튤립 가격을 몇십 달러에서 8,000달러대로 치솟게 만들었다. 꿈에서 깨어난 사람들이 뭔가 잘못되었다고 느끼기 시작했을 때는 이미 늦었다. 튤립의 투매가 일어나기 시작했다. 얼마 전까지 8,000달러에 거래되었던 튤립의 가격은 순식간에 70달러까지 폭락했다.

인간의 탐욕과 합리(또는 이성)의 경계선은 어디인가? 합리적 경제주체도 탐욕적인 투기에 가담할 수 있는가? 경제주체를 이성적인 존재로 상정할 때 투기행위는 원칙적으로 일어날 수 없는 현상이다. 철학자 프리드리히 헤겔Friedrich Hegel은 변증법적 발전을 이성logos을 향해서 나아가는 과정으로 보았다. 이성은 개념적으로 사유하는 능력, 사물의 이치를 논리적으로 생각하고 판단하는 능력이다. 이렇게 정의되는 이성은 탐욕적인 투기와 배치된다. 그러나 프리드리히 니체Friedrich Nietzsche는 이성이라는 것이 실제로는 동물적인 욕구에 근거하고 있다고 비판했다. 케인스가 1930년대에 말한 '동물적 충동animal spirit'도 이와 비슷한 맥락에서 이해할 수 있을 것이다. 1996년 미국 주가가 거침없는 상승세를 이어갈 때 그린스펀 당시 연준 의장이 사용했던 '비이성적 열광'도 니체의 반이성적 욕구와 일맥상통하는 것인지 모른다.

그런데 현대경제학은 합리적인 경제주체라도 투기의 유혹에 빠져들 수 있음을 보여준다. 합리적인 경제주체는 애덤 스미스Adam Smith가 그렸던 인간 모습이다. 스미스는 경제주체가 개인의 이익을 추구하고 자유로운 시장이 존재할 경우, 경제는 조화를 이룬다고 보았다. 여기에서 개인이 이익을 추구한다는 것은 효용극대화나 이윤극대화 행위로 나타나며 이는 합리적인 행위로 간주된다. 또한 시장에서 결정된 가격은 시장참여자들에게 이익을 극대화할 수 있는 정보를 제공하기 때문에 시장가격에 바탕을 둔 이익 추구는 경제에 조화를 가져온다고 믿은 것이다. 이는 시장의 합리성에 대한 낙관론이었다.

경제학에서는 경제주체를 이성적인reasonal 존재가 아니라 합리적인 rational 존재로 상정한다. 이성이 아니라 원리나 이치에 합당한 것을 좇는다는 뜻이다. 경제학에서 말하는 합리성을 경쟁시장에서 얻을 수 있는 모든 정보를 이용하여 자기의 이익을 극대화하는 방향으로 행동하는 성향으로 이해한다면 탐욕은 합리성과 반드시 배치된다고는 볼 수 없다. 경제활동에 탐욕이 끼어들 때 시장에서 결정되는 가격은 잘못된 정보를 줄 수 있다. 그리고 각 경제주체들은 그러한 가격을 합리적 시장에서 결정된 균형가격으로 인식하고 그에 따라 본인의 이익을 극대화하는 방향으로 행동할 수 있다.

개인은 가격이 합리적이라고 믿기 때문에 본인은 거품으로부터 영향을 받지 않을 것으로 생각한다. 그러나 많은 사람들이 그렇게 믿고 집단적으로 같은 방향으로 행동할 때 거기에 거품이 끼게 된다. '자기실현적 기대'가 성취되는 것이다. 이것이 투기이다. 이러한 투기로 인한 거품을 '합리적 거품rational bubbles'이라고 한다. 합리적인 경제주체도 탐욕적인 투기에 가담할 수 있는 것이다. 투기는 개인적으로는 합리적이지만 집단적으로는 비합리적인 결과를 가져온다.

그러나 1978년 노벨경제학상을 수상한 허버트 사이먼Herbert Simon은 '제한된 합리성bounded rationality'을 주창했다. 그는 전통적인 경제학이 완전히 합리적일 수 없는 인간을 합리적인 인간으로 간주하여 이론을 구성하는 것은 옳지 않다고 보고, 인간 인지능력의 한계라는 관점에서 합리성을 재정립했다. 인간은 최적화기준optimization criteria에 따라 행동하는 것이 아니라 어떤 선택의 결과가 그들을 행복하게 만들면 그것을 선택하는 만족화원리satisfying principle를 따른다는 것이다. 여기에서는 '만족' 같은 감정의 중요성이 강조된다. 제한된 합리성을 전제로 할 경우 인간은 투기의 결과가 만족을 준다면 언제라도 투기적 행위에 몰입할 수 있게 된다. 이와 같이 인간의 행동이 이성에서 합리성으로, 다시 제한적 합리성으로 옮겨간다고 가정할 경우 경제주체들은 투기적인 탐욕에 점점 더 깊게 빠져들 수 있다.

투기는 궁극적으로는 가격의 상승에서 오는 차익을 노리는 행위이다. 가격의 상승은 크게 보아 두 가지 요인에 의해서 유발된다. 첫 번째는 자연재해 같은 공급충격에 의해서 상품의 공급이 줄어드는 경우다. 두 번째는 돈이 넘쳐나서 상품에 대한 수요가 늘어나는 경우다. 이와 같이 투기는 화폐(돈)의 등장과 더불어 본격적으로 싹트기 시작했다고 볼 수 있다.

돈이 탐욕과 결합될 때 투기는 증폭되는 특성을 갖는다. 게다가 돈은 탐욕과 결합될 수 있는 최적의 조건을 갖추고 있다. 화폐는 소지하기 쉽고 거래하기도 간편하기 때문에 사람들은 이를 수시로 사용하려고 한다.

화폐가 출현하기 전에 사람들은 자기가 생산한 물품을 다른 물품과 교환할 수 있을 뿐이었다. 예컨대 닭을 가진 사람이 쌀을 구하려면 자기가 가진 닭을 쌀로 바꿔줄 사람을 찾아야 했다. 화폐의 출현과 더불어 이러한 '필요의 이중일치double coincidednce of wants'는 사라졌다. 그러나 사람들이 돈을 수시로 사용하면서 물가가 상승하는 현상이 나타나기 시작했다. 화폐의 사용빈도 또는 유통속도가 빨라질수록 가격이 더욱 빨리 상승하는 새로운 경로가 형성된 것이다. 예를 들어 닭을 가진 사람이 5만 원을 주고 농부로부터 쌀 한 가마를 사면, 농부는 곧바로 5만 원을 주고 옷 한 벌을 살 수 있고, 옷 장수는 곧바로 5만 원을 주고 쌀 한 가마를 살 수 있게 된 것이다. 이 상황에서 닭에 대한 수요는 없어지고, 쌀에 대한 수요가 두 배로 는 셈이다. 사람들이 쌀을 더 많이 사려고 한다면, 외부 충격이 없다고 해도 쌀 가격이 올라갈 수밖에 없다.

탐욕이 최근의 글로벌 경제위기의 밑바닥에 깔려 있다는 데는 많은 경제학자들과 경영전문가들도 동의하고 있다. 경제 문제에 대해서는 거의 언급을 하지 않는 티베트불교의 정신적 지도자 달라이 라마도 이번 경제위기는 탐욕이 그 원인이라고 강론한 바 있다. 프란치스코 교황도 4세기 성 바실리우스St. Basilius의 말을 인용해 돈에 대한 탐욕을 "악마의 배설물"이라고 비유했다. 그는 자본이 우상이 되면 사람들의 판단은 흐려지고 결국 사회는 파괴된다고, 탐욕과 결합된 자본주의를 강하게 비판했다. 영국의 철학자인 조지 버나드 쇼George Bernard Shaw는 역설적으로 "돈이 없는 것이 만악萬惡의 근원"이라고 말한 바 있다. 그러나 성경은 "돈을 사랑함이 일만 악의 뿌리"라고 가르친다.

최근의 경제위기는 돈이 없어서 발생했다기보다는 돈을 지나치게 사랑해서 발생한 것이다. 주택 가치가 두 배 이상 가파르게 오르는 상황에서 은행으로부터 돈을 빌려서 집에 투자하는 것은 노력하지 않고 돈을 버는 가장 쉬운 방법으로 보였다. 그러나 일련의 역사적 사건들이 보여주듯, 투기는 처음에는 성공으로 보일지라도 결국 실패로 끝날 가능성이 높으며 성공할 확률과 실패할 확률은 거의 반반이다. 이는 사람들이 탐욕에 눈이 어두울 경우 합리적인 경제주체라고 하더라도 투기행위에 빠져들 수 있으며 합리적 이윤추구를 벗어난 부는 결국 없어지고 만다는 것을 말해준다. 자본주의에 생채기를 내는 탐욕, 화폐경제의 어두운 측면을 글로벌 경제위기는 보여주었다.

결론적으로 탐욕적인 투기로부터 얻은 것과 잃은 것을 계산해보면 남는 게 거의 없다는 것이 과거의 경제위기로부터 배우는 교훈이다. 롱펠로는 〈잃은 것과 얻은 것Loss and Gain〉에서 이 진리를 우리에게 일깨워준다.

> *　잃은 것과 얻은 것을
> 놓친 것과 잡은 것을
> 비교해보니
> 자랑스럽게 여길 만한 것이 별로 없구나.
> 내가 아노니
> 얼마나 많은 날들을 헛되이 보냈던고.
> 좋은 뜻이 화살처럼
> 못 미쳤거나 빗나갔음을.
> 그러나 누가 감히
> 이런 식으로 손익을 재어보겠는가?
> 실패는 승리로 둔갑할지 모르고
> 썰물이 가장 낮게 빠지면 밀물이 밀려오나니.

9

미네르바의 부엉이는
경제위기를 예측할 수 있는가

'미네르바의 부엉이'는 지혜의 여신인 미네르바와 항상 함께 다니는 신조神鳥로, 지혜의 상징이었다. 독일의 철학자 헤겔은 1820년 저서 《법철학 강요 *Grunlinien der Philosophie des Rechts*》에서 "미네르바의 부엉이는 황혼이 저물어서야 날개를 편다"는 유명한 말을 남겼다. 미네르바의 부엉이가 낮이 지나고 밤에 날개를 펴듯이, 철학은 앞날을 미리 예측하는 것이 아니라 이미 이루어진 역사적 조건이 지나간 이후에야 그 뜻이 분명해진다는 의미였다.

미네르바의 부엉이처럼, 경제학의 목적도 앞날을 예측하는 것이 아니라 과거에 일어난 일을 분석해서 그 문제점을 진단하고 해결책을 제시하는 것이라고 볼 수 있다. 그러나 사람들은 경제학자들이 미래의 경제 상황을 예측하는 능력을 갖추고 있으리라 기대한다. 과연 경제학자들은 미래를 예측할 수 있는가? 그리고 예측할 수 있다면 그러한 예측은 정확하게 맞아떨어지는가? 경제위기가 어떤 주기를 가지고 반복적으로 일어난다면 위기를 예측하는 것도 어느 정도 가능할 것이다. 그러나 탐욕이 경제위기의 바탕에 깔려 있으면 예측과 점치기의 경계가 애매해진다. 인간사에서 미래를 예측한다는 것은 거의 불가능한 일인지도 모른다. "하나님은 인간이 미래를 예측하는 것을 허용하지 않았다"고 톨스토이 Lev Tolstoy는 말했다. 톨스토이는 구약성경 〈잠언〉에 나오는 "사람이 그의 장래 일을 능히 헤아려 알지 못하게 했다"는 구절을 인용한 것으로 보인다.

하루나 이삼 일 앞을 내다보는 일기예보도 틀리는 경우가 비일비재하다. 이와 관련해서 유명한 일화가 있다. 영국국립기상청은 1987년 10월 14일 다음과 같은 일기예보를 내보냈다. "내일은 약한 소나기가 내리고, 중간중간 맑은 날씨를 보이겠으며 얼마간의 바람이 불겠습니다." 그러나 바로 다음 날 200년 만에 최악의 태풍이 영국을 강타했다. 정확한 관측과 데이터에 기반한 예보도 이렇게 빗나가는 일이 종종 생긴다. 하물며 경제예측은 '달무리가 생기면 바람이 일고 주춧돌이 축축해지면 비가 온다'고 예측하는 것과는 다르다. 경험법칙으로부터 확립된 이러한 관계는 예측이라기보다는 선후관계라고 볼 수 있다. 어떤 선후관계는 경제적인 의미에서 예측이 아니다. 예측은 불확실한 미래를 예견하는 것이기 때문이다. 노벨상 수상자인 프리드먼은 실증분석으로 유명하지만 "6개월이 넘는 경제예측은 하지 않는다"고 말한다. 정확한 경제예측이란 그만큼 어렵다.

경제학자들은 복잡한 경제 모형을 사용하여 미래의 경제를 예측하려고 한다. 그러나 그러한 모형도 어떠한 정보를 입력하느냐에 따라 결과가 달라질 수 있다. 컴퓨터 용어에 GIGO라는 말이 있다. "쓰레기 같은 정보를 집어넣으면 쓰레기 같은 결과가 나온다Garbage In, Garbage Out"는 것이다.

정교한 경제 모형도 오류로부터 자유로울 수 없는 것이다. 또한 모든 경제예측은 현재의 경제추세를 근거로 하는데, 6개월, 길어야 1년 정도는 그래도 현재의 추세가 크게 달라지지 않을 것이라고 전제할 수 있으며 경제예측이 어느 정도 맞아떨어질 수 있다. 그러나 2년 후, 10년 후 또는 20년 후의 경제를 예측한다는 것은 점을 치는 것과 별로 다르지 않다.

중세 때에는 수정구슬을 통해서 미래를 예측하는 수정점이 유행했다. 미래의 일들이 수정구슬에 투영된다고 믿는 점술이다. 공자에게 한 제자가 "점이 얼마나 잘 맞습니까?" 하고 물었을 때 공자는 "7할은 맞는다"고 대답했다. 점이 열 번 가운데 일곱 번은 맞는다고 본 것이다. 그러나 점이 맞을 가능성은 열 번 가운데 다섯 번 정도라는 것이 확률이론의 결론이다(물론 숫자를 맞힐 확률은 이보다 훨씬 줄어든다). 케네디 행정부에서 주인도 대사를 지냈고 경제발전론으로 유명한 하버드 경제학자 존 갤브레이스John Galbraith는 "경제예측의 유일한 기능은 점성술을 존경스럽게 만드는 것"이라고 말한 바 있다.

심지어 미국 역사상 가장 심각한 경제위기였던 대공황의 도래에 대해서도 경제전문가들은 캄캄했다. 대공황의 서곡이었던 1929년의 주식시장 폭락 이후에도 많은 전문가들의 경제예측은 빗나갔다. 1931년 경제에 어두운 그림자가 짙어갈 무렵, 당시 가장 유명한 경제학자였던 예일 대학의 어빙 피셔Irving Fisher는 미국경제가 곧 회복될 것으로 내다보았다. 그러나 대공황은 그의 예측과는 달리 10년 이상이나 지속되었다. 한국이 겪었던 아시아 금융위기도 사전에 예측한 경제학자가 없어서 한국의 경제학자들이 얼굴을 들고 다니지 못한 적이 있었다.

하버드 경제학자 그레고리 맨큐Gregory Mankiw는 1982년 경기침체 때 경제예측 모형들이 현실에 얼마나 부합했는지를 분석했다. 20개 경제예측 전문기관들이 예측한 실업률 중간치와 실제 실업률을 비교해보았다. 여섯 시점(1981년 2분기, 1981년 4분기, 1982년 2분기, 1982년 4분기, 1983년 2분기, 1983년 4분기)에서 이후의 5분기를 예측한 것인데 1분기 예측은 비교적 정확했지만 전체적으로 2분기부터 크게 빗나갔다. 6개월 앞을 예측하는 것이 쉽지 않다는 이야기이다.

시티은행과 부동산컨설팅업체 나이트프랭크Knight Frank가 공동으로 작성한 2012년 〈국부보고서Wealth Report〉는 2050년 세계 각국의 1인당 GDP 순위에서 싱가포르(13만 7,710달러), 홍콩(11만 6,639달러), 대만(11만 4,093달러), 한국(10만 7,752달러)이 차례로 1위부터 4위까지를 차지할 것이라고 전망했다. 한국의 뒤를 이어 미국이 10만 802달러로 5위에 올랐다. 이러한 장기적인 예측은 공상과학류의 미래에 대한 상상일 뿐이다. 이를 믿거나 말거나 식으로 받아들인다면 모르지만, 심각하게 받아들인다면 스스로가 속임을 당하는 꼴이 된다. 장기 예측을 하는 당사자조차 그 예측이 맞아떨어질 거라고 생각하지 않을 것이다. 한 가지 분명한 것은 진지한 경제학자들은 장기 예측을 거의 하지 않는다는 점이다.

한국에서 한때 사이버 논객인 미네르바가 리먼브라더스의 파산을 예상하고 달러에 대한 원화가치의 급락을 예측했다고 해서 많은 화제를 불러일으킨 적이 있다. 그 당시 많은 사람들은 미네르바가 경제를 예측할 수 있는 신통력을 가졌다고 믿었다. 그가 만약 리먼브라더스가 매우 어려운 상황에 처할 것이라고 예측했다면 그의 예측은 논리적인 근거를 가지고 있다고 볼 수 있다. 그러나 족집게처럼 리먼브라더스의 파산을 맞혔다면 그의 예측은 이미 신통력이 떨어진다. 그것은 우연의 일치이며 점치는 것이나 다를 바가 없기 때문이다.

사실 리먼브라더스의 몰락은 운명적인 것이었다. 리먼브라더스는 망하기 바로 전 헨리 폴슨Henry Paulson 재무장관, 벤 버냉키Ben Bernanke 연준 의장, 오바마 정부의 재무장관으로 내정된 티머시 가이트너Timothy Geithner 세 사람에 의해 살아남을 수도, 버려질 수도 있었던 카드였다. 파산 가능성은 반반이었다고 볼 수 있다. 한국의 미네르바는 동전의 뒷면에 베팅을 했고 그것이 우연히 맞아떨어진 것이다.

정치인들은 숫자로 국민들에게 공약하기를 좋아한다. 그것은 마법을 거는 것과 같은 위력을 갖기 때문이다. 그러한 공약은 장래의 경제예측을 기반으로 한다. 이명박 전 대통령은 후보 시절 747 공약을 내걸었다. 747은 미국 보잉 사의 점보여객기 이름에서 따온 것인데 통 큰 공약을 내건다는 야심으로 붙인 이름으로 보인다. 747 공약은 그의 임기 중 연 7%의 경제성장률과 1인당 국민소득 4만 달러, 그리고 세계 제7위의 경제규모를 달성하겠다는 내용이었다. 그러나 그가 2013년 1월 퇴임했을 때 공약 성적표는 초라하기 짝이 없었다. 임기 중 연평균 경제성장률은 3%가 조금 넘었고 1인당 국민소득은 2만 달러를 약간 상회했으며 GDP 기준 한국의 경제규모는 세계 15위로 오히려 후퇴했다. 747 공약은 반토막이 난 헛된 약속에 지나지 않았다.

이러한 에피소드들은 1년이 넘는 미래에 대한 경제예측은 심각하게 받아들이기보다 재미로 받아들이는 것이 실망을 덜어줄 수 있음을 보여준다. 로버트 H. 스미스Robert H. Smith의 〈삶의 시계The Clock of Life〉는 그 누구도 우리의 미래를 예측할 수는 없다고 노래한다.

* 삶의 시계는 단 한 번 감깁니다.
   그 바늘이 늦은 시각 혹 이른 시각
   어디쯤에서 멈출 것인지

말해줄 능력을 지닌 자 아무도 없습니다.

재물을 잃는 것은 실로 슬픈 일입니다.

건강을 잃는 것은 그보다 더한 슬픔입니다.

영혼을 잃는 것은 어느 누구도 다시 찾을 수 없는 손실입니다.

우리가 가진 것은 오직 현재뿐

그래서 열심히 살며 사랑하며 뜻을 가지고 힘써 수고하십시오.

내일을 신뢰하지 마십시오.

그때엔 시계는 멎을 테니.

10
———

정부는 경제위기를
해결할 수 있는가

우리가 경제위기를 미리 예측할 수 없다면, 차선책으로 정부는 경제위기가 발생한 후 신속하게 그리고 효과적으로 경제위기를 해결할 능력을 가지고 있는가가 우리의 관심사로 떠오른다. 한국에서는 경제가 어려울 때마다 정부가 팔을 걷어붙이고 경제 살리기에 나서며 대대적인 경기부양 정책을 전가의 보도처럼 휘둘러왔다. 이러한 정책은 주전부리 정책이나 다를 것이 없다. 때 없이 마구 먹는 군음식처럼, 일시적으로 경제지표를 끌어올리는 반짝 효과를 가져올지 모르지만 경제체질을 바꾸는 데는 별로 도움이 되지 않는다. 고용과 총생산을 늘리기 위해 금리를 인하하고 재정지출을 늘리는 정책은 유휴자원이 많이 남아 있는 개발 단계의 경제에서는 효과가 크게 나타날 수 있지만 성숙 단계에 있는 경제에서는 그 효과가 미미한 것이 일반적이다.

사실 이 주제에 관해 경제학계에서는 과거 80여 년 가까이 의견이 분분했다. 크게 봐서 정부가 통화량이나 금리를 조절하는 통화정책, 정부지출이나 세금을 조절하는 재정정책을 사용해서 경제를 위기에서 구할 수 있다고 믿는 사람들(케인스학파)과, 경제는 스스로 문제점을 해결하는 치유력을 가지고 있기 때문에 정부가 자의적인 정책을 사용해서 시장경제에 관여해서는 안 된다고 주장하는 사람들(고전학파)로 나뉘어 논쟁해왔다. 실망스럽게도 이 논쟁은 오늘날까지도 끝나지 않고 있다.

경제의 구조나 기능이 인체와 닮은 점이 많다는 것을 인식하면 이 문제를 이해하는 데 도움이 된다. 우리 인체는 면역력을 가지고 있다. 어떤 병원균이 인체를 공격할 때 일차적으로 인체의 면역력이 작동한다. 그래서 어지간한 병원균은 퇴치가 가능하다. 경제도 치유력을 가지고 있다. 경제도 시장기능이 잘 발달되어 있고 물가나 임금 또는 금리 같은 가격이 왜곡되지 않고 자유롭게 움직이는 체제를 갖추고 있으면 어지간한 외부 충격에도 잘 굴러가게 되어 있다.

그러나 몸이 많이 쇠약해져 있다거나 강한 병원균이 공격하면 면역력은 제대로 작동할 수 없다. 우리 몸은 병원균에 쉽게 감염될 수 있다. 이때는 투약이나 주사가 필요하며 경우에 따라서는 수술도 필요하다. 경제도 인체와 마찬가지로 경제체질이 약해져 있거나 가격기능이 제대로 작동하지 못하면, 강한 외부 충격에 쉽게 무너져 자정능력을 상실하게 된다. 예컨대 세월호 사건이나 메르스 사태와 같은 외부 충격이 가해지면 경제가 일시적으로 휘청거린다. 그런 경우에는 재정지출을 늘리거나 통화량을 늘리는 등 과감한 경기부양책이 필요하다. 그러나 그러한 정책은 일시적인 대증요법이지 경제의 기초체력을 튼튼하게 만드는 근본적인 치유책은 되지 못한다.

여기에서 다시 한 번 경제와 인체의 관계를 비유적으로 살펴볼 필요가 있다. 경제에서 통화는 우리 몸에서 물과 비슷한 역할을 하고, 재정지출은 건강보조식품과 비슷한 역할을 한다고 볼 수 있다. 마치 물이 우리 몸에서 피를 맑게 하고 혈액순환을 원활하게 하는 데 필수 요소이듯이, 통화도 경제가 순조롭게 작동하고 거래가 원활히 이루어지게 하는 데 불가결한 요소이다. 물이 부족하면 신체가 제대로 기능하지 못하지만 너무 많은 물을 섭취해도 문제가 생길 수 있다. 경제에서도 돈이 부족하면 경제가 제대로 작동하지 못하지만 지나치게 많아도 문제가 생긴다.

한편 재정정책은 경제의 특정 부문에 차별적으로 영향을 미친다는 점에서 경제 전반에 영향을 미치는 통화정책과는 효과가 다르게 나타난다. 건강보조식품이 간, 위, 심장 등 특정 부위의 기능을 높여주는 것과 마찬가지로 재정지출도 그것이 사용되는 경제 분야에 따라 다르게 활력소를 불어넣을 수 있다. 예를 들어 고속도로를 확장하기 위해서 재정지출을 늘리면 건설회사와 고속도로 건설 분야에 종사하는 노동자들이 혜택을 보는 것과 같다.

그러나 한 가지 분명한 사실은 물과 건강보조식품만으로는 기초체력을 키울 수 없다는 것이다. 이들은 신체를 정상상태로 유지시키는 데 필요할 뿐이다. 물을 아무리 많이 마시고 건강보조식품을 아무리 많이 섭취해도 체질을 근본적으로 개선시킬 수는 없다. 물이나 건강보조식품의 지나친 섭취는 몸을 일시적으로 붓게 만드는 결과를 가져올 수 있는데, 이를 두고 신체가 튼튼해졌다고 생각하면 착각이다.

이 비유를 경제에 적용할 수 있다. 정부는 재정정책이나 통화정책을 사용하여 경제를 얼마간 활성화시킬 수 있다. 그러나 그것은 경제를 정상상태로 회복시키는 데, 즉 실제성장률을 잠재성장률 수준으로 끌어올리는 데 필요한 것이지 경제의 생산능력, 즉 잠재성장률 자체를 키우는 데는 한계가 있다. 나아가 돈과 재정지출을 너무 많이 풀면 경제를 일시적으로 흥청거리게 하는 결과만을 가져올 수 있다. 인플레이션을 초래할 뿐이다. 이를 두고 경제가 건강해졌다고 말할 수는 없다.

한국경제가 당면한 문제점은 높은 실업률과 소득불균형 등으로 인해 체질이 악화되어 잠재성장률이 떨어졌다는 데 있다. 글로벌 경제위기 이후 한국과 미국 두 나라 모두 성장률 둔화를 겪고 있지만 한국의 경제 상황은 미국과 다르다. 미국경제의 문제는 실제성장률이 잠재성장률 이하로 크게 떨어졌다는 점이고 한국경제의 문제는 잠재성장률 자체가 크게 떨어져 실제성장률이 함께 둔화되었다는 점이다. 지금 한국경제에 필요한 것은 경제의 체질을 개선해 체력을 튼튼히 하는 것이고, 미국경제에 필요한 것은 경제의 기력을 회복하는 것이다. 미국은 경기부양 정책을 사용해서 당면한 문제를 해결할 수 있지만, 한국은 경기부양만으로 문제를 풀 수 없는 어려움에 직면해 있다.

2강

시장과
자본주의

시장경제 자본주의는 한국경제를 떠받치고 있는 주춧돌로, 시장경제와 자본주의라는 두 가지 요소를 핵심으로 한다. 자본주의를 한마디로 정의하는 것은 매우 어려운 일이다. 정의하는 사람에 따라 달리 해석할 수 있기 때문이다. 자본주의는 대체로 18세기 중반 산업혁명이 일어난 후 자본을 축적한 계층, 즉 자본가 계급이 출현하면서부터 그 형태가 점점 뚜렷해졌다. 자본주의는 이윤 획득을 목적으로 하는 생산활동과 그로부터 얻게 되는 재산에 대한 소유권을 보장하는 체제로 이해되고 있다. 시장은 사람들이 모여서 상품과 서비스를 교환하는 장소로서, 인류의 출현과 더불어 생겨났다고 볼 수 있다. 교환은 교환에 참가하는 사람들의 복지를 늘린다. 이것이 시장경제의 가장 강력한 힘이다. 요컨대 시장경제 자본주의는 교환을 통해 시장에서 가격이 형성되고 가격이 주는 정보를 근거로 사람들이 효용과 이윤의 극대화를 추구하는 체제이다.

1
경제를 바라보는
두 개의 시각

객관적인 사실에 대한 주관적인 평가는 사람에 따라 많은 차이가 난다. 사람들의 입장이 극명하게 달라질 수 있음을 보여주는 예로 흔히 포도주 반병의 비유가 회자된다. 포도주가 반이 담겨 있는 병을 바라보면서 반밖에 남아 있지 않다고 보는 사람이 있는가 하면, 반이나 남아 있다고 보는 사람이 있다. 포도주가 반쯤 채워져 있다는 객관적인 사실은 변함이 없지만, 입장에 따라서 다르게 바라보는 것이다.

동일한 사실을 대하는 시각차는 개개인의 출생 환경, 성장 과정, 교육수준, 시대 상황 등에 의해 형성된 가치관을 반영할 것이다. 또한 기질적으로 낙관적이거나 비관적인 성향을 가지고 태어날 수도 있다. 한 가지 분명한 것은 "포도주가 반밖에 남아 있지 않다"는 말이나 "포도주가 반이나 남아 있다"는 말 모두 틀린 주장은 아니라는 점이다.

경제를 바라볼 때에도 크게 다른 두 개의 시각이 존재한다. 어떤 사람들은 경제는 그 자제가 스스로 치유하는 능력이 있기 때문에 정부는 경제를 그대로 흘러가도록 내버려두어야 한다고 주장한다. 이런 입장을 고전학파라고 한다. 반이나 채워져 있는 포도주 병을 보는 세계관이다. 다른 쪽에 있는 사람들은 경제의 그러한 치유력이 약할 수도 있고 때로는 작용하지 않을 수도 있기 때문에 정부가 적극적으로 개입해서 경제의 문제점을 진단하고 해결해야 한다는 입장을 취한다. 이러한 입장을 케인스학파라고 한다. 반이 비워진 포도주 병을 보는 세계관이다.

물론 경제를 바라보는 입장을 세밀한 채로 걸러보면 세부적으로 보다 다양한 스펙트럼이 존재한다. 포도주 병에 포도주가 반쯤 담겨 있다는 객관적인 사실을 보는 입장을 중도라고 할 때 중도에서 오른쪽으로 이동하면 점점 보수적인 색채가 짙어지는 경제사조를 만나게 된다. 우리가 먼저 만나볼 정통 고전학파는 대공황이 일어나기 전까지 구미 경제사조를 지배한 신고전학파 경제학neo-classical economics으로서 이는 시장의 역할과 정부의 불간섭을 강조한다.

통화주의monetarism와 새고전학파 경제학new classical economics 그리고 공급중시 경제학supply-side economics은 현대판 고전학파의 다른 줄기들로 볼 수 있다. 이 가운데 통화주의와 새고전학파 경제학(또는 합리적 기대 이론)은 사람들의 기대를 경제행위에 접목했을 때 민간 경제주체들은 예상 가능한 정부와 중앙은행의 정책을 충분히 무력화시킬 수 있는 능력을 갖고 있으므로 경제에 대한 정부의 개입은 득보다 오히려 해가 많다고 보는 입장이다. 새고전학파 경제학은 로버트 루커스Robert Lucas와 토머스 사전트Thomas Sargent 등이 주도해왔다.

정통 고전학파보다 더욱 보수적인 입장은 개인의 자유와 제한된 정부, 사유재산권과 자유경쟁시장을 중시하는 자유방임주의 또는 자유지상주의학파libertarianism이다. 애덤 스미스가 자유방임주의학파의 원조라고 볼 수 있다. 시카고학파의 밀턴 프리드먼은 스미스의 자유방임주의의 복원을 꿈꾼 현대판 시장경제 자본주의의 기수다. 또한 개인의 자유가 가장 중요하고 정부나 공공이익 같은 사회적 목표는 그다음이라고 주장하는 오스트리아학파Austrian school of economics는 이념면에서 시카고학파보다 더욱 보수적이며 고전적 자유주의에 보다 더 가깝다고 볼 수 있다.*

  밀턴 프리드먼의 시카고학파와 프리드리히 하이에크Friedrich Hayek의 오스트리아학파는 개인의 자유와 정부의 불간섭을 지향한다는 점에서 비슷하며, 이들에 의해 마련된 이론적 틀은 신자유주의의 기초를 닦았다. 신자유주의는 고전적 자유주의를 그대로 수용하기보다는 작은 정부지만 자유시장의 질서를 유지하기 위한 강한 정부를 인정한다. 하지만 양 학파

---

* 초기 오스트리아학파는 오스트리아의 빈 대학을 중심으로 1870~1880년대에 형성된 한계효용학파를 지칭했다. 카를 멩거Carl Menger, 오이겐 폰 뵘바베르크Eugen von Böhm-Bawerk, 프리드리히 폰 비저Friedrich von Wieser 등이 이 대학에서 활동했다. 후기 오스트리아학파는 루트비히 폰 미제스Ludwig von Mises, 프리드리히 하이에크 등에 의해 계승 발전되었는데 이들의 주된 관심사는 개인의 자유와 정부의 불간섭을 핵심으로 하는 자유주의시장경제였다. 이런 점에서 오스트리아학파는 총론에서는 프리드먼의 통화주의(또는 시카고학파)와 공통점이 많다.
  그러나 각론으로 들어가면 이 두 학파 사이에는 상당한 차이가 드러난다. 먼저 방법론에서 통화주의학파가 거시통계자료와 계량경제학기법을 사용하여 거시경제 모형의 분석에 관심을 갖는 데 반해, 오스트리아학파는 경제주체를 합목적적인 주체로 보고 이들의 행위를 분석하는 데 보다 많은 관심을 가지기 때문에 거시계량경제학적 방법론은 적절치 않다고 본다. 일부 오스트리아학파 학자들은 국가가 독점하는 화폐발행이 인플레이션의 원흉이 된다고 보고 이를 폐지하고 금본위제도로 복귀할 것을 주장하기도 한다. 한편 시카고학파는 화폐가 총생산이나 고용 같은 실질변수에 영향을 미치지 않는다고 보는 반면(화폐의 중립성), 오스트리아학파는 화폐가 이 실질변수들에 대하여 실질적인 효과를 미친다고 본다(화폐의 비중립성). 이로부터 오스트리아학파의 화폐적 경기변동 이론이 확립되었다.
  시카고학파의 산실인 시카고 대학 경제학부는 노벨경제학상을 가장 많이 배출한 대학으로도 유명하다. 2015년까지 시카고 대학은 12명의 노벨경제학상 수상자를 배출했다. 그 뒤를 이어 UC 버클리가 8명, 프린스턴대가 6명, 하버드대가 5명, 컬럼비아대가 4명, MIT가 4명, 영국 케임브리지대가 4명, 그리고 예일대가 3명의 수상자를 탄생시켰다.

는 각론에서는 많은 차이를 보인다. 무엇보다 시카고학파는 주류경제학의 반열에 올랐지만 오스트리아학파는 비주류경제학의 테두리를 벗어나지 못하고 있다.

보다 급진적인 자유지상주의자들은 개인의 자유에 최고의 가치를 두며 정부를 개인의 자유를 방해하는 제도로 간주하기도 한다. 따라서 사유재산권이나 개인의 활동에 대한 정부의 어떠한 간섭도 배제한다. 마약의 합법화를 주장하는가 하면 근로소득에 대한 과세를 강제노동이라고 반대한다. 나아가 국가가 독점하는 통화체제의 폐지를 주장하기도 한다. 이를 급진적 자유방임주의라고 볼 수 있다. 스펙트럼의 오른쪽 끝에는 개인의 자유를 최상의 가치로 내세우고 그에 대한 모든 억압적인 제도나 사회 관습을 거부하는 무정부 자본주의가 있다. 동양에서는 도가道家의 사상이 무정부주의에 가깝다.

중도에서 왼쪽으로 이동하면 점점 진보적인 색조가 강해지는 경제사조를 만나게 된다. 먼저 만나게 되는 주류 케인스학파는 사유재산권과 시장의 역할을 중시하지만 시장이 완전하지 않다고 보고 정부의 개입을 옹호한다. 프리드먼과 하이에크에 의해서 구축된 신자유주의와 맞선꼴을 이루는 케인스주의는 때로는 수정자본주의라고 불리기도 하며 그 당시의 '경제민주화' 모델이었다고 볼 수 있다. 정통 케인스학파는 1950~1960년대의 신케인스 경제학neo-Keynesian economics을 거쳐 새케인스 경제학new Keynesian economics으로 발전했는데, 새케인스 경제학은 1970년대부터 거세지기 시작한 새고전학파의 도전으로부터 케인스경제학을 수호하려는 응전이었다. 새케인스 경제학은 사람들의 기대를 경제행위에 접목하더라도 경제에 임금과 물가의 신축적인 움직임을 방해하는 시장실패 요인들이 존재하기 때문에 정부의 개입정책은 여전히 효과적이라고 본다.

왼쪽으로 조금 더 옮겨가면 원래의 케인스학파보다 더욱 케인스적인 후기케인스학파post-Keynesian economics를 만나게 된다. 후기케인스 경제학자들은 시장의 실패를 보다 심각한 것으로 보며 정부개입과 소득분배에 관해서 케인스보다 더욱 진보적인 입장을 취한다. 그들은 국가 주요산업에 대한 규제와 물가, 임금 및 이윤의 통제, 정부지출을 통한 광범위한 인센티브 및 징벌제도 도입, 정부에 의한 경제계획 기능의 강화 등을 주장한다. 후기케인스학파를 이끈 대표적인 경제학자로는 조앤 로빈슨Joan Robinson과 하이만 민스키Hyman Minsky를 꼽을 수 있다.

왼쪽으로 계속 이동하면 시장 그 자체보다 시장의 기반이 되는 법과 제도가 경제활동에 더 중요하다고 믿는 제도학파 경제학institutional economics이 있다. '베블런 효과'*로 유명한 소스타인 베블런Thorstein Veblen에 의해 주도된 제도학파는 개인에게 영향을 미치는 제도 자체가 중요하며 따라서 사회구성원들의 행동을 결정짓는 제도를 분석해야 한다는 입장을 취한다. 노벨경제학상을 수상한 사이먼에 의해 기초가 다져진 행동경제학behavioral economics도 여기에 포함시킬 수 있다. 그리고 일부 제도주의 경제학자들은 마르크스주의가 제도주의 전통에 있다고 보기도 한다. 제도주의자들은 미국의 사회보장제도 같은 복지정책의 확립에 크게 기여했다.

한편 시장을 인간사회의 전통적인 기능을 파괴하는 이상한 제도로 보는 반시장주의 경제학자들도 있다. 대표적인 학자로서 칼 폴라니Karl Polanyi를 들 수 있다. 그는 산업혁명이라는 거대한 전환을 통해 인간과 자연이 상품화되는 인류사적 충격을 겪은 이래 시장은 문화 파괴적인 특성

---

* 가격이 오르는데도 소비가 줄지 않고 오히려 증가하는 현상. 과시효과라고도 한다.

을 드러냈다고 주장한다. 자본주의는 토지, 노동, 화폐를 상품화함으로써 필연적으로 갈등을 내포하고 있다는 것이 폴라니의 입장이다(그는 이들을 '가공의 상품fictitious commodities'이라고 불렀다). 그는 고전적 자유주의에서 케인스적 복지국가로의 이전을 대전환great transformation이라고 불렀다.

일반적으로 급진주의 경제학자들은 시장의 자체 조정기능을 믿지 않는다. 그들은 대체로 카를 마르크스Karl Marx의 계급투쟁이론을 이론체계로 사용하며 생산자원의 국유화를 지지한다. 여기에 소속된 주요 인물로서는 폴 스위지Paul Sweezy가 있다.** 그에 의하면 자본주의 체제는 독과점화, 경기침체, 금융 파탄이라는 세 과정을 거치면서 몰락을 향해 나아간다. 왼쪽으로 끝까지 이동하면 그 종착지에는 사유재산권을 인정하지 않고 국가가 자원의 생산과 분배를 결정하는 마르크스 경제학Marxian economics이 위치한다.

이로써 우리는 경제 이념의 오른쪽 끝에서 왼쪽 끝까지 다양한 색깔을 살펴보았다. 크게 보아서 고전학파 경제학은 국가의 개입이 없는 시장경제의 구현을, 케인스경제학은 국가의 개입에 의한 시장경제의 보완을, 그리고 마르크스 경제학은 국가의 자원분배에 의한 소득균등의 달성을 목표로 한다고 볼 수 있다.

** 미국인 최초의 노벨경제학상 수상자인 새뮤얼슨은 스위지를 가리켜 "하버드가 배출한 가장 우수한 학생이며 당대에 가장 유망한 경제학자 가운데 한 명"이라고 평가한 적이 있다.

2 ── 중국은 사회주의 경제체제인가
자본주의 경제체제인가

눈부신 경제성장에 힘입어 2010년 IMF 통계 기준으로 일본을 추월하고 미국과 어깨를 나란히 겨루는 세계 2위의 경제대국, G2의 위치로까지 올라선 중국은 자본주의체제를 향한 잰걸음을 멈추지 않고 있다. 2014년 9월 20일 중국은 세계의 이목을 집중시킨 이벤트를 연출했다. 이날 중국 전자상거래 업체인 알리바바Alibaba는 자본주의의 심장인 미국 뉴욕증권거래소에서 자본주의의 꽃인 주식을 상장하여 미국증시 사상 최대규모의 기업공개(IPO) 기록을 세웠다.

알리바바의 총 공모액은 217억 2,000만 달러(약 2조 7,200억 원)에 달했는데 이는 이전까지 정보통신(IT) 업종 가운데 최대였던 페이스북의 공모액 160억 달러는 물론, 이전까지 뉴욕증시 최고기록이었던 비자카드의 공모액 197억 달러 기록까지 갈아치웠다. 상장 당시의 공모가를 기준으로 할 때 알리바바의 시가총액은 1,676억 달러로, 구글(3,986억 달러)과

페이스북(2,002억 달러)에 이어 인터넷 기업 가운데 3위에 오르는 개가를 올렸다. 그리고 첫 거래에서 알리바바 주가는 공모가인 68달러에서 곧바로 92.70달러로 36% 상승함으로써 시가총액은 단번에 2,285억 달러로 껑충 뛰었다(알리바바 주가는 2014년 11월에는 최고 수준인 120달러까지 상승했다).

알리바바의 최고경영자인 마윈馬雲뿐만 아니라 중국의 젊은 IT 창업자들이 단기간에 세계의 부호 대열에 이름을 올리고 있다. 중국 부자연구소 후룬胡潤이 발표한 '2015년 후룬 IT 부호 명단'에 의하면, 마윈이 211억 달러, 텐센트tencent 창업자 마화텅馬化騰이 161억 달러, 샤오미小米 창업자 레이쥔雷軍이 140억 달러, 바이두百度 창업자 리옌훙李彦宏·마둥민馬東敏 부부가 119억 달러의 자산을 보유하고 있다.• 이들 모두 한국 제일의 부자 이건희 회장이 보유한 재산 110억 달러를 크게 앞서고 있다. 중국 기업들의 성공 스토리를 보면서 많은 사람들은 중국경제가 공산주의 또는 사회주의 경제체제가 맞는가 하는 의문을 갖게 되었을 것이다. 아니면 중국의 경제체제가 자본주의체제와 무엇이 다른가 하는 의문을 가졌을지도 모른다.

우리는 앞에서 경제사조를 대충 훑어보았다. 다양한 스펙트럼의 경제사조가 존재하는 것과 마찬가지로 다양한 형태의 경제체제가 존재해왔다. 우선 경제체제는 시장경제와 통제경제(또는 계획경제)로 구분할 수 있으며, 또한 자본주의와 공산주의(또는 사회주의)로 분류할 수도 있다. 시장경제는 재화의 생산과 분배가 시장에서 이윤의 극대화를 추구하는 개인들에 의해서 결정되는 경제체제이며, 통제경제는 재화의 생산과 분배를

• 2015년 10월 현재 1달러당 6.4위안의 환율을 적용해 계산했다.

국가가 결정하는 경제체제이다. 자본주의는 재산에 대한 사적 소유권이 보장되는 체제이며, 공산주의는 국가가 생산자원을 소유하는 체제이다. 그리고 사회주의는 국가가 생산기반만 통제하는 체제이고 공산주의는 국가가 생산기반뿐만 아니라 자원의 배분까지 통제하는 체제로 구별하기도 하며, 사회주의는 낮은 단계의 공산주의로, 공산주의는 높은 단계의 공산주의로 구분하기도 한다.

시장경제와 통제경제는 재화의 생산 및 분배에 관한 구분이며 자본주의와 공산주의는 자원의 소유에 관한 구분이기 때문에 이들의 여러 가지 조합, 즉 자본주의 시장경제, 사회주의 시장경제, 자본주의 계획경제, 사회주의 계획경제가 가능하다. 미국은 자본주의 시장경제의 전형이다. 경제개발 시기의 한국은 자본주의 계획경제에 가까운 체제로 볼 수 있으며 북한은 여전히 공산주의 통제경제의 범주를 벗어나지 못하고 있다. 그러면 중국은 어느 경제체제에 해당할까? 결론적으로 낮은 단계의 사회주의 시장경제체제로 볼 수 있을 것이다.

중국의 최고지도자 덩샤오핑鄧小平이 1978년 중국경제를 대외시장에 개방하는 정책을 실시하면서 중국은 민간기업 활동을 허용했다. 그러나 아직도 지방정부가 소유하는 공기업들이 금융, 교통, 통신, 에너지 부문에서 큰 비중을 차지하고 있다. 2013년 말 현재 중국의 국유기업은 15만 5,000개나 된다. 이 국유기업들의 연간 매출액은 47조 1,000억 위안으로서 중국 GDP의 66%가 넘는다. 또한 토지에 대한 소유권도 제한되고 있다. 이런 점에서 중국은 아직 자본주의의 원형과는 거리가 멀다. 또한 중국에서는 정부가 경제개발 5개년계획을 수립하는 등 경제의 기본방향을 수립하며 기술개발을 주도하고 있다(2016년부터 제13차 경제개발 5개년계획이 시작된다). 그리고 물가, 금리, 임금, 환율 등 가격과 비용이 시장의 보이지 않는 손이 아니라 정부 고시에 의해서 결정된다. 중국은 아직 완전한 시장경제의 단계에까지는 이르지 못하고 있다.

그러면 중국의 경제체제는 어떤 위치에 있는 것일까? 경제적인 측면에서 중국은 사회주의 요소보다 자본주의 요소가 더 많이 가미된 '중앙통제 자본주의' 또는 '사회주의 시장경제'로 특징지을 수 있을 것이다. 사실 덩샤오핑은 1992년 개혁개방 노선의 추진을 강조한 남순강화에서 '사회주의 시장경제'라는 표어를 내걸어 방향을 제시했다.

그러나 법적인 차원에서 볼 때 중국은 머지않아 시장경제의 지위를 부여받을 것으로 전망된다. 중국은 2001년 세계무역기구(WTO)에 가입했는데 이는 세계경제체제의 일원이 됨으로써 시장경제의 규범을 받아들이겠다는 의사를 표명한 것이다. 중국은 이와 동시에 금융, 자본, 보험 및 통신시장을 개방했다. 중국이 2001년 WTO에 가입할 때 주요 관계국들은 15년 후인 2016년 12월 중국에 '시장경제 대우market-economy treatment'를 부여하기로 약정했다. 세계경제에서 중국의 시장경제 지위는 중요한 이슈가 되고 있다. 만약 중국이 이 지위를 부여받으면 중국 기업들이 세계시장에서 국내의 생산원가보다 낮은 가격으로 제품을 파는 행위(덤핑)에 대해서 외국의 기업들이 높은 보복관세를 물리는 것이 매우 어려워질 수 있다. 세계 2위의 경제대국 중국이 시장경제체제에 완전하게 편입될 때 세계경제 질서는 미국 주도의 단극 체제가 아니라 미국과 중국이 함께 주도하는 양극체제로 재편성될 가능성이 높으며 그 여파는 우리의 상상을 뛰어넘을지도 모른다.

3

중국식 사회주의 대 미국식 자본주의,
최후의 승자는?

　중국은 1978년부터 시장경제 요소를 과감히 수용함으로써 세계 2위
의 경제대국이 되었다. 중국이 미국과 함께 G2 국가로 올라서기 전까지
"미국이 기침하면 세계는 감기에 걸린다"라는 말이 정석처럼 굳어져 있
었다. 그러나 이제는 상황이 달라졌다. 중국경제의 건강이 세계경제의 받
침대가 되었다. 이제 중국은 세계경제의 중요한 성장 엔진으로서 미국을
대체해가고 있다. 세계경제 성장에 대한 중국의 기여도는 1990년대의
10%에서 2014년에는 34%로 3배 이상 증가했다. 그에 비해 미국의 기
여도는 같은 기간 32%에서 17%로 하락했다. 유럽의 위치는 더욱 초라
하다. 유럽의 기여도는 23%에서 8%로 쪼그라들었다.
　IMF는 2014년에 중국의 구매력평가purchasing power parity(PPP) 기준
GDP가 18조 881억 달러로서, 17조 3,481억 달러를 기록한 미국을 추월
해 세계 제1위의 경제대국으로 등극한 것으로 추정했다. 그동안 칼날의

빛을 칼집에 감추고 어둠 속에서 힘을 기른다는 도광양회韜光諒會 전략 아래에서 발톱을 숨기고 있던 용에 드디어 화룡점정畵龍點睛의 눈동자가 그려지는 것일까? 세계경제의 주도권이 1872년 유럽(영국)에서 미국으로 넘어간 지 약 142년 만에 세계경제의 헤게모니가 다시 미국에서 중국으로 넘어가려는 길목에 우리는 서 있다.

중국은 170년 전인 1840~1842년 아편전쟁으로 홍콩을 영국에 빼앗기는 수모를 당했다. 그러나 지금은 유럽이 중국의 돈 앞에 눈치를 보는 상황으로 반전되었다. 더 이상 종이호랑이가 아닌 중국이 자본주의의 본고장 유럽을 위협하고 있다. 유럽이 보다 강력한 통합을 위해서 형성한 유로존도 중국의 돈 앞에서는 작아진다. 자본주의를 꽃피운 미국마저 중국으로부터 돈을 빌리지 않으면 경제를 지탱할 수 없는 재정절벽fiscal cliff 앞에 서 있다. 중국은 또 21세기 신실크로드로 불리는 일대일로一帶一路라는 경제벨트를 구축했다. 일대는 중국에서부터 중앙아시아를 거쳐 유럽으로 뻗는 육상 실크로드이고, 일로는 동남아를 경유해 아프리카와 유럽으로 이어지는 해양 교역로를 말한다. "잠자는 사자 중국을 흔들어 깨우지 말라. 깨어나면 위험하다"고 말한 나폴레옹 1세의 경고가 현실화되고 있는 것이다. 시진핑習近平 주석은 2014년 3월 나폴레옹의 나라 프랑스를 방문한 자리에서 "중국이라는 사자는 이미 깨어났다"고 선언했다.

우리는 세계경제 질서의 재편이 눈앞에 다가오고 있음을 실감한다. 유럽은 지는 해고 중국은 떠오르는 태양인가? 영국의 대표적인 시인 엘리엇T. S. Elliot은 1922년에 이미 〈황무지The Waste Land〉에서 유럽의 쇠락을 안타까워했다. 엘리엇은 1차 세계대전 후 점차 분할되고 황폐해지는 유럽문명을 묵시론적인 종말론의 관점에서 관조하며, 유럽문명에 만연한 위기감과 불안감을 황무지라는 웅장한 언어의 시에 담았다. 엘리엇은 시에 진한 종교적 색채를 덧입혔는데, 그가 부활의 달 4월을 "가장 잔인한 달"로 표현한 것은 유럽 문명에 대한 깊은 회의를 나타낸 것이다. 영국 셰익스피어William Shakespeare 시대의 낭만파 시인인 제프리 초서Geoffrey Chaucer 가 1380년에 쓴 《캔터베리 이야기The Canterbury Tale》에 나오는 "희망적인 4월"의 부정이라 할 수 있다. 그 위기감이 지금 다시 유럽 대륙을 휘감고 있다.

      *   4월은 가장 잔인한 달
　　　　죽은 땅에서 라일락을 키워내고
　　　　추억과 욕망을 뒤섞으며
　　　　잠든 뿌리를 봄비로 깨웁니다.
　　　　겨울은 우리를 따뜻하게 했습니다.
　　　　망각의 눈으로 대지를 덮고
　　　　마른 뿌리에 약간의 생명을 남겨주었습니다.
　　　　여름은 슈타른버그 호수 너머로 와서 우리를 놀라게 했습니다.
　　　　소나기가 뿌려지자, 우리는 주랑에 머물렀다가
　　　　햇빛이 나자 호프가르텐 공원으로 가서
　　　　커피를 마시며 한 시간 동안 얘기했습니다.
　　　　나는 러시아인이 아닙니다. 출생은 리투아니아이지만 진짜 독일인입니다.
　　　　어렸을 적 대공大公인 사촌의 집에 머물렀을 때
　　　　그는 썰매를 태워 나를 밖으로 데리고 나갔는데 나는 겁이 났어요.
　　　　그는 말했죠. 마리, 마리, 꼭 잡아.

90

그리고 쏜살같이 내려갔지요.

산에 오르면 자유가 느껴집니다.

밤의 많은 시간 책을 읽고 겨울엔 남쪽으로 갑니다.

단단히 붙들고 있는 뿌리는 무엇이며

이 돌 같은 쓰레기더미에서 무슨 나뭇가지가 자라 나오는가?

사람의 아들아, 그대는 말하기는커녕 짐작도 못하리라.

왜냐하면 그대가 아는 것은 파괴된 우상더미일 뿐,

그곳엔 햇빛이 작열하지만 죽은 나무에는 쉼터도 없고

귀뚜라미는 위안을 주지 않으며

메마른 돌엔 물소리도 없네.

오직 이 붉은 바위 아래 그늘이 있을 뿐

(이 붉은 바위의 그늘 아래로 오세요.)

그러면 아침에 그대를 뒤따라오는 그림자나

저녁에 그대를 만나러 일어서는 그림자와는 다른 그 무엇을

그대에게 보여주리라.

한 줌의 먼지 속에서 공포를 보여주리라.

　중국의 부상은 미국과 유럽, 그리고 한국에 공포가 될까? 아니면 그것은 한낱 기우에 불과한 것일까? 중국의 성장은 과거에 아시아의 '네 마리 용' 또는 '네 호랑이'로 불린 한국, 대만, 싱가포르, 홍콩이 그랬듯이 주로 노동과 자본의 급격한 증가에 기인한 것이다. 기술발전 없는 경제성장은 언젠가는 한계에 봉착한다. 기술발전은 혁신에서 이루어지며 혁신은 자본주의와 떼어서 생각할 수 없는 자본주의의 특성이다. 혁신은 시장 메커니즘의 압력과 유인을 먹고 자라며 시장의 기능이 제대로 작동할 때 꽃

을 피운다. 중국의 경제가 완전한 시장자본주의로 가지 않는 한 그러한 혁신은 기대하기 힘들다.

또한 진정한 시장자본주의로의 전환은 정치체제의 변화 없이는 가능하지 않을 것이다. 중국의 지도자들은 아직도 시장의 동력을 인지하지 못하고 있다. 하지만 민주주의를 향한 정치적 요구가 강해지는데도 현 체제를 유지할 경우 그로 인한 경제적 부담과 비용은 감당하기 어려울 수도 있다. 성장률의 급격한 하락(경착륙)까지도 일어날 수 있다. 이것은 중국이 앞으로 직면하게 될 딜레마이다.

중국의 '미국 추월론'도 장밋빛 전망에 지나지 않는다. 중국의 구매력 기준GDP가 미국보다 높은 것은 중국의 물가가 싸기 때문이며 이는 오해를 불러일으킬 수 있는 소지가 있다. 2014년 현재 미국의 명목GDP(한 나라의 경제가 특정한 기간에 생산한 상품과 서비스의 총 가치를 그해의 시장가격으로 측정한 금액)는 17조 3,481억 달러이고 중국의 GDP는 10조 3,565억 달러이다. 만약 미국경제가 앞으로 연평균 3.3%로 성장하고 중국경제가 7%로 성장한다고 가정할 경우, 중국의 GDP는 2014년부터 약 16년 후에 미국의 GDP 수준과 같아진다. 이는 곧 2030년에 가서야 중국의 경제규모가 미국을 따라잡는다는 것을 의미한다. 그러나 앞으로 중국의 경제성장률이 점점 떨어질 것이라는 데는 의문의 여지가 없다. 이는 시간문제일 뿐이다. 미국은 현재의 3.3% 성장률을 유지할 것으로 전망되지만 중국의 성장률은 4~5%까지 떨어질 수 있다. 이런 관점에서 보면 중국이 미국을 따라잡는 시점은 더 늦춰질 수 있는 것이다.

중국에게는 좀 더 비관적이지만, 실현 가능성이 없다고 볼 수 없는 시나리오도 생각해볼 수 있다. 만약 중국의 경제규모가 미국과 대등해질 것으로 예상되는 2030년경에 중국의 경제성장률이 미국의 평균 성장률인 연평균 3.3%와 비슷한 수준으로 떨어질 경우, 중국의 미국 추월은 희망사항으로 남게 될 수도 있다. 그 시점에서 두 나라는 세계경제의 패권을 놓고 엎치락뒤치락하든지 평행선을 달리게 될지도 모른다. 1950년대에도 일부에서는 소련이 1970년에 이르면 미국을 추월할 것으로 전망했다. 그러나 미국과 소련의 대결은 소련체제의 붕괴라는 결과로 막을 내렸다. 물론 미국과 중국의 경쟁은 미국과 소련의 경쟁과는 여러 가지로 다르며 소련의 경험을 중국에 유추해서 적용할 수는 없다.

마라톤 경주에서 체력이 최후 승리의 중요한 요인이 되듯이 경제성장을 둘러싼 경쟁에서는 경제의 체질이 관건이 된다. 경제의 체질은 정치적 안정성(법과 질서의 확립)과 경제적 효율성(자유경쟁체제의 확립)에 의해 크게 좌우된다. 이러한 관점에서 볼 때 승리의 여신 니케는 오히려 미국에 손짓을 할지도 모른다. 니케의 이름을 딴 스포츠용품회사 나이키Nike의 로고는 단순하면서도 위로 비상하는 것 같은 모습을 연상케 한다. 어느 나라가 나이키 로고의 오른쪽 상승곡선을 타고 더 높게 비상하게 될지, 그래서 승리의 여신이 어느 쪽에 승리의 미소를 보내게 될지 지금으로서는 예측하기 어렵다.

4
시장과
자본주의

시장과 자본주의는 서로 떼어서 생각할 수 없는 관계에 있다. 경제성장, 경기변동, 인플레이션, 실업 등 거시경제의 문제들이 시장경제체제 아래에서 시장의 조정에 의해 해결될 수 있는가, 아니면 정부가 이 문제의 해결을 위해 적극적으로 개입해야 하는가 하는 질문에 답하기 위해 우리는 먼저 거시경제에 있어서 시장의 역할을 살펴볼 필요가 있다.

경제학자들이 사용하는 '시장'이라는 용어는 우리가 일반적으로 생각하는 시장보다 훨씬 범위가 넓은 추상적인 의미를 갖는다. 물론 시장은 판매자와 구매자가 모여 상품과 서비스를 사고파는 구체적 장소에서 기원한다. 구체적 장소를 가리키는 시장은 지방의 5일장이나 재래시장 형태로 남아 있기도 하며, 대규모 도소매시장, 백화점, 쇼핑몰, 편의점같이 보다 근대화된 형태의 시장, 나아가서는 증권거래소, 선물시장처럼 고도로 기술화된 시장 등 다양한 형태로 존재한다.

그러나 경제학적 의미에서 시장은 판매자와 구매자가 직접 만나서 거래를 하는 어떤 물리적 장소라기보다는 판매자와 구매자 사이의 상호작용을 통해서 균형가격이 형성되는 장치mechanism를 의미한다고 볼 수 있다. 판매자와 구매자 간의 상호작용은 전래의 시장에서처럼 실제로 만나서 구두로 이루어질 수도 있지만, 편지, 전화, 팩스, 컴퓨터, 인터넷 등 다른 형태의 매개수단을 통해서 이루어질 수도 있다. 보다 근본적으로 매개수단 자체는 중요하지 않다. 텔레비전의 홈쇼핑 채널, 이베이eBay나 아마존Amazon 또는 중국 알리바바의 타오바오 같은 전자상거래 사이트도 시장의 기능을 수행한다.

자본주의 경제체제에서 시장의 기능이 중요시되는 것은 시장에서 수요와 공급이라는 상반된 힘의 작용을 통해서 균형가격이 결정되고, 이렇게 결정된 균형가격은 경제활동에 참여하는 경제주체들에게 의사결정을 위한 정보를 제공하기 때문이다. 경제 분석에 있어서 수요는 소비자가 일정 기간 동안 '구입하기를 원하고 또 구입할 수 있는' 상품이나 서비스의 양을 말하며, 공급은 생산자가 일정 기간 동안 '생산하기를 원하고 또 생산할 수 있는' 상품이나 서비스의 양을 말한다.

어떤 상품의 수요량은 다른 조건이 일정하다면 그 상품의 가격과 반대 방향으로 움직인다. 이러한 역逆의 관계를 '수요의 법칙law of demand'이라고 한다. 상품의 가격이 상승하면 사람들은 그 상품에 대한 수요량을 줄이고, 반대로 가격이 하락하면 그 상품에 대한 수요량을 늘린다. 수요의 법칙은 소비자의 소득, 나이, 학력, 가족 수 등 다른 조건이 일정하다는 가정 아래에서 성립한다. '다른 조건이 일정하다ceteris paribus'는 가정 없이는 수요의 법칙이 타당하지 않을 수 있다.

한편 어떤 상품의 공급량은 다른 조건이 일정하다면 그 상품의 가격과

같은 방향으로 움직인다. 이러한 정正의 관계를 '공급의 법칙law of supply'
이라고 한다. 상품의 가격이 상승하면 생산자는 보다 많은 이윤을 얻을
수 있기 때문에 그 상품에 대한 공급량을 늘리려고 하며, 반대로 상품의
가격이 하락하면 생산자의 이윤이 떨어지기 때문에 그 상품에 대한 공급
을 줄이려고 한다.

이와 같이 수요와 공급은 가격이라는 변수를 통해서 서로 반대 방향으
로 움직이며 이렇게 반대로 작용하는 두 힘이 서로 같아질 때 시장은 균
형상태equilibrium에 있게 된다. 다시 말해 균형은 시장에서 수요와 공급이
일치하는 상태를 말한다. 균형점에서 결정되는 가격을 균형가격이라고
하며 균형가격에서 이루어지는 거래량을 균형거래량이라고 한다.

무엇을 생산하고, 어떻게 생산하며, 누구를 위하여 생산할 것인가 하는
문제들은 시장경제체제에서는 시장에서 결정된 가격의 조정에 의해서
가장 효율적인 방법으로 해결된다. 그러나 통제경제체제에서는 정부가

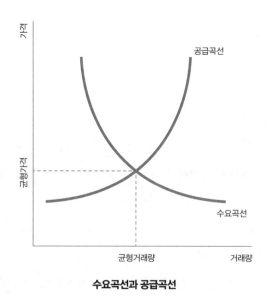

수요곡선과 공급곡선

빵을 더 많이 생산할 것인가 총을 더 많이 생산할 것인가(상품 조합의 선택), 노동을 더 많이 사용할 것인가 자본을 더 많이 사용할 것인가(생산기술의 선택), 소득을 노동자에게 더 많이 배분할 것인가 자본가에게 더 많이 배분할 것인가(소득분배의 선택)를 결정하기 때문에 시장에서 균형가격이 형성되지 않으며, 따라서 시장이 기능을 발휘할 여지가 별로 없다.

시장은 여러 종류가 존재한다. 상품과 서비스가 거래되는 재화시장, 노동이 거래되는 노동시장, 그리고 자산이 거래되는 자산시장 또는 금융시장이 있다. 재화시장에서는 상품과 서비스의 균형가격이 결정되며, 노동시장에서는 균형임금이 결정되고, 금융시장에서는 균형이자율이 결정된다. 이렇게 시장에서 결정되는 균형가격이 얼마나 자유롭게 결정되며 얼마나 신속하게 움직이는가 또는 이러한 균형가격의 형성에 얼마나 많은 제약이 가해지는가가 고전학파 경제학과 케인스 경제학을 갈라놓고, 자유방임주의와 시장개입주의를 갈라놓는 분기점이 된다.

만약 현행 시장가격이 어떤 이유로 균형가격보다 높을 경우, 생산자는 이 가격수준에서 보다 많은 이윤을 기대할 수 있기 때문에 균형거래량보다 많은 양의 상품을 공급하려고 한다. 그러나 이 가격은 소비자들에게는 너무 높기 때문에 그들은 상품 구입량을 줄이려고 한다. 따라서 이 시장가격에서는 공급량이 수요량을 초과하게 된다. 이와 같이 균형가격보다 높은 가격수준에서는 초과공급excess supply 또는 과잉surplus 현상이 발생한다. 이 경우 두 개의 상반된 힘이 같지 않기 때문에 시장은 불균형상태disequilibrium에 놓이게 된다.

이러한 불균형상태는 시장가격이 자유롭게 움직인다면 오래 지속되지 못할 것이다. 불균형상태에서는 공급량이 수요량보다 많기 때문에 생산된 상품의 일부가 팔리지 않으며 따라서 생산자는 쌓인 재고를 처분하기 위해 가격을 인하하지 않을 수 없게 된다. 현행 시장가격은 수요와 공급이 일치할 때까지 하락하며 궁극적으로 균형가격이 회복된다. 그러나 시장가격이 신축적으로 움직이지 않는다면 과잉 현상은 없어지지 않는다. 이는 시장의 실패market failure에 해당하며 이 경우 시장은 자원을 효율적으로 분배하지 못한다.

반대로 현행 시장가격이 어떤 이유로 균형가격보다 낮을 경우 이 가격에서 경쟁력이 낮은 생산자는 이윤을 낼 수 없기 때문에 결국 시장을 떠나게 될 것이며 오직 경쟁력이 높은 생산자만이 시장에 남게 되어 공급이 줄어든다. 또한 이 낮은 가격은 소비자의 구매의욕을 자극하기에 충분하기 때문에 소비자들은 보다 많은 양의 상품을 구입하려고 한다. 따라서 균형가격보다 낮은 가격수준에서는 수요량이 공급량을 초과하게 된다. 이와 같이 균형가격보다 낮은 가격수준에서는 초과수요excess demand 또는 부족shortage 현상이 발생한다. 상품의 부족으로 현행 가격에 이 상품을 구입할 수 없는 일부 소비자들은 높은 가격을 주고서라도 구입하려고 할 것이며 결국 시장가격은 균형가격에 이를 때까지 계속 상승하게 된다. 하지만 시장가격이 자유롭게 움직이지 않는다면 부족 현상은 사라지지 않는다. 이 경우 역시 시장의 실패가 발생하며 자원은 효율적으로 분배되지 못한다.

이와 같이 시장의 실패가 없는 경우 시장에서 결정되는 균형가격, 균형임금, 균형금리는 경제가 원활하게 기능하도록 하는 중추신경의 역할을 한다. 예를 들면 재화시장에서 수해, 한발, 석유파동 등 충격이 발생하여 재화의 부족이 생길 경우 물가수준이 상승하여 수급 상황을 조정하며, 반대로 재화의 과잉이 발생할 경우 물가수준이 하락함으로써 이를 조정한다. 노동시장이나 자본시장에서도 노동이나 자금의 부족 또는 과잉이 발생할 경우, 임금과 금리가 움직여 불균형을 조정한다.

시장경제체제에서도 시장의 조정이 얼마나 신속하게 그리고 얼마나 완벽하게 이루어지느냐는 사회적·역사적 배경과 정치적·제도적 관행에 의해 제약받는다. 아서 오컨Arthur Okun은 사회적·역사적 배경을 "보이지 않는 악수invisible handshake"로 묘사했으며 스티븐 매기Stephen Magee는 정치적·법적 제도를 "보이지 않는 발invisible foot"로 묘사했다. 시장경제체제 아래에서도 그 사회의 보이지 않는 악수와 보이지 않는 발에 따라서 보이지 않는 손이 기능을 발휘할 수 있는 정도에는 많은 차이가 생길 수 있다. 한국의 경우 보이지 않는 발과 보이지 않는 악수의 제약이 미국 등 선진국에 비해 훨씬 크다. 그 결과 물가와 임금의 조정이 선진국에 비해 더디게 이루어진다.

한국에서는 아직도 정부가 광범위하게 경제활동에 관여하고 있으며 독과점 행태가 어느 선진국보다 강하다. 예를 들면 정권이 재벌총수들에게 투자를 늘리고 고용을 확대하라는 압력을 넣는 관행이 아직도 사라지지 않고 있으며, 재벌들은 경영의 효율성이 아니라 정권의 비위를 맞추기 위해서 울며 겨자 먹기로 투자와 고용에 관한 자원배분을 결정하곤 한다. 정부가 재정지원을 무기로 대학 정원이라는 인적 자원의 배분을 결정하며, 산업단지나 연구단지의 선정 등 투자 자원의 배분도 좌지우지한다. 창의성을 높인다면서 연구기금의 배정도 정부가 주도한다. 이러한 보이지 않는 발의 태클은 경제의 동력을 약화시킬 수 있다.

그런가 하면 한국에서는 많은 제품들이 주로 독과점시장에서 생산되고 공급된다. 예를 들면 자동차, 스마트폰 등 가전제품을 비롯해 항공, 철강, 통신, 인터넷, 휘발유 등이 독과점시장에서 생산되는 대표적인 상품 및 서비스이다. 동일한 한국 상품이라도 한국에서 판매되는 가격은 미국

시장에서 판매되는 가격에 비해 월등히 높다. 이는 한국에서 많은 기업들이 아직도 독과점적 지위를 유지하고 있다는 증거이다. 한국의 재벌기업들은 시장지배력이 있어 시장에서 가격설정자 위치에 있다. 삼성, 현대, LG, SK 4대 재벌그룹의 연 매출액이 한국 GDP의 60%에 이르는데, 이는 재벌기업들이 독과점적 영향력을 행사할 수 있는 충분한 토양이 마련되어 있음을 말해준다. 이렇듯 사회적·역사적 관행에 의해 보이지 않는 악수의 악력이 강하게 작용하면 가격의 조정이 신속히 이루어지지 않을 수 있다.

일반적으로 경제가 선진화될수록 시장메커니즘의 기능이 보다 효과적으로 작동하며 경제가 후진적일수록 정부개입의 약효가 보다 강하게 나타난다.

5 ─── 시장참가자들의 게임법칙과 기회비용

시장은 시장참가자들에게 필요한 정보가 생산되고 전파되는 곳이다. 시장에서 결정되는 균형가격이 의사결정에 필요한 정보를 전달한다. 시장참가자들은 시장이 제공하는 정보를 신호로 받아들여 그들의 이익을 극대화하는 방향으로 행동한다. 시장참가자들은 이익을 극대화하는 방향으로 의사결정을 하기 위해서 다음과 같은 의사결정에 관한 기본적인 원칙들을 따른다.

- 경제적 의사결정은 명목가치nominal value가 아니라 실질가치real value에 근거한다.
- 경제적 의사결정은 절대가격absolute price이 아니라 상대가격relative price에 의존한다.
- 경제적 의사결정은 총비용과 총효과의 비교가 아니라 한계비용

101

marginal cost과 한계효과marginal benefit의 비교에 바탕을 둔다.

- 경제적 비용은 회계비용이 아니라 기회비용opportunity cost으로 측정
  된다.

여기에서 근본적인 의문이 제기된다. 과연 시장참가자들은 의사결정
에 관한 법칙을 알고 행동을 하는가? 물론 대부분의 시장참가자들은 그
러한 법칙들을 알지 못하며, 알더라도 그것을 일일이 고려해서 의사결정
을 하지는 않을 것이다. 그러나 다행스럽게도 시장참가자들이 합리적으
로 행동할 경우, 비록 그들이 합리적 의사결정에 관한 법칙을 알지 못하
더라도 대개 그러한 법칙을 충족한다는 것을 많은 연구들은 보여준다.

우리는 흔히 물가가 올라서 돈 가치가 떨어졌다고 표현하곤 한다. 이는
바로 우리가 돈의 실질가치에 보다 많은 관심을 가지고 있음을 말해준다.
우리가 실제로 관찰하는 것은 명목임금, 명목금리, 명목환율이지만, 경제
적 의사결정에 영향을 미치는 변수는 실질임금, 실질금리, 실질환율이다.
명목가치는 현재의 시장가격으로 평가한 가치이며, 실질가치는 기준연도
의 가격을 사용하여 평가한 가치를 말한다. 쉽게 말해서 실질가치는 명목
가치에서 물가상승분(인플레이션)을 뺀 후의 가치이다. 명목가치를 기준으
로 의사결정을 할 경우 우리는 화폐환상money illusion에 빠지게 된다. 화폐
환상이란 경제주체가 실질가치가 아니라 명목가치를 기준으로 의사결정
을 하는 경향을 말한다. 실질가치와 명목가치를 혼동하는 것이다. 예를
들어 1만 원권을 보유하고 있는 동안 인플레이션으로 물가가 10% 상승
했다면 실질구매력은 약 9,000원으로 줄어든 셈인데, 변함없이 1만 원의
가치를 지녔다고 잘못 생각하는 것이다.

경제적 의사결정에서 실질변수와 명목변수 간의 구별 못지않게 중요

한 것이 절대가격과 상대가격의 구별이다. 음식점에 가서 음식을 주문할 때, 우리는 가격표를 보고 음식 가격을 상호 비교한다. 예를 들면 곰탕 한 그릇이 1만 원이라고 할 때 이 가격 하나만 놓고는 비싼지 싼지 알 수가 없다. 이 가격은 절대가격이라고 볼 수 있는데 절대가격 그 자체는 경제적 의사결정에 별로 도움을 주지 못한다. 어떤 상품이 비싼지 아닌지는 다른 상품의 가격과 비교해봄으로써 알 수 있다.

이제 짜장면 한 그릇이 5,000원이고 갈비찜 1인분이 2만 원이라고 한다면 곰탕은 짜장면에 비해 상대적으로 비싸고 갈비찜에 비해 상대적으로 싸다는 비교가 가능해진다. 이러한 비교에 근거하여 우리는 쉽게 의사결정을 할 수 있다. 이 경우 곰탕의 짜장면에 대한 상대가격은 10,000원/5,000원=2이고 곰탕의 갈비찜에 대한 상대가격은 10,000원/20,000원=0.5라고 말할 수 있다. 미시적 소비자 선택이론은 소비자와 생산자는 절대가격이 아니라 상대가격에 따라 의사결정을 한다는 전제에 입각한다.

경제주체들은 또한 자기 이익을 극대화하는 방향으로 의사결정을 할 때 한계혜택과 한계비용을 비교한다. 경제적 의미에서의 한계margin란 어떤 상품이나 서비스를 한 단위 증가시켰을 때 그것이 가져다주는 추가적인 효과를 말한다. 한계효용marginal utility은 상품이나 서비스의 소비를 한 단위 증가시켰을 때 늘어나는 효용이며, 노동의 한계생산marginal product of labor은 노동을 한 단위 증가시켰을 때 늘어나는 생산량이다. 이와 비슷하게 한계비용은 생산량을 한 단위 증가시켰을 때 늘어나는 생산비용을 말하며, 한계수입marginal revenue은 생산량을 한 단위 증가시켰을 때 늘어나는 수입을 말한다.

경제이론은 소비자가 각 상품의 단위가격(1원)당 한계효용이 같아질 때까지 상품을 구입할 경우 소비자의 효용이 극대화된다는 것을 보여준다. 같은 원리로 생산자가 상품 한 단위를 더 생산할 때 들어가는 한계비용이 그 상품 한 단위를 판매해서 얻게 되는 한계수입과 같아질 때까지 생산을 할 경우 생산자의 이윤은 극대화된다. 이와 같이 합리적 경제행위는 모두 한계를 기준으로 이루어진다. 만약 우리가 평균적인 가치를 근거로 의사결정을 한다면 그 결과는 끔찍할 수도 있다. 평균 신장이 170센티미터인 사람 100명이 160센티미터 깊이의 연못에 뛰어든다면 빠져죽는 사람들이 나올 수 있는 것이다. 실제로 이들 가운데는 키가 160센티미터에 달하지 못하는 사람들과 180센티미터 이상인 사람들도 다수 있을 수 있기 때문이다.

마지막으로 경제적 합리성은 지난날은 잊으라고 한다. 경제학은 지난날 지불한 비용, 즉 매몰비용sunk cost을 근거로 경제적 의사결정을 할 경우 낭패를 보기 쉽다는 것을 가르쳐준다. 그러나 인간적 감성은 지난날의 아름다운 추억들을 쉽게 잊지 못한다. 한국인이 가장 사랑하는 팝송으로 알려진 〈예스터데이Yesterday〉는 비틀스의 인기가 지축을 흔들던 1960~1970년대에 그 감미로운 가락으로 뭇사람들의 감성을 휘저었다. 일반적으로 '예스터데이'는 물론 '어제'를 의미하는 단어이지만 이 곡에서는 '지난날' 또는 '옛날'을 의미한다.

> * 예전엔
> 나의 모든 괴로움들이 멀리 사라져버린 듯했는데
> 이제는 그것들이 마치 여기 내 곁에 있는 것 같아요
> 오! 지난날이 좋았었는데,
> 갑자기
> 나는 평소 나의 반도 안 되는 것 같아요

어두운 그림자가 내 위에 드리워지고 있어요.

오! 지난날이 갑자기 밀어닥쳐요.

왜 그녀가 떠나야 했는지

난 몰라요. 그녀는 아무 말도 하려 하지 않았을 거예요

내가 뭔가 잘못 말했었나봐요.

지금은 지난날이 그리워집니다.

예전엔

사랑은 아주 하기 쉬운 게임 같았어요.

이제 난 숨을 곳이 필요해요.

오! 지난날이 좋았었는데.

과거에 들어간 비용을 못 잊는다면 우리의 의사결정은 경제적 의미에서는 최선의 결정이 될 수 없다. 경제적 의사결정은 비용과 효과를 비교해서 이루어지는데, 과거에 지출된 비용을 근거로 하면 우리가 사용하는 비용이 올바르게 측정되지 못한다. 경제적 의미에서의 비용은 일반적인 금전적 비용과는 사뭇 다른 의미로 사용되기 때문이다.

경제학에서 말하는 비용은 '어떤 의사결정에 따르는 대가'로 정의된다. 우리는 어떤 의사결정(선택)을 할 때 다른 가치 있는 대안들을 포기하지 않으면 안 된다. 주말에 야구경기를 관람하기로 결정했다면 다른 가능한 선택들, 예를 들면 편의점 아르바이트, 영화 관람 또는 테니스게임이나 시험 준비 등 다른 가치 있는 활동을 포기해야 한다. 이 경우 야구경기 관람은 다른 선택을 희생시킨다는 점에서 비용을 수반한다. 이것이 바로 경제학에서 의미하는 비용의 개념이며 이렇게 정의된 비용을 기회비용이라고 부른다. 어떤 의사결정에 따르는 기회비용은 그것을 선택함으로써

포기해야 하는 많은 대안 가운데 가장 좋은 대안의 가치로 정의된다.

토요일 오후 네 시간 동안 야구경기를 관람하는 사람의 기회비용을 생각해보자. 이 경우 야구장 입장료 및 자동차 연료비와 주차비로 5만 원(명시적 비용)이 소요된다고 하자. 그러나 5만 원이 야구경기 관람에 따르는 비용의 전부는 아니다. 야구경기를 관람하지 않을 경우 차선으로 시간당 1만 원을 벌 수 있는 아르바이트를 선택할 수 있는데 이 기회를 포기했다면, 야구경기를 관람함으로써 잃게 되는 수입 4만 원(묵시적 비용)도 야구경기 관람을 위한 비용에 포함되어야 한다. 또한 명시적 비용의 경우, 입장료와 교통비 5만 원을 다른 용도에 사용할 수 있는데 이를 포기한 것이기 때문에 이것도 기회비용의 일종으로 볼 수 있다. 친구로부터 입장권을 공짜로 얻고 친구의 차를 얻어 타고 야구경기 구경을 가서 명시적 비용이 전혀 들지 않았다고 해도 경제적 의미에서의 비용은 0이 아니다. 야구경기를 관람함으로써 차선의 선택인 아르바이트로 벌 수 있는 4만 원의 소득을 포기해야 하기 때문이다. '시간이 돈'인 셈이다. 이 기회비용은 어떤 특별한 종류의 비용이 아니다. 경제활동에 드는 비용은 모두 기회비용으로 측정된다. 작게는 토요일 오후의 여가활동에서 크게는 대기업의 자동차 생산에 이르기까지, 비용은 모두 기회비용으로 계산되어야만 경제적 의사결정에 따르는 최적의 결과를 이끌어낼 수 있다.

기회비용과 구별되어야 하는 개념이 매몰비용이다. 이는 현재의 의사결정에 따르는 비용이 아니라 이미 과거에 지출된 비용을 말한다. 매몰비용은 과거에 이미 지출된 비용이기 때문에 현재의 의사결정과는 아무런 관계도 없으며 현재의 의사결정으로 그 비용을 회복할 수도 없다. 서양 속담에 "지나간 것은 지나간 것이다bygones are bygones"라는 말이 있는데, 매몰비용을 설명해주는 적절한 비유가 될 것이다. "과거를 묻지 마세요"

라는 유행가 가사처럼 매몰비용은 따질 필요가 없다. 우리가 어떤 의사결정을 할 때 과거에 이미 지출된 비용을 기준으로 할 경우 그 결정은 경제적으로 비합리적인 결과를 가져올 수 있다.

매몰비용이 어떻게 비합리적 선택을 가져오는가를 보여주는 좋은 예가 있다. 당신이 어느 유명한 오페라 가수의 연주회 표를 사려고 이미 한 시간이나 줄을 섰는데, 현재 위치에서 '이 지점부터 두 시간이 걸립니다'라는 푯말을 보았다고 가정하자. 이미 한 시간을 기다린 것이 아까워서 앞으로 두 시간을 더 기다려야겠다고 생각한다면 그 의사결정은 매몰비용에 근거하여 내린 것이다. 지금부터 두 시간을 기다림으로써 오는 비용이 현재의 의사결정의 기준이 되어야 한다.

셰익스피어의 희곡 〈맥베스의 비극The Tragedy of Macbeth〉에서 스코틀랜드의 왕 맥베스는 이렇게 말한다. "고쳐질 수 없는 모든 것은 고려하지 말아야 한다. 이미 행해진 것은 행해진 것이다." 비용뿐만 아니라 사랑도 마찬가지이다. 옛 사랑을 못 잊어 현재 사랑을 소홀히 한다면 그 결과는 비합리적이고 비극적일 수 있다.

3강

경제를 바라보는
고전학파의
시각

고전학파 경제학은 애덤 스미스의 《국부론》(1776)에서 시작하여 케인스 혁명(1936)이 일어날 때까지 약 160년 동안 구미의 경제사조를 풍미했던 경제이론을 지칭한다. 고전학파 경제학자들은 사유재산권이 보장되고, 자유로운 시장이 기능하며, 경제주체들이 그들의 이익을 위하여 행동하면 경제 스스로가 모든 문제들을 해결하게 된다고 주장했다. 이러한 고전학파 이론은 스미스에 의해 그 기초가 다져진 이후(초기고전학파), 1870년대에 출현한 한계학파에 의해 방법론적으로 세련되었으며 20세기 초 앨프리드 마셜에 의해 신고전학파 경제학으로 꽃을 피웠다. 현대에 와서 고전학파 이론은 통화주의, 새고전학파 경제학, 그리고 공급중시 경제학의 모습으로 다시 옛날의 영광을 재현하고 있다.

1 애덤 스미스와
고전학파의 탄생

1776년은 정치사적으로 세계 역사의 한 페이지를 장식한 해이자 경제사적으로도 한 획을 그은 해였다. 정치사적으로는 미국(동부 13개 주)이 영국으로부터 독립을 선포함으로써 지구상에 미국이라는 신생 국가가 탄생한 해였다. 경제사적으로는 스미스가 근대경제학의 기초를 놓고 시장경제 자본주의의 초석을 닦은《국부론》을 출간한 해였으며 이는 고전학파 경제학의 탄생을 알리는 시발점이었다. 고전학파 경제학은 스미스의《국부론》에서 시작하여 1930년대 케인스혁명이 일어날 때까지 약 160년 동안 구미의 경제사조를 풍미했던 경제이론을 지칭한다.

물론 스미스는 자신의 이론을 고전학파 이론이라고 부른 적이 없다. 고전학파라는 명칭은 케인스가 1936년《고용, 이자 및 화폐에 관한 일반이론 The General Theory of Employment, Interest and Money》을 출간하기 이전에 존재했던 경제이론을 자신의 이론과 구별하기 위해 고전학파 경제학이라고 부른

데서 연유한다. 케인스에 의하면 고전학파라는 용어 자체는 리카도와 그이전 경제학자들의 사조를 묘사하기 위해서 마르크스가 처음으로 사용했다. 케인스는 《일반이론》에서 고전학파 경제학자들의 기본 정리들을 체계적으로 정리했는데, 이렇게 함으로써 사실상 고전학파 경제학을 그자신의 해석에 따라 재구성했다고 볼 수 있다.

케인스의 《일반이론》이 출간되기 이전 경제학의 주된 관심사는 자유롭고 경쟁적인 시장과 사유재산권이 보장된 경제체제 아래에서 어떻게 재화와 자원의 가격이 결정되고, 자원의 효율적인 배분이 이루어지며, 경제활동에 참여하는 개인의 복지가 극대화되는가를 구명하는 것이었다. 생산자, 소비자, 노동자 등 개별 경제주체가 직면하는 경제 문제의 분석이 고전학파 경제학의 주종을 이루었다고 볼 수 있다. 즉 고전학파 학자들은 주로 미시경제적 문제에 관심을 가졌다.

1776년, 스미스의 《국부론》 출간과 미국의 독립선언문 채택이 같은 해에 이루어진 것은 결코 우연만은 아니었을 것이다. 유럽의 전제군주체제로부터의 정치적 자유를 갈망하던 당시 시대적 분위기는 경제적으로는 정부의 간섭이 없는 시장경제체제에 대한 열망과 쉽게 결합될 수 있었다. 사실 경제를 시장의 자율기능에 맡겨야 한다는 자유방임주의 사상이 고전학파 경제학의 핵심적 요소가 된 데는 당시의 시대적 요청이 반영된 것으로 볼 수 있다.

고전학파 경제학자들은 경제에 실업이나 인플레이션 같은 문제가 발생하면 경제주체들이 신속하게 상황에 반응하기 때문에 가격의 신축적인 조정이 이루어지는 것으로 보았다. 물가, 임금, 금리 같은 가격들이 신축적으로 움직여 문제를 해결한다고 주장함으로써 경제의 자체교정능력을 신봉했다. 만약 자유로운 시장이 존재하고 사람들이 자신들의 이익을 위해서 행동할 경우 전체 경제는 혼란이 아니라 조화를 이룬다고 믿는 신념이 고전학파 경제학의 바탕에 깔려 있었다. 이러한 조화를 경제학적으로 표현하면 '경제는 언제나 완전고용 균형상태로 복귀하는 경향이 있다'고 요약할 수 있다.

'경제는 스스로 문제를 해결한다'는 사상은 스미스에 의해서 "보이지 않는 손invisible hand"이라는 이름으로 처음 소개되었다. 보이지 않는 손은 경제주체들의 의사결정이 시장에서 보이지 않는 수요와 공급에 따라 결정되는 가격(물가, 임금, 금리)에 의해서 조정되는 현상을 가리킨다.

고전학파의 이론과 다음에 논의될 케인스학파의 이론은 역사박물관에 진열된 과거의 유물이 아니고 오늘날에도 살아 있어서 우리의 생활에 영향을 미치는 현재진행형 사조들이다. 미국에서는 정치적으로 보수진영(공화당)에 있는 사람들이 대부분 고전학파 경제학을 신봉하며 진보진영(민주당)에 있는 사람들은 대부분 케인스 경제학을 지지한다.

2008년 글로벌 경제위기가 발생하자 오바마 미국 대통령과 미국의 중앙은행인 연준은 케인스학파의 처방에 따라 대대적인 '사기업私企業 구하기 작전'에 나섰으며, 그에 맞서 공화당은 고전학파의 입장에서 통화증가와 지출확대는 앞으로 인플레이션만을 가져올 것이라고 비판하면서 그러한 조치들에 반대했다. 우리는 이 두 개의 상반된 경제사조가 어떻게 형성되었고 각각의 특징은 무엇이며 어떻게 오늘날의 경제정책에 투영되고 있는지를 탐구해갈 것이다.

고전학파 학자들이 신봉했던 자유방임주의laissez-faire는 '흘러가도록 내버려두어라'라는 의미의 프랑스어 'laissez faire, laissez passer'에서 따왔다. 경제를 물 흐르듯 흘러가게 내버려두라는 고전학파의 메시지를 가장 간단명료하게 나타내는 말이다. 정부가 경제에 개입해서 불필요한 규제를 가하거나 자원을 배분하려고 하지 말고 경제가 알아서 처리하도록 손을 떼고 내버려두라는 메시지를 담고 있다. 고전학파의 입장을 때로는 불간섭 정책hands-off policy라고 부르는 이유도 여기에 있다.

'흘러가도록 내버려두어라'는 비단 경제학의 원리로서만 적용되는 것이 아니다. 우리의 삶에서 그것은 '순리대로 살아라'라는 말로 승화될 수 있는 가장 지혜로운 말일지도 모른다. 비틀스도 〈렛잇비Let It Be〉에서 "그냥 내버려둬"를 "지혜의 말씀words of wisdom"이라고 노래하고 있고, 영화 〈겨울왕국The Frozen〉에서 눈의 여왕 엘사는 〈렛잇고Let It Go〉 "그대로 놓아줘"라고 노래한다. 동양에서도 상선약수上善若水, 가장 아름다운 인생은 물 흐르듯 사는 것이라고 한다. 가장 지혜로운 삶은 순리대로 사는 삶일 것이다. 경제도 그렇다는 것이 고전학파 학자들의 믿음이었다.

2

물과 다이아몬드
가격의 역설

얼마 전까지 가장 높은 가격으로 개인 간 거래된 그림은 폴 세잔Paul Cezanne의 1893년작 〈카드놀이 하는 사람들Les Joueurs de cartes〉이었다. 이 그림은 무려 2억 5,000만 달러에 팔렸다. 2015년에는 이 기록을 갈아치우는 그림이 나왔다. 프랑스 후기 인상파 화가 폴 고갱Paul Gauguin의 1892년작 유화 〈너 언제 결혼하니Nafea faa ipoipo〉가 약 3억 달러에 팔렸다(그러나 경매에서 가장 비싸게 팔린 그림은 파블로 피카소Pablo Picasso의 유화 〈알제의 여인들Les Femmes d'Alger〉로서 2015년 5월 뉴욕 크리스티 경매에서 1억 7,940만 달러에 팔렸다). 아무리 천재 화가가 그린 그림이라도 그림 한 점이 2억 5,000만 달러 또는 3억 달러 가격에 판매된다는 것은 이해하기 힘든 현상이다. 도대체 시장경제에서 가격은 어떻게 결정되는 것일까 하는 의문을 갖지 않을 수 없다. 고전학파 경제학자들도 이와 비슷한 혼란을 겪었다.

폴 세잔, 〈카드놀이 하는 사람들〉(오르세 미술관 소장)

초기 고전학파 경제학자들은 자유주의 사상에 충실한 이론가들로서 가치와 소득분배 등의 문제에 많은 관심을 기울였다. 그러나 그들은 한계효용과 총효용을 구별하지 못한 관계로 그들의 가치론은 많은 사람들을 미궁에 빠지게 했다. 앞에서 논의한 것처럼 효용이란 어떤 상품을 소비함으로써 얻게 되는 만족도를 말한다. 그리고 한계효용이란 상품 한 단위를 더 소비함으로써 추가로 얻게 되는 효용이다. 경제학의 중요한 원칙은 소비자가 어떤 상품의 소비를 늘릴수록 그 소비자가 얻게 되는 한계효용은 줄어든다는 점이다. 이를 한계효용 체감의 법칙law of diminishing marginal utility 이라고 한다.

뷔페레스토랑은 한계효용 체감의 법칙을 적용한 장사 기법이다. 만약 이 법칙이 작용하지 않는다면 모든 뷔페레스토랑은 문을 닫아야 할 것이다. 바닷가재를 처음 한 토막 먹었을 때의 한계효용이 돈의 가치로 3만 원이라고 한다면 두 번째 바닷가재를 소비했을 때의 한계효용은 그보다 적어져 예를 들면 2만 원 정도가 될 것이다. 세 번째 바닷가재의 소비로부터 오는 한계효용은 1만 원이고 네 번째 바닷가재의 소비로부터 오는 한계효용이 0이라고 한다면, 그 소비자는 바닷가재를 네 번째까지 먹은 후에는 더 이상 먹으려고 하지 않을 것이다. 이때 그가 얻게 되는 한계효용은 0이고 총효용은 6만 원이다.

돈(재산)에도 한계효용 체감의 법칙이 작용할까? 물론이다. 2015년 노벨경제학상을 수상한 앵거스 디턴Angus Deaton은 연소득이 7만 5,000달러(약 8,600만 원) 이상에 달한 계층은 돈을 더 많이 번다고 해서 생활이 별로 달라지지 않는다고 말한다. 이는 미국인의 경우 연간소득이 7만 5,000달러 이상이 되면 돈으로부터 오는 한계효용은 거의 늘어나지 않는다는 의미로 볼 수 있다. 한계효용 체감의 법칙이 돈에는 적용되지 않는다면 사람들은 돈을 더 많이 벌기 위해 무엇이든지 할 것이며 세상은 더욱 각박해질 것이다. 이 법칙 때문에 그나마 인간의 탐욕이 어느 정도 제어된다고 볼 수 있다.

스미스를 비롯하여 고전학파 경제학자들은 상품의 가격은 그것이 지닌 가치(총효용)에 의해서 결정된다고 보았는데 그들의 가치론은 물과 다이아몬드의 역설을 해결하지 못했다. 물은 인간에게 없어서는 안 되는 귀중한 상품인 반면 다이아몬드는 생활에 요긴한 상품은 아니다. 그럼에도 왜 물의 가격은 0에 가깝고 다이아몬드의 가격은 매우 높은가 하는 역설을 고전학파 학자들은 풀지 못한 것이다.

그러나 한계학파marginalism의 등장으로 이 문제는 해결을 보게 되었다. 물은 거의 무한정으로 존재하는 반면 다이아몬드는 그 존재가 매우 제한되어 있기 때문에 한계효용 체감의 법칙에 의해 물의 한계효용은 0에 가깝고 다이아몬드의 한계효용은 매우 높다는 것이다. 가격은 총효용보다는 한계효용에 의해서 결정되기 때문에 물의 가격은 0에 가깝고 다이아몬드의 가격은 매우 높게 형성된다는 것이 한계학파의 설명이었다.

마르크스는 1867년에 출간한 《자본론Das Kapital》에서 한계학파 이론과는 다른 노동가치설labor value theory을 주창했다. 그는 가치를 효용이 아니라 노동가치로 이해했다. 상품의 가치를 그것을 만드는 데 사회적으로 필요한 노동시간, 즉 노동가치에 의해서 결정되는 것으로 보았다. 기업이 제품을 팔아서 이윤을 낼 때 그러한 이윤은 노동에 의해서 창출된 것이기 때문에 노동자들에게 돌아가야 한다. 그러나 마르크스는 자본가들이 노동자들에 의해 만들어진 잉여가치labor surplus를 노동자들에게 지불하지 않고 오로지 노동자들이 생존하기 위해 필요한 수단을 조달할 정도만 지급하며 나머지는 자본가가 착취한다고 주장함으로써 고전학파의 가치론과는 완전히 다른 이론을 주창했다.

근대적 가격결정 이론은 앨프리드 마셜Alfred Marshall에 의해서 체계적으로 확립되었다. 마셜의 이론은 신고전학파 경제학과 동의어로 인식될 만큼 근대 고전학파 경제학의 발전에 큰 족적을 남겼다. 오늘날 우리가 시장에서 결정되는 균형가격(물가, 임금, 금리 등)의 분석을 위해 사용하는 수요-공급 모형은 마셜에 의해 완성된 것이다. 마셜의 가장 중요한 기여는 고전학파의 가치론과 한계학파의 효용이론을 결합해 수요-공급 모형으로 발전시킨 점이다. 마셜은 생산비용을 나타내는 공급측면과 한계효용을 나타내는 수요측면의 상호작용에 의해서 균형가격이 결정된다는 이론을 수립했다. 이렇게 시장에서 수요와 공급에 의해서 결정된 가격이 경제를 균형상태로 이끈다는 이론이 구축된 것이다.

수요-공급 모형을 사용하여 우리는 물과 다이아몬드의 역설을 재조명할 수 있으며 세잔과 고갱의 그림이 왜 그렇게 비싸게 팔리는지를 설명할 수 있다. 물에 대한 공급은 거의 무제한하기 때문에 물의 공급곡선은 거의 수평적이다. 수요가 변하더라도 물의 가격은 거의 변하지 않는다(이러한 논의는 물을 병에 담아서 팔기 이전의 상황을 전제로 한다). 반면 다이아몬드의 공급은 아주 제한되어 있기 때문에 다이아몬드의 공급곡선은 거의 수직에 가깝다. 따라서 다이아몬드에 대한 수요가 조금만 변하더라도 가격은 크게 뛸 수 있다.

유명 화가들의 그림에 대한 공급곡선은 사실상 정의되지 않는다. 왜냐하면 공급물량이 하나밖에 없기 때문이다. 그것은 한 점으로 그려질 수 있다. 그리고 그 점은 수요곡선상에 놓여 있어 가장 높은 가격을 부른 사람의 가격이 곧바로 시장가격이 되는 것이다.

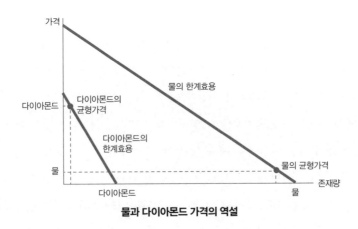

물과 다이아몬드 가격의 역설

3 시장이
만능이다

고전학파 이론은 경제행위를 사적 이윤의 추구라는 관점에서 조명한다. 사적 이윤의 추구는 이기적인 행위로서 존경받지 못하는 인간의 심성으로 인식되어왔으나, 근대경제학의 기초를 닦은 스미스는 인간행위의 이기성을 경제행위의 합리성으로 변모시켜놓았다. 스미스의《국부론》에서 개인의 자기이익 추구는 사회적 조화를 보장하는 장치로 간주된다.

나아가 경제행위를 함에 있어서 개인은 공공이익을 추구할 의도가 없으며 또한 그가 그렇게 하고 있다는 것을 알지도 못하는 것으로 가정된다. 스미스는 사적 이윤의 추구를 다음과 같이 표현한다. "우리가 저녁식사를 기대할 수 있는 것은 정육업자나 양조업자, 제빵업자의 자비심 때문이 아니라 그들 자신의 이윤에 대한 관심 때문이다."

이러한 자기이익의 추구는 보다 구체적으로는 소비자의 효용극대화와 기업의 이윤극대화를 위한 행위로 나타난다. 소비자는 자신의 효용을 극대화하고자 한정된 소득을 사용하여 상품 및 서비스를 구입한다. 이때 한정된 소득에 대한 최적의 의사결정을 할 때 그러한 행위는 합리적인 행위로 간주된다. 기업도 이윤의 극대화를 목표로 한정된 생산자원을 사용하여 상품과 서비스를 생산한다. 이때 한정된 자원에 대한 최적의 의사결정을 할 때 그러한 행위는 합리적인 행위로 간주된다.

고전학파라는 건축물을 구축하기 위해서는 개인이익의 추구라는 가정만으로는 충분치 않다. 고전학파 경제학자들은 경제에 외적 교란요인이 발생할 경우 물가, 임금, 금리 등 시장가격이 신속하게 움직여 이러한 교란요인을 곧바로 제거하는 것으로 보았다.

아파트 시장을 예로 들어보자. 2008년 글로벌 경제위기가 발생하기 전까지만 하더라도 아파트를 원하는 사람들의 수요물량이 건설업체들의 공급물량보다 많았다. 수요가 공급을 초과하는 현상(초과수요)이 발생한 것이다. 우리는 이러한 경우에 시장이 어떻게 반응하는가를 경험법칙을 통해서 잘 알고 있다. 시장의 반응은 아파트 가격의 계속적인 상승으로 나타났다. 이러한 상황은 인플레이션의 상승으로 이어질 수 있다. 언제까지 오를 것인가? 아파트 가격이 충분히 올라서 아파트를 사려는 사람들의 수요물량과 아파트를 공급하려는 사람들의 공급물량이 같아질 때까지 오른다. 이때 결정되는 아파트 가격이 균형가격이다. 이 가격에서는 아파트 가격이 너무 높아 부동산경기가 시들해질 수 있다. 시장의 조정은 아파트뿐만 아니라 다른 제품의 가격에도 동일하게 적용된다. 인플레이션이 꺾이기 시작한다.

그러다가 글로벌 경제위기 이후부터는 아파트에 대한 수요물량이 공급물량을 밑돌게 되었다. 이제 시장의 반응은 아파트 가격의 계속적인 하락으로 나타났다. 이러한 상황은 건축업에 종사하는 사람들의 실직 및 실업으로 이어질 수 있다. 언제까지 아파트 가격이 떨어질 것인가? 수요물량과 공급물량이 같아질 때까지 떨어질 것이다. 다시 말해서 시장 아파트 가격이 균형가격에 이를 때까지 떨어질 것이다. 이 가격에서는 다시 부동산경기가 살아나서 건축회사들은 노동자들을 고용하기 시작할 것이다. 실업이 줄어들기 시작한다. 이러한 시장의 조정은 다른 시장에서도 동일하게 일어난다.

이와 같이 인플레이션이나 실업 같은 경제적 문제가 발생할 경우 시장에서 결정되는 가격이 신속히 움직여 실업이나 인플레이션을 해결한다고 보는 것이 고전학파의 입장이다. 시장이 스스로 해결한다고 보는 것이다. 고전학파 경제학자들은 경제의 거의 모든 분야(상품시장, 노동시장, 자산시장)에서 글로벌 경제위기 같은 외부 충격으로 초과수요나 초과공급이 발생할 경우 가격이 매우 빠르게 조정되어 시장의 균형이 빠른 기간 내에 회복되는 것으로 본다. 그리고 이때 정부가 초과수요나 초과공급 그리고 그에 따라 나타나는 인플레이션이나 실업을 해결하려고 민간경제에 개입하려 하면 문제를 일시적으로 해결할지는 몰라도 장기적으로는 부작용이 더 크다고 본다.

고전학파 경제학자들, 특히 스미스의 자유방임주의에 대한 열망은 자연히 완전경쟁 시장경제체제의 옹호로 나타났다. 사실 스미스가 《국부론》을 썼던 18세기 영국은 그가 구축한 경제 모형과 크게 다르지 않았다. 당시의 영국경제는 수많은 작은 공장들과 상점들이 경쟁적인 관계에서 자유롭게 영업활동을 하고 있었다.

그러나 18세기 말부터 미국과 유럽에서 몰아닥친 기업합병 열풍으로 대기업들이 등장하기 시작했다. 대기업의 등장으로 시장에 독과점 또는 불완전경쟁의 형태가 나타나기 시작했으며 스미스가 그렸던 완전경쟁시장의 원형은 조금씩 변형되어갔다. 현실경제에서는 18세기 말부터 반독점법의 제정을 통해 대기업들의 횡포를 규제하려는 움직임이 나타나기 시작했다. 그 결과 완전경쟁에 관한 고전학파 학자들의 입장에도 변화가 일어나기 시작했다. 초기의 완전경쟁에서 불완전경쟁을 포용하는 궤도 수정이 시도된 것이다. 이러한 움직임은 고전학파 내에서 새로운 분파(신고전학파 경제학)의 등장을 가져왔다. 경제에 대형 기업집단이 형성되어 독점이나 과점의 지위를 이용해 시장에서 결정되는 가격에 영향력을 미칠 경우 고전학파의 원리들이 잘 통하지 않으리라는 것은 쉽게 짐작할 수 있다.

많은 신고전학파 경제학자들은 현실세계는 완전경쟁의 단조로운 한 형태만이 존재하는 것이 아니라 많은 상품들이 저마다 독특한 특징을 가지고 차별화되고 있음을 주목했다. 이 신고전학파 경제학자들의 경쟁에 관한 새로운 이론은 스미스의 자유방임주의 원칙으로부터 상당한 이탈을 의미했다. 그러나 불완전경쟁을 수용해서 고전학파의 이론을 수호하려는 그들의 노력은 체제 안에서의 개혁으로서, 앞으로 다가올 대공황의 파고 앞에서 고전학파 이론체계를 지키기에는 역부족이었다.

4

총생산과 고용은
공급이 결정한다

세의 법칙Say's Law은 고전학파 경제학의 지렛대 가운데 하나이다. 세의 법칙은 프랑스의 고전학파 경제학자였던 장 바티스트 세Jean Baptiste Say가 처음으로 논의했는데, 한마디로 표현하면 '공급이 수요를 창출한다'이다. 좀 더 구체적으로 설명하면 상품의 생산은 그에 상응하는 소득을 창출하며 그에 따라 수요를 만들어낸다는 것이다. 일정량의 상품이 공급되면 그에 상응하는 수요가 언제나 창출되기 때문에 상품의 과잉생산이란 있을 수 없게 된다. 세의 법칙이 타당하다면, 상품의 공급이 수요를 초과하거나(초과공급 또는 과잉) 상품에 대한 수요가 공급을 초과하는(초과수요 또는 부족) 가능성은 배제된다. 쉽게 말해 균형생산량은 언제나 공급에 의해서 결정된다.

고전학파 체계에서는 노동과 자본의 양이 완전고용 수준에서 결정되며 기업은 완전고용 수준의 노동과 자본을 고용해서 상품과 서비스를 생산하기 때문에 기업이 생산하는 총생산은 완전고용총생산full-employment level of output 수준에서 결정된다. 완전고용총생산은 한 경제가 노동과 자본 등 가동할 수 있는 자원을 최대한으로 사용하여 인플레이션을 유발하지 않고 생산할 수 있는 최대 수준의 생산량이다. 완전고용총생산은 잠재적 총생산potential output이라고도 불린다. 요컨대 고전학파 체계에서는 가격, 임금 및 금리가 신속하게 움직이는 자유로운 시장이 존재하고 세의 법칙이 작용할 경우, 한 경제의 총생산(실질GDP)은 완전고용총생산 수준에서 이루어진다. 이러한 전제 아래에서 물가수준과 총생산의 공급 간 관계를 나타내는 총공급곡선은 완전고용총생산 수준에서 수직으로 나타난다.

완전고용총생산은 경제의 공급 요인들(노동과 자본의 양 그리고 기술진보)에 의해서 결정되기 때문에 경제의 수요측면(예를 들면 통화와 정부지출의 규모)에 의해서는 영향을 받지 않는다. 총공급곡선이 수직으로 주어질 경우 경제의 수요측면은 총생산과 고용의 결정에 아무런 영향도 미치지 못함을 쉽게 확인할 수 있다. 옆의 그래프에서 총수요가 1에서 2로 증가하면 물가의 상승만을 초래할 뿐이다. 이와 같이 고전학파 경제학은 공급을 중시하는 이론이며 경제의 공급측면이 한 나라의 총생산과 고용을 결정한다고 보는 것이다. 고전학파 학자들이 재정확대나 통화확대를 통한 총수요관리정책의 효과에 회의를 갖는 것은 당연하다. 결론적으로 고전학파 체제 아래에서 정부는 경제 문제에 관한 한 할 일이 별로 없어진다. 정부는 경제에 간여할 필요도 없으며 경제에 간여해서도 안 된다는 것이 고전학파학자들의 주장이다.

그러나 우리의 경험은 세의 법칙이 그대로 타당하게 적용되는 것인지에 대해서 의문을 갖게 한다. 장기적으로는 공급이 수요를 창출하며 공급이 균형생산량을 결정하게 될 것이다. 문제는 단기이다. 케인스가 언급했

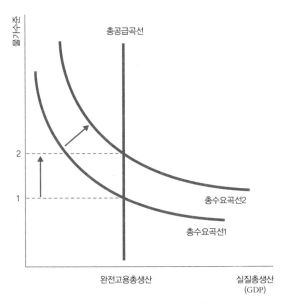

물가수준

총공급곡선

2

1

총수요곡선2

총수요곡선1

완전고용총생산

실질총생산
(GDP)

고전학파의 총공급곡선과 완전고용총생산

듯이 이러한 장기가 너무 길어질 경우, '지금 당장'이 중요한 사람들에게 고전학파의 처방은 공허하게 들릴 수밖에 없다.

우리는 고전학파 체계에서 고용은 완전고용 수준에서 결정되며 총생산(GDP)은 완전고용총생산 수준에서 결정된다는 것을 보았다. 그러면 우리가 일상생활에서 상품이나 서비스를 구입하기 위해서 사용하는 화폐는 고전학파 체계에서 어떤 역할을 하는가?

고전학파 체계에서 화폐는 거래를 원활하게 하는 윤활유 역할만을 수행한다. 즉 사람들은 거래의 지불수단으로써 화폐를 보유할 뿐 자산 선택의 차원에서 보유하는 것은 아니라고 보았다. 고전학파 경제학자들에 의하면 화폐는 실물경제를 덮고 있는 베일에 불과할 뿐이므로 실물경제에서 무엇이 일어나고 있는가를 알아보기 위해서는 화폐라는 베일을 벗겨

보아야 한다. 화폐는 실물경제에서 결정되는 실질변수들, 즉 총생산량, 고용 및 실업 등에는 전혀 영향을 미치지 않는다고 보는 입장을 '화폐 베일관money as a veil'이라고 한다.

화폐 베일관은 이론적으로는 화폐수량설quantity theory of money로 전개되었다. 화폐수량설은 20세기 말 주로 예일대의 피셔와 케임브리지대의 마셜에 의해서 확립되었다. 먼저 피셔는 한 나라의 통화량 규모가 명목GDP와 어떻게 연관되어 있는지를 규명했다.

한국경제는 2014년에 약 1,500조 원의 상품과 서비스(명목GDP)를 생산했고 그해에 유통된 통화량이 500조 원이었다. 여기에서 다음과 같은 질문이 떠오른다. 이 상품과 서비스를 구입하기 위해 2014년에 사람들은 돈을 몇 번이나 사용했을까? 화폐 한 단위를 약 세 번 사용했을 것이다. 이는 명목GDP를 통화량으로 나눈 것이다(1,500조 원/500조 원=3). 이 수치를 화폐의 유통속도velocity of circulation 또는 화폐의 소득속도income velocity of money라고 한다. 화폐의 유통속도를 V로 표시하면 다음의 공식이 성립한다.

- V=명목GDP/통화량=PY/M

여기에서 P는 물가수준, Y는 실질GDP, 그리고 M은 통화량이다. 명목GDP는 물가수준의 상승을 포함하기 때문에 실질GDP(Y)를 물가수준(P)으로 곱해주면 명목GDP(PY)를 얻게 된다.

화폐의 유통속도에 대한 정의로부터 우리는 다음의 관계를 쉽게 유도할 수 있다.

- MV=PY

이 식은 통화량(M)을 유통속도(V)로 곱한 것은 명목GDP(PY)와 같다는 것을 보여준다. 이 관계식을 피셔 교환방정식equation of exchange이라고 부른다. 이 식에서 만약 V가 일정하다고(적어도 안정적이라고) 한다면, 화폐수량과 명목GDP 사이에 의미 있는 관계를 이끌어낼 수 있다. 사실 고전학파 이론가들은 화폐의 유통속도가 주로 은행이나 금융제도의 효율성과 안정성 등 제도적 요인에 의해 결정된다고 보았기 때문에 화폐의 유통속도가 최소한 단기적으로는 일정하다고 생각했다.

이러한 가정 아래에서 우리는 교환방정식으로부터 통화량과 명목 GDP 사이에 다음과 같은 관계를 이끌어낼 수 있다. 만약 통화량이 10% 증가하면, V가 일정하기 때문에 교환방정식은 명목GDP(PY)가 10% 증가할 것으로 예측한다. 여기에서 한 걸음 더 나아가 고전학파 체계에서는 실질GDP(Y)는 경제의 실물부문에서 노동, 자본, 기술진보에 의해 완전고용 수준에서 결정되기 때문에 명목GDP가 10% 증가한다는 것은 바로 물가수준(P)이 10% 증가한다는 것을 의미한다. 이는 통화량이 10% 증가하면 오로지 인플레이션만 10% 상승하고 총생산량이나 고용은 통화량의 증가에 전혀 영향을 받지 않는다는 의미이다. 이러한 제안을 화폐의 중립성neutrality of money이라고 한다.

이러한 결론은 통화정책과 관련해서 중요한 의미를 갖는다. 미국의 중앙은행인 연준은 2008년 글로벌 경제위기가 깊은 수렁으로 빠져들자 매달 850억 달러의 돈을 새로 찍어 금융권에 공급했다. 이는 바로 양적 완화 조치로 알려진 새로운 통화정책의 시행이었다(나중에 점차적으로 규모를 줄여 2014년 10월에는 이를 종료했다). 미국에서 공화당원들은 대부분 고전학파 이론을 신봉한다. 공화당 의원들은 연준의 양적 완화 조치를 반대했는데, 주된 이유는 양적 완화 조치가 앞으로 미국경제에 인플레이션 압력을 높일 것이라는 우려였다. 일본에서도 아베가 총리로 취임하면서 무제한의 양적 완화 조치를 취해왔는데, 아베노믹스의 주요 목표는 통화량을 늘려 인플레이션률을 2%로 끌어올리는 것이다.

그러나 통화량과 인플레이션 사이에는 고전학파 경제학자들이 생각하듯 분명한 일대일 관계가 존재하는 것이 아니다. 주된 이유 가운데 하나는 화폐의 유통속도가 일정하지 않다는 점이다. 경기가 호황일 때는 화폐의 유통속도가 빨라지는 경향을 보이며 불황기에는 낮아지는 경향을 보인다. 사람들이 돈을 보다 자주 사용할 경우 화폐의 유통속도가 빨라져 인플레이션도 상승한다. 여기에서 우리는 경기를 진작시키기 위해 돈을 자주 쓰게 만드는 정책이 필요하다는 것을 보게 된다.

5 고전학파의 렌즈

인생은 가까이서 보면 비극, 멀리서 보면 희극

희극배우로서 한 시대를 풍미한 찰리 채플린Charlie Chaplin은 "인생은 가까이서 보면 비극이지만 멀리서 보면 희극이다"라는 명대사를 남겼다. 이는 고전학파라는 렌즈로 보는 경제 현상과 비슷하다. 우리는 고전학파 경제학의 결론을 다음과 같은 대사로 대체할 수 있을 것이다. "경제는 단기적으로 보면 비관적일 수 있지만 장기적으로 보면 낙관적이다."

경제는 단기적으로는 일시적인 실업이나 인플레이션이 발생할 수 있지만 장기적으로는 스스로 이러한 문제들을 해결할 치유력을 갖고 있으며 완전고용 수준에서 총생산(실질GDP)이 결정되는 균형상태로 나아간다고 볼 수 있다. 이는 케인스가 "장기적으로는 우리 모두 죽는다"고 말하면서 단기적인 경제 문제에 초점을 맞춘 것과 뚜렷한 대조를 이룬다.

여기에서 우리는 고전학파의 주된 관심사는 장기적 경제 문제에, 그리고 케인스학파의 주된 관심사는 단기적 경제 문제에 쏠려 있다는 것을 주목할 필요가 있다. 경제주체의 행위나 경제정책의 효과는 기간에 따라 큰 차이가 난다. 경제학에서 단기short run와 장기long run의 구분은 달력에 따른 연월을 기준으로 한 구분이 아니라, 경제주체의 행위 특성과 관련된 구분이다.

미시경제학과 거시경제학 모두 단기와 장기의 구별을 중요시한다. 이 두 기간을 구분하는 취지에는 차이가 없으나 이를 구체적으로 측정하는 기준에서는 미시경제학과 거시경제학 사이에 차이가 있다.

미시경제학에서는 단기를 여러 가지 생산요소 가운데 적어도 하나(보통 기계, 공장과 같은 자본)는 고정되어 있고 다른 생산요소(예를 들면 노동, 원자재, 에너지)는 언제라도 변경할 수 있는 기간으로 정의한다.

거시경제학에서 의미하는 단기는 경제주체(소비자, 생산자, 노동자)가 경제여건의 변화를 인지하고 적응할 수 있는 충분한 시간을 갖지 못한 상태라고 볼 수 있다. 예를 들어 중앙은행이 통화량을 크게 늘렸다고 가정해보자. 돈이 많이 풀리면 물가가 상승한다. 그러나 물가가 올랐다는 것을 노동자들이 인지하고 임금인상을 요구하기까지는 상당한 시일이 걸린다. 경제주체들이 변화를 인지하지 못하는 이 기간은 단기에 해당한다. 시간이 지남에 따라 정부는 각종 물가동향을 조사해서 이를 종합, 정리하여 물가(소비자물가지수)에 대한 자료를 발표한다. 이때 가서야 경제주체들은 물가가 올랐다는 것을 인지하게 된다. 이에 따라 소비자와 노동자들은 소비를 줄이든가 임금인상을 요구하는 등 경제여건의 변화에 따라 경제행위를 조정하게 된다. 이처럼 장기는 경제주체가 경제여건의 변화를 인식하고 그에 따라 그들의 경제행위를 조정할 수 있는 기간을 말한다. 고전학파 경제학자들이 말하는 장기는 바로 이러한 의미의 장기이다.

단기와 장기의 구분이 중요한 것은 기간에 따라 경제주체의 행위가 달라질 뿐만 아니라 경제정책의 효과도 크게 다를 수 있기 때문이다. 흔히 돈이 많이 풀리면 금리가 하락하는 것으로 이해한다. 그러나 이러한 결론은 어디까지나 단기에 있어서 타당한 것이고, 장기적으로 통화량의 증가는 명목금리의 상승을 가져올 수도 있다. 통화량의 증가는 장기적으로는 인플레이션을 유발할 가능성이 높으며 인플레이션의 상승은 명목금리의 상승을 동반하기 때문이다.

고전학파 학자들은 경제는 장기적으로 완전고용 균형상태로 접근한다는 낙관론을 취하기 때문에 정부가 실업이나 인플레이션 문제를 해결하기 위해 통화량이나 정부지출을 사용하려는 어떠한 시도에도 반대한다. 경제정책 차원에서 고전학파 학자들은 '작은 정부'를 지향하며 실업 문제보다는 인플레이션 문제에 더 많은 관심을 갖는다. 한마디로 요약해서 고전학파는 장기적 현상과 완전고용 균형에 관심을 갖는 학파라고 볼 수 있다. 그러나 고전학파 학자들의 장기에 대한 낙관론은 1930년대 서구 경제를 황폐화시킨 대공황의 파고 앞에서 산산조각이 났다.

6

사이렌의 유혹과
통화정책의 준칙

고전학파 체계에서 정부의 주된 역할은 개인의 자유와 사유재산권을
보호하고 자유경쟁을 저해하는 요인들을 제거하는 것이다. 고전학파 경
제학자들은 민간부문이 각자 개인이익을 최대화하는 방향으로 행동하기
때문에 정부보다 자원을 훨씬 효율적으로 배분한다고 보았다. 반면 정치
인들은 선거에서 당선 가능성을 높이기 위해서라면 자원배분이 비효율
적일지라도 그런 정책을 선택하곤 한다. 이러한 이유로 고전학파 학자들
은 대개 공통적으로 정부는 사유재산권을 보장하고 자유경쟁을 촉진시
키는 수준에서 경제활동에 최소한으로 관여해야 한다고 주장한다.

고전학파의 이러한 철학은 재정정책과 관련해서는 균형예산의 원칙을
지지하는 입장으로 나타나고, 통화정책과 관련해서는 통화량의 증가율
을 일정한 수준으로 고정시켜야 한다는 입장으로 나타난다. 고전학파 학
자들은 재정정책이나 통화정책이 고용이나 총생산 같은 실물경제에 미

치는 영향은 거의 없다고 본다. 오히려 이를 잘못 사용할 경우 경제에 해독을 미치기 때문에 정부나 중앙은행은 재정정책이나 통화정책을 사용할 때 매우 신중해야 한다는 입장을 견지한다. 고전학파 학자들은 이 두 가지 정책수단 가운데 특히 통화정책의 해독이 재정정책의 그것보다 더 심각한 것으로 본다.

재정정책에 관해서 고전학파 경제학자들은 나중에 등장한 케인스 경제학자들과는 매우 다른 철학을 가지고 있었다. 고전학파 경제학자들은 19세기 빅토리아 왕조 시대의 분위기 아래에서 건전한 재정, 즉 매년 세입과 세출이 같아지는 균형예산을 지지하는 입장이었다. 미국의 경우 케인스혁명이 일어나기 전까지는 예산이 거의 균형을 유지했다. 균형예산에 대한 철학적 배경은 국민으로부터 거두어들인 세금보다 정부가 더 많은 지출을 한다는 것은 도덕적으로 타당하지 않다는 인식이 지배하고 있었기 때문이다.

한편 고전학파 이론이 통화정책의 효과에 관해서 의미하는 결론은 이미 살펴본 교환방정식에서 분명히 드러난다. 고용이나 총생산(실질GDP)은 경제의 실물부문에서 노동과 자본 등 생산요소와 기술발전에 의해서 결정되기 때문에 통화정책으로 인한 통화량의 변동은 고용이나 총생산에 영향을 미치지 못한다. 통화정책은 오직 물가수준과 인플레이션에만 영향을 미친다는 것이 고전학파 학자들의 일관된 입장이다.

현대판 고전학파 이론인 통화주의는 통화정책의 해독을 피하기 위해 통화량의 증가율을 일정한 수준으로 고정시켜야 한다고 주장한다. 이러한 제안을 통화량의 고정증가율 준칙constant-growth-rate rule이라고 한다. 통화주의자의 고정증가율 준칙은 사이렌의 비유로 널리 알려져 있다. 우리는 사이렌 하면 우선 요란한 소리를 연상한다. 그러나 그리스로마 신화에 나오는 사이렌은 지상의 그 누구도 감히 흉내 낼 수 없는 아름다운 목소리로 노래를 불러 선원들을 유혹하는 바다의 요정들이다.

핀 키들랜드Finn Kydland와 에드워드 프레스콧Edward Prescott은 통화정책을 케인스학파의 주장처럼 재량적으로 사용할 것인가 아니면 통화주의 학파의 주장처럼 준칙에 따라서 기계적으로 사용할 것인가 하는 문제를 집중적으로 연구했으며, 그 공로로 노벨경제학상을 수상했다. 그들은 《오디세이아Odysseia》에 나오는 사이렌의 비유를 들어 준칙의 중요성을 강조한다.

《오디세이아》는 호메로스Homeros의 연작시 《일리아스Ilias》의 속편이다. 《일리아스》는 트로이 전쟁에 관한 이야기이며 《오디세이아》는 트로이 전쟁 후 10년이 지난 시점에서 오디세우스가 고향으로 돌아가는 여정을 다룬다. 오디세우스는 라틴어 이름인 율리시스로도 알려진 인물로, 이타카의 전설적인 왕이다.

사이렌은 반은 여자이고 반은 새와 같은 모습의 자매들이다. 사이렌은 사람들이 다가갈 수 없는 산호초 밖에 살면서 뱃사람들을 유혹하는 노래를 불렀는데, 노랫소리가 얼마나 감미로웠던지 그 소리를 따라 사이렌에 다가가려다 배가 난파되어 선원들은 죽음을 맞곤 했다. 오디세우스는 트로이 전쟁에서 승리한 후 고향인 이타카로 항해하고 있었다. 그는 병사들의 귀를 밀랍으로 막게 해서 그 노랫소리를 듣지 못하게 했고, 그 자신을 돛대에 꽁꽁 동여매게 함으로써 사이렌에 다가갈 수 없도록 했다. 그렇게 해서 사이렌의 유혹을 피할 수 있었다.

통화주의자들이 말하는 준칙은 마치 오디세우스가 아무것도 할 수 없도록 묶인 채 강물 따라 흘러갔듯이, 통화량의 조절을 미리 정해진 일정한 규칙에 맡기는 것이다. 경제가 침체의 늪에 빠졌다고 해서 중앙은행이 통화량을 늘려 금리를 내리는 정책이나, 그 반대로 경기가 과열되어 있을 때 통화량을 축소해 금리를 올리는 정책에 모두 반대하는 것이다. 통화주의자들은 경제가 불황이나 호황 어느 상황에 처하든 그에 흔들리지 말고 통화량의 증가를 잠재성장률 수준으로 일정하게 묶어두는 것이야말로 경제를 안정화시키는 요체라고 주장한다.

7 공급중시 경제학과
래퍼곡선

고전학파에 뿌리를 두면서 경제의 공급측면을 강조하는 공급중시 경제학은 1970년대 후반기부터 불황stagnation 속 인플레이션inflation을 의미하는 스태그플레이션stagflation에 대한 해결사를 자임하며 등장했다. 이는 미국 레이건 정부의 출범과 함께 더욱 관심을 끌기 시작했다. 공급중시 경제학은 반대론자들로부터는 '트리클다운(낙수효과) 경제학trickle-down economics'으로, 지지자들로부터는 진정한 자유시장경제학으로 불리기도 한다. '트리클다운'은 물이 위에서 아래로 떨어지는 낙수落水 현상을 의미한다. 이는 세금, 특히 돈 많은 사람들이 벌어들이는 이자 및 배당소득에 대한 세금을 낮추면 부자들이 돈을 많이 쓰게 되고 그 효과가 점차 저소득층으로 흘러내려가 경제가 활성화된다는 의미에서 붙여진 이름이다.

최근 들어 일부 노벨경제학상 수상자와 보수파 정치인 사이에서 공급중시 경제학에 대한 관심이 고조되고 있다. 노벨경제학상을 수상한 시카고 대학의 게리 베커Gary Becker, 컬럼비아 대학의 로버트 먼델Robert Mundell 같은 저명한 경제학자들이 공급경제학파의 주장에 동조하고 있다. 공급중시 경제학을 지지하는 정치인으로는 1996년 미국 대통령선거에서 공화당 후보였던 보브 돌Bob Dole과 그의 러닝메이트로 지명되었던 잭 켐프 Jack Kemp, 그리고 경제 매거진《포브스Forbes》의 발행인 스티브 포브스Steve Forbes 등이 유명하다.

공급중시 경제학을 전파하는 경제학자로는 래퍼곡선을 만들어낸 아서 래퍼Arthur Laffer, 조지 길더George Guilder 등이 있다. 일부 공급중시론자들은 공급중시 경제학이 케인스 경제학을 대체하는 경제학의 주류에 올라섰다고까지 주장한다. 공급중시 경제학은 경제의 공급측면, 즉 노동생산성, 저축, 투자 등의 중요성을 강조하는 이론이다. 이론적 근거는 경제의 총공급능력을 높임으로써 인플레이션을 둔화시키고 장기적으로 경제성장을 촉진해 경제의 체질을 강화할 수 있다는 것이다.

공급중시 경제학자들에 의하면, 인플레이션과 실업을 동시에 해결할 수 있는 가장 효과적인 방법은 경제의 총공급을 늘리는 것이다. 경제의 공급능력이 늘어나면 인플레이션은 낮아지고 고용이 늘어나 경제는 자연히 낮은 인플레이션-낮은 실업률이라는 최상의 상태에 이른다. 따라서 그들은 경제의 총공급곡선을 오른쪽으로 이동시키는 요인들에 많은 관심을 갖는다. 그들은 경제의 공급능력을 높이는 데 가장 중요하고 효과적인 정책은 한계소득세율을 낮추는 것이라고 주장한다. 그들은 특히 노동자들이 받는 근로소득, 자본가들이 벌어들이는 이자나 배당소득 같은 자본소득, 기업이 획득한 이윤에 대한 한계소득세율을 낮추는 것을 지지한다.

공급중시 경제학자들은 근로소득이나 이자, 배당소득에 대한 한계세율의 인하는 보다 많은 노동과 보다 많은 저축과 보다 많은 투자를 유발할 뿐 아니라 이를 통한 경제의 활성화로 세수입도 증대시킨다고 주장한다. 사람들이 더 열심히, 더 많이 일을 하면 총생산이 증가하므로 정부의 세수입도 증가하게 된다는 점을 근거로 든다. 이러한 제안은 세율과 세수입 사이의 관계를 나타내는 래퍼곡선에 함축되어 있다. 세율을 가로축에, 세수입을 세로축에 표시하면 래퍼곡선은 다음과 같은 모양을 취한다.

그래프에서 보듯이 래퍼곡선은 세율과 세수입 사이에 역 U자형의 관계가 있음을 보여준다. 우선 세율이 0이면 세수입도 물론 0이 된다. 다른 극단적인 경우로서 세율이 100%라고 한다면 이 세율 아래에서는 아무도 일을 하지 않으려고 할 것이므로, 과세대상 소득이 0이 되며 세수입 또한 0이 된다. 현실세계는 물론 이 양 극단을 배제한다. 래퍼곡선에 의하면 소득세율이 증가하면 세수입도 그에 따라 증가한다. 그러나 세수입이 증가하는 것은 어느 특정한 세율(여기에서는 t*로서 이를 최적세율이라고 부를 수 있다)에 이르기까지이며, 세율이 이 최적세율을 초과할 경우 세수

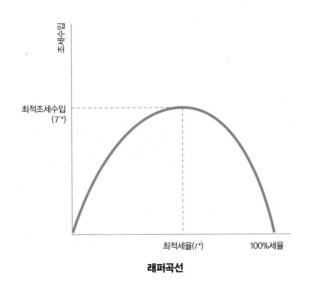

래퍼곡선

입은 오히려 감소하기 시작한다. 그 이유는 앞에서도 논의한 바와 같이 한계세율이 높아지면 한계근로소득이 감소해 사람들의 일에 대한 의욕을 떨어뜨리기 때문이다. 이는 궁극적으로 총생산의 감소를 가져와 과세대상 소득의 감소로 이어지는 것이다.

여기에서 세율인하가 세수입의 증대를 가져올 수 있는 가능성은 현행 세율이 최적세율보다 높은 경우, 다시 말해 현행 세율이 t*의 오른쪽에 놓여 있는 경우이다. 만약 현행 세율이 최적세율보다 낮을 경우 세율인하는 오히려 세수입을 감소시키는 결과만을 가져올 것이다. 우리는 이러한 상반된 주장을 정확히 이해하기 위하여 세수입과 세율 및 표준과세 간의 관계를 분석해볼 필요가 있다. 먼저 다음과 같은 간단한 예를 들어보자.

세율	세율(%)	과세대상 소득(억 원)	세수입(억 원)
현행	20	100	20
케이스 1	15	120	18
케이스 2	15	140	21

세율에 따른 세수의 변화

표에서 현행 평균 소득세율이 20%이고 과세표준이 100억 원이라고 가정했을 때 세수입은 20억 원이 된다. 이제 평균 소득세율이 20%에서 15%로 인하되었다고 하자. 소득세율이 인하되면 공급경제학자들의 주장대로 총생산이 늘어나 과세대상 소득이 늘어난다고 전제한다. 첫 번째는 과세대상 소득이 120억 원으로 늘어난 경우이고 두 번째는 140억 원으로 늘어난 경우이다. 첫 번째 경우에서는 소득세율의 인하로 세수입이 18억 원으로 오히려 줄어들었다. 그러나 두 번째 경우에서는 세수입이 21억 원으로 세율인하 이전보다 더 증가했다.

이로부터 우리는 세율인하가 세수입을 증가시킬 수도 있고 감소시킬 수도 있음을 보게 된다. 그것은 과세대상 소득이 세율인하에서 오는 감소 효과를 상쇄하고도 남을 만큼 많이 증가하느냐에 달려 있다. 정부의 세수입은 과세대상 소득에 세율을 곱한 것이기 때문에, 결국 세율인하가 세수입을 증대시키려면 세율인하에 대응하여 과세대상 소득이 그보다 많이 증가해야 한다. 결국 그 최종 효과는 각국의 경제구조와 조세구조 등에 따라 각각 다를 수 있으며 일률적으로 결론내릴 수는 없는 것이다.

경제를 바라보는 케인스학파의 시각

1930년대 구미 경제를 크게 황폐화시킨 대공황은 고전학파 경제학자들이 꿈꾸었던 시장경제체제에 대한 신뢰를 여지없이 무너뜨렸다. 케인스는 《고용, 이자 및 화폐의 일반이론》에서 시장경제체제의 문제점을 직시했다. 그는 한 나라의 실업이나 경기침체와 같은 문제들은 시장기능만으로는 해결될 수 없고 시장의 실패를 보완하기 위한 정부의 적극적인 역할이 필요하다고 주장함으로써 정통파 경제학에 정면으로 도전했다. 케인스 경제학에도 몇 개의 다른 지층이 있는데, "화폐는 중요하지 않다"고 주장하는 초기케인스 경제학, 1960년대 구미 경제사조를 지배했던 신케인스 경제학, 시장의 실패를 심각한 것으로 보고 정부의 보다 적극적이고 광범위한 개입을 옹호하는 후기케인스 경제학, 그리고 새고전학파의 비판에 대응하여 합리적 기대를 수용한 새케인스 경제학 등이 그것이다. 케인스 경제학의 다양한 면모에도 불구하고 그들의 주장을 하나의 끈으로 연결시키고 있는 것은 케인스가 당초 강조했던 대로 임금과 물가의 경직성이 경제의 자율적인 조정기능을 저해하므로 정부의 개입이 필요하다고 보는 점이다.

1 ── 가을의
전설

지난 100여 년에 걸쳐 가장 고통스러웠던 두 건의 경제적 재앙은 모두 '가을날'에 일어났다. 대공황은 1929년 10월에 일어났고, 1988년의 블랙 먼데이도 그해 10월에 불현듯 찾아왔다. 2008년 대침체를 촉발했던 리먼브라더스의 몰락 역시 9월에 발생했다. 글로벌 경제위기의 여파가 긴 그림자를 드리우던 2011년, 많은 고학력 실업자들이 "월스트리트를 점령하라"는 구호를 외치며 세계 자본시장의 심장부인 월가에서 시위를 시작한 것도 9월이었다.

가을과 경제적 재앙은 어떤 인과관계라도 있는 것일까?《톰 소여의 모험 *The Adventures of Tom Sawyer*》을 쓴 마크 트웨인Mark Twain은 "10월, 이는 주식투자에 있어서 특히 위험한 달 중의 하나"라고 말한 적이 있다. 우리가 경험한 일련의 경제적 재앙들은 어떻게 보면 사람들의 심리적 불안에서 촉발되었다고 볼 수 있다. 가을은 찬란하게 작열했던 여름의 뒤에 오는 우수의 계절이다. 라이너 마리아 릴케Rainer Maria Rilke가 노래했듯이, 〈가을날 Autumn Day〉에는 사람들이 허무를 느끼고 고독의 나락으로 빠져드는지도 모른다. 그래서 지금 집이 없는 사람은 더는 집을 짓지 않을 것이고 지금 홀로 있는 사람은 오래도록 그렇게 홀로 남을 것이라는 불안감에 빠져드는지도 모른다.

    *   주여, 때가 되었습니다. 그 여름은 위대했습니다.
        해시계 위에 당신의 그림자를 드리우시고
        바람을 들판에 풀어놓아주소서.
        마지막 열매들이 탐스럽게 여물도록 명하시고
        그들에게 이틀만 더 남쪽의 날들을 베푸소서.
        열매들이 무르익도록 그들을 누르시고
        강한 포도주에 마지막 감미로운 맛을 넣어주소서.
        지금 집이 없는 사람은 더는 집을 짓지 않을 것입니다.
        지금 홀로 있는 사람은 오래도록 홀로 남을 것입니다.
        일어나 읽고 긴 편지를 쓸 것입니다.
        그러다가 나뭇잎이 바람에 날리면
        가로수 길을 오르락내리락하며 쉴 새 없이 배회할 것입니다.

경제위기가 주로 가을에 시작된 것은 우연의 일치일 수도 있지만, 경제 현상에서 사람들의 기대가 큰 역할을 한다면 심리적 불안과 경제위기 사이에 충분한 개연성이 있을 수 있다. 자기실현적 예언에서 보듯이 많은 사람들이 앞으로 어떤 일이 일어날 것으로 기대하고 그러한 기대에 따라 행동할 경우 실제로 그러한 일이 일어날 수 있는 것이다. 겨울로 접어드는 길목인 가을에 사람들은 마음이 움츠러들고 을씨년스러움을 느낀다. 가을이 되면 우울해지는 경향은 과학적으로도 입증된 바 있다. 의학적으로는 '계절성 정서장애'라고 한다. 이러한 증상은 일조량의 변화와 관련이 있다고 알려져 있다.

실제로 근대경제이론은 개인의 심리적 변화가 의사결정에 결정적 영향을 미치며 그것이 경기변동에 간접적으로 연관되어 있음을 가르쳐준다. 행동경제학과 인지심리학은 사람들의 심리와 행동 동기가 경제 현상에 어떠한 영향을 미치는가에 관심을 갖는다. 특히 대니얼 카너먼Daniel Kahneman은 인지심리학을 경제적 의사결정에 접목시킨 공로로 2002년 노벨경제학상을 수상했다. 그가 연구해온 인지적 편향, 전망이론, 행복 등의 주제를 다룬 2011년 저서《생각에 관한 생각 Thinking, Fast and Slow》은 베스트셀러가 되었다.

카너먼은 1978년 노벨경제학상을 수상한 허버트 사이먼과 함께 행동경제학의 기초를 놓은 사람이다. 그들의 이론은 모두 주류경제학을 지배하는 '합리성'에 도전하고 있지만, 사이먼은 경제학자 입장에서 행동경제학 이론을 정립한 데 반해 카너먼은 심리학자 입장에서 이 문제에 접근했다. 그들은 경제주체들을 비합리적 인간으로 상정하지는 않지만 제한적으로 합리적이라는 전제에 입각하며 때로는 감정적으로 선택하는 경향이 있음을 인정한다. 감정에 기반한 경제적 결정은 경제위기로 연결될 수 있다.

주류경제학에서도 기대 이론이 경제학에 접목된 지 오래다. 적응적 기대 이론과 합리적 기대 이론은 그 대표적인 예이다. 그러나 기존의 주류경제학에서는 합리성에 어긋나는 행동이나 현상을 일종의 특이 현상으로 치부한다. 주류경제학은 당연히 가을의 전설과 경제적 위기 사이의 어떤 연관성도 인정하려고 하지 않는다. 하지만 가을날 경제위기가 더 많이 발생하는 것이 순전히 우연의 일치인지 아니면 제한적 합리성이 가져온 결과인지는 행동경제학의 연구를 기대해보아야 할 것 같다.

경제학사적으로 1929년 가을날에 일어난 경제적 재앙은 새로운 변혁을 불러오는 계기가 되었다. 대공황에 대한 해법을 모색하면서 등장한 케인스 경제학은 고전학파로 상징되는 앙시앵 레짐ancient regime, 즉 구체제에 대한 거부였으며 경제사조의 새로운 융기였다.

고전학파의 몰락과
케인스 경제학의 탄생

고전학파 경제학자들의 경제에 대한 장밋빛 그림은 1930년대 미국과
유럽에 몰아닥친 대공황의 회오리 속에서 여지없이 찢기고 말았다. 미국
의 대공황은 1929년 10월에 발생하여 10년 이상이나 지속된, 사상 최악
의 경제공황이었다. 대공황이 절정에 달했던 1933년에는 실업률이 25%
까지 치솟았다. 대공황은 많은 사람들의 생활을 비참하게 만들었을 뿐만
아니라, 경제사조 측면에서 고전학파의 몰락을 가져온 사건이기도 했다.
10년 넘게 지속된 대공황은 경제의 자체교정능력이 작용하지 않는다는
것을 보여주었다. 이는 바로 고전학파 경제학자들이 믿었던 시장경제 모
형이 실패했음을 의미했다. 고전학파 체계의 실패는 케인스혁명을 촉발
한 직접적인 계기가 되었다.

고전학파의 몰락을 가져온 직접적인 계기는 대공황이었지만, 보다 근
본적인 원인은 인간의 탐욕이 경제행위에 끼어들어 시장의 기능이 제대

로 작동하지 않은 데서 찾을 수 있다. 탐욕이 합리성을 압도할 때 시장에서 결정되는 가격은 경제주체들에게 잘못된 시그널을 보내게 되며 그에 따라 합리적인 자원배분을 불가능하게 만든다. 시장은 균형추를 잃게 되며 경제는 균형점으로 돌아가지 않게 된다. 시장은 합리적인 균형가격으로 돌아가는 속성을 가지고 있다는 고전학파의 믿음이 뿌리째 흔들리는 상황에서 고전학파 체계는 무너질 수밖에 없었다.

대공황의 와중에 케인스는 그때까지 구미 경제학계를 지배해온 고전학파 이론체계와는 전혀 다른 새로운 패러다임을 주창했다. 그것은 상대가격의 효율적 자원배분에 초점을 맞춘 고전학파의 미시경제적 접근으로부터 총수요 관리에 역점을 둔 거시경제적 접근으로의 이행이었으며, 고전학파의 자유방임적 입장에서 경제활동에 대한 정부의 적극적 개입을 옹호하는 입장으로의 대전환이었다.

일부 고전학파 이론가들은 불완전경쟁이론 등으로 고전학파의 문제점을 보완하려고 노력했으나, 케인스의 입장에서 불완전경쟁이론은 자본주의체제에 내재한 문제를 풀기에는 충분치 못한 것이었다. 불완전경쟁이론은 20세기 말부터 고전학파의 이론 기반이었던 완전경쟁시장과는 다른 독과점의 시장형태가 등장하자 이를 고전학파체제 내에서 수용하려는 시도였다. 그러나 자본주의체제에 대한 거세지는 위협을 제거하기 위해서는 사고의 코페르니쿠스적인 전환이 필요했다. 케인스는 대공황이 한창인 1936년 《고용, 이자 및 화폐의 일반이론》이라는 기념비적인 책을 출간했다.

케인스는 《일반이론》에서 경제가 항상 완전고용 균형상태로 복귀하려는 속성을 가지고 있다는 고전학파 경제학자들의 명제에 도전장을 던졌다. 그는 물가, 임금 및 금리는 고전학파 이론가들이 생각하듯 신축적으로 움직이지 않는다는 점을 강조한다. 그는 특히 현대경제에서 강력한 노조의 존재는 비록 실업이 전반적으로 심각한 상황이더라도 임금의 하락을 어렵게 만든다고 보았다. 케인스에 따르면 실업은 고전학파 학자들이 생각하듯 임금이 균형수준으로 조정되는 기간 동안에만 존재하는 일시적인 현상이 아니라 경제의 구조적 문제에서 발생하는 보다 일반적인 현상이다.

그러면 케인스와 그의 추종자들은 실업이 왜 발생한다고 보았을까? 케인스는 불황이 발생하는 근본적인 원인을 유효수요effective aggregate demand의 부족에서 찾으려고 했다. 경제 상황이 변화하는 경우, 예를 들면 경제의 장래에 대한 불확실성이 증대해 소비자들이 소비를 줄이고 기업들이 투자를 줄일 경우 기업이 생산한 상품의 일부가 팔리지 않고 재고로 쌓이게 된다. 이 경우 고전학파 체계에서는 물가가 하락하여 재고를 줄이게 된다. 그러나 케인스 체계에서는 물가가 경직적이기 때문에 재고는 줄어들지 않고 그대로 쌓이게 된다. 소비수요가 줄어들기 때문에 기업은 노동자를 해고하고 생산을 줄이는 수밖에 없다.

투자가 줄어드는 경우도 마찬가지다. 고전학파 이론은 실질금리의 변동에 의해서 저축(자본의 공급)과 투자(자본의 수요)의 일치가 이루어진다고 본다. 금리의 신속한 조정에 의해 저축과 투자는 원칙적으로 같아진다. 그러나 케인스는 저축은 소득에 의해서, 그리고 투자는 금리에 의해서 주로 결정되기 때문에 저축과 투자의 일치는 보장되지 않는다고 보았다. 케인스에 의하면 투자가 떨어져 저축보다 적을 경우에도 가격의 조정 기능이 작동하지 않기 때문에 투자수요의 부족은 해소되지 않는다.

이와 같이 소비와 투자가 감소할 경우 많은 노동자들이 일자리를 찾을 수 없으며 많은 공장이나 기계설비가 가동되지 못하는 상태에 놓인다. 실업은 민간부문에서의 총수요가 감소하여 발생한다는 것이 케인스의 진단이었다. 이러한 상황이 불완전고용이다. 노동의 일부가 고용되지 못하고 자본의 일부가 가동되지 못하는 상태에서 생산되는 총생산량은 완전고용상태에서 결정되는 생산량에 미치지 못하게 된다. 경제는 불완전고용총생산 수준에서 균형에 이르게 되는 것이다.

경제는 스스로 불완전고용을 해결할 수 있는 힘을 갖지 못하기 때문에 정부는 실업을 줄이고 생산량을 완전고용 수준으로 끌어올리기 위해 정부지출을 늘리든가 세금을 삭감해 민간부문의 부족한 총수요를 보충하지 않으면 안 된다. 정부가 재정정책이나 통화정책 같은 총수요관리정책을 사용해 경제를 적절히 조절할 수 있으며, 또한 조절해야 한다고 케인스는 주장한다. 요컨대 케인스 경제학자들은 경제에 대한 정부의 적극적인 개입을 옹호한다. '공급이 수요를 창출한다'는 세의 법칙이 언제나 타당한 것은 아니며 '수요가 공급을 창출하는' 정책이 필요하다는 것이 케인스혁명이 전달한 메시지였다. 고전학파 경제학이 시장의 자정능력을 강조하는 경제학이라면, 케인스 경제학은 정부의 수요관리를 강조하는 경제학이라고 볼 수 있다.

3 케인스학파의 렌즈

'카르페 디엠'과 '메멘토 모리'

삶과 죽음을 가장 잘 표현해주는 유명한 라틴어 격언이 있다. '카르페 디엠carpe diem'과 '메멘토 모리memento mori'이다. 카르페 디엠은 로마의 대시인 호라티우스Horatius의 라틴어 시에서 유래한 것으로 알려진다. 호라티우스는 "오늘을 잡아라. 내일에 대해서는 최소한의 기대만을 걸면서carpe diem, quam minimum credula postero"라는 시 구절을 남겼다. 카르페 디엠은 '오늘을 잡아라' 또는 '현재를 즐겨라'라는 뜻으로 지금 사는 이 순간에 최선을 다하라는 의미로 사용된다.

이 말이 유명해진 것은 영화 〈죽은 시인의 사회Dead Poets Society〉의 주인공 키팅 선생이 이 말을 학생들에게 전한 장면 때문이다. 키팅 선생으로 분한 배우 로빈 윌리엄스Robin Williams는 이렇게 말한다. "의학, 법률, 비즈니스, 공학 같은 건 고귀한 탐구이며 삶을 유지하기 위해 필요해. 하지만 시와 미, 낭만, 사랑은 우리가 살아 있는 목적인 거야." 그리고 그는 월트

휘트먼Walt Whitman의 시 〈오 나여! 오 생명이여!O Me! O Life!〉를 학생들에게 들려준다.

* 오 나여! 오 생명이여! 이 반복되는 질문들에 대해서,
  믿음 없는 자들의 끝없는 행렬에 대해서,
  어리석은 자들로 가득 찬 도시들에 대해서,
  나 자신을 영원히 질책하는 나 자신에 대해서,
  (나보다 어리석고 믿음 없는 자는 누구인가?)
  공허하게 빛을 갈망하는 눈들에 대해서,
  품위 없는 것들에 대해서,
  언제나 다시 시작되는 버둥질에 대해서,
  모든 것들의 보잘것없는 결말들에 대해서,
  내 주위에서 보는, 터벅터벅 걷는 추한 군중들에 대해서,
  나의 나머지 삶을 뒤엉키게 만들어놓는,
  공허하고 쓸모없는 남은 세월에 대해서,
  오 나여! 슬프고 반복되는 이 질문,
  이런 것들 가운데 좋은 것은 어떤 것인가?
  오 나여, 오 생명이여!
  "대답은 이것이다. 네가 여기에 있다는 것. 생명이 존재하고
  주체적 자아가 존재한다는 것.
  감동적인 연극은 계속되고 너도 한 편의 시를 쓸 수 있다는 것."

그리고 나서 키팅 선생은 "카르페 디엠, 현재를 즐겨라"라고 말한다.
그러나 윌리엄스가 2014년 9월 어느 가을날 스스로 목숨을 끊음으로

써 그의 '감동적인 연극'과 '한 편의 시'는 갑자기 막을 내렸다. 명배우이자 뛰어난 코미디언으로서 항상 웃음을 선사하면서 한 시대를 풍미했던 그가 왜 스스로 생을 마감했는가 하는 질문 앞에서 많은 사람들은 "오 나여! 오 생명이여!"를 부르짖으며 망연자실했을 것이다. 그는 영화제목처럼 죽은 시인이 되었다.

'현재를 즐겨라'에 관한 촌철살인의 경구는 이 외에도 많다. 미국 루스벨트 대통령의 부인 엘리너 루스벨트Eleanor Roosevelt가 소개한 것으로 알려진 다음의 비유도 널리 회자되고 있다. "어제는 역사이고 내일은 신비이며 오늘은 선물이다. 오늘today이 선물present이라고도 불리는 이유이다Yesterday is history. Tomorrow is a mystery. Today is a gift. That's why it is called the present."

또 다른 격언 메멘토 모리는 '죽음을 기억하라', '너는 반드시 죽는다는 것을 기억하라'는 뜻의 라틴어이다. 영원히 죽지 않을 것처럼 도취되어 교만하지 말고 반드시 죽는다는 것을 기억하고 인생을 겸손하게 살라는 교훈으로 볼 수 있다.

카르페 디엠과 메멘토 모리는 동전의 앞뒤 같은 관계를 갖는다. 우리 모두는 언젠가 반드시 죽는다는 것을 기억하고, 오늘 주어진 삶이 선물임을 깨닫고 이 순간 나의 삶에 최선을 다해서 살아야 한다는 교훈을 전해준다.

케인스도 '메멘토 모리'와 '카르페 디엠'의 마음을 가지고 《일반이론》을 저술했을 것이라는 생각을 가져본다. 케인스는 대공황의 처참함을 목격하고 "장기적으로는 우리 모두 죽는다"고 일갈했다. 당장 일자리가 없고 끼니를 걱정해야 하는 사람들에게는 단기가 문제지, 장기에 대한 장밋빛 약속은 아무런 의미가 없다는 메시지를 전하고 싶었던 것이다. 케인스는 시장의 기능이 저절로 완전고용을 회복할 때까지 기다릴 수 없는 매우 절박한 정치적, 사회적 분위기를 감지했다. 그는 만약 실업을 완화하기 위한 어떤 조치가 단기간에 취해지지 않는다면 사람들은 독일에서 일어났던 파시즘이나 러시아에서 일어났던 공산주의를 선택할지도 모른다고 우려했다.

그래서 케인스는 "장기는 잊어버리고 단기에 초점을 맞추자"고 말했던 것이다. 경제가 궁극적으로는 대공황으로부터 스스로 빠져나올 수 있는가 하는 질문에 매달리지 말고, 어떤 단기적 요인들이 대공황을 일으켰으며 사회는 문제해결을 위해 지금 당장 무엇을 할 수 있는가를 묻자고 역설한 것이다. 장기적 경제 문제가 전혀 중요하지 않다는 뜻은 아니다. 다만 그는 만약 장기가 매우 오랜 기간이어서 경제가 언제 장기적 균형 상태에 도달할지 모르는 막연한 상황에서 손을 놓고 기다리는 것은 실제적 목적을 위해서 아무런 의미가 없음을 강조한 것이다.

4

시장보다
총수요다

케인스는《일반이론》에서 '공급이 수요를 창출한다'는 세의 법칙에 정면으로 도전했다. 대공황 같은 경제불황이 일어나는 것은 민간부문에서의 총수요가 부족하기 때문이며, 따라서 정부는 경제를 활성화하고 실업을 줄이기 위해서 정부가 가지고 있는 정책수단인 정부지출과 세금을 사용해 부족한 유효수요를 보충해야 한다는 새로운 이론을 제안했다.

케인스가 중요시한 총수요는 무엇이고 어떻게 결정되는 것인가? 총수요aggregate demand(AD)는 경제주체들이 구매하기를 원하는 상품과 서비스의 양이다. 다시 말해 총생산(실질GDP)에 대한 수요이다. 한 나라의 거시경제는 가계, 기업, 정부 그리고 해외 부문으로 구성되므로 총수요를 이해하기 위해서는 각 부문의 행위를 살펴볼 필요가 있다.

가계는 생산자원(노동, 자본, 토지, 경영능력)을 소유하는 주체이다. 가계는 생산자원을 기업에 제공하고 그에 대한 보수를 받는다. 그리고 기업이 생산한 상품과 서비스를 구입한다. 이를 소비consumption라고 한다.

기업은 생산자원을 고용해서 상품과 서비스를 생산하며 이를 가계, 기업과 정부 및 해외 구매자들에게 판매한다. 기업이 자본재(공장, 기계류, 공기류 등)를 구입하는 것을 투자investment라고 한다.

정부는 세금을 거두고 거두어들인 세금의 일부를 상품 및 서비스의 구입을 위해 사용한다. 이를 정부구입government purchases이라고 한다. 정부는 또한 세금의 일부를 사회의 약자들을 위한 보조금 지출에 사용한다. 이를 이전지출transfer payments이라고 한다. 마지막으로 기업이 국내에서 생산한 상품과 서비스를 해외에 판매하기도 하고, 해외에서 생산한 상품과 서비스를 구입하기도 한다. 상품을 외국인들에게 판매하는 것을 수출exports이라고 하며 상품을 외국인들로부터 구입하는 것을 수입imports이라고 한다.

이와 같이 총수요는 가계에 의한 소비수요, 기업에 의한 투자수요, 정부에 의한 정부구입, 그리고 외국인들에 의한 국내 상품 및 서비스의 구입(수출)을 합한 금액이다. 물론 여기에서 국내 구매자들이 외국으로부터 구입한 상품 및 서비스의 금액(수입)을 공제한다. 순수출net exports은 수출에서 수입을 공제한 것이다.

- 총수요＝소비＋투자＋정부구입＋순수출

우리는 먼저 대외거래를 하지 않는 폐쇄경제 아래에서 총수요가 어떻게 소득을 결정하는가를 살펴보고, 나중에 케인스의 소득결정 모형을 해외부문을 포함한 개방경제로 확대할 것이다. 폐쇄경제 아래에서 총수요는 다음과 같이 정의될 수 있다.

• 총수요 = 계획된 소비(C) + 계획된 투자(I) + 계획된 정부구입(G)

총수요는 총생산(실질GDP)에 대한 수요를 나타내기 때문에 총수요의 구성요소인 소비, 투자, 정부구입은 '계획된' 또는 '사전의ex ante' 소비, 투자, 정부구입을 의미한다.

반면 실질GDP의 구성요소인 소비, 투자, 정부구입은 '실현된' 또는 '사후의ex post' 소비, 투자, 정부구입을 말한다.

• 실질GDP = 실현된 소비(C) + 실현된 투자(I) + 실현된 정부구입(G)

대부분의 경우 가계는 소비지출에 대한 계획을 소득수준에 맞추어 세우기 때문에 원했던 대로 소비계획을 실현하며, 따라서 의도된 소비와 실현된 소비 사이에는 큰 차이가 없다. 정부구입도 예산을 편성하고 그 예산 범위 내에서 정부가 구입을 집행하려고 하기 때문에 계획된 정부구입과 실현된 정부구입 사이에는 큰 차이가 없다. 그러나 투자는 계획된 투자와 실현된 투자 사이에 큰 차이가 나는 것이 일반적이다.

총수요 항목 가운데 가장 중요한 항목은 소비다. 소비수요는 주로 소득에 의존한다. 소비는 총수요에서 가장 큰 비중을 차지할 뿐만 아니라 가장 안정적인 움직임을 보인다. 미국에서는 전체 경제(GDP)에서 차지하는 소비의 비중이 70%에 이른다. 소비가 한 나라의 경제에서 중추적인 역할을 한다는 것은 거의 공통적인 현상이지만 소비가 경제에서 차지하는 비중은 나라마다 다르다. 한국은 50%, 중국은 35%로 미국보다 훨씬 낮은 수준을 보이는데, 이러한 차이는 경제활성화 정책과 관련해서 중요한 의미를 갖는다. 자본주의 경제체제에서 소비수요에 문제가 생기면 경제 전체가 휘청거릴 수 있다. 현재 한국경제가 어려움에 처해 있는 것도 소비가 부진하고 소비심리가 회복되지 않고 있기 때문이다.

소비는 내구소비재 구입, 비내구소비재 구입, 소비서비스로 나눌 수 있다. 내구소비재는 자동차, 가구, 텔레비전, 냉장고같이 원칙적으로 1년 이상 사용될 수 있는 특성을 갖는 소비재이며, 비내구소비재는 식료품, 휘발유, 담배, 의류, 신발 등 1년 이내에 소모되는 소비재이다. 소비서비스는 의료, 교육, 보험 같은 무형적 재화(서비스)의 소비이다.

소득이 100원 증가했는데 소비자가 50원만 쓰고 50원은 저축할 경우 경제가 침체에 빠질 수 있다. 그러나 소비자가 80원을 쓸 경우 상품이 보다 많이 팔려 경제는 활기를 띨 수 있다. 가처분소득이 한 단위(1원) 증가했을 때 소비가 얼마나 증가하는가를 나타내는 비율을 한계소비성향marginal propensity to consume(MPC)이라고 부른다. 예를 들어 그 수치가 0.8이라면 소득이 100원 증가했을 때 사람들은 소비를 80원 늘린다는 것을 의미한다. 케인스체제에서는 한계소비성향이 소득결정의 핵심 변수가 된다.

투자는 소비만큼 비중이 크지는 않지만 총수요에서 가장 껄끄러운 항목이다. 투자수요는 때로는 예측할 수 없을 정도로 변동이 심해 경기변동의 주요 원인으로 지목된다. 기업은 계획한 투자를 경제환경의 변화에 따라 수시로 바꾼다. 투자수요는 변동성이 크지만 시장자본주의체제에서는 정부가 기업에 투자를 늘리라고 지시할 수 없다. 정부는 투자유인책을 사용할 수 있을 뿐인데, 많은 경우 정부의 투자유인책도 잘 먹혀들지 않는다. 투자의 이러한 가변성은 어디에서 오는 것일까?

첫째, 소득은 투자수요의 중요 결정요인이 아니다. 소득에 의존하지 않는 투자를 독립투자autonomous investment라고 한다. 만약 투자가 소득에 의

존할 경우 투자수요도 소비처럼 비교적 안정적인 움직임을 보일 것이다. 그러나 많은 투자는 소득에 크게 의존하지 않는다.

둘째, 경제가 정상상태에 있을 때는 금리가 투자의 가장 중요한 결정 요인이지만 경제가 깊은 침체에 빠져 있을 때는 금리가 투자에 별로 영향을 미치지 못한다. 경제가 불황에 처해 있을 때 투자에 압도적으로 영향을 미치는 요인은 경제의 장래에 대한 기대심리다. 경제의 장래에 대한 기대는 언제라도 변할 수 있다는 특징을 갖는다. 이 경우 정책당국이 금리를 낮추어서 투자를 촉진시키려고 노력해도 별로 약효가 없다. 왜냐하면 경제가 어려울 것으로 전망되면 소비자는 소비를 하려고 하지 않으며 기업은 투자를 하려고 하지 않기 때문이다. 일본은 '잃어버린 20년' 동안 초저금리 수준을 유지했는데 이러한 저금리정책도 투자를 살리는 데는 역부족이었다. 또한 2008년 글로벌 경제위기 때 미국도 거의 제로에 가까운 금리 수준을 유지했지만 오히려 미국의 투자는 급격히 감소했다.

이와 같이 경제가 침체에 빠져 있을 때 투자심리를 살리는 것이 매우 중요하다. 무엇이 투자심리를 살리기 위한 마중물이 될 수 있는가는 많은 경제학자들에게 도전을 주는 과제이다. 고전학파 학자들은 기업의 이윤에 대한 한계세율(법인세)을 낮추는 것이 가장 중요하다고 본다. 케인스학파 학자들은 정부의 과감한 재정지출로 경제의 장래에 대한 기대를 회복시키는 것이 무엇보다 중요하다고 본다. 최근 로런스 서머스Lawrence Summers 같은 학자들은 실질금리를 마이너스 수준으로 떨어뜨리지 않으면 투자가 살아나지 않을 것이라는 이론을 제안하고 있다.

총수요의 마지막 항목은 정부구입이다. 정부구입은 총 정부지출 가운데 소외계층을 돕기 위한 이전지출과 정부가 갖고 있는 부채에 대한 이자지출을 뺀 나머지 지출이다. 정부구입은 정부소비와 정부투자로 구성된다. 정부소비는 사무용품 등 소비재 구입, 정부공무원 및 군인 급여 지급 같은 단기성 지출이다. 정부투자는 도로 건설, 우주 탐사, 무기 구매 같은 인프라에 대한 지출이다. 케인스체계에서 정부구입은 외부적으로 결정된다고 가정된다. 다시 말해 정부구입은 정부가 재정정책의 일환으로 결정하는 것이지 소득(실질GDP)에 의해서 영향을 받는 것은 아니다. 그래서 정부지출도 케인스체계에서는 독립적인 변수로 취급된다. 소비와 투자와 정부구입의 합계를 흔히 내수라고 부른다. 내수에 순수출(수출-수입)을 더하면 한 나라의 총수요를 얻게 된다.

　이렇게 보면 폐쇄경제에서의 총수요는 소득에 의존하는 소비와 소득과는 관계없이 독립적으로 결정되는 투자 및 정부구입으로 구성된다. 케인스체계에서의 총수요는 물가와 연계된 총수요와 소득과 연계된 총수요로 구분할 수 있는데 후자의 경우를 특별히 총지출이라고 한다. 총수요의 최대 구성요소인 소비가 소득에 의존하기 때문에 결국 물가수준이 일정하게 주어진 상황에서의 총수요를 뜻하는 총지출aggregate expenditure(AE)은 소득이 증가하면 늘어나게 된다. 또한 이미 보았듯이 총수요(AD)는 물가수준과 반대로 움직인다. 케인스체계에서 총수요는 바로 총지출을 의미하므로 두 개념을 종종 혼용하기도 한다. 이렇게 이루어진 총수요가 한 나라의 총생산을 결정한다.

5 ____ 총생산과 고용은 수요가 결정한다

케인스는 물가, 임금, 금리가 단기적으로는 경직적이라는 가정 아래에서 국민소득이 어떻게 결정되고 정부의 재정정책이나 통화정책이 국민소득 결정에 어떠한 영향을 미치는가를 분석했다. 물가, 임금, 금리가 일정하다고 가정한 것은 그의 분석이 주로 실업이 만연한 불황에 초점을 맞추기 때문이다. 케인스이론을 때로는 '불황경제학depression economics'이라고 부르는 이유도 여기에 있다. 실업이 만연할 때는 가격들이 거의 고정되어 있다고 가정할 수 있으며 이러한 가정은 현실과 크게 동떨어진 것은 아니다.

케인스체계에서 한 나라의 고용은 완전고용 수준에 이르지 못하며 총생산(GDP)은 잠재적 총생산의 수준에 이르지 못하는 것이 일반적이다. 이는 임금이나 물가가 경직적이기 때문에 일어나는 현상이다. 특히 임금이 경직적일수록 불완전고용에 이를 가능성과 정도는 더욱 커진다고 볼 수 있다. 케인스와 초기케인스 경제학자들은 명목임금의 하방경직성을 강조했는데 이는 물가변동을 고려한 실질임금과 달리 명목임금은 좀처럼 하락하지 않는 특성을 말한다. 명목임금이 경직적이라는 것은 노동시장이 그만큼 유연하지 않음을 의미한다.

케인스 학자들은 초기에는 노동조합이나 최저임금제 같은 법적·제도적 장치가 명목임금의 경직성을 가져오는 원인이 된다고 보았다. 최근에는 임금 경직성의 원인을 능률임금efficiency wage에서 찾기도 한다. 능률임금제도는 회사에 대한 노동자의 충성도를 높이고 이직을 줄이기 위해, 시장에서 결정되는 균형임금보다 높은 임금을 지불하는 제도이다. 자동차왕 헨리 포드Henry Ford가 능률임금제도를 처음으로 도입해서 크게 성공했다.

내부자-외부자 모형insider-outsider model은 노조의 목표가 현재 고용되어 있는 노동자들 또는 내부자들(기득권 노동자들)의 임금 수준을 유지하는 데 있기 때문에 그들은 현재 실업상태에 있는 노동자들, 즉 외부자들의 고용에는 별로 관심을 기울이지 않는다는 점에 주목한다. 기득권 노동자들이 시장에서 결정되는 임금보다 높은 임금을 고수하는 한 임금은 경직성을 띠게 된다. 기업들은 실업상태에 있는 외부자들을 시장의 균형임금보다 높은 임금을 지불하고 고용하려고 하지 않기 때문에 실업은 줄어들지 않는다는 것이 내부자-외부자 이론의 요지이다.

케인스 경제학의 전통은 불완전고용의 원인을 주로 임금의 경직성에서 찾지만 물가의 경직성 역시 케인스체제에서 시장기능의 유연성을 떨어뜨리는 중요한 요인이 된다. 예를 들면 생산비용이 떨어지면 물가도 하락해야 시장이 탄력성을 갖는데, 그렇지 못할 경우 초과수요 또는 초과공급 같은 경제의 불균형은 없어지지 않는다. 이와 같이 수요와 공급의 변동에 대응하여 물가가 신축적으로 움직이지 못할 경우에도 임금의 경직성이 존재하는 경우와 마찬가지로 경제가 완전고용 균형상태로 회복되는 것을 방해한다. 케인스 경제학자들은 임금이나 물가의 경직성으로 야기되는 초과수요나 초과공급을 제거하기 위해 총수요관리정책이 중요하다고 보는 것이다.

우리는 앞에서 폐쇄경제에서의 총수요(AE)를 소비수요, 투자수요, 정부구입의 합계로 정의했다. 케인스체계에서는 한 나라의 실질GDP(국내총생산)가 총수요와 일치하는 수준에서 균형총생산이 결정된다. 이는 균형총생산이 시장의 조정기능을 통해 공급측면에 의해 결정된다고 보는 고전학파 경제학과 크게 대비된다.

- 케인스의 균형조건: 총수요(AE)=실질GDP

한 나라의 실질GDP는 곧 그 나라의 총공급을 나타내기 때문에, 케인스의 균형조건은 총수요와 총공급이 일치하는 지점에서 균형총생산이 결정된다는 것을 의미한다. 이는 얼핏 보아 고전학파의 균형조건과 동일한 것처럼 보인다. 그러나 균형조건의 내용에는 큰 차이가 있다. 고전학파 체계에서는 총생산이 완전고용 수준에서 노동과 자본, 기술진보에 의해서 결정되기 때문에 총생산은 총수요에 영향을 받지 않는다. 총생산은 실물경제에서 미리 결정된 변수로 취급된다. 이러한 가정 아래 고전학파의 총공급곡선은 완전고용총생산에서 수직으로 주어진다는 것을 보았다.

그러나 가격이 일정하다는 가정 아래 케인스학파의 총공급곡선은 거의 수평으로 주어진다. 균형총생산은 총수요곡선과 총공급곡선이 교차하는 지점에서 결정된다. 이와 같이 케인스체계에서는 총수요가 늘어나면 총공급도 늘어나 균형총생산이 증가한다. 한국은 2014년 약 1,500조 원에 달하는 상품과 서비스를 생산했다. 한국경제가 1,500조 원어치의 상품과 서비스를 공급(또는 생산)했을 때, 가계, 기업, 정부 및 해외 구매자들이 구입하기를 원했던 금액(총수요)도 1,500조 원에 달했다. 이와 같이 균형총생산은 총수요와 총공급이 맞아떨어지는 지점에서 결정된다. 따라서 총수요(AE) = 실질GDP = 1,500조 원이 된다.

　고전학파 체계와는 달리 케인스 모형에서 결정되는 균형총생산은 언제나 완전고용총생산과 일치하는 것은 아니다. 오히려 균형총생산이 완전고용총생산(또는 잠재적 총생산)을 밑도는 것이 케인스 모형을 고전학파 모형과 구별짓는 중요한 특징이다. 균형총생산이 완전고용총생산에 미치지 못할 경우 한 나라의 실업률은 잠재적 실업률을 상회하고 일자리를

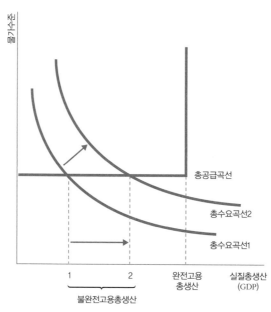

케인스학파의 총공급곡선과 불완전고용총생산

구하지 못한 사람들이 늘어난다.

예컨대 균형총생산은 1,500조 원인데, 완전고용총생산은 1,600조 원이라고 하자. 한국경제가 인플레이션을 유발하지 않고 생산할 수 있는 최대의 총생산(잠재적 총생산)은 1,600조 원인데 실제로 생산한 상품과 서비스의 총액(GDP)은 1,500조 원밖에 되지 않기 때문에 한국경제는 침체에 빠져 있는 것이다. 이 경우 정부는 재정지출이나 통화량 증가 같은 총수요정책을 사용하여 총생산을 증가시키려고 할 것이다. 케인스 모형은 정부가 총수요를 늘려 총생산을 완전고용 수준(잠재적 총생산)으로까지 끌어올리는 것이 가능함을 보여준다. 이때 실업도 완전고용 수준으로 하락하게 된다.

케인스의 새 이론은 이전까지 구미 경제사조를 지배한 고전학파 이론의 틀을 완전히 바꾸어놓았다. 총생산이 실물부문에서 총수요와 관계없이 결정되는 것이 아니고 정부의 정책에 의해서 얼마든지 증감될 수 있다는 발상은 신선한 충격이었다. 특히 대공황의 여파로 고통 받는 많은 사람들에게 케인스의 이론은 희망의 불빛으로 다가왔다. 사람들은 점점 새 이론에 매료되기 시작했다. 케인스는 대공황이 한창이던 1930년대 미국을 서너 차례 방문해서 대공황으로부터 탈출하기 위한 새로운 처방전을 제시했다. 루스벨트 대통령이 대공황으로부터 경제를 구하기 위해 취한 뉴딜정책은 가장 케인스적인 정책이었다고 볼 수 있다.

경제가 외부 충격을 받을 경우 가계와 기업은 미래에 대한 불확실성 때문에 소비와 투자를 줄인다. 만약 외부 충격이 크지 않으면 가계나 기업은 소비나 투자를 서서히 줄일 것이고 경제도 복원력을 회복할 수 있을 것이다. 그러나 외부 충격이 갑자기 또는 감당하기 어려울 정도의 큰 힘으로 밀어닥치면 가계나 기업은 소비와 투자를 급격히 줄인다. 민간부문에서의 총수요가 감소하게 되는 것이다. 총수요의 감소폭이 크면 경제는 스스로 복원력을 회복할 수 없게 된다. 배가 약 30도 정도 기울면 선체가 복원력을 회복할 수도 있지만 45도 이상 기울면 스스로 원래의 자리로 되돌아가기가 어려워지는 것과 같은 원리이다. 이때 정부는 기중기나 다른 도구들을 사용해서 기울어진 배를 다시 일으켜 세워야 한다는 것이 케인스의 처방이었다.

케인스적 처방에 따른 부작용은 없을까? 부작용이 없을 수가 없다. 가장 심각한 부작용은 인플레이션이 상승할 수 있다는 점이다. 또 다른 부작용은 정부지출의 증가는 필연적으로 재정적자를 가져오며 이는 결국 국가부채의 증가로 이어진다는 것이다. 이러한 부작용 때문에 고전학파 경제학자들은 케인스학파의 정책처방에 동조하지 않는다.

경제의 마술

승수란 무엇인가?

케인스 경제학자들은 총수요가 늘어나면 경제에 선순환이 시작된다고 본다. 먼저 가계, 기업, 정부로만 구성된 폐쇄경제에서 투자가 늘어나는 경우를 생각해보자. 논의의 편의를 위해서 세금은 모두 소득에 의존하지 않는 독립세로만 구성되어 있다고 가정한다. 다시 말해 개인소득세와 법인세는 존재하지 않으며, 세금은 소득에 의존하지 않는 부가세, 재산세, 상속세 등 독립세로만 구성되어 있다고 가정한다.

경제에 온기가 느껴지기 시작하면 기업들은 투자를 늘리려고 한다. 어느 회사가 100억 원을 투자해서 공장을 짓기로 했다고 하자. 그러면 먼저 설계사를 고용할 것이고 그다음에는 건설노동자들을 고용할 것이다. 그리고 철근과 목재 같은 자재를 구입하고 크레인 같은 건설장비도 구입할 것이다. 논의를 단순하게 하기 위해서 우리는 100억 원이 설계사와 건설노동자 인건비 지급 및 자재와 장비 구입에 모두 사용된다고 가정한다. 그러면 최초에 투자된 100억 원만큼 설계사와 건설노동자 및 자재와 장비 생산자들의 소득이 100억 원 증가하게 된다. 또한 이들은 모두 소비자이기 때문에 늘어난 소득을 소비를 위해 사용할 것이다.

그들은 옷을 사고 구두를 사며 빵을 살 것이다. 그들의 한계소비성향(MPC)이 0.8이라고 한다면 그들은 늘어난 소득의 80%인 80억 원을 이러한 제품을 구입하는 데 사용할 것이다. 이제 의류 생산업자와 구두 제조업자 그리고 제빵업자의 소득이 80억 원 증가하게 된다. 이들도 결국은 소비자이기 때문에 늘어난 소득을 소비를 위해 사용할 것이다.

이제 이 의류, 구두, 빵 생산자들이 옷감과 가죽과 밀가루를 산다고 하자. 그들의 한계소비성향 역시 0.8이라고 한다면 그들은 늘어난 소득 80억 원의 80%인 64억 원을 이 재료를 구입하는 데 사용할 것이다. 이 옷감과 가죽과 밀가루 생산업자들도 소비자들이다. 그들은 커피를 마시고 영화를 관람하며 여행을 할 것이다…… 경제는 살아 움직이는 유기체와 같다. 이러한 소득증식 과정은 끝없이 진행된다. 이러한 무한순환 과정을 거친 후 한 나라에서 증가하는 총소득은 얼마나 될까? 한 나라의 경제가 폐쇄경제이고 세금은 모두 소득에 의존하지 않는 독립세로만 구성되어 있다고 가정한 단순 모형에서 총소득의 증가는 다음과 같이 주어진다.

- 총소득의 증가 $= \left[\dfrac{1}{1-\text{MPC}} \right] \times$ 투자의 증가

- 총소득의 증가 = 100억 원 + 80억 원 + 64억 원 + ……
  = 100억 원 + 0.8×100억 원 + 0.8^2×100억 원 + 0.8^3×100억 원 + ……
  = $(1 + 0.8^2 + 0.8^3 + ……) \times$ 100억 원
  괄호 안의 계열은 무한급수계열이라고 한다. 무한급수계열의 합계는 다음과 같다.
  $S = 1 + r^2 + r^3 + r^4 + …… = 1/(1-r)$
  이 공식을 위의 식에 적용하면 다음의 관계를 얻는다.
  총소득의 증가 = $[1/(1-0.8)] \times$ 100억 원 = 5×100억 원 = 500억 원

167

우리의 예를 여기에 대입하면 다음의 결과를 얻는다.

$$\text{총소득의 증가}=\left[\frac{1}{1-\text{MPC}}\right]\times100\text{억 원}=5\times100\text{억 원}=500\text{억 원}$$

이 단순 모형에서 민간투자가 100억 원 증가할 경우 총소득은 500억 원이 증가한다. 이는 장사치고도 다섯 배를 불리는 '남는 장사'이다. 여기에서의 숫자 5를 투자승수investment multiplier라고 한다. 이는 경제에 마술 같은 힘이 작용한다는 것을 보여준다.

승수효과는 비단 투자의 증가에서만 나타나는 현상이 아니다. 모든 독립지출autonomous expenditure은 승수효과를 갖는다. 독립지출은 총지출 항목(소비, 투자, 정부구입) 가운데 소득에 의존하지 않는 지출을 말한다. 투자와 정부지출은 모두 독립지출이며 소비는 일부가 독립지출이다(대부분의 소비와 수입은 소득에 의해 유발되는 유발지출induced expenditure이다). 독립지출로서 정부지출도 동일한 승수효과를 갖는데, 케인스 경제학자들이 특히 중요시하는 정책이 정부지출이다. 그들은 정부지출의 증가는 강력한 승수효과를 갖기 때문에 경기가 침체에 빠져 있을 때 재정지출의 증가를 통한 경기활성화를 도모하는 것이 필요하며 바람직하다는 입장을 견지한다. 정부지출의 승수효과는 다음과 같다.

$$\text{총소득의 증가}=\left[\frac{1}{1-\text{MPC}}\right]\times\text{정부지출의 증가}=5\times\text{정부지출의 증가}$$

실제 세계에서도 승수효과가 이렇게 크게 나타날까? 대답은 '아니다'이다. 승수효과는 몇 가지 이유로 크게 과장되어 있다. 첫째, 우리는 세금

여기에서 0.8은 MPC이고 100억 원은 투자의 최초 증가액이다. 이를 일반화하면 다음과 같은 투자승수 공식을 얻게 된다.
총소득의 증가 = [1/(1−MPC)]×투자의 증가

이 소득에 의존하지 않는 독립세로만 구성되어 있다고 가정했다. 그러나 현실 세계에서는 개인소득세와 법인세가 경제에 지대한 영향을 미친다. 소득세를 소득결정 모형에 포함시키면 이야기는 달라진다. 우리가 번 소득 가운데 일부는 세금으로 새나간다. 소득증식 과정에서 소득의 유출이 일어나는 것이다. 소득세율을 모형에 포함시키면 승수는 크게 작아진다.

두 번째로 우리는 외국과의 무역과 자본거래를 하지 않는 폐쇄경제를 대상으로 했다. 이 경제가 외국에 상품을 팔기도 하고 외국으로부터 상품을 구입하기도 하는 개방경제로 나아갈 경우 승수효과는 더욱 작아진다. 다른 나라들로부터 상품과 서비스를 구입하기 위해 소득의 일부가 외국으로 빠져나가기 때문이다. 또 다른 소득의 유출이 일어나는 것이다. 소득이 1원 증가했을 때 외국으로부터의 상품과 서비스를 수입하기 위해 얼마를 사용하는가를 나타내는 것이 한계수입성향marginal propensity to import(MPI)이다. 한계수입성향을 소득증식 모형에 포함시키면 승수는 더욱 작아진다.

그러면 실제 승수의 크기는 얼마나 될까? 승수의 크기는 한계소비성향, 소득세율, 한계수입성향의 크기에 따라 크게 달라진다. 일반적으로 말해서 한계소비성향이 클수록, 그리고 소득세율과 한계수입성향이 작을수록 승수는 커진다. 따라서 각 나라마다 승수의 크기는 다르다. 예컨대 미국은 어느 나라보다도 한계소비성향이 크다. 그러나 한계수입성향 또한 크기 때문에 미국의 승수가 다른 나라들의 승수보다 크다고 말할 수는 없다.

또한 케인스의 소득결정 모형은 물가, 임금, 이자율이 일정하다는 가정 아래에서 설계된 것이기 때문에 물가, 임금, 금리가 신축적으로 움직이는 경제에서는 더욱 작아질 수 있다. 일반적으로 케인스 학자들은 지출승수

(투자승수, 독립소비승수, 정부지출승수)의 크기가 대략 1.5 정도에 이를 것으로 보고 있다. 케인스 자신은 《일반이론》에서 실제 승수의 크기가 3보다 작을 것이며 2.5 정도에서 꽤 안정적일 것으로 추측한 바 있다.

케인스학파가 주장하는 대로 승수의 크기가 1보다 크다면 이는 매우 중요한 정책적 의미를 갖는다. 왜냐하면 정부는 그야말로 '공짜 점심'을 누릴 수 있기 때문이다. 만약 정부가 경기를 부양하기 위해 경제에 1조 원을 쏟아 붓는다면 총생산(GDP)은 그보다 더 많이 증가할 것이므로 정책당국자는 재정지출 확대를 사용하여 경제를 부양시키려는 유혹을 뿌리칠 수 없을 것이다.

케인스 경제학자들은 심지어 정부가 지출을 늘리는 만큼 같은 금액의 세금을 더 거두어들이는 균형예산의 경우에도 승수가 1이 된다고 주장한다. 이를 균형예산 승수정리balanced-budget multiplier theorem라고 한다. 만약 이것이 사실이라면 정부는 예산적자를 걱정할 필요 없이 세금을 징수해서 재정지출을 늘림으로써 총생산을 얼마든지 증가시킬 수 있게 된다.

오늘날 많은 케인스학자들은 지출승수의 크기가 당초 케인스가 생각했던 것만큼 크지는 않지만 1보다 크다는 데에 거의 일치한다. 그러나 고전학파 경제학자들은 케인스학파의 승수효과에 관해서 매우 회의적이다. 로버트 배로Robert Barro 같은 경제학자는 케인스 학자들이 주장하는 승수효과를 일종의 주술이라고 비판하며, 케인스학파의 승수를 주술승수voodoo multiplier라고 부른다. 대부분의 고전학파 경제학자들은 지출승수는 실제로 1보다 작다고 주장한다. 특히 로버트 배로와 로버트 홀Robert Hall은 정부지출승수는 잘해야 전시 경제체제에서 0.8 정도 되고 평시 경제에서는 통계적으로 0이나 마찬가지라고 말한다. 배로 등은 "정부가 지출을 늘릴수록 총소득이 늘어난다면 정부는 계속 지출을 늘려 총소득을 증가시키지 않을 이유가 없을 터이고 실업이 발생할 이유가 없을 것"이라고 비아냥거리기도 한다. 정부지출승수가 0이라는 것은 승수효과가 전혀 없음을 의미한다. 이는 또한 '공짜 점심'은 없다는 것을 말해주기도 한다. 고전학파 학자들은 정부가 경제를 활성화하기 위해 지출을 늘리면 민간부문에서의 지출, 특히 투자지출이 거의 동일한 규모로 줄어들어 결국 경제에 미치는 영향은 거의 없다고 보는 것이다.

전문연구기관이나 대학에서 경기예측을 위해서 사용하는 대규모 계량경제 모형들은 경제의 모든 부문(화폐, 세금, 물가, 임금, 금리, 해외 부문)을 포괄한 수백 개의 구조방정식으로 구성되어 있는데, 이러한 모형들에서 추정되는 실제 승수의 크기는 1보다 조금 큰 것으로 나타난다. 결국 실제 승수의 크기는 케인스 학자들의 주장과 고전학파 학자들의 주장이 맞물리는 중간 어디쯤에 위치한다고 보아야 할 것이다.

인생에도 승수효과와 같은 것이 있을까? 1983년 노벨문학상을 수상한 소설가이자 극작가이며 시인인 윌리엄 골딩William Golding 경은 우리의 삶에도 승수효과와 같은 신비가 있다고 주장한다. "여자들은 어리석게도 남자들과 동등하다고 생각한다. 나는 그러나 여자들은 남자들보다 우월하며 또 여태껏 늘 그래왔다고 생각한다. 당신이 여자에게 무언가를 주면 그녀는 그것을 보다 위대한 것으로 만든다. 만약 당신이 그녀에게 집을 주면 그녀는 당신에게 가정을 준다. 만약 당신이 그녀에게 식료품을 주면 그녀는 당신에게 음식을 준다. 만약 당신이 그녀에게 미소를 주면 그녀는 당신에게 마음을 준다. 그녀는 그녀에게 주어진 것을 증식시키며 그것을 더욱 크게 만든다. 만약 당신이 그녀에게 불순물을 주면 당신은 배설물을 바가지로 받을 준비를 하고 있어야 한다." 인생의 승수효과는 케인스의 승수효과보다 더 신비롭게 느껴진다.

7   재정정책의
___   효과

케인스학파가 중시하는 총수요정책은 크게 보아 두 종류이다. 정부가 재정지출이나 세금을 조정해서 총수요에 영향을 미치는 재정정책과 중앙은행이 통화량이나 금리를 조정해서 총수요에 영향을 미치는 통화정책이다.

노벨경제학상 수상자이자 케인스 경제학의 전도사인 프린스턴 대학의 폴 크루그먼Paul Krugman 교수는 케인스 경제학의 타당성을 입증하기 위해 맹활약을 하고 있다. 특히 그가 《뉴욕타임스The New York Times》에 기고하는 고정칼럼은 많은 사람들로부터 찬사와 비판을 함께 받고 있다. 그가 옹호하는 케인스학파의 총수요정책은 다음과 같이 정리할 수 있다.

- 정부가 팔짱을 끼고 있는 것보다는 팔을 걷어붙이고 무엇인가를 하는 것이 좋다. 경제가 깊은 침체에 빠져 있을 때는 시장이 제대로 기

능을 발휘하지 못하기 때문이다.

- 경제가 정상상태에 있을 때는 통화량과 금리 조정을 통한 통화정책이 재정정책보다 효과적일 수 있다. 그러나 경제가 침체에 빠져 있을 때는 통화정책보다는 재정정책이 경기를 부양시키는 정책수단으로서 더 효과적이다. 통화정책은 주로 금리의 조정을 통해서 경제에 영향을 미치는데 경제가 침체에 빠져 있을 때는 금리를 통한 경제의 조율은 기대하기 어렵다. 경기가 얼어붙어 있을 때는 소비심리와 투자심리를 살리는 것이 중요한데 금리를 조정해서 소비심리나 투자심리를 자극하려고 하는 것은 지푸라기를 태워 밥을 지으려는 것과 비슷하다.

- 재정정책 가운데서도 정부지출의 확대가 세금 감면보다 더 효과적이다. 재정지출승수가 조세승수보다 더 크다는 것이 주된 이유이다. 또한 재정지출의 확대는 경제의 특정 부문에 직접적인 영향을 미치지만 세금 감면은 간접적인 영향을 미친다. 재정지출의 확대는 소비 증가로 연결되지만 세금 감면은 주로 저축으로 사용된다는 점도 재정지출이 선호되어야 하는 이유이다.

- 재정지출은 '통 크게' 하는 것이 좋고 통화정책은 '찔끔찔끔' 하는 것이 좋다. 2008년 글로벌 경제위기가 발생하자 오바마 대통령은 경제를 활성화시키고자 재정지출을 약 7,870억 달러 증가시켰는데, 크루그먼은 오바마 대통령의 재정지출 확대정책에 찬성하면서도 그 규모가 미흡했다고 아쉬움을 나타낸다. 그는 경제를 신속하게 위기로부터 탈출시키려면 정부지출을 그보다 약 세 배 규모로 늘렸어야 했다고 주장한다. 반면 통화정책은 금리를 소금씩(약 0.25% 포인트) 조정하는 것이 효과적이라는 데 동의한다.

케인스 경제학의 중심과제는 소득의 결정에 핵심적인 역할을 하는 총수요를 관리하는 것이다. 특히 재정지출 확대는 경제에 실업이 만연할 때 이를 줄이기 위한 가장 효과적인 정책도구로 간주된다. 이처럼 초기의 케인스학파 학자들은 재정정책의 무소불위한 힘을 믿었다. 그리고 케인스학파의 정책처방이 대공황 이후 1960년대 말까지 대체로 효험을 본 것도 사실이다.

물론 케인스식 처방에 따른 문제점도 심각하게 나타났다. 예를 들면 대공황 이전 미국을 비롯한 서방 선진국들은 대체적으로 균형예산을 유지해왔으나 1930년대 이후 미국은 거의 매년 재정적자의 늪에서 헤어나지 못하고 있다. 특히 미국 오바마 정부는 2008년 글로벌 경제위기 이후 위기 탈출을 위해 대대적인 재정지출 증가를 단행했는데 그로 인한 재정적자가 눈덩이처럼 불어나 한때는 적자 규모가 연간 1조 달러가 넘기도 했다.

사실 많은 선진 경제에서 재정지출 확대를 통한 경제활성화 정책이 쉽게 채택되지 않는 이유는 정부지출의 증가가 물가와 금리도 함께 인상시키고 재정적자도 증가시키는 부작용을 가져올 우려가 있기 때문이다. 그러나 많은 연구들은 같은 정부지출이라도 정부투자의 증가는 재정적자의 부작용을 완화하면서 경제에 보다 긍정적인 효과를 가져온다는 것을 보여준다.

8 　통화정책의
──── 효과

　통화정책의 효과에 관해 케인스 경제학자들은 조금 회의적이며 특히 케인스를 포함하여 초기케인스 학자들의 입장에서 이러한 경향이 더욱 두드러졌다. 우선 통화정책의 파급 경로를 살펴보자. 중앙은행이 통화공급을 늘려 통화확대 정책을 추진할 경우 금리가 하락하는 경향을 보인다. 케인스 모형에서 투자수요를 결정하는 중요한 요소 가운데 하나는 금리다. 기업은 투자에 소요되는 재원을 주로 차입으로 충당하며, 따라서 금리가 하락하면 기업은 투자를 늘린다. 이와 같이 투자와 금리는 역逆관계에 있다. 한편 투자는 총수요의 한 구성요소이기 때문에 투자수요가 증가하면 총수요도 그에 따라 증가한다. 케인스 체계에서 총수요의 증가는 실질GDP를 증가시킨다. 따라서 우리는 다음과 같은 통화정책의 파급경로를 확인할 수 있다.

- 통화량 증가 ⇒ 금리 하락 ⇒ 투자수요 증가 ⇒ 총수요 증가 ⇒ 실질 GDP 증가

이러한 통화정책의 경로를 케인스의 '통화 파급경로Keynesian transmission mechanism'라고 부른다.

겉으로 보기에는 케인스체계에서 통화정책 또한 고용을 늘리고 경제를 활성화시키는 데 매우 효과적인 것처럼 보인다. 실제적으로 통화정책의 효과가 보장되려면 케인스의 통화 파급경로에서 모든 연결고리가 이상 없이 원활하게 작동해야 한다. 그러나 케인스 자신과 초기케인스 학자들은 통화정책이 별로 효과적인 정책이 되지 못한다고 믿었다. 대체로 다음의 두 가지 이유 때문이었다.

첫 번째 이유는 경제가 침체상태일 때는 통화량의 증가가 금리의 하락을 가져오지 못한다는 것이다. 중앙은행이 경제활동을 촉진시키기 위해 통화공급을 더 증가시킨다고 하자. 그러나 경제가 깊은 침체의 수렁에 빠져 있을 때 경제는 금리가 극히 낮은 수준에 머무는 유동성 함정에 빠질 가능성이 높다. 사람들은 돈을 은행에 예금해도 0%에 가까운 이자밖에 받지 못하기 때문에 예금하려고 하지 않는다. 그렇다고 채권이나 주식이 좋은 대체 투자수단이 되지도 못한다. 채권을 사도 수익률이 매우 낮아 투자수수료를 지불하고 나면 남는 것이 별로 없다. 그래서 늘어난 돈을 그냥 보유하는 것 이외에는 다른 선택의 여지가 없어진다. 이와 같이 경제가 유동성 함정에 빠지면 통화당국이 통화량을 늘리더라도 돈이 유통되지 않으며 금리가 별로 움직이지 않는다. 첫 번째 연결고리가 작동하지 않는 것이다. 미국은 1930년대 대공황과 2008년의 대침체 때 유동성 함정에 빠진 적이 있다. 일본도 '잃어버린 20년' 동안 유동성 함정에 갇혀

경제가 침체의 늪에서 좀처럼 빠져나오지 못했으며 그 결과 통화정책이 힘을 발휘하지 못했다.

통화정책을 비효과적인 것으로 만드는 두 번째 이유는 투자가 금리의 변동에 별로 민감하게 반응하지 않는다는 점이다. 케인스는 경제가 깊은 침체에 빠져 있을 때는 금리가 투자를 결정하는 데 중요한 요소가 되지 못한다고 보았다. 물론 경제가 정상상태에 있을 때는 금리가 투자의 결정 요소로서 중요하다. 그러나 경제의 장래에 대한 전망이 매우 불투명하고 비관적일 때는 금리가 아무리 낮더라도 기업들은 투자에 신중을 기하며 그 결과 기업투자는 국내저축을 충분히 흡수하지 못한다. 이는 케인스의 통화 파급경로의 두 번째 연결고리에 문제가 있다는 것을 의미한다.

이러한 이유로 초기케인스 경제학자들은 "화폐는 중요하지 않다Money doesn't matter" 또는 "화폐는 별로 중요하지 않다Money matters little"라는 입장을 견지했다. 그러나 케인스 경제학에서도 점점 화폐의 중요성을 인정하는 방향으로 입장의 변화가 일어났다. 이러한 입장 변화는 경제가 대공황을 벗어나 정상상태로 복귀하자 통화정책이 점점 더 먹혀들어간다는 것을 깨달았기 때문이다. 그래서 "화폐는 조금 중요하다Money matters a little"는 입장으로, 한 걸음 더 나아가서 "화폐는 중요하다Money matters"라는 입장으로 진전되었고 이제는 "화폐는 매우 중요하다Money matters a lot"라는 결론으로 입장이 정리되었다.

준칙 대 재량

통화당국이 통화정책을 수행할 때 미리 정해진 준칙에 따라 수동적으로 운용하는 것이 효과적인가, 아니면 경제여건의 변화에 따라 가장 바람직하다고 판단되는 정책을 재량적으로 사용하는 것이 효과적인가 하는 문제를 놓고 현대판 고전학파인 통화주의자들과 케인스 학자들 사이에 열띤 논쟁이 전개되어왔다. 그리고 이 논쟁은 아직도 뚜렷한 승자가 없이 계속되고 있다. 우리는 앞에서 고전학파 경제학자들은 사이렌의 비유를 들어 준칙의 우월성을 강조하고 있음을 살펴보았다.

고전학파 경제학자들은 통화정책이 장기적으로는 인플레이션에만 영향을 미치며 경제에 대한 실질효과를 갖지 못한다고 보는 반면, 케인스 경제학자들은 통화정책이 장기적으로도 어느 정도 고용과 총생산에 영향을 미친다고 본다는 점에서 서로 대립한다. 오늘날 대부분의 경제학자들은 통화정책이 장기적으로는 낮고 안정적인 인플레이션을 유지하는 도구로 사용되어야 한다는 데 이견이 없다. 그러나 통화정책이 경기를 활성화시키는 수단으로 사용되어야 하는가에 관해서는 의견이 첨예하게 대립한다. 논쟁의 초점은 고정적 준칙에 근거한 경제정책이 경제의 불확실성을 최소화하느냐, 아니면 재량적 운용에 근거한 정책이 불확실성을 최소화하느냐에 있다.

정책당국자의 재량을 선호하는 학자들(주로 케인스 경제학자들)은 중앙은행이 통화정책의 궁극적 목표인 물가안정, 경제성장, 고용증대 등을 달성하기 위해 적정하다고 판단되는 정책수단을 그때그때의 경제 상황에 따라 선택해야 한다고 주장한다. 재량을 지지하는 사람들은 정책입안자가 새로운 정보를 입수하고도 정책운용에 이용하지 않는다는 것은 어리석다고 판단한다. 일단의 준칙에 자신을 묶어둠으로써 정부는 새로운 정보를 이용할 수 있는 유리한 기회를 포기하는 꼴이 된다는 것이다.

한편 준칙을 지지하는 학자들(주로 통화주의 학자들)은 통화정책이 본질적으로 자율적이어야 한다는 철학을 가지고 있으며, 중앙은행은 단순하고, 미리 명시된, 그리고 공개된 일단의 준칙에 따라서 통화정책을 수행해야 한다고 주장한다. 그렇게 함으로써 통화량의 변동에서 오는 경제의 불확실성을 최소화할 수 있다고 보는 것이다. 특히 프리드먼은 중앙은행이 특정 통화량(예를 들면 M1 또는 M2. M1은 협의의 통화로서 현금이나 당좌예금처럼 지불수단으로 사용될 수 있는 금융자산을 말하며 M2는 곧바로 지불수단으로 사용될 수 없는 정기예금과 같은 금융자산을 포함한 광의의 통화를 말한다)을 선정하여 이 통화량이 매년 일정한 비율로 증가하도록 해야 한다는 고정증가율 준칙을 금과옥조로 신봉하고 있다.

준칙을 옹호하는 경제학자들은 여러 가지 이유 때문에 통화정책을 재량적으로 운용하는 것이 효과적이지 못할 뿐만 아니라 때로는 위험하기까지 하다고 주장한다. 우선 통화량의 변동이 실물경제에 어느 정도의 효과를 미칠지, 그리고 그러한 효과가 나타나기까지 어느 정도의 기간이 걸릴지가 확실하지 않다는 것이다. 이른바 정책효과의 시차 문제이다.

일반적으로 통화정책이 경제에 효과를 미치기까지 걸리는 기간은 각 변수마다 다르게 나타난다. 예를 들면 통화량의 증가가 실업에 미치는 효과, 인플레이션에 미치는 효과 또는 투자에 미치는 효과 등은 6개월에서 18개월 정도가 지나야 나타난다고 알려져 있다. 고정 준칙을 옹호하는 사람들은 재량적 통화정책은 경제가 시장의 가격조정으로 이미 균형상태로 접어든 후에야 영향을 미침으로써, 오히려 회복세에 접어든 경기를 불안정하게 만들 수 있다는 점에 주목한다. 이를 '시간불일치성의 문제time inconsistency problem'라고 한다. 특히 시장은 통화정책의 단기적인 효과에 관심을 갖지만, 정책당국은 중장기적인 관점에서 통화정책을 수립하는 것이 보통이기 때문에 시간불일치성의 문제는 더욱 심각해질 수 있다.

또한 고정 준칙 옹호론자들은 설사 통화정책이 경기변동을 어느 정도 완화시키는 역할을 한다고 하더라도 중앙은행이 정치적으로 정부의 압력에 굴복할 수 있기 때문에 통화정책을 재량적으로 사용하는 것은 바람직하지 않다고 주장한다. 이런 압력은 특히 선거철에 심각해진다.

키들랜드와 프레스콧의 사이렌 비유에 빗대어 노벨경제학상 수상자인 프랑코 모딜리아니Franco Modigliani는 미시시피 강의 비유를 들어 재량의 우월성을 주장한다.

"이러한 고정 준칙은 중요한 업무로 세인트폴에서 뉴올리언스로 가려는 사람에게 자동차를 타고 가는 것은 바보 같은 짓이며, 그 대신 조그마한 보트를 타고 미시시피 강을 따라 떠내려가야 한다고 주장하는 것과 같다.* 이렇게 하면 그는 미시시피 강의 물줄기가 그를 목적지까지 데려다줄 것임을 확신할 수 있다. 반면에 만약 자동차를 몰고 가면 방향을 잘못 바꿀 수 있으며, 방향을 잘못 잡았다는 것을 알아차리기도 전에 그는 최종목적지로부터 점점 멀어져서 얼마 안 되어 알래스카에 도착할지도 모른다. 그곳에서 그는 늑막염에 걸릴 것이 거의 확실시되며 따라서 결코 뉴올리언스에 도착하지 못할지도 모른다."

키들랜드와 프레스콧 그리고 모딜리아니는 모두 노벨경제학상을 수상한 저명한 경제학자들이다. 그러나 그들은 고전학파와 케인스학파로 갈라져 서로 반대되는 결론에 도달한다. 어느 한쪽이 옳고 다른 쪽은 틀리다고 말하는 것은 성급한 판단이 될 수 있다. 왜냐하면 그들이 도달한 결론은 그들이 내세운 가정과 경제를 바라보는 시각의 차이를 반영한다고 볼 수 있기 때문이다. 이는 포도주가 반쯤 채워진 포도주 병을 바라보는 입장의 차이와 비슷하다. 반이 채워진 포도주병을 보려는 사람들은 준칙의 우월성에 공감할 것이다. 그러나 반이 비워진 포도주병을 보려는 사람들은 재량의 장점에 동조할 것이다.

* 미국 북부 미네소타 주의 주도인 세인트폴은 미시시피 강이 시작되는 지점에 있으며, 남부 루이지애나 주의 항구도시 뉴올리언스는 미시시피 강이 끝나는 곳이다.

5강

신자유주의

경제학의 측면에서 볼 때 신자유주의의 등장은 1970년대에 세계경제를 그늘지게 했던 스태그플레이션의 영향과 그에 따른 케인스주의의 실패가 가져온 결과였다. 물론 정치적으로는 1970년대 말부터 강하게 일기 시작한 보수주의의 물결과도 맞물려 있지만 신자유주의는 루스벨트 대통령의 뉴딜정책과 존슨 대통령의 '위대한 사회' 프로그램으로 대표되는 케인스주의를 극복하고 대공황 이전의 고전적 자유주의로 돌아가자는 운동이었다. 그러나 대공황 이전의 태평성대에도 그랬듯 사람들의 탐욕이 합리성의 범위를 벗어날 때 경제는 정상궤도를 이탈하려는 특성을 갖는다. 신자유주의가 팽배했던 1980~1990년대에도 예외는 아니었다. 신자유주의가 다시 한 번 비판의 도마 위에 오른 것도 이러한 상황을 배경으로 한다.

1 케인스주의의 퇴조와 신자유주의의 등장

1930년대 구미경제를 황폐화시켰던 대공황은 당시의 정통 경제학이었던 고전학파 경제학도 함께 초토화시켰다. 1929년에 발발한 대공황은 10년 이상이나 지속되었으며, 이 기간 동안 미국경제는 완전고용 균형상태로 돌아갈 기미를 전혀 보이지 않았다. 이는 고전학파의 이론적 기틀을 밑바닥부터 흔들어놓은 사건으로 고전학파 경제학은 1936년 케인스혁명을 맞아 힘없이 무너졌다.

케인스 경제학의 처방에 따라 루스벨트 대통령은 전례가 없었던 대대적인 정부개입 정책을 추진했다. 1941년에는 미국이 제2차 세계대전에 참전함으로써 미국경제는 전시체제로 전환되었다. 그 여파로 미국을 비롯한 유럽경제는 어둠의 긴 터널을 벗어날 수 있었다. 긴 터널을 지나자 제2차 세계대전이 끝나고 새로운 세계가 펼쳐졌다.

터널의 끝은 또한 케인스 경제학의 전성시대를 예고하는 출발점이었다. 대공황과 전쟁의 먹구름이 걷히자, 대공황을 끝장내는 데 결정적인 역할을 했다고 자부하는 케인스 경제학의 기세는 더욱 등등해졌다. 많은 학자들은 전쟁이 끝나면 정부의 지출이 줄어 경제가 만성적인 침체에 빠져들 것으로 점쳤으나 이러한 염려는 기우에 불과했다. 평화시대가 도래하자 많은 국가들이 경제개발에 박차를 가했고, 케인스 모형은 그들의 경제개발 계획을 위한 이론적 틀이 되었다. 한국도 1961년부터 정부 주도 아래 경제개발 5개년계획을 수립하고 이를 의욕적으로 추진해왔는데 당시의 정책입안자들은 모두 케인스의 영향 아래 있었다. 케인스 모형에 근거한 정부개입 정책은 먼저 일본에서 열매를 맺었고, 한국, 대만, 싱가포르, 홍콩이라는 '네 호랑이'가 그 뒤를 이어 과실을 거두기 시작했다.

학계에서도 경제학 교과서들은 오로지 케인스 경제학만 취급했고 고전학파 경제학은 거의 자취를 감추었다. 1960년대까지 경제학자들의 거의 90%는 케인스 학자라고 자인할 정도였다. 이러한 고백은 전혀 예상치 못한 사람으로부터도 나왔다. 공화당의 리처드 닉슨Richard Nixon 대통령이 "우리는 이제 모두 케인스주의자들이다"라고 선언한 것이다. 이러한 상황에서 누가 고전학파 이론을 들먹일 수 있었겠는가?

그러나 미국 시카고 대학을 중심으로 한 보수주의 경제학자들, 특히 프리드먼은 무너진 성벽을 재건하려는 결연한 마음으로 1960년대 후반부터 외롭게 고전학파 이론의 재건 작업에 나섰다. 이러한 시대 상황에서 1973년과 1979년에 발생한 제1·2차 석유파동은 판을 완전히 바꾸어놓은 변수였다. 석유파동의 여파로 세계경제는 높은 인플레이션과 높은 실업이라는, 그때까지 경험해보지 못한 새로운 경제 현상에 속수무책으로 당할 수밖에 없었다. 왜냐하면 케인스 경제학은 재정정책이나 통화정책을 사용해 낮은 인플레이션과 낮은 실업률이라는 두 마리 토끼를 동시에 잡을 수는 없을지라도 다른 목표를 희생함으로써 하나의 목표를 달성할 수 있을 뿐이라고 믿었기 때문이다.

이를 두고 역사는 반복된다고 말할 수 있을 것이다. 1930년대 대공황이 고전학파의 이론체계를 송두리째 뿌리 뽑은 것처럼, 1970년대의 석유파동은 케인스학파의 이론체계를 근본부터 흔들어놓았다. 스태그플레이션은 케인스 모형이 더 이상 먹혀들어가지 않는다는 것을 확인시켜주었으며 수정자본주의가 더 이상 경제운용의 틀로서 작용하지 않는다는 것을 일깨워준 치명타였다.

1960년대부터 고전학파 재건에 온 힘을 기울여온 프리드먼은 이념적으로는 인간 개성의 자유로운 활동을 중시하는 존 로크Jonh Locke의 자유주의 이념을 받아들이고, 경제사조 측면에서는 경제활동에 정부의 개입이 없는 애덤 스미스의 자유방임주의를 표방해 신자유주의의 횃불을 올렸다. 신자유주의의 가치는 개인의 자유와 사적 소유권 보장, 정부의 시장불개입과 탈규제, 기업의 민영화, 인센티브에 근거한 복지, 노동시장 유연화와 임금의 생산성 연계, 자유무역과 개방화, 준칙에 따른 통화정책과 인플레이션의 억제 등을 포함한다.

이와 같이 신자유주의는 케인스적 복지국가에 반기를 들고 태어난 경제사조이다. 신자유주의학파는 정부가 시장에 개입하면 경제의 자율조정 능력이 떨어지고 경기변동의 진폭이 더 커진다는 것을 강조한다. 또한 경제가 보다 정부의존적인 체질로 변해 정부의 비용부담이 늘어난다고 주장한다.

그러나 신자유주의의 정확한 정의에 관해 아직도 보편적으로 합의된 것은 없다. 신자유주의는 시대와 상황에 따라서 다르게 해석되어왔으며 신자유주의의 주창자들, 예를 들면 하이에크, 프리드먼, 하비David Harvey

등의 학자들 사이에서도 견해를 달리하고 있다. 또한 신자유주의는 자유주의liberalism에 바탕을 둔 정치·경제적 이념인데 자유주의 자체가 여러 가지 의미로 사용되고 있다는 사실도 신자유주의에 대한 정의를 어렵게 만들고 있다.

원래 신자유주의는 1930년대에 고전적 자유주의와 집단적 중앙계획 (사회주의체제)이라는 상충하는 이념 사이에 있는 '제3의 길' 또는 '중도의 길'을 찾으려는 유럽 자유주의 학자들 사이에서 대두한 경제철학이었다. 제3의 길은 1930년대에는 고전적 자유방임주의의 실패에 대한 반성에서 자유방임적 독트린과 배치되는 경향을 보였다. 그 대신 강력한 정부의 지도와 규칙 아래에서 운용되는 시장경제를 추진했다. 이를 '사회적 시장경제social market economy'라고 부르기도 한다. 그 영향으로 이념 대립과 냉전의 시기인 1960년대에 들어와서 신자유주의라는 용어의 사용은 크게 줄어들었다.

그러다가 1980년대에 들어 신자유주의라는 용어는 화려하게 부활했다. 완만한 형태의 자유주의에서 보다 급진적이고 자유방임적인 이념으로 다시 태어났다. 이러한 변화의 배경에는 이론적인 측면과 정책적인 측면에서 눈여겨볼 두 가지 상황 전개가 있었다. 하나는 하이에크와 프리드먼에 의해서 신자유주의에 대한 이론적 구축물이 마련되었다는 점이다. 다른 하나는 1970년대 말 1980년대 초에 영국과 미국에서 각각 신자유주의의 깃발을 내건 보수정권이 탄생했다는 점이다.

하이에크와 프리드먼의 저서 가운데 특히 신자유주의에 영향을 미친 것은 하이에크의 1960년작《자유의 헌장 The Constitution of Liberty》과 프리드먼의 1962년작《자본주의와 자유 Capitalism and Freedom》였다. 하이에크의 저서가 프리드먼의 저서보다 2년 먼저 출간되었고, 공교롭게 노벨경제학상도 하이에크가 프리드먼보다 2년 먼저 수상했다. 이 두 권의 책은 출간된 지 50년이 넘었지만 여전히 세계의 여러 나라들에서 많은 지적 탐구자들과 정책집행자들에게 지대한 영향을 미치고 있다.

신자유주의는 그러나 스미스가 그렸던 자유주의와는 근본적으로 다른 환경에서 태어났다. 스미스가 활동했던 시대의 세계에는 거대한 재벌기업도, 탐욕적인 금융자본도, 강력한 노동조합도 없었다. 경제주체들이 자신의 이익을 최대화하는 행위는 경제에 탐욕이 아니라 조화를, 갈등이 아니라 환희를 가져온 원동력이었다. 그러나 신자유주의는 재벌기업과 금융자본과 노동조합이 서로 겨루는 대립과 갈등의 시대에 태어났다.

2 레이거노믹스
낙수효과

보수주의의 여전사로 칭송받던 마거릿 대처가 1979년 영국의 총리로 선출되었고 역시 보수주의의 기수였던 로널드 레이건이 1980년 미국 대통령으로 당선되었다. 미국과 영국에서 불기 시작한 보수주의 바람을 타고 신자유주의에 대한 관심도 불붙기 시작했다. 레이건은 후보 시절 뉴딜정책 이전의 자유기업원칙과 자유시장경제로 돌아가자는 기치를 내걸고 이를 위한 정책들을 제안했다. 그리고 그는 케인스의 수요중시 경제학으로부터 공급중시 경제학으로의 선회를 선언했다. 과도한 세율이 오히려 정부 세수입의 감소를 가져온다는 래퍼곡선이 그의 이론적 무기가 되었다.

레이건은 대통령에 당선되자 신자유주의에 기초한 대대적인 경제정책을 실시했다. 레이건 대통령의 경제정책은 흔히 레이거노믹스Reaganomics로 불린다. 이는 네 개의 축으로 구성되었는데, 정부지출의 증가를 억제하고, 연방소득세율과 자본이득세율을 낮추며, 정부규제를 줄이고, 인플레이션을 낮추기 위해서 통화량을 긴축 운용한다는 것이었다. 전임자들의 경제정책들로부터 과감한 전환을 시도한 정책이었다. 레이거노믹스는 흔히 '트리클다운(낙수효과) 경제학'으로도 불린다.*

레이건은 캘리포니아 주지사 시절 블라디미르 레닌Vladimir Lenin의 말을 인용하면서 인플레이션에 강한 반감을 내비쳤다. "인플레이션은 세금이다. 그것은 우연히 그렇게 되는 것은 아니다. 레닌은 한때 '인플레이션을 통해 정부는 조용히 그리고 주목받지 않고 시민의 번영(부)을 몰수할 수 있다'고 말한 바 있다." 이는 인플레이션의 해독을 강조한 발언이었는데 보수주의자들이 일반적으로 인플레이션을 싫어한다는 것은 잘 알려진 사실이다.

레이건 대통령은 대폭적인 복지축소와 함께 감세조치를 단행했다. 이전까지만 해도 아이들을 많이 낳으면 자녀보육에 대한 복지비 혜택이 늘어났기 때문에 지원비를 받아서 생활하는 사람들이 적지 않았다. 심지어 일부 사람들은 일을 하려고 하지 않는 경향까지 나타나 '놀고먹는 복지' 문제가 심각했다. 레이건은 보육비 수급조건을 강화하고 금액을 하향조정하는 등의 방식으로 기존 관행에 메스를 가했다. 또한 감세조치는 고소득층에 대한 세율을 저소득층에 대한 세율보다 상대적으로 더 많이 인하하고 많은 항목의 세금을 없앴다. 그 결과 최고 한계소득세율은 70%에서 50%로, 최저 한계소득세율은 14%에서 11%로 크게 낮아졌다.

신자유주의의 실험이라고 볼 수 있는 레이거노믹스에 대한 평가는 여전히 엇갈린다. 공급중시 경제학자들은 레이건 대통령이 감세조치를 취한 1983년부터 1989년까지의 7년을 "살찐 7년"이라고 부른다. 이 기간

* 레이건 대통령과 공화당 후보 경쟁을 벌였던 부시George Herbert Walker Bush는 레이거노믹스를 '주술경제학voodoo economics'이라고 비판하기도 했다.

동안 미국경제는 연평균 4.4%로 성장했다. 가처분소득은 20% 증가했으며 1,800만 개의 새로운 일자리가 만들어졌다. 또한 세율인하에도 불구하고 연방세입은 27% 증가했다. 그리고 연방세입에서 최상위 부자 10%가 낸 세금의 비중은 49%에서 56%로 높아졌다.

또한 실질정부지출의 연평균 증가율은 전임 지미 카터Jimmy Carter 대통령 때의 4%에서 2.5%로 줄어들었다. 노동자의 평균소득은 카터 대통령 때는 오직 0.8% 증가했으나 레이건 대통령 재임 시에는 1.8% 증가했다. 노동생산성의 증가는 더욱 인상적이었다. 카터의 임기에는 거의 증가하지 않았으나 레이건 때는 연평균 1.4%로 증가했다. 일부에서는 1990년대 후반에 미국경제가 누렸던, 낮은 인플레이션-낮은 실업률이라는 신경제는 레이거노믹스가 뿌린 씨앗이 열매를 맺은 결과라고 보기도 한다.

하지만 레이거노믹스는 여러 부정적인 유산도 남겼는데, 가장 심각한 것은 재정적자의 대폭적인 증가였다. 레이건 대통령이 취임하기 바로 전해인 1980년 연방 재정적자는 GDP의 2.7%였으나 레이건 대통령 재임 시에는 4.2%로 늘어났다. 일부 경제학자들은 레이거노믹스 아래에서 세율의 대폭인하와 그에 따른 세수입의 감소가 1980년대와 1990년대 미국경제의 최대 골칫거리인 예산적자를 잉태한 근본 원인이 되었다고 비판한다. 또한 재정적자의 증가는 필연적으로 정부부채의 폭발적인 증가를 가져왔으며 미국경제는 이후 30여 년 동안 이른바 '쌍둥이 적자', 즉 재정적자와 무역적자에 시달리게 되었다.

레이거노믹스는 이렇게 엇갈린 성적표를 받고 있다. 레이거노믹스가 공보다는 과가 더 많았다고 결론짓는 견해도 있고 그 반대의 견해도 팽팽히 맞서 있다. 그 공과를 충분히 평가하기 위해서는 더 많은 시간이 필요할지 모른다.

3 ── 대처주의와 '네 개의 사중주'

이제 1980년대에 보수주의 정권의 쌍두마차로 불린 영국 대처 총리의 활약상을 살펴볼 차례다. 대처주의Thatcherism와 대처주의자들Thatcherites이라는 말이 생겨날 정도로, 보수 색깔이 짙은 대처의 정치 및 경제 정책은 큰 족적을 남겼다. 무엇보다 그녀는 미국의 레이건 대통령과 함께 1980년대 말에 냉전시대를 종식시킨 자유주의의 전사로서 역사에 이름을 남겼다. 대처는 1975년부터 1990년까지 영국 보수당의 당수로 활약했으며 1979년 5월부터 1990년 10월까지 영국 총리를 지냈다.

대처주의는 이념적으로는 자유시장, 작은 정부, 통화량 규제를 통한 인플레이션 억제를 핵심으로 한다. 거기에 탈규제, 주요 국영사업의 민영화, 노동시장 유연성 제고, 노동시장의 성과급 원칙, 중앙정부 정책결정의 지방정부 이양 등의 요소를 가미하고 있다. 이런 관점에서 대처주의는 고전적 자유주의를 복원시킨 신자유주의의 특징을 고스란히 담고 있다고 하겠다.

대처 총리는 평소 신자유주의의 선봉장인 하이에크 및 프리드먼과 친분을 쌓았다. 하이에크의 걸작인 1944년작 《노예의 길 *The Road to Serfdom*》은 대처주의의 이론적 틀이 되었다. 대처주의는 자유지상주의에 가까운 이념적 좌표에 놓여 있다고 볼 수 있다. 경제정책면에서 대처주의는 통화주의를 축으로 한다. 프리드먼이 창시한 통화주의는 실업보다 인플레이션 통제를 우선시한다. 대처주의 역시 인플레이션 억제를 핵심정책 중 하나로 삼았으며 통화량을 엄격히 규제하는 것을 중요시했다. 또한 작은 정부를 실현하는 전제조건으로서 정부지출 축소와 세금 감면을 위한 과감한 정책을 추구했다.

대처 총리는 평소 엘리엇의 연작시 '네 개의 사중주 Four Quartets', 그 가운데서도 〈리틀 기딩 Little Gidding〉을 애송한 것으로 알려졌다. 〈리틀 기딩〉은 신자유주의 기수로서의 대처의 성향을 엿볼 수 있는, 종교적 색채가 짙은 시이다. 2013년 4월 18일 대처 총리의 장례식 프로그램에서 첫 페이지를 장식한 것도 바로 〈리틀 기딩〉의 맨 마지막 절이었다.

'네 개의 사중주'는 〈번트 노턴 Burnt Norton〉, 〈이스트 코커 East Coker〉, 〈드라이 샐비지 The Dry Salvages〉와 마지막의 〈리틀 기딩〉으로 이루어져 있다. 리틀 기딩은 1626년 니컬러스 페라 Nicholas Ferrar가 세운 영국 성공회 신앙공동체의 본거지였던 영국의 작은 도시 이름이다. 엘리엇은 이 마을을 1936년에 방문하고 시를 지은 것으로 알려졌다.

〈리틀 기딩〉은 과거와 현재와 미래의 일치에 초점을 맞추고 이러한 하나 됨을 이해하는 것이 구원을 위해 필요하다고 말한다. 비평가들은 〈리틀 기딩〉을 순화와 오순절의 불(성령)을 강조하는 불의 시로 분류한다. 다음에 소개한 시는 대처 총리가 즐겨 암송한 〈리틀 기딩〉의 마지막 절이다.

* 우리가 시작이라고 하는 것은 종종 끝이고

끝을 맺는 것은 시작을 하는 것이다.

끝은 우리가 출발하는 곳이며

우리는 죽어가는 사람들과 함께 죽는다.

보라, 저들은 떠나고 우리도 그들과 함께 간다.

우리는 죽은 자와 함께 태어난다.

보라, 저들이 돌아오고 저들과 함께 우리를 데려온다.

장미의 순간과 주목朱木의 순간은

같은 기간이구나. 역사를 모르는 민족은

시간으로부터 구원을 받지 못한다.

왜냐하면 역사는 영원한 순간의 형태이기 때문이다.

그러니 어느 겨울 오후 한적한 예배당 안에

햇빛이 비추지 않는 시간

역사는 현재이며 바로 조국이다.

이 사랑의 그림과 이 소명의 소리로

우리는 탐험을 멈추지 않으리니

우리의 모든 탐험의 끝은

우리가 시작했던 곳에 도달할 것이며

우리는 그곳을 처음으로 알게 되리라.

한편 영화 〈마지막 사중주A Late Quartet〉는 엘리엇의 '네 개의 4중주'의 첫 부분 〈번트 노턴〉을 소개하며 서막을 올린다. 〈번트 노턴〉은 다음과 같은 유명한 구절로 시작된다.

현재와 과거의 시간은

아마 미래의 시간 속에 존재하고

미래의 시간은 과거의 시간에 내포되어 있다.

만약 모든 시간이 영원히 존재한다면

모든 시간은 다시 보상받을 수 없다.

영화에서 푸가 현악 사중주단이 창단 25주년을 맞이할 즈음에 첼리스트 피터에게 파킨슨병이 찾아온다. 파킨슨병에 걸렸다는 진단을 받은 피터는 은퇴하기 전 마지막 연주회를 갖겠다는 결정을 발표한다. 그의 발병은 단원들에게 지금까지 맺어왔던 관계를 재조명할 시간을 가져다주었다. 이 기회에 제2첼리스트인 로버트는 오랫동안 대니얼이 맡아온 제1바이올리니스트 역할을 맡고 싶다는 뜻을 내비친다. 로버트는 사중주단의 비올라 연주자인 줄리엣과 결혼한 사이이다. 로버트와 줄리엣의 딸 알렉산드라가 어머니가 한때 흠모했던 대니얼과 관계를 갖기 시작한 것도 상황을 더욱 꼬이게 만든다. 단원들 사이의 갈등이 첨예해져 극단적인 불협화음이 그들의 관계를 산산조각 내기 일보 직전, 오랜 세월 동고동락했던 그들의 관계는 다시 한 번 고별 연주회를 위한 열정으로 승화된다.

그들이 연주한 〈현악 사중주 14번〉은 베토벤이 청력을 완전히 상실한 이후에 작곡한 곡이다. 베토벤은 이 곡을 처음부터 끝까지 쉬지 않고 연주하기를 바라고 작곡한 것으로 알려져 있다. 피터는 수업시간 학생들에게 베토벤의 〈현악 사중주 14번〉 작품을 설명하기 위해 〈번트 노턴〉의 첫 구절을 들려주면서 다음과 같이 말한다.

"이렇게 오랜 시간 연주를 계속하면 각 악기들의 음률이 맞지 않게 된다. 중간에 악기들을 조율할 수 없으니 불협화음이 생기는 것이다. 그러면 어떻게 할 것인가? 연주를 그만둘 것인가? 아니면 모두가 불협화음이라도 서로에게 어떻게든 맞추려고 노력해야 할 것인가?"

개별 악기의 불협화음 속에서도 전체적인 조화를 찾으려는 노력은 어찌 보면 고전학파가 그렸던 경제의 그림과 비슷하다. 경제주체 각자가 자기의 이익을 추구하면서 행동할 때 개별 경제주체들 사이에는 부조화와 충돌이 생길 수 있지만, 그러한 부조화가 경제전체의 조화로 이어진다는 것이 바로 스미스가 그렸던 세계였다.

4 월스트리트를 점령하라

미국의 가을

"현재와 과거의 시간은 아마 미래의 시간 속에 존재하고……"라는 〈번트 노턴〉의 구절처럼, 대처 총리는 신자유주의의 가치가 미래에도 이어져나가기를 염원했을 것이다. 그러나 신자유주의는 2008년의 글로벌 경제위기 앞에서 유탄을 맞고 다시 한 번 논쟁의 한가운데 서게 되었다. 인간사회의 가치는 시간의 영속성 위에 머물 수는 없는 것일까? 그것은 정반합의 변증법적 과정을 거치면서 계속 전진할 수밖에 없는 것인지도 모른다. 2008년 글로벌 경제위기 이후 신자유주의라는 용어는 사유화, 시장개방, 탈규제 등을 핵심으로 하는 경제자유화 정책이 가져온 탐욕을 지칭하는, 다소 냉소적인 용어로 사용되기에 이르렀다.

2008년의 글로벌 경제위기는 신자유주의가 추구하는 탈규제가 인간의 탐욕과 결합되었을 때 개인의 자유는 집단적 위기로 발전할 수 있음을 보여준 사례이다. 은행과 기업의 활동에 대한 규제가 없어지면 자본가들은 적정한 이윤의 추구가 아니라 이윤의 극대화를 도모한다. 프란치스코 교황은 글로벌 경제체제는 "사람보다 이윤을 앞세우는" 체제라고 비판했다.

경주마를 제외하고 지구상의 모든 동물은 자연적 본성에 따른 포만감을 느낄 때까지만 먹을 것을 취하고 더 이상 포식을 하지 않는다고 한다. 그러나 인간과 경주마만 적당한 배부름에 만족하지 못하고 탐식을 한다. 그들이 모두 극도의 스트레스에 시달리기 때문이라는 설명도 있다. 도나 타트Donna Tartt는 1992년작 소설 《비밀의 계절 *The Secret History*》에서 원초적 충동을 자기 억압과 결부시킨다. "사람은 문명화할수록 그만큼 더 지적인 수준이 높아지고 지적인 수준이 높아질수록 그만큼 자기 억압에 시달린다. 억압에 시달리면 인간은 자기가 애써 말살하려고 했던 원시적 충동과 화해할 수단을 필요로 한다."●

규제가 철폐될 경우 은행이나 기업들은 대마불사大馬不死식 경영이나 문어발식 경영으로 몸집 불리기에 열을 올린다. 그리고 담합이나 불공정 거래로 독과점적 시장지배를 도모한다. 기업들은 완전경쟁체제 아래에서 이루어지는 가격보다 높은 가격을 부과하고, 은행들은 약탈적 대출을 행함으로써 이윤의 극대화를 꾀한다. 이윤극대화 앞에서 노동자들은 쉽게 길거리로 내몰릴 수 있다. 소비자, 차입자, 노동자는 '을'의 입장에 설 수밖에 없다. 경제적 약자들에 대한 안전망을 위해 최소한의 규제는 마련되어야 하는데, 신자유주의는 이마저 냉혹한 시장의 힘으로 해결하려고 했다.

2008년 글로벌 경제위기의 여파가 남긴 자국이 깊어지자 직장을 잃은

●　도나 타트, 《비밀의 계절》, 이윤기 옮김(문학동네, 2007).

많은 실업자들이 2011년 9월 가을날에 거리로 쏟아져 나왔다. 그들은 "월스트리트를 점령하라"는 구호를 외치며 세계 금융자본의 심장부인 월스트리트를 점령하기 시작했다. 시위대는 맨해튼의 주코티 공원에 본거지를 차리고 월스트리트로 진출하는 시위를 몇 개월 이어갔다. 이를 두고 일부에서는 '아랍의 봄'에 빗대어 '미국의 가을'이라고 표현하기도 했다.

그 후 시위는 샌프란시스코, 보스턴, 시카고, 로스앤젤레스, 시애틀로 번지면서 점점 전국적으로 확산되어갔다. 처음에는 몇십 명만이 참가했으나 점차 동조자들이 늘어 나중에는 수천 명으로까지 불어났다. 또한 시위대는 "우리는 미국의 1% 상위 부자에 저항하는 미국의 99%를 대변한다", "상위 1%의 부자가 미국 부의 50%를 차지한다"는 구호를 외치며 거리를 누볐다(실제로 2015년 초 한 연구는 전 세계적으로 최상위 부자 1%가 2016년에는 전 세계 부의 50% 이상을 차지할 것이라는 결과를 발표했다).

"월가를 점령하라"는 시위에 참가한 사람들은 신자유주의에 대한 반대를 직접적으로 표명하지는 않았다. 그러나 시위대는 신자유주의의 산물이라고 볼 수 있는 탈규제와 기업 및 금융자본가들의 탐욕이 글로벌 경제위기를 부채질했으며 그 피해가 자기들에게 돌아왔다는 데 분노를 표출했다. 시위가 시작된 2011년 9월은 미국의 실업률이 9.1%에 달해 많은 고학력 실업자들이 직장에서 쫓겨나 거리를 방황하던 시점이었다.

6강

경제규모의
측정

우리는 한 나라의 경제규모를 측정하기 위해서 흔히 국내총생산(GDP)을 사용한다. 국내총생산은 한 나라가 생산한 상품과 서비스의 총량을 시장가치로 평가한 금액이다. 그러나 한 나라의 경제규모를 측정한다는 것은 지난한 일이다. 한 나라는 보통 수십만 종류의 상품과 서비스를 생산하며 그 품목 수는 헤아리기가 어려울 정도다. 또한 상품이나 서비스의 종류도 다양할 뿐만 아니라 측정되는 단위도 다르다. 이 상품과 서비스의 가격도 제각각이다. 그럼에도 우리는 생산된 상품과 서비스의 총액을 하나의 수치로 엮어내야 한다. 상품과 서비스의 총액은 명목가치로 측정할 수도 있고 실질가치로 측정할 수도 있는데, 명목가치와 실질가치를 구분하는 것이 중요하다. 이 작업을 마치면 우리는 각 나라의 경제규모를 파악할 수 있고 각 나라의 물가수준을 비교할 수 있다.

1   경제규모 측정 지표
GDP, GNP 그리고 GNI

숲의 크기와 가치는 숲이 차지하는 땅덩이뿐만 아니라 얼마나 많은 나무들이 자라는지, 그리고 그 나무들이 목재나 관상용으로 얼마나 값어치가 있는지 등에 의해서 결정된다. 그와 마찬가지로 한 나라의 경제규모는 땅의 크기뿐만 아니라 얼마나 많은 사람들이 얼마나 값이 나가는 상품과 서비스를 생산하느냐에 의해 결정된다.

경제규모를 측정하는 척도로서 자주 사용되고 인용되는 지표는 국내총생산(GDP)이다. GDP는 한 나라의 영토 내에서 생산된 상품과 서비스(또는 용역)의 총액을 모두 합한 금액으로 정의된다. 생산자의 국적은 따지지 않는다. 제너럴모터스가 한국에서 생산하는 자동차의 시장가치도 한국의 GDP에 포함된다. 이렇게 측정되는 GDP는 한 나라의 경제규모 또는 국부國富를 나타내는 지표로서 널리 사용된다. 이 지표가 완전하지는 않지만, 현재까지 개발된 여러 지표 가운데 경제규모를 측정하는 지표로서 GDP만한 측정치가 없다는 데 많은 사람들은 동의한다.

- GDP＝한 국가 내에서 자국인과 외국인이 생산한 상품과 서비스의
 총 시장가치

전에는 한 나라의 경제규모를 측정하기 위해 국민총생산gross national product(GNP)이라는 지표를 사용했다. 이는 한 나라의 국민(기업이나 자영업자)이 생산하는 상품과 서비스의 총액을 모두 합한 금액으로 정의된다. 어느 나라에서 생산했는지는 따지지 않는다. 현대자동차가 미국에서 생산하는 자동차의 시장가치도 한국의 GNP에 포함된다. 물론 이 금액은 미국의 GDP로도 잡힐 것이다. 그리고 제너럴모터스가 한국에서 생산하는 자동차 시장가치는 물론 미국의 GNP에 포함된다. GNP는 1992년까지 대부분의 국가에서 사용되었으나 미국이 1992년부터 GNP에서 GDP로 측정 방법을 바꾼 이래 많은 나라들이 경제규모를 측정하기 위해 GDP를 사용하고 있다. 그 주된 이유는 많은 나라들이 개방화, 국제화로 나아감에 따라 GDP가 경제규모 측정의 목적에 보다 부합하기 때문이다.

- GNP＝한 국가의 국민이 국내외에서 생산한 상품과 서비스의 총 시
 장가치

이로 미루어 GDP와 GNP 사이에는 밀접한 관계가 있음을 쉽게 알 수 있다. 먼저 GDP는 외국인이 국내에서 벌어들인 소득을 포함한다. 내국인이 어느 해에 벌어들인 총소득을 구하기 위해서는, GDP에서 외국인이 국내에서 벌어들인 소득을 빼고 내국인이 해외에서 벌어들인 소득을 포

함해야 한다. 이렇게 정의된 GNP를 흔히 국민총소득gross national income(GNI)이라고 한다. GNP는 한 나라의 국민이 국내 및 해외에서 생산해낸 상품과 서비스의 총 가치이고, GNI는 한 나라의 국민이 국내 및 해외에서 벌어들인 총소득(세금 포함)을 말한다. 흔히 GDP는 한 나라의 경제규모를 측정할 때, 그리고 GNI는 국민의 살림규모를 측정할 때 사용된다.

- GNI = 국내외에서 내국인이 벌어들인 소득의 총합계
  = GDP − 외국인이 국내에서 벌어들인 소득 + 내국인이 해외에서 벌어들인 소득

한국인이 해외에서 생산활동을 통해 벌어들인 소득이 외국인이 한국에서 벌어들인 소득보다 많으면 두 부분이 상쇄되고도 국내에 보다 많은 소득을 가져다주기 때문에 한국의 GNI가 한국의 GDP보다 크게 된다. 반대로 외국인이 한국에서 생산활동을 통해 벌어들인 소득이 한국인이 해외에서 벌어들인 소득보다 더 많으면 한국의 GDP가 한국의 GNI보다 크게 된다. 한국이나 미국의 경우 이 두 소득 간에 차이가 많지 않다.

이 책에서는 때로 GDP를 줄여서 총생산이라고 쓰고 GNI를 총소득이라고 쓰기도 한다. 그러나 한국의 경우 이 두 가지 측정치에 큰 차이가 없기 때문에 때로는 이 두 용어를 혼용해서 사용할 수 있다.

2

GDP
추계 방법

거의 모든 나라가 매분기 또는 매년 GDP를 산정해서 발표한다. 어느 경제이건 수만에서 수십만에 이르는 종류의 상품과 서비스를 생산한다. 그리고 상품마다 측정 단위도 각각 다르다. 우리는 이들을 다 합해 GDP라는 하나의 수치를 만들어내야 한다. 영어에는 "사과와 오렌지를 직접 비교할 수 없다"거나 "사과와 오렌지를 직접 합계할 수 없다"는 표현이 있다. 사과와 오렌지가 서로 다른 종류이기 때문에 사과 10개와 오렌지 20개를 합쳐서 30개라고 말할 수 없다는 것이다. GDP를 구할 때도 비슷한 문제가 발생한다.

GDP, 즉 생산된 상품과 서비스의 총액을 산출하는 데는 몇 가지 방법이 사용된다. 그중 하나가 '한 나라에서 최종소비를 목적으로 생산되는 모든 상품과 서비스의 시장가치를 합하는 것'이다. 이렇게 정의된 GDP는 생산측면에서 본 GDP라고 볼 수 있다.

이해하기 쉽게 단순 경제를 생각해보자. 어느 경제가 텔레비전 100대와 쌀 500가마 그리고 200시간 분량의 텔레비전 프로그램을 생산해낸다고 하자. GDP를 구하기 위해서 이들을 단순 합산할 수는 없다. 예를 들어 이 나라의 GDP는 100＋500＋200＝800이라고 할 수 없다. 이 상품과 서비스가 각각 다른 단위로 측정되기 때문이다. 그런데 만약 텔레비전 한 대의 시장가격이 30만 원이고 쌀 한 가마의 시장가격이 10만 원이며 텔레비전 프로그램의 시장가격이 시간당 50만 원이라고 한다면, 생산된 텔레비전의 시장가치는 3,000만 원이고 생산된 쌀의 시장가치는 5,000만 원이며 텔레비전 프로그램의 시장가치는 1억 원이다. 이제 이 시장가치들을 합산할 수 있다. 왜냐하면 이 시장가치는 공통된 단위(원)로 측정되기 때문이다. 이로부터 이 경제의 GDP는 3,000만 원＋5,000만 원＋1억 원＝1억 8,000만 원이 된다. 이런 식으로 사과와 오렌지를 합산할 수 있는 것이다.

이러한 정의로부터 어떤 생산활동이라도 시장가치로 측정될 수 없으면 GDP에 포함되지 않는다는 원칙이 확립된다. 예를 들면 가정주부의 가사활동은 엄연한 생산활동이고 한 가정의 생활수준 향상에 크게 기여하지만, 시장가격으로 평가하기가 어렵기 때문에 GDP에 포함되지 않는다. 같은 논리로 은밀히 행해지는 지하경제활동, 특히 마약거래나 성매매도 경제활동이지만 합법적인 시장가격이 없기 때문에 GDP에서 제외된다(그러나 최근 일부 나라를 중심으로 이들을 GDP에 포함시키려는 시도가 진행되고 있다).

또한 GDP는 최종소비를 목적으로 하는 상품과 서비스만을 포함하고 중간재로 사용되는 상품은 포함하지 않는다. 예를 들면 원유는 중간재이고 최종소비재가 아니기 때문에 원유 생산액은 GDP에 포함되지 않는다.

그러나 원유를 사용하여 생산되는 휘발유나 정유 제품은 최종소비재이기 때문에 GDP에 포함된다. 같은 이유로 금괴는 중간재이지만, 금으로 만든 액세서리는 최종소비재이므로 GDP에 포함된다. 서비스는 교육이나 의료서비스처럼 무형적인 산출물을 가리킨다. 한국에 소재하는 대학들이 교육서비스를 제공하고 받는 수업료, 한국에 소재하는 병원들이 의료서비스를 제공하고 버는 치료비, 한국에 소재하는 은행들이 금융서비스를 제공하고 버는 수입, 한국에 소재하는 로펌들이 법률서비스를 제공하고 받는 사건수임료, 여행객들이 한국에서 쓰는 여행경비 등은 모두 서비스의 가치로서 한국의 GDP에 포함된다.

또한 특정한 해에 생산된 상품과 서비스만 그해의 GDP로 잡힌다. 2010년에 생산된 중고차를 2015년 사고팔 경우 그 거래액은 2015년의 GDP에 포함되지 않는다. 이미 그것은 2010년의 GDP에 계상된 것이다.

마지막으로 GDP는 그 나라의 영토 안에서 생산된 상품과 서비스를 포함한다. 이는 GDP의 정의로부터 분명하다. 반면 GNP는 그 나라의 국민이 생산한 상품과 서비스를 포함한다.

우리는 GDP를 '한 나라에서 최종소비를 목적으로 생산되는 모든 상품과 서비스의 시장가치를 합한 금액'이라고 정의했는데 이러한 정의에 근거해서 실제로 GDP를 측정하는 것은 쉽지가 않다. 무엇보다도 상품의 시장가치를 이중, 삼중으로 계상할 수 있기 때문이다. 앞서 설명했듯이 생산측면에서 측정되는 GDP는 중간재를 포함하지 않는데, 이는 이중계산을 피하기 위한 것이다. 어떻게 시장가치가 이중, 삼중으로 계산될 수 있는지를 알아보기 위해 자동차 한 대의 시장가치를 생각해보자.

자동차를 생산하기 위해 자동차회사는 철강, 고무, 유리, 가죽, 목재, 천 등 수많은 상품을 부품으로 사용한다. 논의를 단순화하기 위해서 자동차

회사는 오직 철강만을 사용하여 자동차를 생산하며 이렇게 생산된 완성품을 최종소비자에게 2,000만 원에 판다고 가정하자. 자동차회사는 자동차 한 대를 생산하기 위해 철강회사로부터 1,200만 원어치의 강판을 구입한다. 철강회사는 1,200만 원어치의 강판을 생산하기 위해 광산업자로부터 500만 원을 주고 철광석을 구입한다. 광산업자는 운 좋게 500만 원어치의 철광석이 매장되어 있는 무주공산을 발견해서 거의 비용을 들이지 않고 500만 원어치의 철광석을 채굴한다.

언뜻 보면 이 경제가 생산한 상품의 총 시장가치는 500만 원 + 1,200만 원 + 2,000만 원 = 3,700만 원이 되는 것처럼 보인다. 그러나 이러한 계산은 최종소비재의 시장가치를 이중, 삼중으로 계산한 것이다. 강판 가격 1,200만 원에는 철광석 가격 500만 원이 포함되어 있고 자동차 가격 2,000만 원에 강판 가격 1,200만 원이 포함되어 있다. 자동차 생산에 사용되는 철광석, 강판 등은 중간재이므로 그 시장가치는 GDP에 포함되지 않아야 한다.

실제로 국민소득 추계기관은 이중, 삼중의 계산을 피하기 위해 상품과 서비스의 각 생산 단계에서 새로 추가되는 가치, 즉 부가가치만을 합계해 GDP를 산출한다. 어느 상품의 판매 가격에서 그 상품을 만드는 데 사용된 생산요소의 비용을 뺀 차액이 바로 부가가치다. 이를 통해 GDP는 각 상품과 서비스의 생산 단계에서 부가되는 새로운 가치를 합산한 금액과 같다고 정의할 수 있다.

이제 이 방식으로 부가가치를 계산해보자. 광산업자가 새로 부가한 가치는 500만 원(500만 원 - 0원)이다. 철강회사가 새로 부가한 가치는 700만 원(1,200만 원 - 500만 원)이며, 자동차회사가 새로 부가한 가치는 800만 원(2,000만 원 - 1,200만 원)이다. 각 생산 단계에서 새롭게 부가된 가치를 합산하면 500만 원(광산업자) + 700만 원(철강회사) + 800만 원(자동차회사) = 2,000만 원이다. 이는 정확히 최종소비재(자동차)의 시장가격인 2000만 원과 일치한다.

한국의 판매세제는 세금을 각 거래 단계에서 창출되는 부가가치에 부과하는 부가가치세에 기반을 두고 있다. 상품이나 서비스의 가격이 부가가치세를 포함하기 때문에 최종소비자가 상품을 구매하면 사업자가 여기에 포함된 부가가치세를 세무서에 납부하는 것이다.

3   지하경제와
───────   GDP

  지하경제는 마약거래라든지 성매매같이 합법적으로 인정되지 않는 경제활동을 말한다. 그 범위가 상당히 넓어 짝퉁 상품이나 가짜 의약품 거래, 소프트웨어 불법 복제, 도서의 불법 복사, 불법 도박, 장물 거래도 지하경제의 범주에 들어간다. 그러나 불법적으로 행해지는 경제활동만이 지하경제에 포함되는 것은 아니다. 넓게는 조세회피나 세금탈루 등을 목적으로 거래내역을 신고하지 않거나 줄여서 신고하는 경우도 포함한다고 볼 수 있다. 또한 보고되지 않는 사채 거래나 골동품 거래 등도 이러한 범주에 들어갈 것이다. 법에 저촉되지 않는 거래로서 거래내용이 신고되지 않는 경제활동을 특별히 그림자경제 또는 블랙마켓black market이라고 부르기도 한다.

  지하경제는 대부분 보고되지 않고 현금으로만 거래되는 속성을 지니기 때문에 지하경제의 거래규모를 파악하기가 쉽지는 않다. 은밀하게 이루어지는 지하경제는 정부당국이 적발하기도 어려워 세금수입이 그만큼 줄어든다. 또한 지하경제의 거래는 시장가격으로 이루어지는 것이 아니기 때문에 대부분 GDP에 잡히지 않는다. 이와 같이 한 나라의 GDP 규모는 지하경제에 해당하는 만큼 과소평가되어 있다고 볼 수 있다.

지하경제에서 형성되는 가격은 같은 종류의 상품이나 서비스의 시장가격에 비해 낮을 수도 있고 높을 수도 있다. 낮은 경우는 이 거래가 불법이어서 정품에 비해 높은 가격을 받을 수 없는 경우이다. 짝퉁 상품, 가짜 의약품, 불법 복제한 콘텐츠나 장물의 가격이 이에 해당한다. 어떤 지하경제 거래는 시장가격보다 높은 수준에서 이루어지기도 한다. 이는 이런 상품이나 서비스를 생산하는 자체가 쉽지 않은데다 생산이나 거래에 따르는 위험이 커서 일종의 리스크 프리미엄이 추가되어 있다고 볼 수 있다. 마약의 지하거래가 여기에 해당한다. 마약을 합법화하자는 일부 경제학자들의 주장도 이러한 사실을 감안한 것이다. 마약을 합법화하면 가격이 내려가 밀매가 사라질 뿐만 아니라 세수 증대도 꾀할 수 있다.

많은 나라의 통계당국이 지하경제의 규모를 추정에 근거할 수밖에 없는데, 여러 가지 방법이 사용된다. 지하경제는 대부분 현금으로만 거래되기 때문에 중앙은행이 발행한 화폐액과 현금 유통규모를 파악해서 그 규모를 어림잡을 수 있다. 오스트리아 요하네스 케플러 대학의 프리드리히 슈나이더Friedrich Schneider와 안드레아스 뷘Andreas Buehn 교수는 매년 각국의 지하경제 규모에 관해서 가장 포괄적이고 권위 있는 연구 결과를 발표한다.

그들은 2012년 발표한 연구논문에서 OECD 39개 국가의 지하경제 규모를 산출했다.* 1999년부터 2010년까지 매년 GDP 대비 지하경제의

• Friedrich Schneider and Andreas Buehn, "Shadow Economies in Highly Developed OECD Countries: What Are the Driving Forces?", *IZA Discussion Paper* No. 6891(2012).

크기를 계산해서 평균치를 구했는데 이 비율이 가장 높은 국가는 불가리아(34.6%)이고 가장 낮은 국가는 스위스(8.3%)였다. 미국은 8.7%, 일본은 11%이며 한국은 26.3%였다. 선진화된 나라일수록 지하경제의 비중이 낮았다.* 이 수치는 한 나라의 평균적인 정직도를 간접적으로 나타내주는 지표로 볼 수 있다. 한국은 GDP에 대한 지하경제의 비율이 가장 높은 나라군에 포함되어 있다. 우리에게는 씁쓸한 뒷맛을 남기는 사실이다.

러시아와 중국은 OECD 회원국이 아니기 때문에 이 연구에는 포함되지 않았다. 러시아는 전통적으로 지하경제의 비중이 가장 높은 국가군에 포함되어왔다. 중국도 이 비율이 상당히 높은 것으로 추정된다.

2014년 미국의 GDP는 약 17조 3,000억 달러이며 한국의 GDP는 1,500조 원이다. 이를 근거로 두 나라의 지하경제 규모를 산출해보면 미국의 지하경제 규모는 1조 5,100억 달러이고 한국의 지하경제 규모는 약 400조 원으로 추산된다.

박근혜 대통령은 후보 시절 지하경제 양성화를 대표적인 공약의 하나로 내걸었다(지하경제 규모 추정치는 370조 원이었다). 지하경제의 약 6%(22조 원)를 양성화함으로써 매년 1조 6,000억 원의 세금을 더 걷어낼 수 있으며 이를 복지예산의 비용을 충당하는 데 사용하겠다는 계획이었다. 그러나 앞에서도 언급한 바와 같이 지하경제의 거래를 찾아낸다는 것이 쉽지는 않다. 그 성공 여부는 얼마나 많은 지하경제활동을 무리 없이 찾아낼 수 있느냐에 달려 있을 것이다.

- 주요 국가에 대한 평균 추정치는 다음과 같다. 스위스 8.3%, 미국 8.7%, 오스트리아 9.8%, 룩셈부르크 9.6%, 일본 11%, 뉴질랜드 12.2%, 영국 12.5%, 네덜란드 13.2%, 오스트레일리아 13.8%, 캐나다 15.6%, 독일 15.7%, 덴마크 17.3%, 핀란드 17.4%, 노르웨이 18.6%, 스웨덴 18.6%, 벨기에 21.5%, 포르투갈 22.7%, 스페인 22.8%, 한국 26.3%, 이탈리아 26.9%, 멕시코 30%, 터키 30.6%, 불가리아 34.6%.

4

명목GDP와
실질GDP

앞에서 GDP를 산정하려면 생산된 상품과 서비스의 양을 시장가치로 평가해야 한다는 것을 보았다. 시장가치를 어떻게 측정하느냐에 따라 GDP를 명목GDP와 실질GDP로 구분할 수 있다. 명목GDP(경상GDP)는 어느 해에 생산된 상품과 서비스의 수량을 그해의 시장가격으로 평가해서 산출한다. 예를 들어 2014년의 명목GDP는 각 상품과 서비스의 2014년 가격을 생산된 양에 곱해서 총액을 구한다.

한편 실질GDP는 어느 해에 생산된 상품과 서비스의 수량을 기준연도의 가격을 사용하여 산출한다. 이 기준연도는 정부 통계당국이 실질GDP의 추계를 위해서 선정하며 정부는 몇 년 간격으로 기준연도를 바꾼다. 예를 들면, 2014년의 실질GDP는 2014년에 생산된 상품과 서비스의 수량을 기준연도인 2010년의 가격으로 평가해서 산출하는 것과 같다.

정부가 두 가지 GDP 통계를 산출하는 데는 그만한 이유가 있다. 가장 근본적인 이유는 과거(예를 들어 1961년)의 100원 가치와 오늘의 100원 가치가 다르다는 것이다. 명목GDP는 시장가격이 상승하면 함께 증가한다. 설사 생산량은 증가하지 않더라도 물가가 상승하면 명목GDP는 물가상승분만큼 늘어난다. 그리고 물가가 많이 상승하면 할수록 명목GDP도 크게 증가한다. 이처럼 명목GDP는 경제의 실상을 제대로 반영하지 않는다는 단점을 가지고 있다. 명목GDP가 인플레이션의 영향을 받기 때문에, 인플레이션의 효과를 제거한 실질GDP라는 또 다른 통계를 필요로 하는 것이다.

앞의 예에서 보았듯이, 실질GDP는 2014년에 생산된 상품과 서비스의 수량을 기준연도인 2010년의 가격으로 평가한다. 모든 해의 실질GDP는 동일한 가격(2010년)을 사용하여 측정하기 때문에 물가상승에 기인한 GDP 증가분은 제거된다. 2010년의 실질GDP도 이 가격을 사용하며 2000년의 실질GDP나 1961년의 실질GDP 모두 이 가격을 사용하여 평가하기 때문에 각각 다른 시점의 경제규모를 서로 비교하는 것이 가능해진다.

실질GDP를 이해하기 위해서 2010년을 기준연도로 정했다고 하자. 한 나라가 오직 짜장면만 생산한다고 가정하면 실질GDP는 매년 생산된 짜장면의 시장가치를 2010년의 짜장면 가격을 기준으로 평가하는 것이다. 2010년에는 짜장면 한 그릇의 가격이 3,000원이었고 2014년에는 5,000원이었다. 2010년에는 100그릇의 짜장면을 생산했고 2014년에는 200그릇을 생산했다고 한다면, 2014년의 명목GDP는 5,000원(2014년 가격)×200그릇=100만 원이 되고 실질GDP는 3,000원(2010년 가격)×200그릇=60만 원이 된다. 그 차액 40만 원은 그동안 짜장면 값이 오른 데 기인한 것이다.

이제 2005년을 기준연도로 선정했다고 하고 2005년에는 짜장면 한 그릇의 가격이 2,000원이었다고 하자. 2005년을 기준연도로 해서 2014년 실질GDP를 계산하면 2,000원×200그릇=40만 원이 된다. 이와 같이 명목GDP는 바뀌지 않지만 실질GDP는 기준연도에 따라 달라진다. 2014년의 실질GDP는 2010년을 기준연도로 평가하면 60만 원이 되고 2005년을 기준연도로 평가하면 40만 원이 된다. 그 차액 20만 원 역시 2005년과 2010년 사이에 물가가 그만큼 상승했기 때문에 발생한다.

이러한 이유로 한 나라의 경제성장률은 명목GDP가 아니라 실질GDP를 기준으로 계산된다. 명목GDP를 기준으로 하면 경제성장률이 뻥튀기된다. 이와 비슷하게 생활수준을 나타내는 지표로 사용되는 1인당 국민소득도 다른 시점과의 비교를 위해서는 실질국민소득을 기준으로 해야 한다.

우리는 비단 GDP나 소득 같은 변수들뿐만 아니라 금리, 임금, 환율 같은 가격들도 명목가격과 실질가격을 구분해야 한다는 것을 보았다. 실질가격은 인플레이션의 상승을 조정한 가격이다. 이러한 구분이 중요한 것은 경제주체들(소비자, 노동자, 생산자 등)의 경제적 의사결정은 실질가격에 근거하기 때문이다. 앞에서 논의한 바와 같이 명목금리와 실질금리, 명목임금과 실질임금, 명목환율과 실질환율을 구분하지 않으면 잘못된 경제적 의사결정을 내릴 수 있다.

흔히 물가가 올라서 돈 가치가 많이 떨어졌다는 소리를 듣게 되는데, 이는 바로 우리가 돈의 실질가치에 보다 많은 관심을 가지고 있음을 말해주는 것이다. 예상 인플레이션율이 4%인데도 돈을 3% 또는 그 이하의 이자율로 빌려줄 경우 그 사람은 헛장사를 하는 셈이 된다. 그는 자선사업가가 아니면 화폐환상에 빠져 있는 사람이다. 인플레이션이 올라가서 실질가치가 떨어졌는데도 명목가치만 보고 의사결정을 하는 경우이다.

사람들이 실제로 화폐환상에 빠질 수 있는가를 놓고 몇 가지 실험이 행해졌는데, 그 결과는 화폐환상의 존재를 확인해준다. 사람들은 물가상승이 없는 상황에서 그들의 소득(또는 임금)이 2% 삭감되면 불공평하다고 생각한다. 그러나 물가상승률이 4%에 달하는 상황에서 그들의 소득(또는 임금)이 2% 인상되면 이는 공평하다고 생각한다. 그러나 실제로 합리적인 의사결정을 하는 사람의 입장에서는 이 두 경우의 결과는 같은 것이다. 첫 번째의 경우 실질소득(또는 임금)이 2% 줄어들고 두 번째의 경우도 실질소득(또는 임금)이 2% 줄어들기 때문이다.

5

1961년 1인당 소득 92달러와
2013년 1인당 소득 2만 5,975달러의
단순 비교는 원근법을 무시한다?

_____

　달리기 경주에서 주자들이 동일한 선상에서 출발해야 기록을 비교하는 것이 가능하듯이, 경제규모나 소득을 서로 다른 시점에서 비교할 때도 동일한 잣대로 평가해야 의미 있는 비교가 가능하다. 그 동일한 잣대가 바로 기준연도이다. 동일한 기준연도를 사용한다는 것은 바로 실질GDP나 실질소득에 관심을 갖는다는 것을 말한다. 실질GDP는 동일한 기준연도의 가격을 사용해서 다른 해의 총생산의 가치를 측정하는 것이므로 GDP를 서로 다른 시점에서 비교할 수 있게 해준다.

　각국의 생활수준을 나타내는 척도로 광범위하게 사용되고 있는 지표가 1인당 GDP 또는 1인당 GNI이다. 1인당 GDP는 한 나라의 명목GDP를 전체 인구로 나누어서 구하고, 1인당 GNI는 한 나라의 명목GNI를 전체 인구로 나누어서 구한다. IMF와 UN, IBRD 등 국제기관들은 1인당 소득의 국가 간 비교를 위해서 보통 1인당 GDP를 사용한다. 또한 각국의 생활수준을 비교·평가하기 위해서는 각국의 1인당 GDP를 공통의 척도를 사용해 측정하는 것이 편리하다. 이러한 필요에 따라 1인당 GDP를 미국 달러화로 환산하여 비교하는 것이 보편화되어 있다.

이처럼 1인당 GDP는 달러화로 산정되기 때문에 각국의 대미 달러 환율이 변동하면 달러 표시 1인당 GDP도 따라서 변동한다. 극단적인 예를 들면 현재의 환율이 1달러당 1,000원에서 갑자기 500원으로 하락해서 원화가치가 절상되었다면, 우리의 원화 표시 1인당 GDP는 그대로이지만 달러 표시 1인당 GDP는 두 배로 껑충 뛰어오르게 된다. 이는 물론 극단적인 예지만, 달러화로 환산된 1인당 GDP는 환율의 변동에 따라 언제든지 고무풍선처럼 늘었다 줄었다 할 수 있는 것이다. 일본의 1인당 GDP가 때로는 4만 달러(2012년 4만 6,683달러)를 넘었다가 3만 달러대(2014년 3만 6,222달러)로 낮아지는 등 널뛰기를 하는 것도 일본의 대미 달러 환율이 급격한 변동을 보인 데 기인한다. 한국도 경제규모가 2013년(1조 3,045억 달러)에는 세계 14위였으나 2014년(1조 4,104억 달러)에는 실질총생산의 별다른 증가 없이 13위로 한 단계 뛰어올랐는데, 환율의 하락에 크게 영향을 받은 것이다.

다음으로 1인당 GDP를 연도별로 비교(시점 간 비교)하는 것을 생각해보자. 이 경우에는 실질GDP를 사용해야 의미 있는 연도별 비교가 가능해진다. 흔히 우리가 이룩한 경제 기적을 말할 때 한국의 1인당 GDP가 1961년에 90달러에 불과했는데 그로부터 약 50년 후인 2013년에는 거의 2만 6,000달러에 달했다는 것을 자랑삼아 이야기한다. 그동안 1인당 GDP가 무려 288배 가까이 증가했다는 사실도 강조한다. 그러나 이러한 비교에는 치명적인 오류가 있다. 이는 분명 헷갈리는 통계 수치이다. 이러한 혼동을 해결하는 열쇠는 동일한 잣대로 1인당 GDP를 측정해야 한다는 데서 찾을 수 있다.

주타 볼트Jutta Bolt와 얀 루이텐 판 잔덴Jan Luiten van Zanden은 1990년의 달러가치로 각국의 1인당 GDP를 발표했는데 그에 의하면, 한국의 경우 1인당 GDP는 1913년에 485달러, 1950년에 854달러, 1973년에 2,824달러, 2001년에 1만 5,481달러, 그리고 2010년에 2만 1,701달러를 달성했다.* 1990년의 달러가치로 계산하면 1961년 한국의 1인당 GDP는 이미 1,500달러 정도에 이르렀다.

1961년의 90달러는 2013년의 90달러가 아니다. 1961년의 90달러는 1961년 시장가격으로 측정된 명목소득이고 2013년의 2만 6,000달러는 2013년 시장가격으로 측정된 명목소득이다. 다시 말해서 동일한 기준연도를 가지고 측정된 소득이 아니다. 그동안 시장가격, 즉 물가가 원화로 따져서는 수백 배 뛰어올랐고 달러로 따져서도 수십 배가 올랐는데 이를 무시하고 단순 비교한다는 것은 원근법을 무시한 그림을 보는 것과 다를 바 없다.

원근법이 있는 그림에서는 같은 크기의 집이라도 멀리 있는 집은 작게, 가까이 있는 집은 크게 나타난다. 이를 두고 가까이 있는 집이 멀리 있는 집보다 열 배나 크다고 말한다면 이는 그림의 기초도 모르는 무지를 드러내는 것이다. 1961년부터 2013년까지 1인당 소득이 288배 증가했다고 말하는 것은 바로 원근법을 무시한 채 그림을 감상하는 것과 다를 바가 없다. 원근법의 원리를 시간에 적용한 것이 실질GDP를 기준으로 하는 비교이다.

• Jutta Bolt and Jan Luiten van Zanden, "The First Update of the Maddison Project", *Maddison Project Working Paper* 4(2013).

1인당 GDP를 표시하는 미국의 달러가치가 그동안 얼마나 떨어졌는지를 살펴보자, 미국의 소비자물가지수는 1961년 89.6에서 2013년에는 697.8로 약 7.8배가 뛰었다. 1961년을 기준연도로 선정해서 1961년과 2013년의 1인당 GDP를 측정해보자. 이는 1961년의 가격으로 두 시점의 소득을 평가한다는 것을 의미한다. 1961년의 물가로 계산하면 2013년의 2만 6,000달러는 약 3,333달러가 된다. 이렇게 계산된 3,333달러는 1961년을 기준연도로 얻어지는 2013년의 실질소득이다. 기준연도가 같기 때문에 이제 동일한 잣대를 가지고 1961년과 2013년의 1인당 GDP를 비교할 수 있다. 이와 같이 1961년과 2013년의 1인당 GDP를 같은 선상에 올려놓고 평가해보면 1인당 GDP는 그동안 90달러에서 3,333달러로 늘었으며 이는 288배가 아니라 37배 증가한 셈이다.

　2013년 가격을 기준으로 1인당 실질GDP를 계산하더라도 동일한 결과를 얻게 된다. 2013년 가격을 기준으로 계산해보면 1961년의 1인당 GDP는 약 703달러가 된다. 이를 기준으로 2013년의 2만 6,000달러와 비교해보면 1인당 GDP는 역시 1961년부터 2013년까지 약 37배 증가했다.

　다른 나라와 경제규모를 비교할 때도 연도별로 비교할 경우에 동일한 기준연도를 적용하지 않으면 숫자의 마술에 걸리게 된다. 한국의 1인당 명목GDP는 1994년에 1만 달러를 돌파한 후 2006년에는 대망의 2만 달러를 넘어섰지만 그 후 불어 닥친 글로벌 경제위기로 뒷걸음쳤다가 2010년 2만 달러를 다시 넘어섰다.

　미국은 1978년에, 캐나다는 1980년에, 일본은 1981년에 1인당 명목 GDP가 1만 달러를 상회했다. 이러한 1인당 GDP 수치는 미국의 경우 1978년 달러가치로, 일본은 1981년 달러가치로, 그리고 한국은 1994년 달러가치로 평가한 명목소득이다. 일본이 1만 달러를 넘어선 1981년의 달러가치가 한국이 1만 달러를 넘어선 1994년의 달러가치와 같을 수 없다. 이렇게 볼 때 일본이 1981년에 1인당 GDP 1만 달러를 달성했고 우리가 같은 수치를 1994년에 달성했으니까 일본과 우리나라의 1인당 GDP의 격차는 시간으로 따져 13년 차이밖에 나지 않는다고 주장한다면 역시 숫자에 속은 것이다.

일본의 1981년 1인당 GDP는 그 당시의 기준가격으로 국민소득을 평가해서 얻은 수치이기 때문에 이를 한국과 같은 평가년도(1995년)의 가격으로 평가할 경우 일본의 1981년 1인당 GDP는 1만 달러를 훨씬 넘어서게 된다. 한국이 1만 달러를 넘어선 1994년의 가격으로 1인당 GDP를 측정할 때 미국은 1940년대에, 캐나다는 1952년에, 그리고 일본은 1972년에 각각 1만 달러를 달성한 것으로 분석된다. 이와 같이 동일 선상에서 한국과 일본이 1만 달러 소득을 달성한 해를 계산해보면 그 차이는 13년이 아니고 22년이 된다. 따라서 경제규모나 1인당 소득을 가지고 시간적으로 의미 있는 비교를 하기 위해서는 실질GDP라는 공통의 척도를 기준으로 삼아야 한다는 것을 명심할 필요가 있다.

6   지금까지 최고 흥행수입을
올린 영화는?

영화의 흥행수입에 관한 정보를 제공하는 박스오피스 모조Box Office Mojo는 2015년 현재까지 박스오피스 최고 흥행수입을 올린 영화 15편을 발표했다. 이 순위는 영화가 상영되었을 당시의 금액을 기준으로 한 것이 아니고 2015년 현재의 가치로 환산한 금액을 기준으로 했다. 다시 말해서 명목수입이 아니라 실질수입을 기준으로 한 비교이다. 상영 당시의 금액을 기준으로 하면 명목수입을 비교하는 것이 되어 직접적인 비교가 불가능하다.

지금까지 지구상에서 상영된 영화 가운데 박스오피스의 최고 타이틀을 거머쥔 영화는 어떤 영화일까? 전 세계적으로 22억 달러의 흥행수입을 올린 1997년작 〈타이타닉Titanic〉일까, 아니면 28억 달러의 흥행수입을 올린 2009년작 〈아바타Avatar〉일까? 둘 다 틀렸다. 놀랍게도 1939년에 상영된 〈바람과 함께 사라지다Gone with the Wind〉가 아직도 흥행 수입 제1

순위	영화 제목	상영연도	실질수입액	명목수입액(전 세계 흥행수입)
1	바람과 함께 사라지다	1939	16억 4,000만	1억 9,868만(4억 176만)
2	스타워즈: 새로운 희망	1977	14억 5,000만	4억 7,454만(10억 2,705만)
3	사운드오브 뮤직	1965	11억 6,000만	1억 5,867만
4	E. T.	1982	11억 5,000만	4억 3,511만(7억 9,291만)
5	타이타닉	1997	11억	6억 5,867만(21억 8,677만)
6	십계	1956	10억 6,000만	6550만
7	죠스	1975	10억 4,000만	2억 6,000만(4억 7,065만)
8	닥터 지바고	1965	10억 1,000만	1억 1,172만
9	엑소시스트	1973	9억	2억 3,291만(4억 4,131만)
10	백설공주와 일곱 난쟁이	1937	8억 9,000만	1억 8,493만
11	101 달마시안	1961	8억 1,000만	1억 4,488만(2억 1,588만)
12	스타워즈: 제국의 역습	1980	8억	2억 9,048만(5억 3,838만)
13	벤허	1959	8억	7400만
14	아바타	2009	7억 9,000만	7억 6,051만(27억 8,797만)
15	스타워즈: 제다이의 귀환	1983	7억 6,000만	3억 931만(4억 7,511만)

역대 최고 흥행수입을 올린 영화 순위

위의 아성을 지키고 있다. 사실 〈타이타닉〉은 전체 순위에서 5위에 올랐으며 〈아바타〉는 그보다도 훨씬 순위가 뒤진 14위를 차지하고 있다.

앞에서도 논의한 바와 같이 시간적으로 의미 있는 비교를 위해서는 인플레이션을 뺀 금액을 기준으로 비교해야 한다. 이는 바로 동일한 기준연도, 예를 들면 2015년의 구매력으로 비교해야 한다는 것을 의미한다. 위 표는 박스오피스 모조가 집계한 '역대 최고 흥행수입을 올린 영화 15편'의 순위이다. 이 순위는 2015년의 가치(실질수입액)로 평가했으며 미국 시장에서의 흥행수입만을 포함했다.

〈바람과 함께 사라지다〉는 상영 당시 미국 내 수입을 기준으로 1억 9,868만 달러의 흥행수입(명목수입)을 올렸는데 이를 2015년 가격으로 환산할 경우 16억 4,000만 달러(실질수입)가 된다. 미국 내 수입을 기준으로 할 경우 아직까지 어떤 영화도 이 기록을 깨지 못했다. 두 번째로 많은 박스오피스 수입을 올린 영화는 1977년에 상연된 〈스타워즈Star Wars〉다. 이 영화는 상영 당시의 가격으로 4억 7,454만 달러의 수입(명목수입)을 올렸다. 이를 2015년 가격으로 평가할 경우 흥행수입은 14억 5,000만 달러(실질수입)로 증가한다. 그러나 〈바람과 함께 사라지다〉의 기록에는 미치지 못했다. 그리고 1997년 상영된 〈타이타닉〉은 2015년 가치로 환산된 실질수입이 11억 달러로 5위를, 2009년에 상영된 〈아바타〉는 7억 9,000만 달러로 14위를 차지하고 있다.

최고 흥행수입을 올린 영화의 순위에서도 보듯이 사실 많은 사람들이 명목가치의 함정에 빠져 엉뚱한 주장을 펴곤 한다. 특히 한국의 1인당 국민소득을 이야기할 때 사람들은 부풀려진 숫자에 매료되어 왜곡된 현상을 사실인 양 자랑하는 경우가 많다. 한국 주식시장의 규모가 과거 50년 동안 2만 배가 커졌다는 언론 보도 역시 그러한 예이다. 이는 명목가치를 기준으로 해서 산정된 것인데 독자들은 언론 보도만 믿고 잘못된 정보를 근거로 잘못된 판단을 내릴 수 있다.

이와 같이 명목가치와 실질가치를 명확히 구별하지 못하면 우리는 숫자의 마술에 속임을 당하는 꼴이 된다. 진실이 왜곡되고 사실이 가려지는 잘못된 정보를 얻게 된다는 점에서 그 해독은 크다.

7 ──── 명목GDP와 구매력기준GDP

앞에서 서로 다른 시점을 놓고 경제규모나 1인당 소득을 비교할 때 실질GDP를 사용해야 한다는 것을 보았다. 한편 경제규모나 1인당 GDP를 국가별로 비교하기 위해서는 종종 구매력기준 GDP를 사용한다. 그런데 명목GDP와 실질GDP 말고도 구매력기준 GDP라는 것이 왜 필요한가?

앞서 설명했듯이 국가 간의 경제규모나 1인당 GDP를 비교하려면 각국의 통화단위로 표시된 GDP를 공통 측정단위인 미국 달러화로 환산해야 한다. 달러 표시 GDP를 구하기 위해 적용되는 환율은 외환시장에서 결정되는 시장환율이다. 이렇게 해서 산출된 2014년 국가별 명목GDP를 보면 미국(1위) 17조 3,481억 달러, 중국(2위) 10조 3,565억 달러, 일본(3위) 4조 6,024억 달러, 그리고 한국(13위)은 1조 4,104억 달러이다. 이러한 달러 표시 GDP는 환율이 각국의 물가수준을 정확히 반영한다면 아무런 문제가 없다.

시장환율은 장기적으로는 각국의 물가수준을 반영하는 방향으로 나아가지만 단기적으로 보면 반드시 그렇지만은 않다. 어떤 나라의 시장환율은 그 나라의 물가수준을 과대평가하기도 하고 과소평가하기도 한다. 특히 개도국 등 저개발 단계에 있는 나라의 물가, 그중에서도 서비스분야의 물가는 선진국에 비해 상당히 낮은데, 시장환율은 이러한 구매력 차이를 제대로 반영하지 못하기 때문에 그 나라의 실제 경제규모나 소득을 정확하게 측정하지 못하는 측면이 있다.

시장환율을 사용하는 데 따르는 문제점을 시정하기 위해 경제학자들은 구매력(PPP)을 기준으로 GDP를 계산한다. 구매력기준 GDP는 각국의 구매력을 반영해서 추정한 구매력평가 환율(PPP환율)을 적용해서 계산해낸 소득이며 실제의 소득과는 차이가 있다. 예를 들면 한국에서 맥도날드 빅맥 햄버거가 5,000원이고 미국에서는 동일한 빅맥 햄버거가 5달러라고 하자. 두 나라가 오직 빅맥 햄버거만 생산한다면 구매력평가 환율은 1,000원대 1달러이다. 이 환율을 적용해서 한국의 GDP를 달러로 환산한 것이 구매력기준 GDP이다.

한편 외환시장에서 결정된 2014년의 평균환율이 1,100원대 1달러였다고 하면 이 환율을 적용해서 한국의 GDP를 달러로 환산한 것이 공식적인 달러 표시 GDP이다. 이 시장환율 아래에서는 5달러를 가진 사람은 미국 햄버거를 하나 또는 한국 돈 5,500원을 살 수 있다. 한국 돈 5,500원으로는 한국 햄버거를 하나 사고도 500원이 남는다. 이는 한국의 물가수준이 미국보다 낮다는 것을 보여준다. 구매력기준 GDP는 한국의 명목 GDP를 시장환율인 1,100원으로 나누는 것이 아니고 구매력평가 환율인 1,000원으로 나누기 때문에 이 예에서는 공식적인 GDP보다 커진다.

이 두 가지 측정 방법이 얼마나 큰 차이를 가져오는지를 알아보기 위해 중국과 인도의 경우를 예로 들어보자. 2014년 중국의 명목GDP는 10조 3,565억 달러였지만 이를 구매력기준으로 계산하면 18조 881억 달러가 되어, 미국을 뛰어넘어 경제대국 1위로 등극한다. 인도의 경우는 더 극적이다. 2014년 인도의 명목GDP는 2조 512억 달러로 세계 9위이지만 구매력을 기준으로 이를 평가할 경우 7조 4,111억 달러가 되어 일본을 제치고 세계 3위의 경제대국으로 뛰어오른다. 중국과 인도는 물가수준이 미국에 비해 월등히 낮기 때문에 구매력기준 GDP가 실제 GDP보다 훨씬 큰 것으로 나타난다.

일본의 경우 명목GDP는 4조 6,024억 달러로 세계 3위의 경제대국이지만 구매력기준 GDP는 4조 7,672억 달러로 인도에 밀려 세계 4위로 미끄러진다. 한국의 2014년 명목GDP는 1조 4,104억 달러이고 구매력기준 GDP는 1조 7,840억 달러로서 경제규모면에서는 모두 세계 13위에 해당한다. 그러나 2013년의 경우를 보면 이야기가 완전히 달라진다. 2013년 한국의 명목GDP는 1조 2,200억 달러로 경제규모면에서 세계 15위에 랭크되지만, 구매력기준 GDP는 1조 2,800억 달러로 세계 12위가 되어 순위가 세 단계나 뛰어오른다.

공식적인 GDP와 구매력기준 GDP의 차이를 쉽게 말하자면, 어느 나라의 물가수준이 미국보다 낮으면 그 나라의 구매력기준 GDP는 공식적인 GDP보다 커진다. 반대로 어느 나라의 물가수준이 미국보다 높으면 그 나라의 구매력기준 GDP는 공식적인 GDP보다 작아진다. 달리 해석하면 어느 나라의 구매력기준 GDP가 공식적인 GDP보다 클 경우 그 나라의 물가가 전반적으로 미국보다 낮고, 공식적인 GDP보다 작을 경우 그 나라의 물가는 전반적으로 미국보다 높다는 것을 알 수 있다.

중국, 인도, 러시아, 브라질, 멕시코, 한국, 스페인, 인도네시아는 구매력기준 GDP가 공식적인 GDP보다 큰 나라들이다. 이 나라들의 물가는 전반적으로 미국보다 낮다는 것을 알 수 있다. 반대로 독일, 영국, 프랑스, 이탈리아, 캐나다는 공식적인 GDP가 구매력기준 GDP보다 큰 나라들이다(일본도 2013년까지는 공식적인 GDP가 구매력기준 GDP보다 컸다). 이 나라들의 물가는 대체적으로 미국보다 높다고 볼 수 있다.

그러면 경제규모나 1인당 GDP의 국가 간 비교를 위해서 공식적인 달러 표시 GDP를 사용해야 하는가 아니면 구매력기준 GDP를 사용해야 하는가? 구매력기준 GDP는 외국을 여행하는 사람, 외국에서 거주하거나 사업을 하는 사람들에게는 유용한 정보를 제공할 수 있다. 그러나 국가 간 경제규모의 비교는 공식적인 달러 표시 GDP를 근거로 하는 것이 규모의 비교라는 목적에 보다 부합한다고 볼 수 있다.

8 ── 소득과 자산, 어떻게 다른가

GDP는 특정한 기간에 생산된 상품과 서비스의 총 시장가치를 말한다. 따라서 해당연도에 생산되었다고 해도 그것이 상품이나 서비스가 아니면 그 가치는 GDP에 포함되지 않는다. 또한 이미 이전에 생산된 것이면 그것이 상품이나 서비스라 하더라도 해당연도의 GDP에 포함되지 않는다. 마지막으로 시장가치가 있고 시장에서 거래된다고 하더라도 그것이 생산된 것이 아니고 이미 존재하는 것이라면 GDP에 포함되지 않는다.

이제 이러한 GDP의 개념을 현실경제에 적용해보기 위해서 GDP와 관련된 몇 가지 OX 퀴즈를 풀어보자.

(1) 주식 가격이 오르면 GDP도 증가한다?
(2) 아파트 가격이 오르면 GDP도 증가한다?
(3) 땅값이 오르면 GDP도 증가한다?

(4) 아파트 전세금이 오르면 GDP도 증가한다?

(5) 원화가치가 오르면(환율이 떨어지면) GDP도 증가한다?

(1), (2), (3)은 X가, (4)는 O가 정답이다. 그리고 (5)는 X일 수도, O일 수도 있다.

주식 가격이 오를 경우, GDP에는 어떤 영향을 미칠까? 주식 가격은 오르든 떨어지든 GDP에 직접적인 영향을 미치지 않는다. 그 이유는 주식이나 채권은 생산된 상품이나 서비스가 아니라 미래의 소득이나 재산에 대한 청구권일 뿐이기 때문이다.

기존의 아파트 가격이 오르거나 떨어질 경우, GDP도 함께 증가하거나 감소하는 것일까? 이는 금년에 지어진 것이 아니기 때문에 금년의 GDP에는 포함되지 않는다. 그 아파트의 시장가치는 그것이 지어진 연도의 GDP에 이미 계상된 것이다. 따라서 집값이 아무리 많이 오른다고 해도 한 나라의 GDP에는 영향을 미치지 않는다. 다만 기존의 아파트값 상승이 금년에 새로 짓는 아파트값의 상승을 가져온다거나 전세금을 인상시킨다면, 그러한 범위 내에서 GDP에 간접적으로 영향을 미칠 것이다.

이와 비슷하게 땅값이 오른다고 해도 GDP가 오르지 않는다. 땅은 생산되는 것이 아니라 자연상태로 존재하는 것이기 때문에 GDP에 포함되지 않는다. 땅값의 상승으로 새로운 부가가치가 창출된 것은 아니므로 GDP에는 영향을 미치지 않는다.

그러나 땅의 임대료나 아파트 전세금이 오를 경우 이는 GDP의 증가를 가져온다. 아파트의 전세금(또는 임대수입)은 소비서비스 항목에 포함되므로, 그 인상분만큼 GDP가 증가하게 된다. 비록 아파트를 전세 주지 않고 소유하고 있더라도, 이는 귀속지대(토지소유자 자신이 자기 토지를 이용하는 경우에 토지소유자인 '나'가 토지를 사용하는 '다른 나'에게 임대해준 것으로 간주하여 '나'는 그만큼 임대료를 벌게 된다. 이렇게 자기에게 귀속되는 지대를 귀속지대라고 한다)의 증가로 간주되어 GDP가 그만큼 증가하게 된다. 상가나 땅의 임대료도 아파트의 전세금과 마찬가지로 취급된다.

환율이 GDP에 미치는 영향은 다면적이다. 당연한 이야기지만, 일단 환율의 변동은 원화 표시 GDP에는 아무런 영향도 미치지 못한다. 환율이 변동한다고 해도 한국 사람의 생활수준에는 직접적으로 어떠한 영향도 주지 않는다. 그러나 소득의 국제적 비교를 위해 사용하는 달러 표시 GDP에는 환율 변동이 직접적인 영향을 미친다. 환율이 떨어질 경우, 이는 원화가치 상승을 의미하며 따라서 달러로 환산된 한국의 GDP는 증가한다. 예를 들어 1달러당 1,100원에서 1,000원으로 환율이 떨어진 경우, 달러 표시 GDP를 구하기 위해서 전에는 원화 표시 GDP를 1,100원으로 나누었지만 이제는 1,000원으로 나누기 때문에 달러 표시 GDP는 늘어나게 되는 것이다. 환율이 상승할 경우에는 반대의 결과가 일어난다. 2014년도 한국의 GDP 순위가 2013년 세계 15위에서 13위로 두 단계 올라간 것은 한국의 시장환율이 하락(원화가치가 상승)한 효과에 힘입은 측면이 강하다.

이상 환율이 GDP에 미치는 직접적인 영향을 살펴보았다. 환율의 변동은 GDP에 간접적인 영향도 미친다. 환율이 상승하면 원화가치가 하락하여 한국의 수출경쟁력을 높여준다. 한국의 수출이 증가하기 때문에 한국의 원화 표시 GDP도 증가하게 된다. 그러나 달러 표시 한국의 GDP는 줄어들 수도 있다. 원화가치가 떨어졌기 때문이다.

9

생산과 지출과 소득은
GDP의 일란성 세쌍둥이

한 나라에서 한 해 동안 생산된 상품과 서비스는 그해에 모두 판매되어 소비된다. 거시경제의 네 경제주체 즉 소비자, 기업, 정부 그리고 해외 구매자는 모두 한 나라에서 생산된 상품과 서비스를 구입하고 그에 따른 지출을 한다. 생산 총액과 지출 총액은 결국 같아지기 때문에 생산 총액과 지출 총액은 모두 GDP를 측정하는 지표로 사용된다.

먼저 생산된 모든 상품과 서비스가 네 그룹의 경제주체에 의해서 완전히 구매되는 경우를 생각해볼 수 있다. 이 경우 생산 총액과 지출 총액은 정확히 일치하게 되며 경제는 균형상태에 이르게 된다. 그러나 이런 현상은 예외적이다.

두 번째로는 한 해에 생산된 상품과 서비스가 그해에 모두 판매되지 않는 경우를 생각할 수 있다. 기업은 1,500조 원에 달하는 상품과 서비스를 생산했는데 경제주체들은 1,400조 원의 상품과 서비스만 구매한 경우이다. 분명 이는 균형상태가 아니며 경제는 조정 과정을 거칠 것이다. 팔리지 않은 상품들이 재고로 쌓이기 때문에 상품 가격은 내려가고 기업들이 생산량을 줄이든가 소비자들이 구매를 늘리는 현상이 일어날 것이다. 언뜻 보면 생산 총액은 1,500조 원인데 지출 총액은 1,400조 원으로, 양자가 일치하지 않는 것처럼 보인다. 그러나 이 경우에도 생산 총액과 지출 총액은 국민소득계정에서는 일치하게 된다. 팔리지 않은 100조 원의 상품은 이를 기업이 사서 다음 해에 판매할 목적으로 재고로 쌓아둔 것(재고투자)으로 처리되기 때문이다. 결국 지출 총액도 1,400조 원(총 판매액) + 100조 원(재고투자) = 1,500조 원이 되는 것이다. 여기에서도 국부의 측정치로서 GDP의 한계가 드러난다. 기업들의 실적이 부진해 상품 재고가 많이 쌓일 경우 GDP는 그만큼 증가하는 것으로 나타나기 때문이다.

이와 같이 우리는 GDP를 한 나라에서 생산된 최종상품과 서비스의 총액을 시장가치로 측정할 수 있지만 각 경제주체들이 이 상품과 서비스를 구입하기 위해서 지출한 금액의 합산으로도 측정할 수 있다.

앞에서 보았듯이 상품과 서비스에 대한 지출은 각 경제주체에 따라 네 개의 범주로 나뉜다. 먼저 가계는 한 나라에서 생산된 상품과 서비스 가운데 소비재를 구입한다. 이를 소비라고 한다. 두 번째 지출 항목은 기업에 의한 투자이다. 투자란 기업이 생산요소의 하나인 자본(공구, 기계, 설비, 플랜트 등 투자재)을 구입하는 행위를 말한다.

세 번째로 정부도 한 나라에서 생산된 상품이나 서비스를 구입한다. 정부는 자동차나 휘발유, 컴퓨터의 하드웨어나 소프트웨어, 무기나 전투기 등을 구입한다. 또한 고속도로를 건설하며 항만을 확장한다. 그리고 정부 공무원이나 군인에 대한 급여를 지급한다. 이러한 상품과 서비스에

233

대한 중앙정부 및 지방정부의 구입을 정부구입이라고 한다.

　네 번째, 순수출도 중요한 지출 항목이다. 수출은 한 나라에서 생산된 상품과 서비스를 외국에 판매하는 것이므로 그 나라의 GDP에 포함되어야 한다. 그러나 수입은 외국에서 생산된 상품과 서비스를 구입하는 것이므로 자국의 GDP에 포함시켜서는 안 된다. 그러나 실제로 가계소비, 기업투자, 정부구입에는 많은 외국 상품과 서비스가 포함되어 있다. 국내에서 생산된 상품과 서비스의 총액을 구하기 위해서는 이 수입액을 공제해야 한다. 수출에서 수입을 공제한 차액을 순수출이라고 하며 이 순수출이 GDP의 일부를 구성한다(순수출은 때로는 무역수지라고도 한다). 그러므로 지출측면에서 측정된 GDP는 이 네 개의 항목을 합한 금액과 같다.

　• GDP＝소비(C) + 투자(I) + 정부구입(G) + 순수출(NX)

　한편 상품과 서비스의 시장가치는 생산요소의 소유자가 생산활동에 참가한 대가로 기업으로부터 받는 소득의 합계와도 같다. 기업은 상품과 서비스를 생산하기 위해 노동, 자본, 토지, 기업가능력 등 생산요소를 사용한다. 기업은 생산한 상품과 서비스를 판매하여 받은 수입(GDP)의 일부를 생산요소들을 구입하는 데 사용한다. 따라서 이러한 생산요소의 소유자가 받는 소득은 원칙적으로 기업이 생산한 상품과 서비스의 판매수입(GDP)과 같아진다.

　먼저 노동자들은 노동을 제공하고 임금을 받으며, 자본의 소유자는 자본을 제공하고 이자를 받고, 토지의 소유자는 토지를 제공하고 지대를 받는다. 기업이 판매한 상품과 서비스의 총액 가운데 이 임금, 이자, 지대를 지불한 후 남는 것이 이윤이다. 임금, 이자, 지대, 이윤의 합계를 요소소득factor income이라고 한다. 요소소득은 국내소득과 국민소득으로 구분할 수 있다.

국내소득은 한 나라의 영토 안에서 생산요소의 소유자가 받는 총 요소소득이며 그들의 국적은 묻지 않는다. 국민소득은 한 나라의 국민(기업 및 자영업자)이 받는 총 요소소득이며 그들이 어디서 이러한 소득을 벌었는지는 묻지 않는다. 우리는 국내소득으로부터 국내총소득(GDI)을, 국민소득으로부터 국민총소득(GNI)을 얻게 된다.

앞에서 정의된 국내소득은 GDP와 정확히 일치하지는 않는다. 만약 GDP가 생산요소의 소유자에 대한 지불 이외에 다른 용도로 사용되지 않는다면 국내소득과 GDP는 일치할 것이다. 그러나 기업이 생산한 상품과 서비스의 판매수입 가운데 일부는 생산요소의 소유자에 대한 지불 이외에 다른 용도를 위해 사용되기 때문에 국내소득과 GDP는 정확히 일치하지 않는다. 기업은 판매수입의 일부를 자본의 감가상각depreciation(시간의 흐름에 따라 마멸되는 자본의 가치로서, 회계상 손실로 처리된다)을 위해 충당하고 또 간접세(부가세)를 지불하기 위해서 사용한다. 따라서 요소소득에 감가상각액과 간접세를 추가하면 GDP를 얻게 된다.

• GDP＝요소소득(국내소득)＋감가상각액＋간접세

결국 GDP는 생산된 최종상품과 서비스의 총 시장가치를 합해서 구할 수 있으며, 경제주체들이 최종상품과 서비스에 대해서 지출한 총액을 합해서 구할 수도 있고, 생산요소의 소유자들이 수취한 총소득(감가상각액과 간접세를 더한 금액)을 합해서 구할 수도 있다. 어떤 방법을 사용하든지 GDP는 같다. 이를 국민소득 삼면등가의 법칙이라고 한다.

10

국민총생산에서
개인소득으로

한 나라의 총소득을 알아보는 것도 중요하지만, 개인이 얼마나 벌고 있느냐를 파악하는 것은 효과적인 경제정책을 수립하기 위해서 매우 중요하다. 개인소득을 알아야 가계소득을 알 수 있고, 가계소득과 가계부채를 알아야 국민들의 소비 여력을 알 수 있기 때문이다. 국내소득(요소소득)은 생산요소의 소유자가 생산활동에 참가한 대가로 받는 소득의 합계이다. 그러나 일부 사람들은 생산활동에 관계없이 정부로부터 일정한 금액의 보조금을 받는다. 이러한 소득을 이전소득이라고 하는데 기초생활수급자, 국민연금 수혜자, 소득수준이 낮은 노년층에 대한 지원금 등이 여기에 해당한다. 이 소득들도 개인이 사용할 수 있는 주요한 소득 원천이 되므로 요소소득에 추가하지 않으면 안 된다. 한편 법인세와 기업유보금(기업이윤 가운데 주주들에게 배당되고 남은 미배당 기업 이익금)은 실제로 생산요소를 소유한 개인의 소득으로 돌아가지 않기 때문에 개인소득을 구하려면 이 항목들을 요소소득에서 공제해야 한다.

- 개인소득 = 요소소득 + 이전소득 − (법인세 + 기업유보금)

개인소득은 개인이 받는 소득의 총액이지만 개인은 이 소득을 모두 최종상품과 서비스의 구입에 사용할 수는 없다. 개인소득의 일부는 개인소득세를 지불하는 데 사용되어야 하기 때문이다. 개인소득에서 개인소득세를 공제한 금액이 개인이 최종적으로 처분할 수 있는 소득이 되며 이를 가처분소득(처분가능소득)이라고 한다.

- 가처분소득 = 개인소득 − 개인소득세

개인은 가처분소득을 주로 소비에 사용하며, 남으면 저축한다.

- 가처분소득 = 소비 + 저축

이 관계로부터 저축은 가처분소득 가운데 소비하고 남은 부분으로 정의된다.[*]

---

[*] 가처분소득은 간단히 한 나라가 생산한 부, 즉 GDP에서 먼저 여러 가지 세금을 공제하고 남은 금액에 이전소득을 더한 소득으로 정의할 수 있다.
가처분소득 = GDP + 이전소득(정부보조금) − 세금
위의 식을 재조정하면, GDP를 다른 각도에서 바라볼 수 있다.
GDP = 가처분소득 + 세금 − 이전소득
가처분소득은 소비와 저축으로 처분되기 때문에 다음과 같은 관계를 얻게 된다.
GDP = 소비 + 저축 + 세금 − 이전소득 = 소비 + 저축 + 순세금(세금 − 이전소득)
이와 같이 정의된 GDP는 분배측면에서 측정된 GDP이다.

- 저축=가처분소득 - 소비

이렇게 정의된 저축이 부의 중요한 원천이 된다. 그러나 사람들은 저축과 자산을 혼동하는 경우가 많다. 현재 살고 있는 아파트를 5억 원에 팔아서 이 가운데 2억 원은 전세금으로 쓰고 나머지는 은행의 정기예금에 입금했다고 하자. 이 경우 경제적 의미에서 저축이 3억 원 증가한 것은 아니다. 자산이 3억 원 증가한 것이다. 또 다른 예로서 주식을 처분한 돈 2,000만 원을 정기예금에 모두 입금했을 경우, 역시 경제적 의미에서의 저축이 2,000만 원 증가한 것이 아니라 자산이 2,000만 원 증가한 것이다. 저축률을 제대로 이해하려면 저축과 자산을 분명히 구별하는 것이 중요하다. 저축률이란 저축액을 소득으로 나눈 비율을 의미한다. 이렇게 정의된 저축률은 정책 결정에 중요한 변수가 된다.

앞에서 설명한 바와 같이 요소소득(임금 + 이자 + 지대 + 이윤)과 이전소득(정부보조금)을 합한 금액에서 여러 가지 세금을 공제하고 남은 것이 가처분소득이고, 가처분소득 가운데 쓰고 남은 것이 저축이다. 이와 같이 월급(임금) 가운데 일부를 예금하면 저축이 늘어난다. 또는 은행예금이나 적금으로 번 이자소득(이자) 혹은 주식으로 받은 배당소득도 저축을 증대시킨다. 주택소유자가 전세금이나 월세금(지대)으로 받은 수입이나 기업경영자가 번 이윤(이윤)을 쓰지 않고 예금할 경우 이는 모두 저축을 형성한다. 경제적 의미에서 저축은 개인소득에서 소비하고 남은 금액이다. 물론 이러한 저축은 자산의 일부가 되지만, 자산은 저축뿐만 아니라 주식, 은행예금 등 다른 금융자산과 주택, 토지 등 실물자산을 포함한다.

11 한국의 1인당 소득은 미국보다 낮지만 1인당 부는 미국보다 높다?

저축과 자산의 구별이 중요하듯, 같은 맥락에서 소득과 자산의 구별도 중요하다. 흔히 한국 사람들은 씀씀이가 크다고 한다. 한국인의 통 큰 소비는 한국의 1인당 부가 매우 높기 때문일지도 모른다. 2014년 한국의 1인당 소득은 미국의 반도 되지 않았다. 그러나 한국의 1인당 부는 부동산 가격의 급격한 상승으로 그동안 상당히 많이 축적되었다고 볼 수 있다(최소한 2008년 글로벌 경제위기 이전까지는 그렇다). 어지간한 아파트 한 채가 10억 원, 즉 100만 달러 상당의 가치를 지닌다. 반면 실물자산을 가지지 못한 사람들은 상대적으로 그만큼 부를 상실했다고 볼 수 있다.

소득과 부 또는 자산을 분명히 구별하지 않으면 경제 현상을 이해하는 데 종종 혼동을 일으킬 수 있다. 왜냐하면 소득과 자산을 창출하는 원천이 각각 다를 뿐만 아니라 경제주체의 행위도 소득과 자산의 변동에 각각 다른 반응을 보이기 때문이다. 쉽게 말해서 소득은 생산활동에 참가한

대가로 받는 수입이다. 그 반면 부 또는 자산은 저축이나 투자로 축적된 실물 및 금융자산의 합계를 말한다.

앞에서 살펴본 바와 같이 생산활동에 참가한 대가로 노동자는 임금을, 자본소유자는 이자 및 배당을, 토지소유자는 지대를 받으며, 기업가는 이윤을 얻는다. 소득은 이 네 가지 요소소득의 합계로 주어진다.

• 소득 = 임금 및 수당 + 이자소득 + 지대소득 + 이윤

한편 한 개인의 부 또는 자산은 그가 현재 소유한 실물자산 및 금융자산의 총액이다. 실물자산은 토지, 건물, 주택, 귀금속, 그림, 골동품 등을 말한다. 금융자산에는 현금, 저축(은행예금), 채권, 주식, 파생증권 등이 포함된다. 금융자산은 그 자체가 가치를 갖는 것이 아니고 실물자산에 대한 청구권을 나타낸다는 점에서 실물자산과 다르다.

• 자산 = 실물자산 + 금융자산

소득과 자산이 모두 거시경제의 흐름에 중요한 영향을 미치지만 그 정도와 경로는 서로 다르다. 예를 들면 소비가 소득에 의존하는가 아니면 자산에 의존하는가, 화폐에 대한 수요가 소득에 의존하는가 아니면 자산에 의존하는가 하는 문제는 아직도 거시경제학에서 완전한 해결을 보지 못하고 있는 논쟁 가운데 하나이다. 근대소비이론, 특히 프랑코 모딜리아니의 생애주기가설 life cycle hypothesis은 현재의 소비가 일생 벌게 되는 자산에 크게 의존하고 있음을 보여준다.

한국 사람들의 높은 소비지출은 부의 효과에 기인하는 바가 크다고 추

측된다. 한국인은 적어도 1997년 아시아 금융위기가 발생하기 전까지는 주로 부동산(아파트와 땅)의 폭발적인 가격상승을 통해서 부를 축적했다. 한국과 미국의 공직자들은 공직에 취임하기 전에 재산공개를 하는데, 한 가지 재미있는 현상은 한국 공직자들의 평균 재산규모가 미국 공직자들의 평균 재산규모보다 크다는 점이다. 한국의 1인당 국민소득이 미국의 1인당 국민소득의 절반에도 미치지 못한다는 점을 감안하면 한국에서의 자산 축적은 저축보다는 부동산 가격의 상승에 의한 것이라는 추론이 가능하다.

두 번째로 한국인의 통 큰 소비는 어떻게 보면 상위 소득자에 집중되어 있을 수 있다. 소득분포의 상위 그룹(상위 20%)에 보다 많은 부가 편중되어 있으며 이들이 통 큰 소비를 주도한다고 볼 수 있다. 이는 한국의 지니계수가 상대적으로 높을 수 있음을 말해준다. 우리는 소득불균형을 논의할 때 이러한 점을 자세히 살펴볼 것이다.

12
___

GDP는 행복을
측정하지 않는다

한 나라의 경제규모를 측정하는 GDP나 개인의 생활수준을 나타내는 1인당 GDP는 국민의 복지나 행복을 측정하는 지표로서는 부정확하다는 비판이 끊임없이 제기되어왔다. 그것은 물질적인 만족도를 측정할 수는 있겠지만 "인간은 빵만으로 살 수 없다"는 평범한 진리와는 거리가 있기 때문이다.

전쟁이 나면 한 나라의 GDP는 증가하는 경향을 보인다. 분명 전쟁은 많은 사람의 생명을 앗아가고 집이나 건물, 도로 등 건축물들을 파괴하며 심지어 오랜 역사 속에서 인류가 이룩해낸 찬란한 문화유산까지도 파괴한다. 하지만 전쟁은 인간의 비극적인 참상에는 아랑곳없이 GDP를 증가시키는 부수효과를 가져온다. 전쟁은 정부지출을 증가시키고 생산활동의 가동률을 높이기 때문이다. 또한 전쟁으로 파괴된 건축물들을 복구하기 위해 대규모의 투자가 이루어지기 때문이기도 하다. 미국의 GDP는 제2차 세계대전, 한국전쟁, 베트남전쟁 기간 중 크게 증가했다.

한국은 자동차 사고의 왕국이라는 오명을 입고 있다. 자동차 사고는 분명 국민복지에 해가 되면 되었지 득이 될 것이 없다. 그러나 불행하게 도 자동차 사고가 많이 날수록 한국의 GDP는 그만큼 늘어난다. 우선 자동차정비소에서 자동차를 수리하는 데 500만 원이 들었다면 이는 소비서비스의 증가를 가져와 GDP는 그 금액만큼 늘어난다. 의사가 부상자를 치료하는 행위는 소비서비스에 해당되므로 만약 치료비가 1,000만 원이 들었다면 그 금액만큼 GDP는 증가한다. 변호사가 가해자를 상대로 소송을 제기할 경우 역시 소비서비스에 따른 GDP가 증가한다. 변호사 비용이 700만 원이라면 이 금액이 GDP에 추가된다.

자동차 사고의 결과로 사고를 당한 당사자나 국가경제 전체의 입장에서 볼 때 더 나아진 것이 하나도 없는데 GDP는 2,200만 원이나 증가한다. 이와 같이 국민복지에 전혀 도움을 주지 못하는 자동차 사고가 국민소득을 크게 증가시킨다는 것은 분명 불합리하지만 GDP 추계방식은 이러한 불합리한 결과를 수정할 장치를 마련하지 못하고 있다. 지방자치단체가 멀쩡한 보도블록을 수시로 갈아치우는 행위도 GDP를 늘린다는 점에서는 긍정적인 측면이 있을지 모른다. 그러나 그러한 정책은 분명 자원의 낭비임에 틀림없다.

GDP에 대한 또 다른 비판은 GDP는 오로지 시장가치로 평가할 수 있는 경제활동만을 포함하기 때문에 시장가치로 측정하기 어려운 경제활동은 제외된다는 불합리성을 지적한다. 가정주부나 '스스로 하는 가사활동'(자급자족하는 경제활동)은 분명 한 나라의 복지 증진에 크게 기여하지만, 시장가치로 평가하기 어려운 탓에 대부분 GDP에서 제외된다. 우리는 가끔 가정주부들의 가사활동을 금전적으로 환산할 경우 직장에서 벌어들이는 수입보다 더 클 수 있다는 기사를 보게 된다. 그러한 주장이 맞을 수도 있지만, 가사활동은 시장에서 결정된 가격에 의해서 측정될 수 없으므로 GDP에 포함되지 않는다. 집에서 음식을 푸짐하게 만들어 파티를 하면 음식과 노동을 포함한 비용은 GDP에 포함되지 않지만, 같은 파티라도 음식을 외부 업체에 맡겨 준비하면 음식값에 해당하는 지출은 GDP에 포함된다.

자족하는 경제활동은 특히 저개발국일수록 경제활동에서 차지하는 비중이 크다. 예를 들면 저개발국가에서는 부모가 가정에서 아이들의 머리를 깎아주는 경우가 흔하다. 동일한 이발 서비스라도 가정에서 이루어지면 GDP에 포함되지 않지만, 이발소나 미용실에서 행해지면 GDP에 포함된다. 이와 같이 저개발국의 GDP는 과소평가되는 경향이 있다.

IMF의 자료에 따르면, 2014년 1인당 GDP는 미국(5위)이 5만 5,904달러이고 한국(28위)은 2만 7,513달러이며 부탄(127위)은 2,837달러였다. 이를 근거로 미국이 부탄보다 약 20배 더 잘살며 한국은 부탄보다 약 10배 더 잘산다고 결론지으면 이는 논리의 비약이다. 경제가 아직 저개발 상태에 있는 나라일수록 식량 생산과 이발 등 많은 경제활동이 자급자족 형태로 이루어지는데, 이러한 경제활동은 대부분 시장경제활동이 아니기 때문에 GDP에 포함되지 않는다. 물론 이러한 활동 가운데 일부는 시장가치를 추정하여 GDP 산정에 포함되기도 한다. 그러나 자급자족 경제활동이 높은 나라의 국민소득은 실제로 통계에 잡히는 소득보다 훨씬 높은 것이 보통이다.

또한 GDP는 그때의 시장가치에 의해서 평가되는 금액이기 때문에 시장가격이 낮은 나라일수록 GDP는 저평가된다. 예를 들어 500달러는 뉴욕에서 스튜디오 아파트 한 달 임대료의 6분의 1에도 미치지 못하지만,

부탄에서의 500달러는 아마 가정부가 딸린 방 4개짜리 아파트를 한 달 간 임대할 수 있는 큰돈일 것이다. 미국에서의 500달러와 부탄에서의 500달러는 같은 500달러가 아닌 것이다. 미국에서는 이발 서비스 요금 이 15달러이고 부탄에서는 이발료가 1달러밖에 되지 않는다면, 동일한 이발 서비스가 제공된다고 하더라도 미국의 GDP는 15달러가 증가하고 부탄의 GDP는 1달러밖에 증가하지 않는다.

우리가 흔히 비교하는 각국의 1인당 GDP는 시장환율을 적용해서 달 러로 환산한 것이며 이는 각국의 물가수준을 고려하지 않는다. 이러한 문 제점을 시정하기 위해서 국가 간 경제규모를 비교할 때 구매력평가를 기 준으로 하는 GDP가 사용되기도 한다는 것을 보았다. 구매력기준으로 산 출한 중국의 GDP가 2014년 미국의 구매력기준 GDP를 추월한 것은 중 국의 물가수준이 미국의 물가수준에 비해 현저히 낮기 때문에 일어나는 현상이다.

또한 GDP는 여가활동의 가치를 포함하지 않는다. 이러한 관행은 여가 활동을 시장가치로 평가하기가 쉽지 않기 때문이다. 그러나 적당한 여가 활동은 노동자의 생산성을 높이고 건강을 증진시켜 결국 국민복지의 증 대로 연결된다.

마지막으로 국민복지를 가늠하는 지표로 사용되는 1인당 GDP는 전체 국민소득의 평균치이기 때문에 한 나라의 소득불평등에서 오는 상대적 불행을 고려하지 않는다는 한계를 가지고 있다. 논의를 단순화하기 위해 서 국민 열 명으로 구성된 두 나라, 오즈와 샹그릴라를 예로 들어보자. 오 즈에 사는 다섯 사람의 소득은 4만 8,000달러이고 나머지 다섯 사람의 소득은 2,000달러이다. 이 나라의 소득분포는 한쪽으로 편중되어 있다. 반면 샹그릴라에 사는 열 사람은 각각 2만 5,000달러의 소득을 갖는다.

두 나라 모두 1인당 GDP는 2만 5,000달러이다. 그러나 오즈에 사는 국민 중 절반은 상대적 박탈감을 느낄 것이며 행복하지 않다고 말할 것이다. 반면 샹그릴라에 사는 국민은 대부분 행복하다고 느낄 것이다. 1인당 GDP의 평균치는 두 나라가 동일하지만 행복도의 평균치는 다르다. 샹그릴라 사람들이 느끼는 행복도의 평균치는 오즈 사람들이 느끼는 행복도의 평균치보다 훨씬 높을 것이다.

지난 수천 년 동안 종교와 철학은 '행복이란 무엇인가'라는 주제를 놓고 힘겹게 씨름해왔지만 아직까지 만족할 만한 답을 얻지 못하고 있다. 여전히 행복의 원천에 대해서 다양한 견해가 존재한다. 그러나 한 가지 분명한 것은 행복은 결국 마음의 평화 없이는 이루어질 수 없다는 사실이다. 물질이 없거나 부족하면 사람들은 마음의 평화를 누리지 못하고 행복하지 않다고 느낀다. 그렇다고 물질이 풍부하다고 해서 반드시 행복한 것은 아니다. 이처럼 물질은 행복의 필요조건은 될지언정 충분조건은 되지 못한다는 데 GDP의 한계가 있다. 한마디로 GDP는 행복지수와는 거리가 멀다. 행복을 수량화한다는 것 자체가 불가능한 일일지도 모른다.

이 세상에서 여태껏 가장 많은 재물을 누린 것으로 알려진 솔로몬 왕도 마지막에는 "헛되고 헛되며 헛되고 헛되니 모든 것이 헛되도다"라고 탄식했다. 자연과 사랑을 노래한 미국의 여류 시인 에밀리 디킨슨Emily Dickinson은 〈그건 엄청 큰 기쁨이야'Tis So Much Joy!〉에서 가지려고 움켜쥐기보다 과감히 버릴 때 우리는 엄청난 기쁨을 누릴 수 있으며 우리 안에 있는 욕망으로부터 자유로울 수 있음을 내비치고 있다. 페이스북의 창업자 마크 저커버그Mark Zuckerberg와 부인 프리실라 챈Priscilla Chan이 첫딸을 얻고 희열에 감싸인 채 재산 450억 달러(약 52조 원)의 99%를 자선사업을 위한 기금으로 내놓겠다고 결정했을 때, 아마도 그들은 "그건 엄청 큰 기쁨이야"라고 외쳤을 것 같다.

    ＊   그건 엄청 큰 기쁨이야! 엄청 큰 기쁨이야!

           비록 내가 잃는다고 하더라도 무엇이 부족할까!

           그리고 아직도 가난할 만큼

           나는 모든 것을 과감히 내던졌다!

           나는 얻었다! 물론! 그렇게 하는 것을 주저하기도 했다

           이쪽은 승리를 주었다!

           삶은 삶일 뿐이다! 그리고 죽음은 죽음일 뿐이다!

           희열은 희열일 뿐이며 호흡은 호흡일 뿐이다!

           그리고 내가 정말로 잃는다면

           최소한 최악의 상황을 아는 것은 달콤한 것이다!

           패배는 패배 이외의 다른 아무것도 의미하지 않는다.

           그보다 더한 처량함이 생길 수 없다!

           그리고 내가 얻는다면! 오 바다에서 쏘아올린 예포!

           교회의 뾰족탑에서 울리는 종소리!

           처음에는 그것을 천천히 되풀이하라!

           왜냐하면 천국은 짐작하건대 다른 어떤 것이기 때문이다.

           그것은 갑자기 나의 안에서 소생했으며

           그리고 나의 욕망을 소멸시킬지도 모른다!

13 샹그릴라를 찾아서

GDP를 대체하는 경제지표들

GDP가 국민복지를 측정하는 지표로는 한계가 있다는 점을 살펴보았다. GDP를 대체하거나 개선하려는 노력도 꾸준히 이루어져왔는데, 이러한 시도는 주로 물질적 만족도뿐만 아니라 정신적 행복도까지 포함하는 보다 폭넓은 국민복지 지표를 개발하는 것을 목표로 한다. 이 지표들은 시장가치로 평가할 수 없는 경제활동의 가치를 포함하려고 한다는 점에서 기존의 GDP와는 구별된다.

대표적인 것이 UN개발프로그램(UNDP)에서 매년 발표하는 '인간개발지수human development index(HDI)'이다. 원래 인간개발지수는 파키스탄의 경제학자 마흐붑 울하크Mahbub ul Haq와 노벨경제학상을 수상한 인도 경제학자 아마르티아 센Amartya Sen이 1990년에 공동으로 개발한 것이다. 이 지표는 소득지수 이외에 기대수명지수와 교육지수를 각 나라별로 구한 다음 이를 기하평균해서 산출한다. UNDP는 2014년부터는 여기에 각 나라의 소득불평등을 감안해서 '소득불평등 조정Inequality-adjusted 인간개발지수(IHDI)'를 발표하고 있다. 이 지표는 국민의 행복도를 측정하는 지표의 개발에 한 걸음 더 가까이 다가선 것으로 평가되고 있다.[*]

이 지수에서 나타난 한 가지 재미있는 현상은 소득불평등을 조정하지 않은 HDI에서는 미국이 5위에, 한국이 일본을 한 단계 앞선 16위에 올랐는데, 소득불평등을 조정한 IHDI에서는 미국이 28위로, 한국이 33위로 떨어진다는 점이다. 이는 미국과 한국의 소득불평등이 상당히 높다는 것을 간접적으로 보여준다.

또 다른 대체지표로서 유명한 것이 예일 대학의 윌리엄 노드하우스William Nordhaus가 노벨경제학상을 수상한 제임스 토빈James Tobin과 함께 1972년 개발한 '경제복지 측정measure of economic welfare'이다. 이 밖에도 '순수 발전지수genuine progress index' 등이 있지만 아직까지도 GDP를 대체할 정도로 만족스러운 지표는 개발되지 못하고 있는 실정이다. 이러한 대체지표들의 가장 큰 약점은 정신적 행복도를 수량화해서 모든 사람들이 동의할 수 있는 객관적인 지표를 만들어내기가 쉽지 않다는 데 있다.

한편 정신적 행복도를 수량화해서 실제 정책운용에 사용하는 나라도 있다. 부탄 정부는 정책 수립을 위해 '국민총행복지수gross national happiness index(GNH)'를 개발해 공식적으로 사용하고 있다. 이 지수는 7개 항목을 종합해서 국민총행복도를 구한다. (1)경제적 건전성 (2)환경적 건전성 (3)육체적 건전성 (4)정신적 건전성 (5)직장에서의 만족 (6)사회적 건전성

- UN이 발표한 2014년 IHDI에 따르면 행복한 나라의 순서는 다음과 같다. 1위 노르웨이 0.891, 2위 오스트레일리아 0.860, 3위 네덜란드 0.854, 4위 스위스 0.847, 5위 독일 0.846, 6위 아이슬란드 0.843, 7위 스웨덴 0.840, 8위 덴마크 0.833, 9위 캐나다 0.833, 10위 아일랜드 0.832. 그 밖에 주요 국가들의 순위는 다음과 같다. 16위 영국 0.812, 18위 프랑스 0.804, 19위 일본 0.799, 23위 이탈리아 0.755, 28위 미국 0.755, 33위 한국 0.736.

(7)정치적 건전성이다. 부탄 정부는 실제로 국민총행복지수를 사용해 자국의 광물자원 채광이 국민행복에 얼마나 도움이 되는지 평가하는 작업을 진행하고 있다. 그리고 노벨경제학상을 수상한 조지프 스티글리츠 Joseph Stiglitz도 부탄의 GNH지수에 관해서 동조하는 입장을 보이고 있다.

부탄은 아직 스타벅스가 들어가 있지 않은, 세계에서 몇 안 되는 나라들 가운데 하나다. 스타벅스 본사의 영업방침일 수도 있지만 부탄 정부가 정신문화의 후퇴를 염려해서 취한 조치일지도 모른다. 스타벅스는 현대 물질문명의 상징이다. 부탄 정부는 물질문명이 부탄 국민의 정신문화를 너무 앞질러가는 것을 염려했을 수도 있다. 인디언들은 말을 타고 한참 달리다가 잠시 서서 자기가 달려온 길을 뒤돌아본다고 한다. 본인이 휴식을 취하기 위한 것도 아니고 말에게 쉼을 주기 위한 것도 아니다. 말이 너무 빨리 달려 혹시 따라오지 못한 영혼이 있을까봐 이를 기다리기 위한 멈춤이다. 물질만능주의를 향해 그동안 빨리빨리 달려온 한국 사람들에게도 이런 멈춤이 필요할 것 같다.

부탄은 제임스 힐턴James Hilton이 1933년에 발표한 소설《잃어버린 지평선Lost Horizon》에 나오는 이상향인 샹그릴라의 모델일지도 모른다.《잃어버린 지평선》은 1차 세계대전에 참전했던 재향 군인 콘웨이가 히말라야 산맥의 어느 계곡에 존재한다는 이상향 샹그릴라에서에서 체험한 구도자적인 삶을 그린 작품이다. 1931년 5월 인도의 어느 마을에 거주하는 80명의 백인은 그곳에서 폭동이 발발하자 파샤와르라는 곳으로 소개된다. 그런데 이들이 탄 비행기는 납치되어 티베트로 방향을 바꾸어 운항하다가 어느 지역에 강제로 착륙된다. 이 과정에서 조종사는 사망하는데, 그는 죽기 전 그들에게 가까운 곳에 있는 샹그릴라로 피하라고 말해준다. 그의 유언에 따라 영국 영사인 콘웨이, 영국 부영사, 미국인 그리고 영국 선교사가 샹그릴라를 찾아 나선다. 콘웨이는 샹그릴라에서 고승을 만나고, 이 계곡에 들어오면 나이가 서서히 들지만 일단 이곳을 떠나면 급속히 늙어 곧 죽음을 맞이한다는 사실을 알게 된다. 그는 이곳의 라마 사원이 18세기 초에 룩셈부르크의 가톨릭 신부인 페롤에 의해 세워졌다고 전해 들은 바가 있다. 그는 고승이 페롤일 것 같다는 느낌을 받았는데 그의 추측은 옳았다. 300세가 된 페롤은 자신의 죽음을 예감하고 콘웨이에게 자기의 뒤를 이어 라마 사원을 이끌어달라고 부탁한다.

사실 부탄의 1인당 GDP는 2014년 2,837달러로 세계에서 127위에 지나지 않았다. 이는 한국(28위)의 2만 7,513달러, 미국(5위)의 5만 5,904달러 그리고 세계평균인 1만 23달러를 훨씬 밑도는 수준이다. 그럼에도 부탄은 행복지수 조사에서 매번 세계 10위 안에 드는 이변을 보이고 있다. 2010년 유럽 신경제재단(NEF)이 발표한 국민행복지수 순위에서도 1위를 차지했는데, 국민 100명 가운데 97명이 행복하다고 답했다. 한국은 이 조사에서 67위를 차지했다. 이는 물질적 풍요가 행복의 절대적 기준이 되지 못함을 다시 한 번 일깨워주는 사례로서, GDP가 행복도를 측정하는 지표로서는 충분치 못하다는 것을 말해준다.

우리는 현실에서 이상향, 샹그릴라를 영원히 찾지 못할지도 모른다. 그러나 그것을 찾으려는 노력마저 포기해서는 안 될 것이다. 복지의 향상을 통해서 한 걸음 한 걸음 샹그릴라로 다가가려는 노력은 우리에게 주어진 임무이자 특권이다.

소득불균형과
복지

한 나라의 경제정책의 궁극적 목표는 국민들의 생활수준을 높여 행복한 삶을 누리도록 돕는 데 있다. 국민소득의 평균적인 수준을 높이는 것도 중요하지만, 소득수준의 분포가 가능한 한 고르게 되어야 국민들 전체의 행복도가 높아진다. 평균적인 소득수준을 높이는 것은 소득의 파이를 키우는 것이고, 공정한 소득수준을 보장하는 것은 소득의 파이를 치우치지 않게 분배하는 것이다. 소득의 파이는 경제성장을 통해서 커지지만, 많은 연구들은 경제성장 그 자체는 소득을 불공정하게 분배하는 결과를 가져올 수 있다고 지적한다. 소득불균형을 시정하기 위해서 정부가 무엇을 해야 하는가를 놓고 인류는 지난 수세기 동안 씨름해왔다. 고전학파 이론에 충실한 사람들은 소득불균형을 시정하기 위해 정부가 시장에 개입하는 것을 반대한다. 그러나 케인스학파 이론을 옹호하는 사람들은 정부가 소득불균형을 방치할 경우 사회의 대립과 갈등이 증폭된다고 주장한다.

1 스핑크스의 수수께끼와
복지 문제

스핑크스는 이집트 유적에서 사자의 몸에 인간의 얼굴을 가진 괴물로 그려지는데 대개 피라미드나 사원의 입구 앞에서 이들을 수호하는 존재로 위엄을 보인다. 그러나 그리스 신화에 나오는 스핑크스는 여인의 얼굴과 가슴, 독수리의 날개 그리고 뱀의 꼬리를 가진 사악한 존재로 묘사된다.

스핑크스에 관한 이야기로는 기원전 450년경에 소포클레스Sophocles가 쓴 희곡이 가장 널리 알려져 있다. 소포클레스는 수많은 희곡을 썼으나 오직 7편만이 완전하게 전해져 내려오고 있다. 그 가운데 테베에 관한 3부작 《오이디푸스 왕 Oidipous tyrannos》, 《콜로노이의 오이디푸스Oidipous epi Kolonoi》, 《안티고네Antigone》가 가장 유명하다. 희곡 《오이디푸스 왕》에서 오이디푸스는 아버지인 테베 왕 라이오스와 어머니 요카스테 사이에서 태어난 아들인데, 아버지를 죽이고 어머니와 결혼하게 된다는 신탁을 받는다. 그는 예언대로 아버지를 죽인 후 고향인 테베로 가던 도중 스핑크스를 만난다. 이 괴물은 지나가는 여행객들에게 수수께끼를 던지고 맞히지 못하면 잡아먹는다. 그가 던지는 수수께끼는 다음과 같다. "아침에는 네 발로 걷고 낮에는 두 발로 걷다가 저녁에는 세 발로 걷는 동물이 무엇인가?" 정답은 인간이다. 어려서는 기어 다니고 청년기에는 두 발로 힘차게 걷다가 노년기에는 결국 지팡이에 의지해서 걸을 수밖에 없는 인간의 생애를 빗댄 것이었다. 장오귀스트도미니크 앵그르Jean-Auguste-Dominique Ingres는 1808년 〈스핑크스의 수수께끼를 설명하는 오이디푸스 Oedipe explique l'

장오귀스트도미니크 앵그르, 〈스핑크스의 수수께끼를 설명하는 오이디푸스〉(루브르 박물관 소장)

énigme du Sphinx〉라는 유명한 그림을 남겼다. 오이디푸스는 이 수수께끼를 푼 덕택에 목숨을 건졌을 뿐만 아니라 테베의 왕이 되고 어머니와 결혼을 하게 되는 운명을 맞이한다. 정신분석학자 프로이트Sigmund Freud는 자식이 이성인 아버지에 대하여, 특히 아들이 어머니에 대하여 무의식적으로 갖게 되는 성적인 연정을 '오이디푸스 컴플렉스'라고 불렀다.

스핑크스가 그러한 질문을 수수께끼로 내건 것은 인간 최대의 문제는 바로 세 발로 걷게 되는 노년에 있음을 암묵적으로 제시한 것이 아닐까? 복지에 관한 문제는 쉽게 해답을 얻을 수 없지만, 해답을 구하지 못하면 많은 사람들이 고통을 받고 죽게 되는, 스핑크스의 수수께끼와 같은 어려운 문제다.

사실 구미 선진국에서는 1930년대 대공황을 겪으면서 복지 문제가 시급히 해결해야 할 문제로 대두되었으며 정책당국자들에게 발등에 떨어진 불로 인식되기 시작했다. 그 결과 사회안전망을 구축하기 위한 여러 가지 제도적 장치가 마련되었다. 사회보장제도가 도입되었고 최저임금제가 실시되었다. 루스벨트 대통령의 뉴딜정책과 존슨 대통령의 '위대한 사회Great Society' 프로그램에는 성장과 복지가 함께 가지 않으면 사회의 조화로운 발전을 이룩할 수 없으며 경제체제에 대한 도전까지도 일어날 수 있다는 절박한 인식이 깔려 있었다. 그러나 한국을 비롯한 많은 동양권 나라들(일본은 예외)에서는 얼마 전까지만 해도 '발등에 떨어진 불'은 먹고사는 문제였으며 복지 문제는 사치스러운 것으로 취급되었다. 이 나라들은 그동안 복지보다는 성장을 중시하는 정책을 취해왔다. 사람들은 그동안 성장의 과실이 무르익어가는 것을 바라보면서 이들 과실을 추수할 시기를 기다려왔다. 이제는 이 나라들에서 경제의 파이를 공정하게 배분하라는 요구가 분출하고 있다. 한국도 복지 문제를 더 이상 미룰 수 없는 절박한 상황에 와 있다.

2   경제민주화

'경제민주화'는 한때 한국에서 가장 많이 회자되고 관심을 불러일으킨 말이었다. 2012년 대선 때 후보들이 이 문제로 크게 논쟁을 벌인 것이 직접적인 계기가 되었지만, 그만큼 국민들의 삶이 팍팍해졌고 복지에 대한 공론화가 지연되었기 때문이다. 국민들은 경제민주화에 관한 공약만 믿고 선거가 끝나면 삶에 어떤 변화가 올 것으로 잔뜩 기대에 부풀어 있었다.

경제민주화에 대한 요구가 분출하고 있는 것은 지금 많은 사람들이 가파른 시대에 살고 있기 때문인지도 모른다. 정희성의 1974년작 시 〈한 그리움이 다른 그리움에게〉에서 '당신'을 '경제민주화'로 바꾸면 그 내용이 우리 마음에 더욱 잔잔하게 파고든다.

　＊　어느 날 당신과 내가
　　　날과 씨로 만나서

하나의 꿈을 엮을 수만 있다면

우리들의 꿈이 만나

한 폭의 비단이 된다면

나는 기다리리, 추운 길목에서

오랜 침묵과 외로움 끝에

한 슬픔이 다른 슬픔에게 손을 주고

한 그리움이 다른 그리움의

그윽한 눈을 들여다볼 때

어느 겨울인들

우리들의 사랑을 춥게 하리

외롭고 긴 기다림 끝에

어느 날 당신과 내가 만나

하나의 꿈을 엮을 수만 있다면•

　　그러나 경제민주화라는 말만큼 애매한 표현도 없으며 많은 국민들은 그 실체를 확실히 알지 못한다. 사실 영어에는 경제민주화에 해당하는 용어, 이를테면 economic democratization이라는 표현이 없다. 아마도 경제민주화는 한국에서만 사용되는 말일 것이다. 경제민주화는 한국에서는 새로운 주장일지 모르지만 구미 선진국에서는 새로운 내용이 아니다. 구미 선진국에서는 이미 오래전부터 이 문제로 고민했고 시행착오를 겪으면서 그것의 완성을 향해서 돌을 연마하듯 다듬어왔다.

　　서구에서 그와 비슷한 용어를 찾자면 '경제적 민주주의economic democracy'

•　　정희성,《한 그리움이 다른 그리움에게》(창비, 1991).

를 들 수 있을 것이다. 경제적 민주주의도 의미가 굉장히 광범위하지만 보다 명확한 메시지를 담고 있다. 일반적으로 경제적 민주주의는 주식의 대중화를 통해서 기업의 소유가 가능한 한 많이 일반 국민에게 확산되고, 기업의 경영에 민주적 목소리가 더 많이 반영되며, 기업의 이윤도 일반 대중에게 더 많이 분배되어야 한다는 주장으로 볼 수 있다.

한국에서 경제민주화를 주장하는 사람들의 의도가 무엇이든지 간에, 그 용어가 의미하는 것은 경제성장의 혜택을 보다 많은 국민들에게 돌려주자는 것이라고 볼 수 있다. 구체적으로 말하자면, 경제성장의 과실이 소외받는 계층에까지 골고루 퍼지도록 소득과 부를 재분배하자는 것이다.

이와 같이 경제민주화는 사회적 복지를 내포하지만 그것보다 더 넓은 외연을 갖는다고 볼 수 있다. 이를 좀 더 확대하면 대기업, 특히 재벌기업의 이윤은 중소기업의 협력과 희생으로 이루어진 부분이 많기 때문에 대기업은 이윤의 일부를 중소기업과 공유해야 한다는 이익공유제도 포함할 수 있다. 경제민주화를 문자대로 해석하면 재벌에 대한 개혁까지도 요구하는 뉘앙스를 가질 수 있다. 경제 혜택의 민주화는 경제 혜택의 집중화를 상징하는 재벌과 배치되는 개념으로 받아들여질 수 있기 때문이다 (외국에서는 한국의 재벌을 가족지배 복합기업family-controlled conglomerates라고도 부른다).

경제민주화를 어떻게 해석하든 그러한 요구가 나오게 된 배경에는 그동안 성장에만 중점을 두었던 경제정책에 대한 반추와 함께 분배에 대한 요구를 보듬어야 한다는 반성이 깔려 있다. 여기에서 우리는 경제민주화의 실체를 분명히 해둘 필요가 있다. 경제민주화는 케인스주의(자본주의 2.0)의 정正과 신자유주의(자본주의 3.0)의 반反을 거쳐 이제 아나톨 칼레츠키Anatole Kaletsky가 말하는 자본주의 4.0의 합合으로 나아가는 과정으로 이해할 수 있을 것이다.

　원래 케인스주의는 일자리가 없거나 일할 능력이 없어서 당장 먹고사는 문제를 걱정해야 하는 사람들을 위해서 정부가 해야 할 것을 강조하는 사조이다. 경제의 형평성을 높이기 위해서는 시장에만 맡겨서는 안 된다는 입장이다. 그들은 시장이 소득을 공평하게 분배하지 않는다고 주장한다. 반면 신자유주의는 가장 효율적인 자원배분을 위해서 경제주체들에게 최대한의 자유와 자율을 부여함으로써 정부가 하지 말아야 할 것을 중시하는 사조이다. 경제의 효율성을 높이기 위해서 시장에 맡겨야 한다는 입장이다. 그들은 정부가 자원을 효율적으로 배분하지 않는다고 주장한다. 그에 비해 자본주의 4.0은 시장과 정부가 함께 가야 한다고 역설한다. 자본주의 4.0은 경제민주화의 참된 의미와 방향을 위한 하나의 방향이 될 수 있을 것이다. 한국에서 논의가 한창인 공동성장론이나 동반성장론도 이러한 취지에서 나온 것으로 볼 수 있다.

3
소득분배와
롤스주의

　지난 수세기 동안 경제학자들과 철학자들은 성장의 과실을 보다 많은 사람들에게 분배하는 문제를 두고 씨름해왔다. 소득을 어떠한 기준에서 재분배할 것인가? 이 질문에 관해서는 그동안 상이한 의견이 대립했다. 만인 평등주의부터 적자생존의 원칙에 이르기까지 다양한 생각과 주장이 존재해왔다.

　소득의 평등에 관해서 가장 과격한 주장을 펴는 사람들은 물론 사회주의자, 특히 마르크스주의자들이다. 그들은 소득불평등은 우연히 나타난 것이 아니라 시작부터 부정한 방법을 썼기 때문에 발생했다고 생각한다. 그들에 의하면, 인간은 누구나 동등하게 태어났으며 무슨 일이든 해낼 수 있는 능력과 기술을 지니고 있다. 인간은 누구나 목장 일을 할 수도 있고 회사 경영자가 될 수도 있으며 문학을 가르칠 수도 있다. 그런데 왜 소득불평등이 발생했는가? 재산의 불평등한 분배 때문이다. 그러면 왜 재산은 불평등하게 분배되었는가? 극단적 평등주의자들은 '훔친 결과'라고 대답한다. 미국의 시인이요 퓰리처상을 세 번이나 수상한 칼 샌드버그Carl Sandburg는 그의 시 〈민중, 오 예The People, Yes〉에서 이러한 생각을 적나라하게 표현한다.

> * "이 땅에서 나가주시오."
> "무슨 이유로?"
> "그 땅은 내 것이기 때문이오."
> "당신은 어디서 그것을 얻었소?"
> "나의 아버지로부터요."
> "당신의 아버지는 어디서 그것을 얻었소?"
> "그의 아버지로부터요."
> "그는 어디서 그것을 얻었소?"
> "그는 이 땅을 차지하기 위해서 싸웠소."
> "그렇다면, 나도 이 땅을 갖기 위해 당신과 싸우겠소."

이러한 논리가 극단적 평등주의의 저변에 깔린 기본 철학이라고 볼 수 있다. 이는 소득불평등이 처음부터 부정한 방법으로 이루어진 불평등한 재산 분배에서 기인한 만큼, 소득불평등을 고치기 위해서는 그 근본 원인인 재산의 불평등한 분배를 바로잡아야 한다는 논리이다.

가장 평등한 사회를 꿈꾸는 '만인 평등주의' 사상은 사회구성원 모두에게 소득이 동일하게 분배되는 사회의 실현을 목표로 한다. 한 사회의 구성원이 10명이고 부존賦存 재화가 옷 50벌과 쌀 100포대라면 각자가 모두 옷 5벌과 쌀 10포대를 소유하는 경우이다.

다음으로는 마르크스주의에 의한 평등성을 들 수 있다. 마르크스주의는 만인 평등을 요구하지는 않는다. 다만 '각자의 필요에 따른 소득분배'를 목표로 한다. 능력에 따라 일하고 필요에 따라 분배받는 사회를 마르크스는 꿈꿨다.

제러미 벤덤Jeremy Bentham의 공리주의는 소득분배 문제뿐만 아니라 '1인1표주의' 등 경제와 정치면에서도 많은 영향을 미친 철학사조이다. 공리주의는 한마디로 '최대다수의 최대 행복'을 추구하는 이념으로 가능한 한 많은 사회구성원들이 가능한 한 많은 행복과 이익을 누리는 사회를 그린다. 공리주의자들의 복지에 관한 한 '다수의 행복을 위한 복지'를 최고의 가치로 꼽는다.

우리는 여기에서 현대의 복지정책에 영향을 미칠 수 있는 세 개의 다른 입장을 살펴볼 것이다. 먼저 다윈주의는 '적자생존의 원칙'에 따라 소득분배도 시장이 결정해야 한다는 입장을 취하며 소득을 재분배하기 위한 정부의 어떠한 관여도 배격한다. 다윈주의가 유럽의 지식사회에서 한창 기세를 떨치던 19세기에 많은 경제학자들이 철저히 자유방임적 소득분배를 주창한 것은 다윈주의의 영향이 컸다. 현대에 와서 신자유주의가 내세우는 복지 역시 다윈주의에 입각한 철학을 따른 것으로 볼 수 있다.

그러나 제프리 브레넌Geoffrey Brennan과 제임스 뷰캐넌James Buchanan이 제안한 리바이어던* 이론은 정부의 복지정책과 관련하여 다윈주의와는 정반대의 입장을 제시한다. 원래 "만인의 만인에 대한 투쟁"은 토머스 홉

---

* 리바이어던은 원래 구약성서 〈욥기〉 41장에 나오는 바다 괴물의 이름으로서, 히브리어로 리워야단이라고 불린다("그것은 모든 높은 자를 내려다보며 모든 교만한 자들에게 군림하는 왕이니라"). 리바이어던은 일반적으로 '거대한 것' 또는 '거대한 힘을 가진 국가'를 의미하기도 한다.

스Thomas Hobbes가 그의 저서《리바이어던 *Leviathan*》에서 "인간은 인간에게 있어서 늑대다"라는 말과 함께 사용한 표현이다. 인간은 자기보존 본능이 강해서 이를 위해 가장 효과적인 힘을 추구하는데 그 결과 만인의 만인에 대한 투쟁상태에 들어가게 된다. 이러한 상태를 극복하기 위해 사람들은 리바이어던이라고 하는 절대적인 주권을 갖는 국가를 수립하기로 하는 사회계약을 체결한다. 브레넌과 뷰캐넌에 의하면 리바이어던 정부는 공공분야의 크기를 최대화하는 것을 목표로 하기 때문에 자비로운 정부 benevolent government는 사회적 복지를 극대화하려고 한다.•

마지막으로 미국의 철학자 존 롤스 John Rawls는 중도의 입장을 취한다고 볼 수 있다. 소득재분배는 사회에서 가장 소외받는 계층의 효용을 극대화하는 방향으로 이루어져야 한다고 주장한다. 롤스는 지나치게 평등주의적인 소득재분배는 가장 생산적인 사회구성원의 일에 대한 의욕을 저해시킬 수 있음을 인정하고, 생산성에 상응하는 인센티브를 보장해야 한다는 입장을 취한다. 그는 사회에서 가장 가난한 계층의 소득을 줄이지 않는 한도에서 보다 생산적인 계층이 보다 높은 소득을 받는 것을 기꺼이 허용해야 한다고 주장한다. 한 사회의 목표는 사회에서 '가장 불행한 자', '가장 소외된 자' 또는 '최소 수혜자 worst-off member'의 복지를 극대화하는 것이 되어야 한다는 것이다.

'사회의 최소 수혜자에게 최대의 이익'을 목표로 하는 롤스주의는 평등주의와 자유주의의 혼합에 바탕을 두고 있다. 그런 점에서 롤스주의는 수정자유주의라고도 할 수 있을 것이다. 겉으로 보면 평등주의와 자유주

• Geoffrey Brennan and James Buchanan, *The Power to Tax*(Cambridge University, 1980).

의는 상호 배척되는 개념처럼 보인다. 평등주의를 강조하면 자유주의는 위축되고, 자유주의를 강조하면 평등주의는 훼손될 수 있다. 소득분배를 완전히 시장의 자유경쟁에 맡길 경우 만인의 만인에 대한 투쟁이 되어 빈부격차가 더욱 확대되고 기회의 불평등이 심화될 수밖에 없다. 이러한 사회는 정의로운 사회라고 볼 수 없다. 그렇다고 생산성이 높은 사회구성원과 그렇지 못한 구성원을 동일하게 대우한다면 이 또한 정의로운 사회라고 볼 수 없을 것이다. 이처럼 개인의 자유를 중시하는 자유주의와 대중의 이익을 강조하는 평등주의의 상충을 어떻게 해결할 것인가 하는 어려운 문제에 직면해서 롤스는 정의라는 개념에 주목했던 것이다.

그러면 정의란 무엇인가? 여기에서 마이클 샌델Michael Sandel의 정의론을 잠깐 살펴볼 필요가 있다. 샌델은 주목할 만한 저서《정의란 무엇인가Justice: What's the Right Thing to Do?》에서 정의를 여러 각도에서 소개한다. 그는 최대다수의 최대행복을 추구하는 벤덤의 공리주의, 개인 자유의 극대화를 도모하는 로버트 노직Robert Nozick의 자유지상주의,•• 개인과 공동체 간의 긴밀한 연계를 강조하는 공동체주의, 선의지와 보편적 법칙으로서의 도덕률을 매개해주는 자율을 중시하는 이마누엘 칸트Immanuel Kant의 자유의지론 그리고 최소 수혜자에 대한 배려를 주장하는 롤스주의를 논의한 후, 정의에 관한 자신의 입장을 전개한다. 샌델이 내세운 정의로운 사회는 공동체적인 미덕이 구현되는 사회이다. 이는 바로 '나만의 이익이 아니라 공동체의 선을 추구하는 것'을 정의로 보는 것이다. 그리고 그는 인간을 '이야기하는 존재'로 규정짓는 앨러스데어 매킨타이어 Alasdair

•• 하버드 대학의 철학 교수인 노직은 1974년작《무정부, 국가 그리고 이상향Anarchy, State, and Utopia》로 가장 잘 알려져 있다. 이 저서는 롤스의 1971년작《정의론A Theory of Justice》에 대한 자유지상주의자의 대응이다.

MacIntyre[*]를 인용하면서 정의를 찾기 위해 '대화적으로 탐구하는 방법'을 제시한다. 샌델의 정의론의 고전적 원천이 아리스토텔레스에 있음을 엿볼 수 있다.

* 매킨타이어의 가장 대표적인 저서는 1981년작 《미덕 다음 *After Virtue*》이다.

4
피케티의
《21세기 자본》

2014년 낙양의 지가를 올린 경제학 책을 꼽으라고 한다면 많은 사람들이 프랑스 경제학자 토마 피케티 Thomas Piketty가 쓴 《21세기 자본 Capital in the Twenty-First Century》을 추천하는 데 주저하지 않을 것이다. 그는 이 책에서 1770년부터(어떤 부분은 1세기부터) 2010년에 이르기까지 장기에 걸친 방대한 통계자료를 사용해 소득불균등의 원인을 진단하고 그에 대한 처방을 제시하는 데 많은 부분을 할애했다.

《21세기 자본》의 핵심 주제는 자본에 대한 수익률이 경제성장률보다 높을 경우 소득분배는 자본가에게 유리한 방향으로 이루어지며, 자본에 대한 수익률과 경제성장률 사이의 작은 차이가 장기적으로는 큰 소득불평등으로 이어진다는 것이다. 그는 역사적으로 돈으로 돈을 버는 자본소득이 일해서 돈을 버는 노동소득보다 항상 높았기 때문에 경제성장은 소득불평등을 심화시켜왔다고 주장한다. 그의 주제를 이해하려면 경제성장률과 자본수익률이 무엇을 의미하는지를 이해할 필요가 있다.

먼저 경제성장률은 실질GDP가 전년도에 비해 얼마나 증가했는지를 측정하는 비율이다. 만약 연간 경제성장률이 4%라면 금년도에 생산된 상품과 서비스의 총량(실질GDP)이 전년 대비 4% 증가했음을 의미한다.

그런데 자본에 대한 수익률을 정의하는 것은 쉽지가 않다. 경제학에서 자본이란 상품과 서비스의 생산을 위해서 사용되는 모든 생산수단을 말한다. 즉 공장, 기계설비, 공구 등 인간이 만든 생산수단 일체를 포함한다. 그러면 자본가는 돈을 가진 사람이라기보다는 생산수단인 자본을 소유한 사람이라고 정의할 수 있다. 이런 맥락에서 자본에 대한 수익률은 일차적으로 자본에 투자함으로써 얻는 수익률을 말한다. 주식, 채권, 저축으로 인한 이자소득의 평균 비율이 자본에 대한 수익률을 구성한다. 그런데 생산에 사용되는 생산요소는 자본 말고도 노동, 토지, 기업가경영을 포함한다. 피케티는 자본에 대한 수익률을 이자소득 이외에 토지 소유자에게 지불되는 지대, 기업 경영자에게 지불되는 이윤을 모두 포함해 보다 폭넓게 규정하고 있다.

피케티는 1700년부터 20세기 초(제1차 세계대전이 시작되기 전인 1913년)까지 자본에 대한 수익률이 계속 경제성장률을 상회하다가 20세기에 들어서는 그 갭이 점점 축소되어왔는데 21세기에는 다시 차이가 벌어질 것으로 내다보았다.

그동안 자본에 대한 수익률이 경제성장률보다 높았다는 것은 소득분배가 노동자에게 불리하게 이루어져왔음을 의미한다. 그러나 20세기 들어 자본수익률과 경제성장률 사이의 차이가 좁혀졌다는 것은 소득불균등이 그만큼 줄어들었음을 의미한다. 그는 1914년부터 1945년 기간 동안 대부분의 부유한 선진국에서 소득불균등이 줄었는데 이는 대규모 전쟁과 대공황이나 석유파동 같은 경제적 충격의 여파로 정부가 개입한 결과이지 경제 자체의 조정능력에 의한 것은 아니라고 분석했다.

자본에 대한 수익률이 경제성장률을 상회할 경우 상속되는 부가 노동으로 축적한 부보다 훨씬 커지며 그 결과 소득불균등은 더욱 확대된다는 주장을 뒷받침하기 위해서 피케티는 다음과 같은 두 개의 단순하고 유용한 방정식을 사용했다.

- 자본주의 제1기본법칙: 총소득에서 자본소득이 차지하는 몫=자본 수익률×총소득에 대한 총자본의 비율
- 자본주의 제2기본법칙: 총소득에 대한 총자본의 비율$=\dfrac{\text{저축률}}{\text{경제성장률}}$

자본주의 제1기본법칙을 이해하기 위해서 총소득에서 자본소득이 차지하는 몫이 무엇을 의미하는지를 알아보자. 먼저 GDP(총소득)를 생산하기 위해 한 나라는 노동과 자본이라는 생산요소를 투입한다. 이렇게 생산된 GDP는 노동을 제공한 노동자와 자본을 제공한 자본가에게 분배된다. 자본가에게 돌아가는 총수입을 총소득으로 나누면 우리는 '총소득에서 자본소득이 차지하는 몫'을 얻게 된다.

총소득 가운데 노동자와 자본가에게 가는 몫은 나라마다 다르다. 미국의 경우 노동자에게 가는 몫은 대략 0.7(70%)이고 자본가에게 가는 몫은 0.3(30%) 정도다. 미국은 노동자에게 돌아가는 몫이 가장 높은 나라 가운데 하나이다. 한국의 경우 노동자에게 주어지는 몫은 미국보다 훨씬 낮다. 한국경제가 2013년 생산한 상품과 서비스의 총액(GDP)은 약 1,428조 원이었고 이 가운데 노동자에게 돌아간 보수가 약 624조 원이었다. 이를 통해 노동자에게 돌아가는 몫은 약 44%이고 자본가에게 돌아가는 몫은 약 56%라고 볼 수 있다(물론 자본가에게 돌아가는 몫은 자본재에 대한 감

가상각비와 정부수입으로 귀속되는 간접세도 포함된 것이다).

GDP는 어느 기간(보통 1년) 한 나라가 생산하는 상품과 서비스의 총액을 말하고, 자본은 어느 시점에 한 나라가 보유한 자본재의 총액을 말한다. 따라서 상품과 서비스의 생산을 위해 사용되는 자본의 규모는 보통 GDP의 몇 배에 달한다. 자본의 규모를 GDP로 나눈 이 비율이 '총소득에 대한 총자본의 비율'이다. 미국의 경우 이 비율은 약 2.5에 달한다. 한국의 비율은 이보다 더 높다.

자본주의 제1기본법칙과 자본주의 제2기본법칙을 결합하면 다음과 같은 관계식을 얻게 된다. 이는 피케티가 《21세기 자본》에서 주장하는 핵심 내용을 함축한 방정식이다.

- 총소득에서 자본소득이 차지하는 몫 $= \dfrac{\text{자본수익률}}{\text{경제성장률}} \times \text{저축률}$

이 관계식으로부터 우리는 저축률이 일정하다면, 분자인 자본수익률이 분모인 경제성장률보다 클 경우 총소득에서 자본소득이 차지하는 비중이 더욱 커짐을 바로 알 수 있다. 쉽게 말해서 GDP 가운데 자본가가 벌어들이는 파이가 노동자가 벌어들이는 파이보다 더 커진다. 만약 자본수익률이 10%이고 경제성장률이 4%라고 한다면, 그리고 이러한 추세가 지속된다면 총소득 가운데 자본가에게 돌아가는 몫은 점점 커지고 소득불균등은 더욱 심화될 것이다. 이러한 이유로 피케티는 비록 기술발전이 노동에 유리한 방향으로 이루어진다고 하더라도 자본가에게 돌아가는 소득의 비중이 작아져야 하는 이유를 찾기 어렵다고 결론짓는다.

피케티는 오노레 드 발자크Honore de Balzac의 소설(특히 《고리오 영감 Le Pere Goriot》)을 인용하면서 자본소득은 인류 역사상 언제나 노동소득보다 훨씬 큰 '반평등주의의 결과'를 가져왔다고 강조한다. 오직 전쟁 기간 중에, 그리고 정부가 불평등을 완화시키기 위한 공공정책을 사용했을 때 이러한 추세가 반전되기는 했지만, 그 효과는 일시적이었다. 그는 일시적인 추세를 두고 자본주의는 보다 보편적 평등주의 사회를 향해서 나아간다고 결론짓는다면 잘못이라고 주장한다.

피케티에 따르면 1세기부터 17세기까지 연간 경제성장률은 결코 0.1~0.2%를 넘지 못했다. 그러나 자본수익률(주로 토지로부터 오는 수익률)은 연 4~5%에 이른 것으로 추산했다. 특히 자본수익률은 20세기에 들어와서 5%를 상회하기 시작했다. 경제성장률도 산업혁명이 일어난 이후부터 1% 이상으로 성장하기 시작했으며 20세기에는 평균 3%를 상회하기에 이르렀다. 그럼에도 자본수익률은 언제나 경제성장률보다 높은 수준을 유지했다. 그는 인류 역사상 자본수익률은 경제성장률보다 최소한 10배에서 20배는 더 높았다고 주장한다.

피케티는 더 나아가서 '부익부 빈익빈'의 소득분배를 자본주의의 특성으로 본다. 자본에 대한 연평균 수익률이 4%일 경우 '슈퍼 부자'들에게 돌아가는 수익률은 약 6~7%가 되고 그보다 못한 부자들에게 돌아가는 수익률은 약 2~3%가 된다고 분석했다. 1987년부터 2013년에 걸쳐 1억 명 가운데 1명꼴(전 세계적으로 약 70여 명)인 슈퍼 부자의 부는 연평균 6.8%로, 인구 2,000만 명 가운데 1명꼴(전 세계적으로 약 350명)인 준 슈퍼 부자의 부는 약 6.4%로 증가한 반면, 전체적인 부의 연평균 증가율은 2.1%였다. 2015년 1월 스위스 다보스의 세계경제포럼(WEF) 연차총회에 앞서 국제구호기구 옥스팜이 발표한 연구에 의하면 2016년에는 전 세계에서 가장 부자인 상위 1%가 전 세계 부의 50% 이상을 차지할 것으로 전망되고 있다. 이 보고서는 "부: 모두 가진 자가 더 원한다Wealth: Having It

All and Wanting More"라는 제목으로 발표되었다.

피케티는 결론적으로 자본주의가 스스로 소득불균등을 줄이는 기능을 하지 못하기 때문에 소득불균등을 줄이는 방안으로 자본에 대한 글로벌 누진세를 시행할 것을 제안한다. 그는 연 50만 달러에서 100만 달러의 자본소득에 대해서 80%의 세금을 부과하는 것은 미국의 경제성장률을 떨어뜨리지도 않고 경제적으로 무의미한 초호화 소비행태에 재갈을 물릴 수 있을 뿐만 아니라 성장의 과실을 보다 널리 분배할 수 있을 것이라고 주장한다. 그리고 국제적 금융거래의 투명성만 보장된다면 글로벌 부자세의 실시가 불가능하지만은 않다고 내다보았다. 피케티는 글로벌 부자세는 사회주의 국가를 목표로 하는 것이 아니며 자본주의를 효과적으로 규제함으로써 경제적 민주주의를 확립하자는 것이라고 말한다. 그럼으로써 계속 심화되는 소득불균등에 제동을 걸고 금융시장을 효과적으로 규제함으로써 새로운 위기를 회피할 수 있으리라고 결론짓는다.

그러나 소비, 빈곤, 복지에 관한 연구로 2015년 노벨경제학상을 수상한 앵거스 디턴 교수는 경제성장이 인류의 생활수준을 높여왔으며 그 결과 소득불평등도 완화되어왔다고 주장한다. 이는 정부 개입이나 경제위기 같은 특수한 상황에 한해서 소득격차가 줄어들었다는 피케티의 입장과는 대조를 이루는 주장이다.

5 고리오 영감

변호사의 노동소득보다 상속자의 이자소득이 낫다

피케티는《21세기 자본》에서 유난히 영국 작가 제인 오스틴Jane Austin과 프랑스 작가 오노레 드 발자크의 작품들, 그 가운데에서도《고리오 영 감》을 많이 인용하고 있다.

소설《고리오 영감》은 발자크가 1835년에 발표한 대표작이다. 나폴레 옹이 워털루 전쟁에서 영국에 패배하고 부르봉 왕가가 다시 프랑스의 통 치 세력으로 복귀한 1819년의 시대 상황을 배경으로 한다. 루이 18세의 복귀로 대표되는 구체제와, 산업혁명의 여파로 새로 태동한 부르주아 세 력 사이에 대립과 긴장이 움트기 시작한 무렵이었다. 부르주아 계급은 새 로 형성된 부를 발판으로 출세의 사다리에 올라타기 위해 저마다 야망을 불태웠다.

19세기 초에 부는 주로 임대료(토지)나 이자(정부 채권)의 형태로 존재 했다. 그러나 하층계급은 빈곤에서 헤어나지 못하고 좌절하고 있었다. 당시 파리 시민의 약 4분의 3은 최저생계비도 벌지 못했다. 발자크 자신도 인쇄업 등 사업에 손을 댔다가 실패하고 5만 프랑에 달하는 빚을 떠안았다. 그는 빚을 갚기 위해 소설을 썼다. 그는 참담한 경제적 고통을 겪으면서 자본주의 사회에서 돈의 힘이 얼마나 막강한지를 절감했고 이는 소설의 소중한 소재가 되었다.

《고리오 영감》은 어느 하숙집에서 함께 생활하게 된 사람들이 겪는 야망과 좌절, 사랑을 그리고 있다. 이 소설의 가장 중요한 등장인물로 세 사람을 들 수 있는데, 법학도인 외젠 라스티냐크, 도망자 보트랭 그리고 파스타 면 제조업자였다가 은퇴한 고리오 영감이다. 거기에 라스티냐크에게 연정을 품은 젊은 여성 빅토린이 그 하숙집에 함께 살고 있다. 고리오 영감에게는 결혼한 두 딸 델핀과 아나스타지가 있었는데 그는 연간 5만 프랑의 소득을 가진 두 딸을 재정적으로 도와주다가 파산상태에 이르렀다. 고리오 영감은 이제 600프랑의 소득으로 살아가야 하는 비참한 노년을 맞이하게 된 것이다.

보트랭은 라스티냐크에게 빅토린과 결혼할 것을 강력히 권한다. 그녀와 결혼하면 그는 당장 그녀의 아버지로부터 상속받을 100만 프랑을 손에 쥐게 될 것이다. 이 돈은 그로 하여금 나이 스물에 연 이자소득만 5만 프랑(자본수익률 5%)을 벌 수 있게 해주는 거금이다. 이 수입은 그가 법학도의 길을 걸을 경우 수년 후에나 벌 수 있는 왕립변호사 수입(노동소득)의 10배가 넘는 금액으로서, 당시 파리에서 가장 잘나가는 변호사가 수십 년간 각고의 노력을 한다 해도 나이 오십이 되어서야 벌 수 있는 수준이었다. 그러나 거기에는 어마어마한 음모가 숨어 있었다. 혼외자식인 빅토린이 유산을 상속받으려면 그녀의 오빠는 반드시 죽어야 했다. 라스티냐크는 여기에서 손을 들었다. 그러한 음모는 그가 감당하기에는 너무 위험한 것이었다.

작은딸인 아나스타지는 애인의 빛을 갚아주기 위해서 남편 가족의 보물을 팔겠다고 고리오 영감에게 말한다. 고리오 영감은 이 말을 듣고 뇌졸중을 일으킨다. 큰딸 델핀은 고리오 영감이 사경을 헤매고 있는데도 아버지의 병상을 한 번도 찾지 않았다. 아나스타지가 병문안을 왔을 때는 그가 이미 의식을 완전히 잃은 후였다. 고리오 영감은 참담한 가난 속에 외로이 죽어갔다. 그의 장례식에 참석한 사람은 오직 라스티냐크와 하인 한 명 그리고 돈을 받고 울어주는 사람 둘뿐이었다.

장례를 마친 후 라스티냐크는 불빛 휘황찬란한 파리로 다시 돌아온다. 라스티냐크는 센 강을 따라 펼쳐지는 부의 과시에 압도된다. 그리고 그도 자본을 정복하기 위해 새로운 출발을 하기로 다짐한다. 그는 "이제 그대와 나 사이야"라고 파리를 향해 외친다. 그도 이제 야망의 도시, 음모의 도시 파리로 흡인되어가고 있는 것이다. 도덕적 양심과 인간적 순수성은 출세 앞에서 거추장스러운 장식품이 되었다.

피케티는 보트랭을 통해 19세기와 20세기 프랑스 사회에서 노동소득 (일과 공부로 벌 수 있는 소득)은 자본소득(상속된 유산으로 벌 수 있는 소득)으로 즐길 수 있는 생활수준을 누리기에는 한참 낮았다는 점을 지적한다. 그리고 지금도 여전히 자본소득 증가율이 노동소득 증가율보다 높은 것이 현실이라고 진단한다. 《고리오 영감》의 이야기는 비단 19세기 초 프랑스에서만 일어날 수 있는 사건은 아닐 것이다. 21세기 초 한국에서도 고리오 영감들이 조용히 죽어가고 라스티냐크들이 탐욕에 눈이 멀어가고 있는지도 모른다.

6   파레토법칙

20대 80의 법칙

이탈리아의 후생경제학자인 빌프레도 파레토Vilfredo Pareto는 파레토 효율성이라는 일반균형원리를 발견했을 뿐만 아니라 파레토법칙Pareto principle이라는 사회 현상도 관찰했다. 파레토법칙은 '결과의 80%는 원인의 20%로부터 나온다'는 법칙인데 20대 80의 법칙으로도 알려져 있다. 파레토는 이탈리아 토지의 80%를 소득 상위 20%가 소유하고 있음을 발견했다. 이러한 20대 80의 법칙은 그 후 많은 분야에서 타당성이 밝혀지고 있다.

예를 들면 UNDP의 한 보고서는 세계 인구의 소득 상위 20%가 세계 부의 80%를 차지하고 있음을 밝혔다.* 20대 80의 법칙은 많은 경영 분

• UNDP가 밝힌 소득계층의 소득비율은 다음과 같다. 최상위 20%: 82.7%, 차상위 20%: 11.8%, 중위 20%: 2.3%, 차하위 20%: 1.9%, 최하위 20%: 1.4%.

야에서도 확인되고 있다.

- 회사 수익의 80%는 고객의 최상위 20%로부터 나온다.
- 불만의 80%는 고객의 20%로부터 나온다.
- 이익의 80%는 투자한 시간의 20%로부터 온다.
- 20%의 환자가 전체 의료비의 80%를 사용한다.
- 한국은 자수성가로 부자가 된 경우는 20%뿐이고 물려받은 재산으로 부자가 된 경우가 80%나 된다.

한국의 소득불평등은 유럽이나 일본보다 정도가 더 심하지만 미국보다는 덜 심한 편이다. 그런데 빈부격차가 미국보다 더 심각하게 받아들여진다. 한국에서는 많은 사람들이 기회의 80%는 부자에게 주어지고 20%만 가난한 사람에게 주어지는 사회구조라고 생각하기 때문이다. 사실 미국은 유산 상속으로 부자가 된 경우가 20% 정도이고 80%는 자수성가를 한 사람들이다. 반면 한국은 자수성가로 부자가 된 경우는 20%밖에 안 되고 물려받은 재산으로 부자가 된 경우가 80%나 된다. 한국에서는 상대적 박탈감이 더 큰 것이다.

20대 80의 법칙은 확립된 경제법칙은 아니며 따라서 이를 일반화하여 경제 현상에 적용하는 것은 무리일 것이다. 사실 8이라는 숫자는 동양, 특히 중국에서는 마법의 숫자이다. 중국에서 八은 富와 발음이 같아 중국인들이 가장 선호하는 숫자라는 것은 잘 알려진 사실이다. 그런가 하면 한국의 시인 서정주는 내 인생의 8할은 바람이었다고 고백하고 있다. 서정주가 그의 시 〈자화상〉에서 "스물세 해 동안 나를 키운 건 팔 할이 바람이다"라고 했을 때 그 '팔 할'에 특별한 의미는 없었을 것이다. 그것은 다만 바람으로 상징되는 젊은 날의 방황을 강조하려는 수사였을 것이다. 그러나 아직도 국민들 '팔 할'의 소득이 국민들 '이 할'의 소득과 같은 소득 분배의 현실 속에서 우리 사회의 모습은 방황했던 시절의 삶을 천착한 심정으로 뒤돌아보는 시와 오버랩되어 다가온다.

*   애비는 종이었다. 밤이 깊어도 오지 않았다.
    파뿌리같이 늙은 할머니와 대추꽃이 한 주 서 있을 뿐이었다.
    어매는 달을 두고 풋살구가 꼭 하나만 먹고 싶다 했으나……
    흙으로 바람벽한 호롱불 밑에
    손톱이 까만 에미의 아들
    갑오년이라든가 바다에 나가서는 돌아오지 않는다 하는 할아버지의
    숱 많은 머리털과
    그 커다란 눈이 나를 닮았다 한다.
    스물세 해 동안 나를 키운 건 팔 할이 바람이다.
    세상은 가도 가도 부끄럽기만 하더라.
    어떤 이는 내 눈에서 죄인을 읽고 가고
    어떤 이는 내 입에서 천치를 읽고 가나
    나는 아무것도 뉘우치진 않으련다.
    찬란히 틔어오는 어느 아침에도
    이마 위에 얹힌 시의 이슬에는
    몇 방울의 피가 언제나 섞여 있어
    볕이거나 그늘이거나 혓바닥 늘어뜨린
    병든 수캐마냥 헐떡거리며 나는 왔다.

인구의 20%가 소득의 80%를 차지한다는 것은 물론 소득분배의 측면에서 볼 때 공평하지 않다. 그렇다고 20%의 인구가 20%의 부를, 80%의 인구가 80%의 부를 갖는 사회를 꿈꿀 수는 없다. 어떤 '행복한 중간점'이 야말로 우리가 지향해야 할 목표일 것이다. 절대적 빈곤 못지않게 상대적 박탈감을 줄이는 것이 중요하다.

소득 피라미드의 꼭대기로 더욱 올라갈 경우 우리는 '1대 99' 현상 앞에 숨을 헐떡거리게 된다. 2015년 옥스팜의 보고서에 따르면, "2016년에는 세계인구 가운데 최고 부자 1%의 재산이 나머지 99%의 재산보다 더 많아진다." 인류 역사상 처음으로 세계 인구의 1%가 세계 부의 50% 이상을 차지하는 현상이 눈앞에 다가오고 있다.* '1대 99'는 '월가를 점령하라'라고 외치며 신자유주의에 저항한 젊은이들의 구호가 되기도 했다.

이 보고서에 의하면 세계 인구 1%가 차지하는 부의 비율이 2009년에는 44%였으나 2014년에는 48%로 가파르게 상승했으며 2016년에는 드디어 50% 선마저 넘어서게 된다. 세계 인구의 0.000001%인 최고 부자 80명의 1인당 평균 자산은 237억 달러인 반면, 세계 인구의 하위 50%인

• 《포브스》가 2015년 3월 발표한 내용에 의하면 자산이 10억 달러 이상인 '슈퍼 리치'는 1,826명으로 2014년의 1,645명보다 181명이 늘었다. 또한 이들이 보유한 총자산은 7조 500억 달러로서 역시 전년도의 6조 4,000억 달러보다 6,500억 달러가 늘었다. 마이크로소프트의 빌 게이츠Bill Gates가 792억 달러로 '세계 제1의 부자'라는 타이틀을 지켰으며 771억 달러의 자산을 가진 멕시코의 카를로스 슬림Carlos Slim과 727억 달러의 자산을 가진 워런 버핏Warren Buffett이 그 뒤를 이었다. 게이츠는 지난 21년 동안 15번이나 세계 최고 갑부의 자리에 올랐다. 한국에서 가장 부자인 삼성그룹 이건희 회장은 총자산 113억 달러로 110위를 차지했다.
2014년에 290명이 새롭게 억만장자 클럽에 가입했는데 그 가운데 71명은 중국인이다. 억만장자 수에서 1위는 단연 미국(536명)으로 전 세계 억만장자의 30%는 미국인이다. 2위는 중국으로 213명이 억만장자 리스트에 올랐다. 일본을 포함한 동아시아권에서는 대만이 33명(자산총액 821억 달러)으로 가장 많았고, 그 뒤를 이어 한국이 30명(자산총액 775억 달러), 일본이 24명(자산총액 978억 달러), 그리고 싱가포르가 19명(자산총액 536억 달러)이었다.

35억 명의 1인당 평균 자산은 540달러에 불과하다. 이는 전 세계적으로 소득의 증가와 함께 소득불균등이 점점 심화되고 있음을 보여주는 통계이다. 이러한 추세는 경제성장과 함께 소득불평등도 개선된다는 디턴의 결론보다는 정부의 적극적인 노력 없이 시장의 기능에만 맡길 경우 소득불평등은 더욱 악화될 수 있다는 피케티의 주장을 뒷받침해주는 것으로 볼 수 있다.

'불환빈 환불균不患貧 患不均'은 《논어論語》 〈계씨편季氏篇〉에 나오는 말로서 "백성은 가난함을 근심하는 것이 아니라 고르지 않음을 근심한다不患寡而 患不均 不患貧而 患不安", 즉 "백성은 가난한 것에 분노하기보다는 불공평한 것에 분노한다"는 뜻이다. "위정자는 백성이 부족한 것을 걱정하지 말고 불평등한 것을 걱정하며 백성이 가난한 것을 걱정하지 말고 불안해하는 것을 걱정해야 한다." 불환빈 환불균은 사람들을 불행하게 만드는 것은 빈곤 그 자체보다 상대적 불평등임을 말해준다.

사람들이 상대적 불평등에 더 민감하게 반응한다는 사실은 '이스터린 역설Easterlin paradox'에서도 확인된다. 경제학자 리처드 이스터린Richard Easterlin은 소득의 증가와 함께 행복도도 증가하지만, 소득이 어느 임계점에 이르면 소득의 증가와 행복도의 증가 사이에는 상관관계가 없다는 가설을 세웠다.● 그는 37개국의 자료를 사용하여 가설을 입증했다. 이스터린 역설은 1인당 소득이 어느 수준에 도달하면 절대소득을 증가시키는 정책만으로는 국민의 행복도를 높일 수 없으며 상대적 소득을 증가시키는 정책, 즉 소득불균등을 개선하는 정책이 중요하다는 것을 보여준다.

● R. A. Easterlin, "Does Economic Growth Improve the Human Lot? Some Empirical Evidence"(1974); R. A. Easterlin et al., "The Hapiness-Income Paradox, Revisited"(2010).

그러나 이에 대한 반론도 만만치 않게 제기되고 있다.

상대적 불평등에 대한 사람들의 반응을 조사한 사례연구는 많다. 직장에서 당신과 당신의 동료가 연봉 인상을 협상하고 있다. 현재 연봉은 비슷한 수준이다. 제1안은 당신의 연봉은 300만 원 인상되고 동료는 600만 원 인상되는 안이다. 제2안은 당신과 당신 동료의 연봉이 각각 200만 원씩 인상되는 안이다. 설문조사 결과 십중팔구는 제2안을 선택했다. 이는 왜 1인당 GDP가 2,800달러 정도밖에 안 되는 부탄 같은 나라에서 행복지수가 높고 1인당 GDP가 5만 5,000달러가 넘는 미국이나 2만 7,000달러가 넘는 한국에서는 행복지수가 낮은지에 대한 부분적인 설명이 될 것이다.

물론 소득불평등을 낮추려면 우선 절대적 빈곤을 줄이는 것도 중요하다. 빈곤율은 보통 한 달 소득이 법으로 정한 최저생계비에 미치지 못하는 절대빈곤 가구가 전체 가구에서 차지하는 비율을 나타낸다. 최저생계비에 대한 정의는 각 나라마다 다르기 때문에 빈곤율의 국가 간 비교는 별 의미가 없다. 다만 OECD에서는 빈곤율을 중위소득의 반에 미치지 못하는 계층이 전체 인구에서 차지하는 비율로 정의하기 때문에 이를 기준으로 국가 간 빈곤율을 비교하는 것은 가능하다.

OECD 기준에 의하면 한국의 빈곤율은 2010년에 14.9%로서 OECD 평균 11.1%보다 높지만 16%인 일본보다는 약간 낮다. 그러나 65세 이상의 빈곤율은 48.6%로 OECD 국가들 가운데 가장 높다. 빈곤율은 한 나라에서의 절대적 빈곤수준을 나타내기 때문에 선진국의 빈곤율이 후진국의 빈곤율보다 높을 수도 있다. 미국은 빈곤율이 세계에서 가장 높은 국가군에 포함된다. 이는 미국의 최저생계비 수준이 다른 나라보다 월등히 높기 때문이다.

소득불균등은 빈곤과 다르다. 빈곤율이 '배고픔'의 측정(절대적 비교)이
라면 소득불균등은 '배 아픔'의 측정(상대적 비교)이다. 일반적으로 소득불
평등을 측정하기 위한 지표로서는 지니계수가 보다 보편적으로 사용되
고 있다.

7

로렌츠곡선과
지니계수

이탈리아의 통계학자이자 사회학자인 코라도 지니Corrado Gini가 1912년에 개발한 지니계수는 소득불평등을 측정하는 지수로서 가장 널리 사용되고 있다. 지니계수는 로렌츠곡선Lorenz curve을 근거로 측정된다. 로렌츠곡선은 가로축에 저소득층부터 고소득층까지 인구의 누적백분율을, 세로축에 저소득층부터 고소득층까지 소득의 누적백분율을 표시한다. 즉 가로축에 전체 인구를 저소득층부터 일렬로 세운다. 여기에서 인구의 10%를 취하고 그다음 인구의 20%를 취하며 맨 나중에는 인구의 100%를 취한다. 이것이 인구의 누적백분율이다. 세로축에는 각 개인의 소득을 저소득층부터 일렬로 세운다. 여기에서 소득의 10%를 취하고 그다음 소득의 20%를 취하며 맨 나중에는 소득의 100%를 취한다.

인구의 누적백분율 10%와 소득의 누적백분율 10%가 만나는 점을 구하고 그다음 인구의 누적백분율 20%와 소득의 누적백분율 20%가 만나는 점을 구하며 이를 누적백분율 100%까지 계속한다. 이 점들을 연결하면 로렌츠곡선을 얻게 된다. 편의상 인구(또는 소득)의 10%, 20%, 30%…… 를 취한다고 가정했지만 실제로는 다른 많은 조합을 취할 수 있다.

만약 저소득층부터 계산하여 인구의 10%가 소득의 10%를 차지하고 인구의 50%가 소득의 50%를 차지하며 인구의 90%가 소득의 90%를 차지한다면 이는 소득분배가 완전히 평등하다는 것을 말해준다. 이처럼 로렌츠곡선이 45도 직선의 대각선으로 나타나는 경우 바로 소득분배 균등선이 된다. 그러나 보통 로렌츠곡선은 대각선 밑으로 오목한 형태의 곡선을 취하게 된다. 우리는 여기에서 소득분배 균등선(45도 직선)과 가로 및 세로축이 이루는 삼각형의 면적(A)를 구하고 그다음 소득분배 균등선과 로렌츠곡선 사이의 면적(B)를 구한다. 그러면 지니계수는 이 두 면적의 비율(B/A)로 주어진다.

지니계수는 보통 0부터 1(100%)의 값을 취한다. 극단적인 경우로 모든 소득이 한 사람에게 집중된 사회를 생각해보자. 그러면 로렌츠곡선은 가로축과 세로축을 연결하는 선이 될 것이며 그 면적은 A와 같아진다. 이 경우 두 면적의 비율인 지니계수는 1이 된다. 반대로 소득분배가 완전히 평등하게 이루어진 사회에서 로렌츠곡선은 45도 대각선과 일치하며 B의 면적은 0이 된다. 이 경우 두 면적의 비율인 지니계수는 0이 된다. 이와 같이 지니계수의 값이 0에 가까울수록 소득불평등의 정도가 낮다는 것을 의미하며 1에 가까울수록 소득불평등의 정도가 높아진다는 것을 의미한다. 보통 지니계수가 0.4(40%)를 넘으면 소득분배의 불평등이 심한 것으로 간주된다.

2009년 세계은행이 발표한 지니계수만 놓고 볼 때 지구상에서 소득이 가장 평등하게 분배되는 나라는 일본(0.25), 덴마크(0.25), 스웨덴(0.25)이

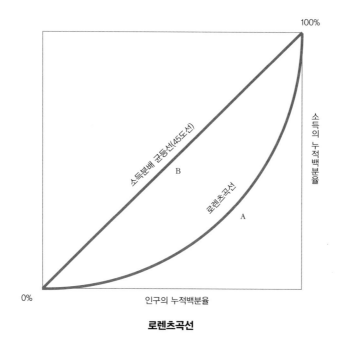

100%

소득분배 균등선(45도선)

B

로렌츠곡선

A

소득의 누적백분율

0%

인구의 누적백분율

로렌츠곡선

며, 가장 불평등하게 분배되는 나라는 아프리카의 나미비아(0.74), 남아
프리카(0.67), 보츠와나(0.61) 등이다. 남미의 대부분 나라들은 지니계수
가 0.5보다 높은 반면, 상당수의 유럽 국가들은 0.3 이하이다. 자본주의
의 상징인 미국은 지니계수가 0.47로서 비교적 높은 편이며, 계획경제의
상징인 중국은 미국과 비슷한 0.42이다. 아시아의 네 호랑이 중 한국의
지니계수(0.32)가 가장 낮고 싱가포르(0.42), 홍콩(0.43)이 그 뒤를 잇는다.

그러나 한국의 비교적 낮은 지니계수는 자세히 살펴보면 빛 좋은 개살
구일 수 있다. 지니계수는 소득불평등의 정도를 측정하는 지표로서는 유
용하지만 삶의 질을 측정해주는 지표는 아니다. 노동자가 근로소득으로
벌어들이는 수입을 보면 한국은 지난 25년간 복지의 질이 상대적으로 나

빠졌음을 알 수 있다. 1990년 노동자들이 번 소득(피용자 보수)이 총소득(GDP)에서 차지하는 비율(노동의 몫)은 45.5%였다. 이 비율이 2013년에는 43.7%로 낮아졌다. 소득분배가 상대적으로 노동자들에게 불리하게 이루어진 것이다.

노동자들의 소득이 상대적으로 쪼그라든 결과 가계소비지출이 GDP에서 차지하는 비율 또한 1990년 52.8%에서 2013년에는 48.6%으로 크게 줄었다. 이는 가계들이 그만큼 소비를 줄였음을 의미한다. 그렇다고 이 기간 중 가계가 소비를 줄이고 저축을 늘린 것도 아니다. 가계저축이 처분가능소득에서 차지하는 비율은 1990년 27.4%에서 2013년에는 20.6%로 오히려 낮아졌다. 요컨대 이 기간 중 소비를 줄이고 저축을 늘렸다기보다는 소득이 줄어든 탓에 소비와 저축을 함께 줄였다고 볼 수 있다.

그러면 이 기간 중 기업의 투자율이 그만큼 증가한 것일까? 총 고정자본형성(투자)이 GDP에서 차지하는 비율은 1990년 36.9%에서 2013년에는 29.7%로 오히려 줄어들었다. 그렇다면 그 많은 돈들은 다 어디로 간 것일까? 정부가 세금(간접세)으로 거두어들인 몫은 별 변동이 없다. 간접세가 GDP에서 차지하는 비중은 1990년 11.5%에서 2013년에는 10.1%로 약간 줄어들었다. 이 기간 중 특이한 현상은 기업이 노후한 자본을 대체하기 위해 적립한 감가상각액이 두 배로 늘어난 점이다. GDP에서 차지하는 감가상각액의 비중은 1990년의 10.4%에서 2013년에는 20%로 거의 두 배 가까이 증가했다. 이는 결국 GDP의 많은 몫이 기업의 소득으로 축적된 것으로 볼 수 있다. 사실 30대 재벌의 곳간에 축적된 사내유보금은 2015년 12월 현재 700조 원이 넘은 것으로 알려져 있는데, 이는 그동안 이명박 정부와 박근혜 정부 아래에서 이루어진 법인세 인하가 큰 기여를 한 것으로 보인다.

지니계수는 각국 간 소득불균형의 정도를 비교하는 데뿐만 아니라 한 나라의 소득불균형 정도가 시간의 흐름에 따라 어떻게 변화해왔는가를 파악하는 데도 유익한 정보를 제공한다. 사실 지니계수는 수치 자체도 중요하지만 추이도 그에 못지않게 중요하다. 한국의 지니계수는 2006년의 0.330에서 2013년에는 0.336으로 약간 높아졌다. 이는 소득불평등이 지난 10여 년 동안 전혀 개선되지 않고 오히려 약간 악화되었음을 말해준다.

지니계수와 함께 소득불평등의 정도를 나타내는 지표로서 자주 사용되는 것이 소득5분위배율이다. 이는 소득수준 최상위 20%(5분위)의 평균소득이 최하위 20%(1분위)의 평균소득의 몇 배가 되는지를 나타내는 배율이다. 가령 소득5분위배율이 10이라고 한다면 최상위 20%의 평균소득이 최하위 20%의 평균소득의 10배라는 것을 의미한다. 지니계수가 모든 소득계층을 대상으로 하는 데 반해 소득5분위배율은 최상위 5분위와 최하위 5분위의 소득만으로 소득불평등의 정도를 측정하기 때문에 소득분포가 얼마나 양극화되어 있는지를 보여준다. 한국의 소득5분위배율은 2006년에는 6.65였으나 2013년에는 7.60에 달했다. 이 기간 최상위 집단으로의 소득 집중이 더욱 심화되었음을 알 수 있다.

세계 억만장자의 분포를 보더라도 한국은 소득수준이 더 높은 일본에 비해 부익부 빈익빈 현상이 더욱 두드러지게 나타난다.《포브스》가 발표한 일본의 억만장자(자산 10억 달러 이상 보유자) 수는 2014년 24명으로서 이들이 소유한 총 자산은 978억 달러이다. 한편 한국의 억만장자 수는 30명으로서 이들이 소유한 총 자산은 775억 달러이다. 한국은 인구 5,000만 명에 억만장자 수가 30명인 데 반해 일본은 인구 1억 2,700만 명에 억만장자 수는 24명이다. 특히 일본은 억만장자들이 소유한 부가

GDP(4조 6,300억 달러)의 2.1%에 불과한 데 반해 한국은 억만장자들이 소유한 부가 GDP(1조 4,000억 달러)의 5.5%에 달한다.

이와 같이 한국은 상대적 박탈감으로 가슴앓이가 심한 사회이다. 많은 사람들이 오늘도 비가 내리는 황량한 거리를 걷는다. 롱펠로는 그의 시 〈비 오는 날The Rainy Day〉에서 "각 사람의 삶에 얼마간의 비는 꼭 내리는 법, 어둠과 쓸쓸한 날들이 얼마간은 반드시 있나니!"라고 사람들을 위로한다.

> *   날은 춥고 어둡고 을씨년스럽네.
>
> 비는 내리고 바람은 전혀 잦아들려고 하지 않는구나.
>
> 허물어져가는 벽에는 아직도 담쟁이덩굴이 달라붙어 있고
>
> 강풍이 불 때마다 죽은 낙엽은 땅에 떨어지네.
>
> 그리고 날은 춥고 쓸쓸하여라.
>
> 내 인생도 춥고 어둡고 쓸쓸하네.
>
> 비는 내리고 바람은 전혀 잦아들려고 하지 않네.
>
> 내 생각은 아직도 허물어져가는 과거의 벽에 붙어 있네.
>
> 그러나 불어오는 돌풍에 젊음의 희망은 번번이 꺾이네.
>
> 그리고 날들은 어둡고 쓸쓸하여라.
>
> 슬픈 가슴이여, 잠잠하여라!
>
> 그리고 불평하는 것을 멈추어라!
>
> 먹구름 뒤에는 밝은 태양이 빛나고 있다.
>
> 그대의 운명도 모든 이가 겪는 같은 운명인 것을.
>
> 각 사람의 삶에 얼마간의 비는 꼭 내리는 법
>
> 어둡고 쓸쓸한 날들이 얼마간은 반드시 있나니!

8

성장이 먼저냐
복지가 먼저냐

지금 한국에서는 성장과 복지의 우선순위를 둘러싼 논쟁이 뜨겁다. 적어도 복지에 관한 한 한국은 후진국에 속한다. 서구 복지국가들이 고부담-고복지를 지향해온 것과는 달리 한국은 지금까지 저부담-저복지를 유지해왔다고 볼 수 있다. '성장이 먼저냐 복지가 먼저냐' 하는 논쟁은 어떻게 보면 '닭이 먼저냐 달걀이 먼저냐'의 논쟁처럼 영원히 풀리지 않는 문제일 수 있다. 달걀과 닭의 선후 논쟁에서 보듯이, 성장과 복지도 우선순위를 분명히 결정할 수 있는 확실한 기준이나 근거는 없다. 다만 우리가 서로 다른 주장 가운데 하나를 택해야 한다면 레이거노믹스와 오바마노믹스가 하나의 가이드라인을 제공해줄 수 있을 것이다. 레이건 대통령의 경제정책은 '경제성장이 중산층의 강화(복지)를 가져온다'는 낙수효과에 바탕을 둔다. 반면 오바마 대통령의 경제정책은 '중산층 경제의 강화(복지)가 경제성장을 촉진시킨다'는 역류bottom-up효과에 중점을 둔다.

레이거노믹스는 물이 위에서 아래로 흐르듯 위에서 경제가 활성화되면 과실이 밑으로 흘러내린다는 것이다. 경제가 성장하면 세수입이 늘어 복지에 대한 재원도 확보될 수 있다고 본다. '성장이 복지보다 먼저'라는 입장이다. 한국의 일부 보수정치인들 가운데 존 F. 케네디John F. Kennedy 대통령이 말한, "밀물은 모든 배를 띄운다"는 '밀물론'을 즐겨 인용하는 사람들이 있다. 밀물론도 성장의 중요성을 강조했다고 볼 수 있지만, 이를 선성장론과 궤를 같이하는 것으로 확대해석하는 것은 무리다.

반면 오바마노믹스는 '아궁이' 경제학이라고 볼 수 있다. 밑에서 군불을 때면 온기가 위로 올라가 모든 방을 따뜻하게 한다는 인식에서 출발한다. 아랫목이 먼저 따뜻해져야 윗목이 따뜻해진다는 논리이다. '복지가 성장보다 먼저'라는 입장이다. 오바마 대통령은 2015년 연두교서에서 다음과 같이 선언했다. "특정 소수에게만 좋은 경제를 택할 것인가, 노력하는 모든 사람의 소득과 기회를 확대하는 경제를 택할 것인가? 답은 자명하다. 중산층 경제다." 경제의 근간을 이루는 중산층이 튼튼해져야 경제가 균형 있게 성장한다고 본 것이다.

나는 다산 정약용의 시에서 '아궁이론'의 영감을 얻었다. 다산 정약용은 유배지인 도암 만덕산에서 16년 동안 유배생활을 하면서 수백 권에 이르는 방대한 저술을 남겼다. 그 가운데 다산의 사상을 집대성한 책이 《목민심서牧民心書》이다. 다산은 만덕산의 풍치를 자양분으로 삼아 왕성한 저술활동을 했을 것이다. 강진만을 따라 하얗게 펼쳐진 갈대밭의 갈잎들이 너울춤을 추는 것을 보면서 타향에서 흔들리는 마음을 달랬을지도 모른다. 푸른 해안을 따라 빨갛게 수놓인 동백꽃을 보고 남도의 향기와 아름다운 정취에 흠뻑 젖었을지도 모른다. 이러한 분위기에서 그는 차에 관해 남다른 애착을 보였다. 다산이 직접 시문 등을 쓴 서첩인《다산사경첩茶山四景帖》에는 그가 거처했던 다산초당 주변의 아름다운 경관이 묘사되어 있으며, 차에 관한 다산의 생각도 깃들어 있다.《다산사경첩》은 경세에 관한 그의 사상을 나타낸 것은 아니지만 "아궁이엔 불길 깊이 들어가고…… 두 굴뚝에 가는 연기 피어나네"라는 구절은 아궁이론과 일맥상통하는 표현인 것 같아 읊는 맛이 감미롭다.

> *   푸른 돌 평평히 갈아 붉은 글자 새겼으니
>   차 끓이는 조그만 부뚜막 초당 앞에 있구나.
>   반쯤 다문 고기 목 같은 아궁이엔 불길 깊이 들어가고
>   짐승 귀 같은 두 굴뚝에 가는 연기 피어나네.
>   솔방울 주워다 숯 새로 갈고
>   매화 꽃잎 걷어내고 샘물 떠다 더 붓네.
>   차 많이 마셔 정기에 침해됨을 끝내 경계하여
>   앞으로는 단로를 만들어 신선 되는 길 배워야겠네.•

아랫목을 따뜻하게 지피면 결국 불길이 윗목을 데우고, 제 역할을 다한 땔감은 마침내 가는 연기가 되어 아름답게 연소되는 과정은 '밑에서부터 올라오는 경기효과'와 비슷한 이치를 담고 있다.

복지 논쟁과 관련해서 한 가지 분명한 사실은 1인당 소득이 어느 수준에 달하면 복지에 대한 요구가 그만큼 강해진다는 점이다. 박정희 전 대통령은 유신체제의 명분으로 "10월 유신-100억 달러 수출-1,000달러

•   《다산사경첩》의 번역은 다음을 인용했다. '대표 유물 10점으로 만나는 정약용',《중앙일보》(2012년 7월 5일자).

소득"이라는 슬로건을 내걸었다. 이 슬로건은 1인당 국민소득이 1,000달러에 이를 1980년까지 자유나 복지에 대한 요구를 접어달라는 주문을 함축하고 있었다. 그러나 자유에 대한 유보는 국민들의 저항으로 더 이상 유지하기 어려워졌고 결국 유신체제는 1980년이 되기 전인 1979년 10월 무너지고 말았다. 그러나 복지에 대한 유보는 그 후에도 몇십 년이나 끌어오고 있다.

복지에 대한 요구는 1인당 국민소득 3만 달러를 눈앞에 둔 현 시점에서 더 이상 뭉그적거릴 명분이 없다. 그러나 아직도 '성장이 먼저'라는 구호 아래 복지 논쟁은 평행선을 달린다. 이제는 성장이 먼저냐 복지가 먼저냐 하는 소모성 논쟁보다는 복지에 따르는 재원을 어떻게 마련할 것인가에 방점을 찍어야 할 시점이다. 복지의 범위를 어떻게 설정할 것인가도 복지정책의 핵심적인 내용이다. 일할 능력이 없는 사람에게는 복지의 혜택을 주고, 일할 능력은 있지만 경쟁에서 뒤처져서 일을 못하고 있는 사람에게는 일할 기회를 제공하는 정책이 필요하다.

흔히 사람들은 복지를 추진하되 '놀고먹는 복지'가 아니라 '일하는 복지'를 지향해야 한다고 주장한다. "물고기를 주는 대신 물고기를 잡는 방법을 가르친다"는 유대인의 속담과 같은 맥락이다. 그러나 우리 사회에는 일할 능력이 없는 사람들이 많다. 그들에게 일하는 복지를 강요하는 것은 여우가 두루미를 초청해서 음식을 접시에 담아 대접하는 것과 별반 다르지 않다.

물론 일할 능력이 있는 사람에게 놀고먹는 복지를 제공하는 것은 문제가 많다. 이와 관련해서 재미있는 에피소드가 있다. 캘리포니아 몬테레이 해안에는 낚시터가 많다. 이곳의 낚시꾼들은 고기를 잡은 후 남은 생선 찌꺼기들을 달려드는 펠리컨들에게 던져주었다. 펠리컨은 처음에는 한

두 마리씩 몰려오더니 시간이 지날수록 그 수가 점점 늘어났다. 펠리컨들은 점차 낚시꾼들이 던져준 생선 찌꺼기를 먹는 데 익숙해져 스스로 바닷물에 들어가 고기를 잡으려고 하지 않았다. 너무 많은 펠리컨 떼가 몰려들자 골머리를 앓게 된 시당국은 펠리컨들에게 먹이를 주는 행위를 금지시켰다. 이후 먹지 못해 굶어죽은 펠리컨들이 여기저기서 발견되었다. 학자들은 이를 기이하게 여기고, 캘리포니아 남쪽 해안에서 이러한 습관에 물들지 않은 펠리컨들을 이곳으로 이주시켰다. 그러자 펠리컨의 떼죽음은 더 이상 일어나지 않았다.

9 복지재원을 어떻게 마련할 것인가

유레카의 지혜

복지라는 목표를 향한 긴 여정에서 한국은 어디쯤 와 있을까? 단지 여행이 아직 끝나지 않았다는 사실만 알 수 있을 따름이다. 복지재원의 마련이라는 오디세이(긴 여정)는 아직 끝나지 않았다. 터키의 시인 나짐 히크메트Nazim Hikmet는 〈진정한 여행A True Travel〉에서, 어느 길로 가야 할지 더 이상 알지 못할 때, 그때가 바로 진정한 여행이 시작되는 때라고 노래한다.

* 가장 위대한 시는 아직 쓰이지 않았다.

가장 아름다운 노래는 아직 불리지 않았다.

가장 영광스러운 날들은 아직도 살아보지 않은 날들이다.

가장 광활한 바다는 아직 도달해보지 못했고

가장 긴 여행은 아직 끝나지 않았다.

불멸의 춤은 아직 추어지지 않았으며

가장 빛나는 별은 아직 발견되지 않았다.

우리가 무엇을 해야 할지 더 이상 알지 못할 때

그때가 비로소 우리가 참된 무엇인가를 할 수 있는 때이다.

어느 길로 가야 할지 더 이상 알지 못할 때

그때가 바로 진정한 여행이 시작되는 때이다.

사회복지를 늘리면 정부지출이 증가한다. 정부지출이 증가하면 흑자를 유지하지 않는 한 예산적자는 불가피하며, 정부는 복지에 필요한 자원을 마련해야 한다. 복지를 지원하기 위한 자원에는 한계가 있다. 우리에게 지금 고대 그리스의 철학자 아르키메데스Archimedes가 외친 '유레카Eureka'의 지혜가 필요할지 모른다. 복지로 빠져나가는 만큼의 돈이 다른 데서 들어와야 하기 때문이다.

아르키메데스는 왕으로부터 새로 만든 금관의 순도를 알아보라는 명령을 받았다. 방법을 고민하며 목욕탕에 몸을 담근 순간 그는 갑자기 영감을 얻어 "유레카!"를 외쳤다. 유레카는 '알았다. 나는 그것을 알아냈다'를 의미한다. 목욕탕 안에 담근 신체의 부피만큼 물이 밖으로 넘치는 비중원리를 발견했던 것이다. 그는 너무 흥분한 나머지 목욕탕에서 나와 벌거벗은 채로 그가 살던 도시인 시라쿠사의 거리를 뛰어다녔다고 전해진다.

복지에 필요한 재원을 마련하기 위해서는 네 가지 방안이 가능하다. 첫째는 정부의 지출 구조를 조정하는 방안이다. 세입은 한정되어 있기 때문에 정부의 지출에 대한 우선순위를 재조정하는 것이다. 예를 들어 복지를 위해 국방이나 교육을 위한 지출을 줄이는 것이다.

둘째는 세금을 늘리는 방법이다. 그러나 세금을 인상한다는 것은 정치적으로 다수의 공감을 얻어야 하는 어려움이 있다. 이 두 가지 방법 가운데 어느 것 하나 만만치가 않다.

세 번째로는 중앙은행으로 하여금 돈을 더 찍게 하고 이를 빌려서 복지재원을 마련하는 방법이다. 그러나 이 또한 선진국에서는 세금 인상만큼이나 어렵다. 선진국의 중앙은행들은 정부로부터 정치적으로 독립되어 있어 정부가 돈을 빌려달라고 요청해도 쉽게 응하지 않는다. 무엇보다도 '재정적자의 화폐화'는 인플레이션에 이르는 길이므로 정부 스스로가 이러한 관행을 택하려고 하지 않는다.

마지막은 정부가 일반투자자들로부터 돈을 빌리는 것이다. 이는 필연적으로 정부부채의 규모를 키우는 결과를 가져온다. 정부부채가 반드시 나쁜 것은 아니지만, 그 규모가 통제할 수 없을 정도로 커질 경우 문제가 심각해진다. 그만큼 정부가 부담하는 이자지급이 늘어나기 때문이다. 정부부채에 대한 이자지급은 다음 해의 예산지급 항목으로 계상되어야 하므로 정부의 예산운영은 계속 어려워진다. 일본의 경우 GDP 대비 정부부채의 비율이 2014년 현재 260%에 이른다.

그렇다면 정부지출과 정부부채의 증가는 실제로 소득불균형을 완화시키는 효과가 있는가? 정부부채가 모두 복지 증진과 소득불균등 축소를 위해서 사용되는 것은 아니다. 그러나 단순 통계분석의 결과에 의하면 정부부채가 늘어나면 지니계수가 낮아지는 것으로 나타난다. 이는 정부부채가 늘어나면 소득불균등이 그만큼 낮아진다는 것을 의미한다. 결국 정부지출과 정부부채의 증가는 소득불균등을 완화하는 효과를 가져오는 셈이다.

그러나 정부가 무한정 빚을 내서 복지 잔치를 벌일 수는 없다. 이러한 관점에서 볼 때 네 가지 가능한 선택(여타 부분의 정부지출 축소, 증세, 중앙은행으로부터의 차입, 해외차입을 비롯한 민간으로부터의 차입) 가운데 현실적으로 가장 책임 있는 선택은 증세일 것이다. 하지만 증세는 어느 나라에서나 정치적 뇌관이다. 정치인들에게는 지뢰밭을 밟는 것과 같아서 선뜻 시행하기 어렵다. 그만큼 용기와 결단을 요구한다. 재정은 빠져나가는 만큼 채워야 하며, 증세를 통한 복지비용의 마련은 포퓰리즘 차원이 아니라 진정성을 보여주는 책임 있는 조치여야 한다.

증세(또는 감세)를 할 때 고려해야 할 두 가지 기준이 있다. 하나는 증세가 경기에 미치는 영향이고, 다른 하나는 증세가 가져올 조세저항이다.

우선 증세는 경기에 좋지 않은 영향을 미친다. 증세에서 오는 여러 가지 부정적인 효과를 최소화하려면 증세는 경기에 가장 작은 영향을 주는 방향으로 설계되어야 한다. 예를 들어 기업에 대한 법인세를 올리는 것이 좋은가, 아니면 소비자에 대한 소비세(부가세)를 올리는 것이 좋은가를 판단할 때는 어떤 선택이 경기에 더 작은 충격과 영향을 줄 것인가가 기준이 되어야 한다. 법인세를 올릴 경우 기업들의 투자의욕이 꺾일 수 있고 소비세를 올릴 때는 소비자들의 소비심리가 위축될 수 있다. 일반적으로 법인세 인상이 소비세 인상보다 경기에 더 좋지 않은 영향을 미치는 것으로 알려져 있다. 일부 학자들은 직접세(법인세)에 대한 증세보다는 간접세(부가세)에 대한 증세가 한계 유인책에 가장 적은 영향을 미치는 것으로 이해하고 있다. 그러나 미국경제에 관한 한 그러한 주장이 반드시 타당한 것은 아니다.

필자는 미국 부시 대통령이 2001년과 2003년 두 차례에 걸쳐 단행한 대대적인 감세조치가 기업투자에 긍정적인 영향을 미쳤는지를 조사했다. 연구 결과에 의하면, 이른바 '부시 감세Bush tax cuts'는 기업투자를 촉진하는 데 실패한 것으로 나타났다. 경우에 따라서 오히려 기업투자에 부정적인 영향을 미친 것으로 분석되었다. 이를 반대로 해석하면 법인세 인상이 기업투자의 감소를 가져온다는 주장이 반드시 타당하다고 볼 수 없다는 증거가 된다. 복지재원을 마련하기 위한 증세를 고려할 때 참고가 될 만한 내용이다.[•]

두 번째는 어떤 조세의 인상이 납세자의 저항을 가장 적게 유발하느냐 하는 점이다. 일반적으로 간접세에 대한 증세가 '거위의 비명을 최소화하면서 깃털을 뽑는' 가장 효과적인 방법으로 알려져 있다. 다시 말해서 부가세가 인상될 경우에는 소비자가 받는 충격과 경제에 미치는 영향이 단기적일 수 있으며 정치적 저항도 더 작을 수 있다. 그러나 간접세는 자중손실deadweight loss이 보다 크게 나타난다는 문제점을 안고 있다. 세금을 인상할 경우 소비자와 생산자의 잉여가 줄어드는데 이는 이 잉여분이 정부의 세수입으로 이전되기 때문이다. 그런데 소비자와 생산자가 잃게 되는 잉여가 정부가 얻게 되는 잉여보다 더 큰 경우가 있다. 그 차이는 한 나라의 경제에서 완전히 사라지는 손실이다. 이를 자중손실이라고 한다.

•   Yuhn, K. H. and Christopher Bennett, "A Note on the Bush Tax Cuts: Did They Succeed in Stimulating U. S. Business Investment?" *Macroeconomic Dynamics*(2016).

10 거위 깃털 뽑기

한국에서 복지 문제가 최대의 경제 현안으로 떠오르자 복지재원을 마련하기 위한 여러 가지 방안이 논의되고 있다. 한국 정부는 지하경제 양성화와 함께 세제 개편안도 검토해왔는데 세제 개편은 어느 시대, 어느 나라에서든 순풍에 돛 단 듯 이루어지지는 않는다. 박근혜 정부가 추진하고 있는 세제 개편안에 대한 비판이 고조되자 청와대는 "거위의 깃털을 살짝 빼는 것"이라는 방어 논리까지 동원해가며 진화에 나섰다.

프랑스 루이 14세 때 재무장관을 지낸 장 바티스트 콜베르Jean Baptiste Colbert가 "조세의 예술은 거위가 비명을 지르지 않도록 최대한 많은 깃털을 뽑는 것"이라고 말한 데서 유래된 거위 깃털 비유는 조세행정 분야에서 유명한 경구 중 하나이다. 깃털(세금)을 많이 얻으려고 거위(납세자)를 함부로 다루면 거위가 비명을 지르게 되는 만큼, 세수 확보를 위해 급격히 세율을 높이거나 세목을 늘려선 안 된다는 취지이다.

한국에서 거위 깃털 논쟁이 벌어졌을 때 사람들은 콜베르의 말 가운데 "최대한 많은 깃털을 뽑는 것"에 보다 무게를 두고 콜베르주의의 진실을 오해한 측면이 있었다. 사실 콜베르는 "거위가 비명을 지르지 않도록" 형평과세의 실현에 역점을 두었다. 복지를 위해서 최후의 수단으로서 증세가 불가피하다면 국민에게 최소한의 고통을 주는 방향으로 이루어지는 것이 바람직하다는 것이다.

가혹한 세금징수에 과감히 항거한 전설적인 여인이 있다. 11세기에 영국의 소도시인 코번트리 시내를 벌거벗은 채 말을 타고 돈 것으로 알려진 고디바 부인Lady Godiva에 관한 이야기이다. 그녀는 남편인 리어프릭Leofric 백작이 코번트리 주민들에게 과도한 세금을 부과한 것을 못마땅하게 생각하면서 고통 받는 그들에게 동정심을 품었다. 여러 번 남편에게 세금 감면을 간청했지만 그는 번번이 거절했다. 그럼에도 부인이 계속 간청하자 남편은 만약 그녀가 벌거벗은 채 말을 타고 시내를 한 바퀴 돌면 청을 들어주겠다고 제안했다. 고디바 부인은 남편의 약속을 믿고 코번트리의 모든 주민들에게 창문을 닫고 집 안에 머물러 있으라는 포고령을 내렸다. 그녀의 몸을 가린 것은 오직 긴 머리카락뿐이었다. 마침내 그녀의 남편은 약속을 지켜 악명 높은 세금을 폐지했다.

'고디바'라는 이름에는 '신의 선물'이라는 의미가 담겨 있다. 세금 감면은 납세자에게 신의 선물과 같은 것일지도 모른다. 역사적으로 과세자와 납세자 사이에서는 언제나 힘의 줄다리기가 이어져왔다. 과도한 세금에 저항하기 위해 폭력적인 방법이 동원되거나 피의 투쟁이 전개되기도 했다. 국민의 대표기관인 의회가 탄생한 배경에도 과도한 세금에 대한 저항이 있었다. 고디바 부인은 가장 부드러운 방법으로 지나친 과세에 저항했다는 점에서 사람들로부터 추앙의 대상이 되기도 한다. 고디바 부인의 이

존 콜리어, 〈고디바 부인〉(커터시 오브 허버트 아트 갤러리 앤 뮤지엄 소장)

야기는 많은 예술과 문학의 소재가 되었다. 존 콜리어John Collier가 1897년에 그린 그림이 유명하며, 2015년에는 고디바 부인을 소재로 한 엘리자 레드골드Eliza Redgold의 소설 《벌거벗은 자Naked》가 출간되기도 했다. 그러나 오늘날 고디바는 그녀의 고귀한 뜻과는 관계없이 초콜릿 브랜드로 더 유명해졌다.

8강 ____

저축, 투자
그리고
무역

숲의 생태계를 건전하게 유지시키는 요소들은 적당한 양의 햇살과 수량 그리고 통풍이다. 이 요소들이 부족하면 나무들은 누렇게 마르고 숲은 건강을 잃는다. 경제도 마찬가지이다. 한 나라의 경제가 계속 성장해야 소득수준도 높아지고 국민들의 생활도 윤택해진다. 그러나 한 나라의 저축과 투자와 무역이 제대로 이루어지지 않으면 숲이 말라가듯 경제도 침체된다. 투자는 경제성장을 위한 필수 요소로 저축에 의해서 뒷받침된다. 한 나라의 저축이 그 나라의 투자에 필요한 자금보다 적을 경우 그 나라는 무역을 통해 다른 나라에서 부족한 자금을 빌려와야 한다. 이와 같이 경제에서 저축과 투자와 무역은 숲의 생태계를 복원시키는 햇살과 수량과 통풍과 같은 요소들이다.

1 ━━━ 저축과 인생찬가

숲속에서 그늘에 가려 성장이 더딘 나무들을 다시 싱싱하게 자라게 하기 위해서 가장 먼저 필요한 것은 햇빛이 그늘진 곳까지 들게 하는 것이다. 필요하면 물과 비료도 주어야 할 것이다. 여기에서 햇빛은 경제성장의 원동력이 되는 투자이다. 그리고 통화정책은 숲을 가꾸는 데 필요한 물에 비유될 수 있고, 재정정책은 비료에 비유될 수 있다.

한 나라의 경제성장에 가장 중요한 요소는 투자와 기술진보이다. 투자와 기술진보의 관계는 바늘과 실의 관계와 같다고 볼 수 있다. 기술진보를 위해서는 투자가 필수적이다. 투자가 이루어지면 기술진보가 따른다. '투자 가는 데 기술이 간다.' 이런 관계는 내생적 성장이론endogenous growth theory의 핵심 내용이다. 투자는 자본의 증가를 말하며, 투자를 위한 재원은 한 나라의 저축으로 마련된다. 경제학에서 중요시하는 균형이란 바로 저축과 투자가 일치할 때 가능해진다. 경제의 각 부문이 균형을 이루는 상태를 일반균형이라고 하는데 가계, 기업, 정부 및 해외 부문을 포함한 일반균형은 국가저축(민간저축＋예산흑자)이 총투자(민간투자＋무역흑자)와 같을 때 이루어진다. 저축은 이와 같이 개인의 부를 축적하는 바탕이자 경제성장을 가능케 하는 원천이다.

저축은 가처분소득에서 소비를 하고 남은 금액이다. 이 관계로부터 알 수 있듯이 개인이 소비를 많이 하면 저축할 여력이 떨어지며, 소비를 줄이면 그만큼 저축할 여력도 늘어난다. 한국은 경제개발을 의욕적으로 추진하던 1960~1970년대에 "저축은 미덕이다"라는 슬로건을 내걸고 온 국민이 저축을 하느라 허리띠를 졸라매었다. 정부는 매년 '저축왕'을 선발해 포상했다. 그러나 이는 흘러간 이야기가 되었다. 한국도 이제 고도소비시대로 접어들면서 개인저축이 급격히 줄고 있다.

최근 일본인들의 저축행위는 더 극적이다. 저축은 1960~1970년대 일본의 고도성장을 이끈 원동력이었다. 그러나 일본은 2013년 회계연도에 −1.3%의 개인저축률을 기록했다. 이는 개인의 가처분소득이 100엔일 경우 소비에 101.3엔을 썼다는 이야기가 된다.

저축은 개인의 재산형성에 매우 중요한 원천이다. 은퇴 후 생활을 위한 사회안전망이 잘 발달한 미국이나 다른 선진 경제에서는 임금(퇴직금 포함)과 이자 및 배당소득으로부터 모은 저축과 정부로부터 받는 이전소득이 은퇴 후 소득의 주종을 이룬다. 이전소득은 미국의 사회보장금, 한국의 국민연금이나 저소득층에 대한 보조금 등 생산의 대가로 받는 것이 아니라 정부로부터 받는 일종의 선물이다. 그러나 한국에서는 그동안 저축보다 부동산 투자로 벌어들인 자산이 은퇴 후 주된 소득원이었다. 부동산 투자수익에 의한 은퇴 준비는 가진 사람을 더 부유하게 하고 못 가진 사람을 더욱 가난하게 만들어, 은퇴한 대다수 사람들의 생활을 더욱 힘겁게 만드는 구조가 되었다. 또한 부동산에 대한 투자수익은 미래 소득의 흐름을 예측하는 것을 어렵게 만든다. 그에 비해 저축을 통한 자산의 축적은 소득의 흐름을 예측하는 것이 가능하며 따라서 미래의 안정적인 소비를 위해서는 자산 구성에서 저축의 비중이 높아야 한다.

저축은 '일해서 번 돈을 지금 쓰지 않고 미래의 소비를 위해서 기다리는 행위'라고 볼 수 있다. 롱펠로는 그의 시 〈생의 찬미 Psalm of Life〉에서 이를 노래하고 있다. 우리가 은퇴 후 인생찬가를 부르려면 열심히 일해서 저축을 통해 은퇴 자금을 마련하는 것이 중요하다. "우리 일어나 일하자. 어떠한 운명에 대해서도 애정을 갖고…… 우리 일하며 기다리는 것을 배우자"라는 구절은 마치 저축을 장려하는 노래처럼 들린다.

*   슬픈 곡조로 나에게 말하지 말라.
　　"인생은 공허한 꿈에 지나지 않는다"고!
　　잠자는 영혼은 죽은 것이다
　　사물은 보이는 그대로가 아니다.
　　인생은 참된 것! 인생은 진지한 것이다!
　　무덤이 그의 목적지는 아니다.
　　"너는 흙이니 흙으로 돌아가리라."
　　이는 영혼을 두고 하는 말은 아니다.
　　기쁨이나 슬픔은 우리가 가는 목적지의
　　끝도 아니요 길도 아니다.
　　제각기 내일 더 먼 곳에서
　　우리를 발견하도록 행동하는 것이다.
　　예술은 길고 시간은 덧없이 흘러간다,

우리의 심장은 강하고 용감하지만,

마치 소리 죽인 북처럼, 무덤을 향해

장례식의 행진곡을 치며 나아간다.

이 세상의 넓은 전쟁터에서,

인생의 거친 야영장에서,

말 못하고 쫓기는 소떼처럼 되지 말고……

투쟁에서 이기는 영웅이 되라!

아무리 즐거워도 미래를 믿지 말라.

죽은 과거로 하여금 죽은 자를 묻게 하라.

안에는 용기를 갖고, 위로는 하나님을 바라보며.

행동하라…… 살아 있는 현재 속에서 행동하라.

위인들의 생애는 모두 우리에게 상기시켜준다.

우리도 최고의 삶을 만들 수 있고

떠날 때는 시간이라는 모래터 위에

발자국을 남겨놓을 수 있으리라는 것을.

아마도 다른 사람이

엄숙한 생의 바다를 향해 항해하다가 남겨놓은 발자국을

홀로 외롭고 난파당한 형제가 보면

다시금 기운을 얻게 되리라.

그러나 우리 일어나 일하자.

어떠한 운명에 대해서도 애정을 갖고

꾸준히 완성하고 꾸준히 추구하면서

우리 일하며 기다리는 것을 배우자.

2 — 절약의 역설

  우리는 저축과 근검절약을 미덕으로 삼는 전통 속에 살아왔다. 근검절약은 지금도 가치 있는 생활규범이며, 특히 저축은 은퇴 후의 여유로운 삶을 유지하는 데 필수적이다. 그러나 저축이 모든 상황에서 타당한 것은 아니다. 먼저 '합성의 오류'를 이해할 필요가 있다. 합성의 오류란 '부분적으로 타당한 것은 전체적으로도 타당하다'고 믿는 오류이다. 어떤 현상이 부분적으로 타당하더라도 전체적으로 반드시 타당한 것은 아니다. 저축이 이에 해당한다. 저축을 많이 할수록 개인은 부유해진다. 그러나 국가는 부유해지지 않는다.

  저축은 장기적으로는 투자를 뒷받침해서 경제성장을 가능하게 하는 성장의 원동력이지만, 단기적으로는 경제를 침체에 이르게 하는 걸림돌이 되기도 한다. 특히 경제가 불황의 늪에 빠져 있을 때 저축은 경제의 회복을 더디게 하는 원인이 될 수도 있다. 저축의 양면성을 알아보기 위해 저축이 단기적인 경기변동과 장기적인 경제성장에 미치는 영향을 살펴보자.

장기적인 경제성장을 유지하기 위해서는 투자가 뒷받침되어야 한다. 공장을 새로 짓고 기계와 설비를 설치하며 기술을 개발하는 것은 장기적인 경제성장을 위한 기본 요건이다. 투자를 위한 재원은 주로 민간이 금융기관에 저축한 돈이나 기업이 사내에 유보한 돈(민간저축)으로 충당된다. 재정흑자(정부저축)도 투자를 위한 간접 재원이 된다. 따라서 저축을 많이 하면 할수록 그만큼 투자를 위한 재원이 많아지기 때문에 기업은 보다 저렴한 비용으로 투자를 늘릴 수 있다. 물론 채권이나 주식을 발행해 투자재원을 마련할 수도 있지만, 한국을 포함한 많은 나라에서는 금융기관으로부터의 차입이 투자재원의 가장 큰 비중을 차지한다.

그러나 민간저축과 정부저축을 합한 총저축total saving(국가저축national saving)이 투자수요에 미치지 못할 경우 투자가 위축될 수 있다. 저축에 의한 자금공급이 투자수요보다 작으면 금리가 높아져 투자비용이 증가하므로 경우에 따라서는 외국에서 돈을 차입해 오지 않으면 안 된다. 이 경우 국가채무가 늘어나며 국내에서 생산한 부의 일부가 외채에 대한 이자 지급으로 해외로 흘러나가게 된다. 이와 같이 장기적인 경제성장을 유지하기 위해서는 투자를 충분히 지원할 만한 국내저축이 뒷받침되는 것이 중요하다.

한국의 경우 2013년 총저축이 GDP의 30.1%인 반면 총투자는 GDP의 27.4%로서 총저축액이 총투자액보다 많았다. 중국도 총저축이 GDP의 49.7%인 데 비해 총투자는 GDP의 47.1%로서 역시 저축이 투자보다 많았다. 이 나라들은 총저축률이 다른 나라에 비해 상대적으로 높기 때문에 국내저축으로 투자수요를 충분히 지원하고 있다고 볼 수 있다. 그러나 미국은 총저축률이 GDP의 13.8%에 머물고 있는 반면 총투자율은 GDP의 16.8%로서 투자수요가 저축에 의한 자금공급보다 높다. 미국은 해외로부터 차입하지 않으면 국내의 투자수요를 충분히 지원할 수 없는 상황이다. 놀랍게도 세계 전체로 볼 때 총저축률은 세계 총 GDP의 24.4%이며 총투자율 또한 24.2%로 거의 비슷한 수준이다. 이는 세계 전체로 볼 때 자금수요(투자)와 자금공급(저축)이 거의 일치함을 보여준다.

그러나 저축이 단기적인 경기변동에 미치는 영향에서 저축의 또 다른 역할이 드러난다. 국민들이 저축을 많이 한다는 것은 그만큼 미래의 소비를 위해서 현재의 소비를 줄인다는 것을 의미한다. 이 경우 경제가 생산하는 많은 상품과 서비스가 잘 팔리지 않을 수 있다. 그러면 이 상품과 서비스를 생산하는 기업들은 생산을 줄이고 노동자를 해고할 수밖에 없는 상황에 빠진다. 결국 경기가 둔화되고 실업이 증가할 수 있다. 이를 '절약의 역설'이라고 한다. 특히 소비가 GDP의 3분의 2를 차지하는 미국 같은 고도 소비경제에서는 소비가 경기를 주도하는 엔진 역할을 하기 때문에 저축이 단기적인 경기변동에 미치는 영향은 지대하다.

그러면 저축을 많이 하는 것이 좋은가, 적게 하는 것이 좋은가? 저축이 GDP의 몇 %가 되어야 한다는 공식은 없다. 다만 경제가 장기적으로 성장하려면 지속적인 투자가 이루어져야 하므로, 이론적으로는 해외차입에 의존하지 않고 국내투자를 뒷받침할 수 있는 규모의 저축이 바람직한 수준이라고 말할 수 있다. 그러나 이러한 기준도 절대적이지 못하다. 어떤 나라는 다른 나라에 비해 더 많은 투자기회를 가질 수 있으며, 이런 나라는 보통 투자수요가 저축보다 높다. 이 경우 해외차입을 늘려 투자를 늘리는 것이 경제에 더 많은 혜택을 가져다줄 수 있다. 궁극적으로 자유시장경제에서는 저축과 투자가 일치하는 방향으로 실질금리가 조정될 것이다.

결론적으로 말하자면, 장기적인 경제성장과 은퇴 후 노후생활을 위해서는 저축을 많이 해야 한다. 그러나 경제가 침체에 빠져 있을 때는 불황 타개책으로 저축을 줄이고 소비를 늘리는 것이 전체 경제에 도움이 된다.

절약의 역설은 일본의 딜레마인 '잃어버린 20년'을 상징적으로 설명해준다. 일본 하면 사람들이 먼저 떠올리는 것이 그들의 근검절약하는 생활습관이었다. 그러나 경제가 깊은 수렁에 빠졌을 때는 저축을 줄이고 소비를 늘리는 생활의 지혜가 필요했는데, 일본인의 근검절약하는 생활습성은 하루아침에 바뀌지 않았다. 이는 일본의 잃어버린 10년을 다시 잃어버린 20년으로 늘리는 데 일조했다.

롱펠로의 〈생의 찬미〉보다도 인생을 더 진솔하게 관조한 시가 일본의 여류 시인 시바타 도요柴田トヨ가 쓴 〈저금貯金〉이 아닐까 하는 생각을 해본다. 2010년 99세가 된 시바타가 자신의 장례비용으로 모아둔 100만 엔을 털어 낸 첫 시집《약해지지 마くじけないで》는 출판되자마자 선풍적인 화제를 불러일으켰다. 출판부수 100만 부를 돌파하며 일본 열도를 감동의 물결로 넘치게 했다.

  *   난 말이지, 사람들이
       친절을 베풀면
       마음에 저금을 해둬.
       쓸쓸할 때면
       그걸 꺼내
       기운을 차리지.
       너도 지금부터 모아두렴

연금보다 좋단다.[•]

한국인은 친절한 대접을 받으면 '통 큰 소비'로 반응을 보인다. 일본인
들은 통장에 저금하기 전에 시바타가 말한 대로 사람들의 친절을 마음에
저축하는 것이 더 필요했을지도 모른다. 그리고 친절을 통 큰 소비로 갚
는 흥취가 때로는 경제에 기운을 불어넣는다는 것을 아는 지혜도 필요했
을 것이다.

• 시바타 도요,《약해지지 마》(지식여행, 2015).

3

저축은 국내투자와
해외투자의 원천

저축률에 대한 신문 보도나 자료는 종종 혼동을 일으킨다. 예를 들어 한국의 저축률은 어떤 경우에는 30.1%라고 보도되기도 하고 어떤 경우에는 3.1%라고 보도되기도 한다. 아무리 통계가 정확하지 않더라도 이렇게 10배 차이가 나는 것은 뭔가 잘못되었다고 생각할 수 있다. 그러나 이 통계수치는 둘 다 맞다. 저축률을 어떻게 정의하느냐에 따라 차이가 났을 뿐이다.

기본적으로 저축률이란 한 나라의 저축액을 GDP로 나눈 백분율로 나타낸 수치이다. 그런데 숫자상의 혼동을 피하기 위해서는 여러 가지 다른 저축률의 정의를 살펴볼 필요가 있다.

우리는 저축이 가처분소득 가운데 쓰고 남은 금액이라는 것을 보았다. 개인들의 저축이 쌓여서 한 나라의 자금공급원이 된다. 저축으로 쌓인 자금은 민간투자에 사용되기도 하고, 정부의 재정적자(정부구입 + 이전소득 -

세금)를 매우기 위해서 사용되기도 하며, 외국에서 국내 상품을 구입하기 위해서 자금을 필요로 할 때 대출자금(수출-수입)으로 사용되기도 한다. 이처럼 저축은 경제의 젖줄과도 같다. 이러한 관계를 다음의 식으로 나타낼 수 있다.

- 저축 = 투자 + [(정부구입 + 이전소득) - 세금] + [수출 - 수입] = 투자 + 재정수지 + 무역수지

이 관계식을 다음과 같이 다시 조정할 수 있다.

- 저축 + [세금 - (정부구입 + 이전소득)] = 투자 + [수출 - 수입]

왼쪽의 저축은 민간저축을 의미한다. 민간저축은 각 가계의 가계저축과 기업이 사내에 유보한 기업저축을 포함한다. 왼쪽의 두 번째 항목 가운데 세금은 정부가 세금으로 거두어들이는 총수입이고, 정부구입과 이전소득의 합계는 정부의 총지출이다. 세금이 정부의 총지출보다 크면 재정흑자이고 그 반대이면 재정적자이다. 재정흑자는 흔히 정부저축이라고도 불린다. 민간저축과 정부저축을 합한 것이 총저축 또는 국가저축이다. 따라서 총저축은 다음과 같이 정의된다.

- 총저축 = 가계저축 + 기업저축 + 정부저축(재정흑자)

한국의 가계저축률(가계저축/GDP)은 2013년 3.1%였다. 그러나 총저축률(총저축/GDP)은 30.1%였다. 즉 가계는 가처분소득 가운데 3.1%만 저

축하고 나머지는 모두 소비했으나, 총저축 또는 국가저축률은 30.1%에 달할 정도로 기업들이 상당한 규모의 이익금을 사내에 유보하고 있는 것이다. 2013년 정부는 재정적자를 기록했다. 총저축률이 30.1%라는 것은 가계저축과 기업저축을 합한 금액이 마이너스 정부저축, 즉 재정적자를 메우고도 GDP의 30.1%에 달했다는 것을 의미한다.

미국도 2013년 총저축률은 13%이지만 가계저축률은 4%로 매우 낮다. 미국은 정부가 대규모의 재정적자를 보이고 있어 사실상 정부저축은 마이너스이지만 기업저축이 많아 총저축률이 가계저축률을 크게 웃돌고 있다. 그러나 중국의 경우 총저축률은 49.7%이고 가계저축률 또한 38%로 매우 높은 수준이다. 중국에서는 총저축의 많은 부분을 가계저축이 차지하고 있음을 알 수 있다.

한편 저축에 대한 관계식에서 투자는 민간기업의 총 국내투자이다. 이는 공장, 기계설비 및 공구류의 증가뿐만 아니라 건설업자의 주택건설, 즉 가계의 신규주택 구입을 포함한다. 수출과 수입의 차이는 무역수지이다. 수출이 수입보다 크면 무역흑자이고, 수입이 수출보다 크면 무역적자이다. 또한 자금의 흐름 측면에서 보면 무역흑자는 외국에 대한 대출이 되고, 무역적자는 외국으로부터의 차입이 된다. 왜 한 나라의 무역흑자가 외국에 대한 대출이 되고 무역적자는 외국으로부터의 차입이 되는 것일까? 이는 바로 왜 미국은 중국으로부터 차입하고 중국은 미국에 돈을 빌려주는가 하는 퍼즐을 풀 수 있는 열쇠이다.

이를 이해하기 위해 지구상에 오직 한국과 중국 두 나라만 존재한다고 가정해보자. 그리고 한국은 중국에 1,000억 달러어치의 상품과 서비스를 수출하고 중국으로부터 800억 달러어치의 상품과 서비스를 수입한다고 하자. 한국은 중국과의 무역에서 200억 달러의 무역흑자를 달성하고, 중국은 한국과의 무역에서 200억 달러의 무역적자를 기록한다. 다시 말해 중국은 한국에 대한 수출로 800억 달러를 벌고, 한국으로부터의 수입을 위해 1,000억 달러를 쓴다. 중국은 한국과의 무역에서 벌어들인 것보다도 200억 달러를 더 많이 쓰고 있다. 이 경우 만약 중국이 한국으로부터 200억 달러를 차입하지 않으면 두 나라 간 무역은 이루어질 수 없다. 이와 같이 무역적자국인 중국은 한국으로부터 200억 달러를 차입하게 되며, 무역흑자국인 한국은 중국에 200억 달러를 대출해주게 된다.

물론 지구상에는 두 나라만 존재하는 것이 아니다. 그러나 총저축과 총투자의 관계는 한 나라와 다른 나라 간의 일대일 관계에서는 정확히 성립하지 않는다고 하더라도, 한 나라와 나머지 국가들 사이의 관계에서는 성립하게 된다. 이렇게 볼 때 무역흑자는 다른 나라들에 대한 대출 또는 해외투자가 되고, 무역적자는 다른 나라들로부터의 차입이 된다.

요컨대 왼쪽 항의 재정흑자는 정부지출을, 오른쪽 항의 무역흑자는 해외투자를 의미하기 때문에 우리는 다음과 같은 관계를 얻게 된다.

- 민간저축 + 정부저축 = 국내투자 + 해외투자(외국에 대한 대출)

결국 앞의 식은 한 나라의 총저축은 총투자와 같아짐을 보여준다.

- 총저축 = 총투자(국내 및 해외투자)

총저축은 자금의 총공급이고 총투자는 자금의 총수요이다. 이는 개방경제에서의 균형조건으로 볼 수 있다.

이 관계식은 지구상의 많은 나라들이 점점 개방화되고 지구촌이라고 불릴 만큼 무역과 자금거래를 통해 서로 밀접하게 연결되어 있는 상황에서 국가 간 매우 중요한 연결고리를 제공한다. 폐쇄경제 체제에서 국내경제의 균형은 '민간저축'이 '민간투자'와 일치하는 지점에서 이루어진다는 가정이 타당했다. 폐쇄경제 구조 아래에서는 민간저축이 적을 경우 자금의 공급(저축)이 자금의 수요(투자)에 비해 부족하기 때문에 금리가 상승한다. 이는 결국 투자의 감소를 가져와 경제는 침체국면으로 빠져든다.

그러나 개방경제 체제에서 균형은 '총저축'이 '총투자'와 일치하는 지점에서 이루어진다. 미국은 2008년 글로벌 경제위기가 발생하기 전까지 민간저축이 매우 낮은 수준에 머물러 있었다. 어느 기간에는 거의 0%에 이르기도 했다. 반면 투자수요는 매우 높았다. 폐쇄경제 모형에 의하면 미국의 투자수요는 감소했어야 하며 미국경제는 침체국면에서 헤어나오지 못했을 것이다. 그러나 그러한 상황은 일어나지 않았다. 주된 이유는 미국이 국내의 부족한 저축을 외국으로부터의 차입으로 보충할 수 있었기 때문이다. 이와 같이 미국의 투자는 국내 총저축뿐만 아니라 해외로부터의 차입에 의해서 유지되고 있다. 개방경제 체제 아래에서 경제는 총저축과 총투자가 일치하는 방향으로 균형을 찾게 되는 것이다.

왜 미국은 중국이나 일본 또는 한국으로부터 차입하고, 중국이나 일본 또는 한국은 미국에 돈을 빌려주는 관계를 유지해오고 있는가 하는 수수께끼에 대해, 저축과 투자의 관계식이 답을 제공해준다.

4 ——— 중국은 저축하고 수출하고 빌려주며,
미국은 소비하고 수입하고 차입한다?

미국은 지구상에 있는 200개 이상의 나라들과 무역거래를 하는데 전체적으로 매년 무역적자를 기록해오고 있다. 미국의 수출총액은 2014년 2조 3,342억 달러였고 수입총액은 2조 8,723억 달러였다. 세계의 나머지 국가들과의 무역에서 5,381억 달러의 무역적자를 기록한 것이다. 이 경우 미국은 세계의 다른 나라들(예를 들면 중국이나 한국 또는 일본)로부터 차입하거나 자국의 자산을 매각하지 않으면 안 된다. 미국은 보통 국채인 재무성증권을 파는 등 자국의 자산을 매각하는 형태로 차입한다.

미국은 무역적자뿐만 아니라 재정적자도 거의 매년 기록해오고 있다. 지난 40~50년 동안 몇 년을 제외하면 세수입으로 수취하는 것보다 더 많은 금액을 지출해왔다. 미국은 재정적자를 메우기 위해서도 외국, 특히 중국과 동아시아 국가들로부터의 차입에 의존하고 있다.

무역적자와 재정적자를 동시에 기록하는 현상을 '쌍둥이 적자'라고 한다. 지구상에서 쌍둥이 적자를 장기간 유지할 수 있는 나라는 미국밖에 없다. 미국이 세계의 기축통화key currency라고 할 수 있는 달러를 찍어낼 수 있는 유일한 나라이기 때문이다. 민간저축과 민간투자가 같다고 가정할 경우, 앞 장에서 본 식으로부터 다음과 같은 관계를 이끌어낼 수 있다.

- 재정흑자＝무역흑자(외국에 대한 대출 또는 투자): 쌍둥이 흑자
- 재정적자＝무역적자(외국으로부터의 차입): 쌍둥이 적자

이와 같이 재정흑자와 무역흑자, 또는 재정적자와 무역적자는 함께 가는 경향이 있다. 불행하게도 미국은 후자에 해당한다.

쌍둥이 적자의 위험성에도 불구하고 많은 나라의 중앙은행들과 많은 개인투자자들은 미국의 재무성증권에 투자하려고 한다. 다시 말해 미국 정부에 돈을 빌려주기를 주저하지 않는다. 미국의 국채시장은 규모가 천문학적으로 클 뿐만 아니라 시장이 잘 발달해 있어서, 미국 재무성증권에 투자한 개인이나 기관은 언제라도 그것을 쉽게 채권시장에서 사고팔 수 있다. 그만큼 유동성이 높다는 이야기이다. 그리고 미국 정부가 발행한 채권이기 때문에 모든 증권 가운데서 안전성이 가장 높다. 비록 스탠다드앤푸어스(S&P)가 2013년 미국의 신용등급을 최상위인 AAA에서 AAA-로 한 단계 강등했지만, 미국 국채는 여전히 국제투자자들에게 가장 안전하고 매력적인 투자대상으로 환영받고 있다.

미국 정부는 만기가 1개월부터 30년에 이르는 다양한 종류의 재무성증권을 발행하고 이를 팔아 돈을 빌린다. 미국 정부의 총차입금은 2015년 말 17조 달러에 이른다. 이 재무성증권 가운데 반 정도는 중앙은행인 연준과 사회보장신탁기금 같은 정부기관들이 보유하고 있으며, 나머지

는 보험회사, 은행, 연기금pension funds, 민간투자자 그리고 외국의 중앙은행들이 보유하고 있다. 미국이 외국으로부터 차입한 금액은 약 4조 달러에 이르며 이 가운데 1조 3,000억 달러를 중국으로부터, 그리고 약 8,000억 달러를 일본으로부터 차입하고 있다. 나머지 주 고객은 사우디아라비아, 한국, 대만, 싱가포르 등이다.

한때 일본과 중국의 정치인들 사이에서 그들이 보유한 미국의 국채를 미국에 대한 무기로 사용하자는 발상이 제기된 적이 있었다. 그들이 보유한 재무성증권을 팔아치우면 미국의 경제는 대혼란에 빠지게 되므로 미국을 꼼짝달싹 못하게 만들 수 있다는 주장이었다. 그러나 그것은 미사일을 발사하는 것보다도 더 어려울 수 있다. 미국 재무성증권을 시장에 내다팔면 재무성증권 값이 폭락할 가능성이 높으며, 가장 손해를 보는 쪽은 이 국채를 보유한 나라들일 테니 말이다.

중국, 일본, 한국 등 동아시아 국가들은 미국에 상품을 팔아서 달러를 벌어들이고, 미국은 이 나라들에 재무성증권 등의 자산을 팔아서 그러한 달러를 거두어들인다. 이를 상호의존co-dependency이라고 한다. 이러한 불균형은 앞으로도 상당 기간 지속될 것이다. 그렇게 해서 중국이 벌어들인 외환보유액은 2015년 말 3조 5,000억 달러에 달한다. 이 관계는 어떻게 보면 누이 좋고 매부 좋은 관계로 볼 수 있다. 차이나와 아메리카의 합성어인 차이메리카Chimerica라는 신조어를 만들어낸 하버드 대학 역사학자 니얼 퍼거슨Niall Ferguson은 경제적인 측면에서 미국과 중국의 관계를 찰떡궁합으로 묘사했다. "중국은 저축하고 수출하고 빌려주며, 미국은 소비하고 수입하고 차입한다."

김춘수의 시 〈꽃〉은 바로 이러한 관계를 서술하는 데 안성맞춤이다. 중국, 일본, 한국 등 동아시아 국가들이 미국에 상품을 팔아 달러를 벌고 그것을 무역흑자라고 불러주었을 때, 미국이 이 나라들로부터 그러한 달러를 차입하고 그것을 무역적자를 메꾸기 위한 급전이라고 불러주었을 때 이 달러들은 새로운 의미를 부여받아 꽃이 되었다. '국제적 상호의존'이라는 이름이 붙여지기 전에는 그러한 무역은 단지 중국이나 다른 아시아 국가들의 외환축적에 지나지 않았다.

* 내가 그의 이름을 불러주기 전에는
  그는 다만
  하나의 몸짓에 지나지 않았다.
  내가 그의 이름을 불러주었을 때
  그는 나에게로 와서
  꽃이 되었다.
  내가 그의 이름을 불러준 것처럼
  나의 이 빛깔과 향기에 알맞은
  누가 나의 이름을 불러다오.
  그에게로 가서 나도
  그의 꽃이 되고 싶다.
  우리들은 모두
  무엇이 되고 싶다.
  너는 나에게 나는 너에게
  잊혀지지 않는 하나의 눈짓이 되고 싶다.●

● 김춘수, 《김춘수 시전집》(현대문학, 2004).

거시경제의 두 가지 적:
인플레이션과
실업

경제의 생태계를 복원시키는 요소들이 있는가 하면 교란시키는 요소들이 있다. 바로 인플레이션과 실업이다. 흔히 인플레이션과 실업은 거시경제의 두 '악당' 또는 두 '질병'으로 불린다. 인플레이션은 전반적인 물가 수준이 지속적으로 상승하는 현상이고, 실업은 일하기를 원하는 사람이 일자리를 구하지 못하는 현상이다. 인플레이션은 거의 모든 사람들에게 무차별적으로 피해를 주지만, 실업은 일자리를 구하지 못한 당사자나 그 가족에게 해머로 치는 것과 같은 고통을 준다. 더 많이 가진 자들은 인플레이션을 싫어하고, 더 적게 가진 자들은 실업을 두려워한다. 한편 물가가 지속적으로 하락하는 것을 디플레이션이라고 한다. 인플레이션의 반대는 좋을 것으로 생각하지만 디플레이션은 인플레이션보다 해독이 더 클 수 있다. 2008년 글로벌 경제위기가 발생하기 전까지는 인플레이션이 골칫거리였지만 이제는 디플레이션의 공포가 어슬렁거리고 있다.

1

물가는 경제의
체온계

우리는 GDP를 구할 때 오렌지의 개수와 사과의 개수를 직접적으로 합산할 수 없으며 각 상품과 서비스의 가치를 시장가치로 환산해서 합계한다는 것을 보았다. 그와 비슷한 논리로, 한 나라의 종합적인 물가수준도 각 상품과 서비스의 시장가격을 단순 합산해서 구할 수 없다. 먼저 종합적인 물가수준과 개별 상품의 가격을 구분해야 한다. 사과 한 개의 가격이 5,000원이고 오렌지 한 개의 가격이 3,000원이라는 것은 개별 상품의 가격이다. 한 나라는 수만 종류의 상품과 서비스를 생산하며, 각 상품의 양도 수십만 개에서 수백만, 수천만 개에 달한다. 이러한 상품과 서비스의 가격을 가중평균해서 하나의 평균치로 계산한 것이 일반물가수준이다.

일반물가수준은 흔히 GDP가격디플레이터implicit GDP price deflator, 소비자물가지수consumer price index(CPI) 그리고 생산자가격지수producer price

Index(PPI)에 의해서 측정된다. 먼저 지수라는 것은 어느 기준연도를 정해서 이 기준연도의 가격을 100으로 했을 때 비교연도의 가격이 얼마인지를 나타내는 수치이다. 따라서 이 가격지수들은 화폐 금액으로 표시되는 실제 가격이 아니다. 이 세 개의 지수는 우선 기준연도가 다르고 지수에 포함되는 상품의 수와 구성항목도 다르다.

이렇게 구해지는 일반물가지수는 경제의 건강을 측정하는 체온계와도 같다. 우리의 몸은 최적의 건강상태에 있을 때 36.5도의 체온을 유지한다. 체온이 그것보다 더 올라가거나 떨어지면 건강에 문제가 있다는 신호이다. 고열도 문제이지만 저체온도 문제가 된다. 마찬가지로 일반물가수준이 많이 올라간다든지(인플레이션) 많이 떨어지는 경우(디플레이션) 경제에 이상이 발생했다는 신호로 볼 수 있다. 이를 감지하기 위해서 우리는 종합물가수준을 측정하는 것이다.

GDP디플레이터는 명목GDP를 실질GDP로 나누어서 구한다. 앞에서 본 대로 실질총생산에는 아무런 변동이 없더라도 일반물가수준이 상승하면 명목GDP는 물가상승분만큼 증가한다. 명목GDP는 이와 같이 물가상승분을 포함하기 때문에 명목GDP를 실질GDP로 나누면 그 비율은 일반물가수준이 기준연도에 비해서 얼마나 상승했는지를 보여주는 지수가 된다.

명목GDP는 비교연도에 생산된 상품과 서비스를 그해의 가격으로 평가한 시장가치이며, 실질GDP는 이 상품과 서비스를 기준연도의 가격으로 평가한 시장가치이다. 비교연도가 2014년, 기준연도가 2010년이라고 할 때, GDP디플레이터는 2014년에 생산된 상품과 서비스를 2014년 가격으로 구입했을 때의 구입비용(명목GDP)과 2010년 가격으로 구입했을 때의 구입비용(실질GDP)을 비교해서 그동안 상품과 서비스의 구입비용이 얼마나 증가했는가를 측정한다. GDP디플레이터는 비교연도의 수량을 가중치로 사용하여 물가지수를 산정한 것으로 볼 수 있으며 이러한 지수를 파셰지수Paasche index라고 한다.

GDP디플레이터는 정부통계기관이 실제로 모든 상품의 가격을 조사해 이를 가중평균해서 구하는 것이 아니고, 먼저 명목GDP를 구한 다음 실질GDP를 구해서 나누어 계산하기 때문에 때로는 묵시적 가격디플레이터라고도 불린다. 또한 GDP디플레이터는 한 나라에서 생산된 모든 상품과 서비스의 가격을 포함하기 때문에 가장 광범위한 일반물가수준을 측정한다고 볼 수 있다.

소비자물가지수 또는 생계비지수cost-of-living index는 도시 가계가 구입하는 수백 종의 상품과 서비스의 소매가격을 가중평균하여 산출하는 종합물가지수이다. 소비자물가지수의 조사대상에 포함되는 상품과 서비스의 품목을 '시장 배스킷' 또는 '시장 조합'이라고 한다. 현재 한국의 시장 배스킷은 약 510개의 품목을 포함하고 있다.

정부(통계청)는 소비자물가지수 산정을 위해서 기준연도를 정한다. 5년마다 이 기준연도를 바꾸는데 현재의 기준연도는 2010년이다. 기준연도가 2010년일 때 2014년의 소비자물가지수는 2010년의 시장 배스킷을 2010년의 가격으로 구입했을 때의 구입비용과 이를 2014년의 가격으로 구입했을 때의 구입비용을 비교해서 그동안 비용이 얼마나 증가했는가를 측정한다. 소비자물가지수는 기준연도의 수량을 가중치로 사용하여 물가지수를 산정한 것으로 볼 수 있으며 이러한 지수를 라스파이레스지수Laspeyres index라고 한다.

소비자물가지수는 GDP디플레이터와 여러 면에서 구분된다. 첫째, 소비자물가지수는 조사대상 품목의 가격을 통계청 직원들이 직접 시장에

나가서 조사해 측정한다는 점에서 명시적 물가지수explicit price index이다. 둘째, 소비자물가지수의 편성에 포함되는 조사대상 품목은 고정된 반면, GDP디플레이터에 포함되는 상품과 서비스의 수는 매년 그해에 얼마나 많은 상품과 서비스가 생산되었느냐에 따라 달라진다. 셋째, 소비자물가지수는 외국에서 수입된 상품의 가격도 포함하지만, GDP디플레이터는 국내에서 생산된 상품과 서비스의 가격만을 포함한다. 환율의 변동 등으로 수입상품의 가격이 오르면 소비자물가지수는 오르지만 GDP디플레이터에는 영향을 미치지 않는다. 이 경우 소비자물가지수를 기준으로 한 인플레이션이 GDP디플레이터를 기준으로 한 인플레이션보다 높아진다. 넷째, GDP디플레이터는 파셰지수인 반면 소비자물가지수는 라스파이레스지수이다. 라스파이레스지수는 실제 물가상승을 과대 측정하고 파셰지수는 과소 측정하는 경향이 있다.

소비자물가지수는 실제 소비생활과 밀접한 관련이 있는 상품과 서비스의 가격을 측정하기 때문에 소비자물가지수 기준 인플레이션은 우리의 실생활에 보다 밀접하게 연관되어 있다고 볼 수 있다. 이런 이유로 소비자물가지수는 흔히 생계비지수라고도 불린다. 많은 임금계약이 소비자물가지수와 연동되어 있어 소비자물가가 오르는 만큼 조정된다. 또한 연금이나 다른 정부보조금도 대개 소비자물가에 연동되어 있다. 이러한 조정을 콜라cost-of-living adjustment(COLA)라고 부른다. 이와 같이 소비자물가의 변동을 정확히 측정하는 것은 매우 중요한 이슈이다. 그것은 정부의 예산운용에도 영향을 미칠 수 있다.

미국에서는 엄청난 규모에 이르는 연간 사회복지비가 소비자물가 상승에 연동되어 조정된다. 이 때문에 소비자물가지수에 근거한 인플레이션의 과대 측정 문제가 때로는 정치적인 문제로 비화하기도 한다. 미국의회에 설치된 보스킨자문위원회Boskin Advisory Council는 소비자물가지수에 근거한 인플레이션률이 실제 인플레이션률을 정확히 측정하는가를 조사했는데, 공식 발표되는 인플레이션률이 실제 인플레이션률을 약 0.2~0.8% 포인트만큼 과대 측정하는 것으로 분석했다. 보스킨위원회는 소비자물가의 과대 측정분을 조정할 경우 미국은 연간 수백억 달러(10년간 6,340억 달러)의 예산을 절감할 수 있을 것으로 전망했다.

2 ___ 공식 물가와
체감 물가의 차이

소비자물가지수는 실제 인플레이션을 과대 측정하는 경향이 있음을 보았다. 그러나 소비자들이 실제로 체감하는 물가, 이른바 장바구니 물가는 정부가 공식적으로 발표하는 물가보다 훨씬 높다는 불만을 자주 듣게 된다. 다시 말해서 소비자물가지수에 근거한 물가상승은 실제 물가상승을 과소 측정한다는 것이다. 이러한 불만은 일리가 있는 것일까? 다음과 같은 이유로 그것은 이유 있는 불만이라고 볼 수 있다.

첫째, 부동산 가격 상승은 원칙적으로 정부의 공식 물가에 반영되지 않는다. 먼저 토지는 최종적으로 소비되는 상품이 아니기 때문에 토지 가격 상승은 소비자물가지수에 직접적으로 반영되지 않는다. 토지 가격 상승이 일반물가 상승을 훨씬 앞지르는 경제에서는 소비자들이 체감하는 물가상승과 정부 공식발표 간에 차이가 있을 수 있다. 물론 토지 가격 상승이 다른 상품의 가격 상승으로 파급될 경우 정부의 공식 물가수준도 그만큼 영향을 받지만, 토지 가격의 상승 자체는 공식 물가에 전혀 반영되지 않는다.

토지 이외의 부동산 가격 상승은 인플레이션에 어떠한 영향을 미칠까? 이미 건축된 아파트, 주택, 상가, 공장 등의 매매가격 상승은 정부가 공식 발표하는 물가에 반영되지 않는다. 이들이 소비재가 아니거나(소비자물가지수의 경우) 이미 생산된 것(GDP 디플레이터의 경우)이기 때문이다. 그리고 신축된 아파트, 주택, 상가 등의 가격 상승은 그해의 GDP디플레이터에는 영향을 주지만, 소비재가 아니기 때문에 소비자물가지수에는 아무런 영향도 미치지 않을 것이다. 그러나 주택이나 아파트의 전셋값 상승은 소비자서비스의 일종인 주거비 상승으로 집계되어 소비자물가에 영향을 미친다.

둘째, 어떤 상품이 시장 배스킷에 포함되지 않으면 그것의 가격이 아무리 많이 올라도 소비자물가지수에 전혀 반영되지 않는다. 예를 들면 짜장면은 시장 배스킷에 포함되지만 삼선간짜장은 여기에 포함되지 않는다면, 삼선간짜장의 가격이 아무리 많이 올라도 공식 물가에는 아무런 영향을 주지 않는다. 또한 스마트폰이 2010년의 시장 배스킷에 아직 편입되지 않았다면 가격이 아무리 상승한다고 해도 그것이 시장 배스킷에 포함될 때까지 소비자물가에는 영향을 미치지 않을 것이다. 예를 들면, 미국에서는 애플의 스마트폰 아이폰이 2007년에 개발되어 시장에 나온 이후 폭발적인 인기몰이를 해왔다. 한국에서는 스마트폰이 2009년에 처음으로 사용되기 시작했다. 따라서 스마트폰의 가격이 아무리 비싸더라도 이 제품이 2010년에 시장 배스킷에 포함될 때까지 2007~2009년의 물가상승에는 영향을 미치지 못했을 것이다.

셋째, 특정 소비자가 구입하는 상품이 가계의 예산에서 차지하는 비중이 시장 배스킷에서 그 상품이 차지하는 비중과 같지 않을 수 있다. 예를 들면 평균적인 가계가 매월 지출하는 과외비는 전체 가계예산의 약 30%를 차지한다고 알려져 있는데 과외비는 소비자물가지수에 아예 포함되지도 않는다. 설사 과외비가 시장 배스킷에 포함된다고 해도 그 비중이 2%로 낮게 책정되었다면 실제 물가상승에 미치는 영향은 미미할 것이다. 이 경우 과외비가 10% 오를 때 과외를 하는 가계의 생활비는 약 3%가 오르지만 이것이 소비자물가 상승에 미치는 영향은 약 0.2%밖에 되지 않을 것이다. 체감 물가의 상승(3%)이 공식 물가의 상승(0.2%)보다 훨씬 클 수 있다.

이와 비슷하게 의류비와 외식비, 공연 관람비 등의 항목은 특정 가계의 예산에서 차지하는 비중이 클 수 있지만 전체 소비자물가지수에서 차지하는 비중은 낮기 때문에 전체 소비자물가에는 큰 영향을 주지 않을 수 있다. 외식비가 가계 예산의 30%를 차지하는 어느 가계의 경우 짜장면 가격이 10% 오른다면 그 가계의 살림에 미치는 영향은 크지만 전체 소비자물가지수에 미치는 영향은 경미하다. 이와 같이 정부가 발표하는 물가상승과 체감 물가상승 간에는 차이가 날 수 있다.

넷째, 공식 물가와 체감 물가의 차이는 조사대상 품목을 정할 때 1년 동안 도시 가계의 총지출비 가운데 해당 품목의 지출 비중만 따지고 구입 빈도는 고려하지 않는 데도 기인한다. 예를 들면 냉장고는 10년에 한 번 구입하고 식료품은 1년에 수십 번 구입한다고 할 때, 1년 평균 지출액을 계산하면 채소 값 지출이 냉장고 값 지출보다 클 수 있음에도 채소의 가중치는 냉장고의 가중치에 비교도 안 될 정도로 작다. 채소 값이 오를 경우 가계 살림에는 큰 주름살을 안겨주지만 경제 전체의 소비자물가 상승에는 미미한 영향만 미친다.

3

인플레이션의
원인

인플레이션은 물가수준이 지속적으로 상승하는 현상이다. 물가상승은 상품의 공급(총공급)이 부족하거나 상품에 대한 수요(총수요)가 넘쳐나기 때문에 일어난다. 따라서 인플레이션은 총수요가 이전 균형상태에 비해 증가하든가, 총공급이 이전 균형상태에 비해 감소한 결과로 일어나는 불균형상태이다.

먼저 총수요의 증가가 어떻게 인플레이션을 유발하는지를 알아보자. 사람들이 구입하려는 상품과 서비스의 양이 경제가 생산하는 상품과 서비스의 양보다 많을 경우, 생산자(기업)들은 수요의 증가에 대응해서 가격을 올려 이윤을 더 많이 내려고 한다. 전체적인 물가가 오르고 인플레이션이 발생하게 된다. 이러한 인플레이션을 수요측면 인플레이션 또는 수요견인 인플레이션demand-pull inflation이라고 한다.

총수요를 증가시키는 요인들로서 정부지출 증가와 세금 감면(확대 재정정책) 및 통화량 증가(확대 통화정책) 등을 들 수 있다. 우리가 관심을 갖는 것은 '재정의 확대가 그 자체로서 인플레이션을 유발할 수 있는가'이다. 즉 통화량 증가가 뒤따르지 않는 정부지출의 증가 또는 세금의 삭감 그 자체만으로 인플레이션이 발생할 수 있는가? 이 질문에 대한 답변은 의외로 간단명료하다. 재정지출의 증가는 총수요의 증가를 가져와 인플레이션에 대한 상승 압력으로 작용한다. 그러나 한 번의 재정지출 확대 또는 세금 감면은 한 번의 인플레이션을 유발할 뿐 지속적인 물가상승을 가져오지 않는다는 것이 현대 경제학의 결론이다.

확대 재정정책이 지속적으로 물가상승을 유발하려면 재정지출의 확대가 지속적으로 이루어져야 한다. 그러나 지속적인 재정지출의 확대는 현실적으로 가능한 시나리오가 아니다. 정부지출의 증가에는 한계가 있다. 세수입보다 더 많이 지출을 할 경우 정부는 먼저 민간부문에서 돈을 빌리든가 중앙은행으로 하여금 돈을 더 찍게 만들어 돈을 빌려야 한다. 아니면 최후의 수단으로 세금을 늘려야 한다.

먼저 중앙은행에서 돈을 빌리는 것은 쉬워 보이지만 인플레이션으로 가는 확실한 길이기 때문에 선진국에서는 쉽게 채택되지 않는다. 그러나 남미나 아프리카의 많은 개도국들에서 경험했듯이 독재정권이나 권위주의 정권은 중앙은행에 압력을 넣어서 돈을 찍게 하고 이를 빌려간다. 이는 거의 필연적으로 높은 인플레이션을 가져오는 독배이다. 이러한 경험은 우리에게도 생소하지 않다. 경제개발 기간 중 과도하게 발행된 통화로 인해 한국경제는 연 30%에 가까운 인플레이션에 시달려야 했다. 세금 인상은 선거에서 불리하게 작용하므로 정치인들이 쉽게 선택하려고 하지 않는다. 결국 정부가 민간으로부터 돈을 빌리는 방법이 그 가운데서 쉬운 방법이고 실제로 널리 사용되고 있다. 그러나 정부가 GDP의 100%

이상으로 부채를 껴안게 되면 여러 가지 골치 아픈 일들이 생긴다. 이렇게 볼 때 재정지출의 확대 또는 세금의 감소는 어떤 한계가 있으며 지속적인 인플레이션의 원인이 될 수 없다고 결론내릴 수 있다.

총수요를 증가시키는 다른 중요한 요소는 통화량의 증가이다. 통화량 증가가 인플레이션을 유발하는 경로는 재정지출 증가의 경우와 비슷하다. 중요한 차이는 재정지출의 계속적인 증가에는 한계가 있지만 통화량은 무제한 증가할 수 있다는 점이다. 중앙은행이 마음만 먹으면 돈을 얼마든지 찍어낼 수 있으며 새로 찍어낸 돈을 금융기관에 풀어 돈을 시중에 유통시킬 수 있는 것이다.

한국은 1970년대에 석유파동의 여파로 경험했던 인플레이션을 제외하고는 거의 수요견인 인플레이션이었다. 한국의 만성적인 수요견인 인플레이션은 전두환 정권이 들어서면서부터 서서히 기세가 꺾이기 시작했다. 그 후부터 인플레이션은 더 이상 경제운용의 발목을 잡는 장애물이 되지 않았다. 인플레이션의 악순환을 끊은 것은 한국경제가 선진국형 체질로 도약할 수 있는 기반을 마련한 획기적인 진전이었다.

다음으로 총공급의 감소가 어떻게 인플레이션을 유발하는지를 살펴보자. 한 나라의 상품이나 서비스의 공급을 감소시키는 요인들로서 임금상승, 에너지를 포함한 원자재 가격 상승, 가뭄·태풍·홍수 같은 공급충격, 노동생산성 저하 등을 들 수 있다. 공급측면 인플레이션은 주로 임금상승, 원자재 가격 상승 같은 생산비용의 증가에 의해 유발되기 때문에 비용상승 인플레이션cost-push inflation이라고도 불린다.

공급측면 인플레이션의 한 가지 특징적인 현상은 물가가 상승하면서 실업도 증가한다는 점이다. 경기침체와 인플레이션이 공존하는 현상을 스태그플레이션이라고 하는데, 세계경제는 1970년대 두 차례 석유파동을 겪으면서 스태그플레이션 현상으로 몸살을 앓았다. 한국경제도 예외는 아니었다. 물가는 30% 넘게 뛰어오르고 실업률도 급등했다. 그때 오일 달러의 유입이 없었더라면 한국경제는 크게 후퇴했을 것이다.

공급측면 인플레이션은 치유하기 어려운 인플레이션인가? 공급상의 애로요인에 의해 일어나는 물가상승 또한 교란요인이 계속해서 일어나지 않는 한 단 한 번의 물가상승으로 끝날 가능성이 많다. 재정지출의 확대에서 보았듯이 일회성 공급충격은 일회성 물가상승을 초래할 뿐이지 지속적인 인플레이션을 야기하지는 않는다.

오늘날 대부분의 경제학자들은 그들이 고전학파(통화주의자)이건 케인스학파이건 "인플레이션은 언제나 그리고 어디서나 화폐적 현상"이라는 프리드먼의 명제를 받아들이고 있다. 그러나 이 명제가 의미하는 것과 의미하지 않는 것을 분명히 이해해야 한다. 프리드먼의 말은 '인플레이션은 화폐의 증가 없이는 지속될 수 없다'는 것을 의미한다. 그러나 그것은 '화폐의 증가가 인플레이션의 유일한 원인이다'라는 것을 의미하지는 않는다. 앞에서 살펴본 바와 같이 인플레이션은 재정지출 증가나 세금 감면 또는 공급충격에 의해서도 유발될 수 있기 때문이다. 그러나 그러한 인플레이션은 통화량의 뒷받침 없이는 일회성 물가상승으로 끝날 가능성이 많다.

4 제한적 인플레이션

제로 인플레이션은 가능하고 바람직한가

인플레이션은 주로 통화량의 증가에 의해 유발되기 때문에 통화량을 잘 관리하면 인플레이션을 막을 수 있고 경우에 따라서는 제로 인플레이션을 달성하는 것도 가능할 듯 보인다. 사실 많은 선진 경제에서는 1970년대에 발생한 두 차례의 석유파동 이후 인플레이션 억제에 총력을 기울여왔다.

물가의 급등과 성장의 둔화가 공존하는 스태그플레이션은 대공황 이후 몇십 년 동안 세계 경제학계를 지배해온 주류 케인스 경제학에 충격파를 안겨준 사건이었다. 케인스 경제학은 스태그플레이션을 설명할 수 없었고 이에 대한 적절한 처방을 제시할 수도 없었다. 정책당국자들은 다른 처방이 필요했다. 미국은 인플레이션 심리를 진정시키기 위해 '인플레이션 황제'로 불리는 폴 볼커Paul Volker를 연준 의장으로 임명하고 물가를 직접 통제하는 초강수를 두었다. 가격을 직접 통제하는 정책을 소득정책이라고 한다. 볼커의 과감한 정책에 힘입어 미국 국민들은 정부의 정책에 진정성을 느끼고 신뢰를 갖기 시작했으며 '죽기를 거부하던' 인플레이션도 1980년대 들어 서서히 힘을 잃기 시작했다.

그 이후로 미국경제와 세계 선진 경제에서는 다시는 두 자리 숫자 인플레이션의 망령이 되살아나지 않았지만 정책당국자들은 인플레이션에 대한 경계의 눈초리를 풀지 않았다. 그래서 많은 나라에서 인플레이션율에 대한 목표를 설정하고 통화정책의 최우선 순위를 목표 인플레이션을 달성하는 데 두었다. 예를 들면 일본 중앙은행의 목표 인플레이션율은 연간 1%로 설정되었으며 미국 연준의 목표 인플레이션율은 연간 2%로 설정되었다. 한국은행도 인플레이션율 목표를 2.5~3.5%로 정하는 인플레이션 타깃팅을 채택했다.

성장보다 인플레이션 억제를 중요시하는 입장을 '매파hawks'라고 한다. 주요 선진국에서는 매파가 최소한 2008년 글로벌 경제위기가 발생하기 전까지 통화정책의 주도권을 잡았으며 '비둘기파doves'는 매파에 눌려 기를 펴지 못했다. 이는 석유위기가 가져다준 유산이었다. 그렇다면 인플레이션은 낮을수록 좋을까? 달리 표현하면 제로 인플레이션을 달성하는 것이 가능하고 또 바람직할까?

우리는 수요측면 인플레이션은 대부분 통화량 증가에 의해서 유발된다는 것을 보았다. 그리고 공급측면 인플레이션은 대부분 외부 충격이나 명목임금 같은 생산비용의 상승에 의해서 유발된다는 것도 보았다. 그렇다면 만약 국제 원유파동 같은 외부 충격이 없다면, 그리고 통화량이 잠재성장률과 같은 비율로 증가하고 명목임금이 노동생산성 증가분만큼만 인상된다면 인플레이션은 0이 될 수 있을 것이다.

그러나 제로 인플레이션이 가능한가 하는 질문과 제로 인플레이션이 바람직한가 하는 질문을 구별하는 것이 좋다. 통화량의 증가율이 잠재적 총생산의 증가율과 같고, 임금상승률이 노동생산성 증가율과 같아질 경우에 제로 인플레이션을 달성할 수는 있을 것이다. 예를 들어 경제(실질총생산)가 약 4%로 성장하고 통화량이 약 4~5%정도로 증가할 경우 제로 인플레이션 달성이 가능할 것이다. 또한 노동생산성의 증가율이 약 2%라고 한다면, 다시 말해 노동자들이 매년 약 2% 정도를 더 생산한다면, 명목임금이 매년 2% 정도 인상되어도 제로 인플레이션 달성을 방해하지 않을 것이다.

그러나 한 나라의 인플레이션률이 0에 달한다는 것은 전반적으로 상품과 서비스의 가격이 상승하지 않는다는 것을 의미한다. 상품과 서비스의 가격이 오르지 않을 경우 기업은 이윤을 내기가 어렵다. 이는 기업투자의 위축으로 이어진다. 기업투자의 위축은 승수효과의 작용을 통해 소득(GDP)의 감소를 가져온다. 이는 경제를 투자축소-경기침체라는 악순환의 고리로 몰아넣는다. 그러나 제한된 범위 내에서의 인플레이션을 허용함으로써 기업이 이윤을 낼 수 있는 환경을 조성해준다면 투자심리가 살아나고 경제는 활력을 되찾을 것이다. 요컨대 제로 인플레이션은 가능할지 모르지만 그러한 정책이 반드시 바람직하다고는 보기 어렵다.

많은 나라들이 2000년대 들어 낮은 인플레이션이나 디플레이션을 겪으면서 경제가 활력을 잃자, 다시 어느 정도의 인플레이션이 경제에 활력소가 된다는 공감대가 형성되기 시작했다. 제한적 인플레이션의 필요성은 주로 케인스 경제학자들에 의해서 제안되었는데 이들을 흔히 '제한적 인플레이션론자들limited inflationists'이라고 부른다. 일본의 아베 총리도 그러한 범주에 들어갈 것이다. 제한적 인플레이션론자들이 대체적으로 공감하고 있는 인플레이션률은 연간 약 2~2.5% 수준이다.

5

D의 공포

디플레이션이 다가온다

디플레이션은 물가수준이 지속적으로 하락하는 현상을 말한다. 즉 인플레이션률이 마이너스가 되는 경우이다. 디플레이션과 구별되어야 할 개념으로 '인플레이션의 둔화disinflation'가 있다. 인플레이션의 둔화는 인플레이션률이 낮아지는 현상, 즉 물가수준의 상승이 둔화되는 현상이다. 한국경제는 1980년대 중반 이후 인플레이션의 둔화 현상을 보여왔다. 많은 남미 국가들은 1980~1990년대에 매우 높은 인플레이션을 경험했는데, 연간 인플레이션률이 낮게는 수백 퍼센트에서 높게는 수천 퍼센트에 이르렀다. 그러나 많은 남미 국가들은 통화주의자의 처방에 따라 광폭한 인플레이션을 억제하는 데 성공을 거두었다. 지금은 대부분의 남미 국가들도 한 자리 숫자 인플레이션률을 보이고 있다.

우리는 지금까지 물가하락 현상을 체험해보지 못했기 때문에 디플레이션이라는 개념이 실감나지 않을지 모른다. 그러나 미국의 경우 19세기 말까지는 물가수준이 전반적으로 하락하는 추세를 보였다(1818~1821, 1837~1843, 1875~1896). 특히 1875년부터 1896년까지의 약 20년 동안 물가가 거의 매년 지속적으로 하락했다. 이를 '대물가하락' 기간이라고 부른다. 다시 1930년대 대공황 때 물가가 크게 떨어졌으며 2008년의 대침체기 때도 물가가 간헐적으로 하락했다.

일본은 세계에서 물가수준이 가장 높은 나라 가운데 하나로 알려져 있지만, 1990년대 초반부터 '잃어버린 20년'을 겪는 동안 일본경제는 매우 심각한 디플레이션에서 헤어나지 못했다. 일본은 이 기간 동안 물가가 거의 상승하지 않거나 지속적으로 하락하는 악성 디플레이션에 시달렸다. 디플레이션이 20년 가까이 지속된 것은 미국이 19세기 후반에 경험했던 대물가하락 이후 세계 역사상 처음으로 나타난 현상이다.

2008년 글로벌 경제위기가 일어나기 전까지만 하더라도 많은 국가들의 관심사는 인플레이션을 억제하는 것이었다. 일본의 디플레이션은 일본만의 예외적인 현상으로 치부되었다. 개도국들은 물론이고 선진국들도 1970년대 석유파동 이후 인플레이션이라는 악몽에 시달려왔기 때문이다. 그래서 정책당국자들은 물론이고 많은 전문가들도 인플레이션은 나쁘고 디플레이션은 어느 정도 감내할 수 있는 것으로 생각해왔다. 많은 나라의 중앙은행들이 통화정책의 첫 번째 목표를 인플레이션 억제에 두고 있는 것을 보아도 그러한 사정을 짐작할 수 있다.

그러나 2000년대에 들어오면서부터 많은 선진국에서 인플레이션은 더 이상 골칫거리 리스트에 오르지 않았다. 여기에는 중국효과China effect도 한몫했다. 중국의 저렴한 상품이 미국시장으로 물밀듯이 쏟아져 들어오면서부터 미국의 물가수준은 연 3% 이상으로 상승하지 않았다. 게다가 정보혁명의 영향으로 생산성이 높아져 기업들이 생산원가를 크게 절약할 수 있게 됨에 따라 물가수준은 달팽이처럼 느리게 움직이기 시작했다. 나아가 2008년 글로벌 경제위기를 겪으면서 물가의 상승세는 최소한 주요 선진국 경제에서는 거의 멈춰 섰다.

경제의 저체온 증세가 지속되자 많은 나라들이 이제는 디플레이션을 걱정하게 되었다. 이른바 'D의 공포'다. 여기에서 D는 디플레이션의 첫 글자를 딴 것이다. 일본 아베 정권이 인플레이션을 2% 수준으로 끌어올리기 위해 무제한의 양적 완화 정책을 펼친 것은 바로 D의 공포가 얼마나 심각한지를 보여주는 사례이다. 이러한 상황은 유로존 나라들과 미국도 마찬가지이다. 이제 한국에도 D의 공포가 서서히 다가오고 있다. 한국은 아직 디플레이션을 한 번도 경험해보지는 않았지만 2015년 들어 전년 동월 대비 소비자물가 상승률이 0%대(0.35~0.8%)에 머무는 등 디플레이션의 경계선에 다가서고 있다.

주요 선진국들이 취한 양적 완화 조치는 정책수립자들 사이에 디플레이션이 인플레이션보다 오히려 경제에 더 해가 될 수 있다는 인식이 싹트기 시작했음을 보여준 것이다. 왜 사람들은 디플레이션에 공포심을 갖는 것일까? 보통 인플레이션은 경기확장 국면 또는 실업률의 하락과 맞물려서 나타난다. 경제의 두 질병인 실업과 인플레이션 가운데 하나, 즉 고용은 건강하다는 것을 의미한다. 반면 디플레이션은 경기침체 국면 또는 실업률 상승과 함께 나타나는 것이 일반적이다. 디플레이션은 실업이 늘고 물가가 하락한다는 점에서 실업이 늘고 물가가 상승하는 스태그플레이션과는 다르다.

먼저 디플레이션이 진행될 경우, 물가가 전반적으로 하락하기 때문에 소비자들은 앞으로 가격이 더욱 하락할 것으로 기대하면서 상품, 특히 값비싼 물건의 구매를 뒤로 미루려고 한다. 따라서 디플레이션이 발생하면 소비가 줄어든다. 기업 입장에서 볼 때도 디플레이션은 달갑지 않다. 물가가 전반적으로 하락하는 상황에서 기업들은 제품의 가격을 올릴 수가 없다. 설상가상으로 소비가 줄어들어 제품이 잘 팔리지도 않는다. 기업의 이윤이 떨어진다. 이윤이 떨어지고 앞으로의 판매 전망도 불투명한 상황에서 기업들은 투자를 꺼리게 된다. 이와 같이 디플레이션이 진행되면 민간소비와 민간투자가 위축된다.

민간수출도 디플레이션의 영향권에서 벗어나지 못한다. 인플레이션은 한 나라의 실질통화가치가 하락하는 과정이다. 인플레이션의 반대 현상인 디플레이션은 한 나라의 실질통화가치가 상승하는 과정이라고 볼 수 있다. 한 나라의 통화가치가 상승한다는 것은 다른 나라의 통화, 예를 들면 미국 달러화에 대해서 강세를 유지한다는 것을 의미하기도 한다. 원화가치가 강세를 보일 경우 수출에 악영향을 미치게 된다. 예를 들어 대미 달러 환율이 1달러당 1,100원에서 1,000원으로 하락하면, 국제시장에서 한국 상품들은 상대적으로 비싸져 수출이 타격을 받을 수 있다. 반면 한국시장에서 외국 상품의 가격은 상대적으로 낮아져 다른 조건이 동일하다면 수입은 늘어난다.

이와 같이 디플레이션은 GDP를 구성하는 네 개의 항목(GDP=소비+투자+정부구입+순수출) 가운데 세 개의 민간지출 항목(소비, 투자, 수출)에 부정적인 영향을 미친다. 이러한 이유로 물가하락과 경기침체가 동시에 나타나는 것이다. 디플레이션은 경기를 침체국면으로 이르게 하는 고약한 경제 질병이다.

디플레이션은 개인의 삶에도 그늘을 드리울 수 있다. 디플레이션이 발생하면 물가가 전반적으로 하락하기 때문에 가계의 실질소득이 늘어나 구매력이 증가할 수 있지만, 이는 돈이 많거나 채권자 입장에 있는 사람들의 이야기이다. 빚이 많은 사람들에게 디플레이션은 빚쟁이가 더 느는 것과 같다. 디플레이션은 부채의 실질가치를 증가시켜 부채 상환을 더욱 어렵게 만들 수 있다. 만약 디플레이션률이 연간 2%에 달한다고 한다면, 1억 원의 부채를 안고 있는 가계는 실질가치로 따져 매년 200만 원의 빚을 추가로 더 떠안게 된다. 한국의 가계부채는 2014년 처음으로 1,000조 원을 넘어선 이후 2015년 말 현재 1,200조 원에 접근했다. 물가수준이 매년 2%씩 하락한다면 가계의 빚은 실질가치로 따져 매년 24조 원씩 추가로 늘어나게 된다.

얼마 전까지 정책전문가들은 디플레이션을 대수롭지 않게 생각했다. 대공황 이후 심각한 디플레이션을 겪은 나라가 일본을 빼고는 거의 없었던데다, 디플레이션은 중앙은행이 돈을 찍어 풀면 얼마든지 쉽게 해결할 수 있다고 생각했다. 인플레이션을 잡는 것은 어렵지만 디플레이션을 잡는 것은 식은 죽 먹기로 여긴 것이다. 그러나 일본의 경우에서 보듯 중앙은행이 무제한으로 돈을 푼다고 해서 디플레이션이 쉽게 없어지는 것은 아니다.

이제 세계경제에서 D에 대한 공포심이 인플레이션에 대한 공포심보다 더 커지고 있다. 디플레이션이 경제 모드로 정착될 경우, 인플레이션의 체질에 익숙해진 개인들의 경제활동 또한 디플레이션 모드로 재조정되어야 할 것이다. 그리고 인플레이션에 초점을 맞추었던 경제정책도 그 무게 중심이 디플레이션으로 옮겨져야 할 것이다.

6

초인플레이션

우리는 앞에서 지속적인 물가하락(디플레이션)이 가져올 수 있는 공포
를 살펴보았다. 그러나 역사적으로 보면 심각한 물가상승(초인플레이션
hyperinflation)이 경제를 황폐화시킨 경우가 더 많았다. 많은 개발도상국, 특
히 남미와 아프리카의 여러 나라들에서는 과거에 정부가 재정적자를 메
우기 위해서 중앙은행으로부터 돈을 과도하게 빌리는 방법을 취해왔다.
그러한 관행은 대개 연 몇백 퍼센트에서 몇만 퍼센트에 이르는 인플레이
션을 유발하는 결과를 가져왔다.

초인플레이션에 대한 공식적인 정의는 없다. 필립 케이건Phillip Cagan은
월 인플레이션율이 50%를 넘어선 달로부터 50% 미만으로 하락한 달까
지의 기간이 1년 이상 지속될 경우, 그러한 인플레이션을 초인플레이션으
로 정의했다. 현재 대부분의 경제학자들이 케이건의 정의를 따르고 있다.

역사적으로 독일, 헝가리, 폴란드 등에서 나타난 초인플레이션은 악명

이 높다. 초인플레이션을 경험한 이 나라들에서는 상상을 초월하는 에피소드들이 일어났다. 초인플레이션이 발생하면 시시각각 화폐가치가 하락하는 까닭에 월급을 받은 즉시 가게로 달려가서 물건을 구입하고, 수레에 돈다발을 싣고 가서 작은 쇼핑백에 물건을 담아 오는 경우가 허다했다. 난로를 피울 때 돈을 땔감으로 사용하는 것이 장작을 구입해서 쓰는 것보다 싸게 먹혔다는 이야기도 전해진다.

초인플레이션은 역사적으로 여러 시점에 걸쳐 여러 나라에서 나타났다. 가장 악명이 높았던 사례는 제1차 세계대전 후 독일에서 일어난 초인플레이션, 제2차 세계대전 후 헝가리에서 나타난 초인플레이션, 그리고 최근 2008년 짐바브웨에서 일어난 초인플레이션을 들 수 있다.

독일 바이마르공화국 시절인 1923년 제국은행Reichsbank은 액면가 2조~100조 마르크화를 발행했으며 정부는 500억 마르크의 액면가를 가진 우표를 발행했다. 당시 미국의 1달러는 4조 마르크와 교환되었다. 마르크화 지폐를 찍어낸 한 회사는 제국은행에 3.28×10^{19}마르크를 비용으로 청구하기도 했다.

헝가리 국립은행이 발행해 1946년에 유통된 최고액권은 10^{20} 펭고였는데 이는 100,000,000,000,000,000,000펭고에 해당한다. 당시 헝가리의 인플레이션율은 월 4.19×10^{16} 즉 41,900,000,000,000,000%였다.

가장 최근에 일어난 초인플레이션은 아프리카의 짐바브웨가 2008년 11월에 경험한 인플레이션이다. 2008년 7월 짐바브웨 정부가 발표한 공식 인플레이션율은 2억 3,100만%였는데 실제 인플레이션율은 이보다 훨씬 높은 것으로 추정된다. 그 당시 짐바브웨의 한 시민은 "만약 청구한 돈을 48시간 이내에 받지 않으면 그것은 더 이상 징수할 가치가 없다"고 말할 정도였다. 짐바브웨는 화폐단위가 100조에 달하는 짐바브웨 달러화를 발행했는데 더 이상 높은 단위 달러를 발행할 수 없게 되자 2009년 3월 짐바브웨 달러화를 포기하고 미국 달러화를 자국 화폐로 사용하는 조치를 단행했다. 이러한 조치를 '화폐의 달러화dollarization'라고 한다. 그렇게 하여 짐바브웨는 초인플레이션에서 탈출할 수 있었다. 대부분의 초인플레이션은 통화량의 폭발적인 증가에 의해서 유발되었음을 많은 연구들은 보여주고 있다.

현재는 남미와 아프리카의 몇 나라만 제외하고 초인플레이션을 겪고 있는 나라는 별로 없다. 그리고 현재 높은 인플레이션을 겪고 있는 나라들의 연간 인플레이션률도 대체적으로 100% 미만에 머무르고 있다(예외적으로 베네수엘라의 2015년 물가상승률은 800% 이상에 달할 것으로 예상된다. 이와 관련해 "베네수엘라 돈은 도둑도 훔쳐가지 않는다"는 농담이 유행하고 있다). 인류는 이제 인플레이션과의 전쟁에서 승리했다고 볼 수 있다. 앞 장에서 보았듯이, 최근 많은 선진국은 오히려 물가가 지속적으로 하락함으로써 여러 가지 어려움을 겪고 있다.

7

인플레이션과 이자율

피셔방정식

앞에서 빚진 사람들에게는 인플레이션보다 디플레이션이 더 나쁘다는 것을 살펴보았다. 그런데 국민연금과 퇴직연금 등 연금 수령자들에게는 인플레이션이 좋을까 디플레이션이 좋을까?

일반적으로 인플레이션이 발생할 경우 금융자산 소유자와 봉급생활자 또는 연금수령자 같은 고정소득 생활자 및 돈을 빌려준 채권자, 저축으로 대출을 해주는 입장인 대출자는 손해를 보고, 부동산 소유자 및 돈을 빌린 채무자는 이득을 보게 된다. 그리고 디플레이션이 발생할 경우 승자와 패자는 뒤바뀌게 된다. 그러나 이러한 소득과 부의 재분배는 소비자, 투자자, 노동자, 기업 등 경제주체가 경제적 의사결정을 하기 전에 인플레이션을 얼마나 정확히 예상할 수 있느냐에 크게 의존한다. 만약 경제주체가 인플레이션을 충분히 예견할 수 있다면 그들은 임금계약, 대출계약, 임대계약 등을 체결할 때 예상된 인플레이션으로부터 오는 피해를 최소한으로 줄이는 조건으로 계약하려고 할 것이다. 이와 같이 예상된 인플레이션은 예상치 못한 인플레이션에 비해 경제에 미치는 피해가 훨씬 적다.

먼저 인플레이션이 거시경제에 미치는 영향부터 살펴보자. 예상된 인플레이션이 가져오는 첫 번째 피해는 돈의 가치가 떨어진다는 점이다. 인플레이션은 돈의 가치 또는 돈의 구매력이 하락하는 과정이라고 볼 수 있다. 연간 인플레이션이 10%에 달할 것으로 예상되는 경우 연초에 보유한 5만 원권의 실질가치가 연말에는 약 4만 5,000원으로 떨어지게 된다. 앉아서 5,000원을 잃는 셈이다. 이자를 지불하지 않는 금융자산(예를 들면 한국은행권)을 가지고 있는 사람은 누구나 예외 없이 이러한 피해를 입게 된다.

인플레이션이 거시경제활동, 특히 경제성장에 도움이 되는가 해가 되는가 하는 이슈도 많은 논쟁을 불러왔다. 인플레이션이 경제성장을 촉진한다는 주장이 없는 것은 아니지만 인플레이션은 소비, 투자, 수출 등에 모두 부정적인 영향을 미치기 때문에 총생산의 증가와 경제성장에 도움이 되지 못한다는 것이 지배적인 견해이다. 특히 인플레이션은 불확실성을 증대시킴으로써 기업의 영업활동에서 오는 수익을 왜곡시키고 기업활동을 위축시켜 생산에 악영향을 미칠 수 있다(인플레이션과 경제성장은 동시에 발생하는 경향이 있지만 인플레이션은 시차를 두고 경제성장을 떨어뜨린다).

만약 예상치 못한 인플레이션이 발생할 경우 인플레이션의 비용은 예상된 인플레이션의 비용에 비해 훨씬 크다. 경제주체가 인플레이션을 정확히 예상하지 못할 경우 인플레이션에 따르는 경제적 손실을 피할 수 없을 뿐만 아니라, 자원의 배분이 시장기능에 의해서가 아니라 자의적인 방법으로 이루어지게 된다. 이와 같이 예상치 못한 인플레이션은 경제주체 사이에 소득과 부의 재분배를 가져오는데 일반적으로 금융자산 소유자와 봉급생활자나 연금수령자 같은 고정소득 생활자 및 채권자는 손해를 보고, 부동산 소유자 및 채무자는 이득을 보게 된다. 경제주체 사이에 일어나는 부의 재분배는 인플레이션에 대한 예측이 얼마나 정확히 이루어졌는가에 따라 그 정도가 달라진다.

만약 인플레이션이 정확히 예측되어 실제 인플레이션이 예상 인플레이션과 같을 경우 채권자와 대출자 사이에 부의 재분배는 원칙적으로 일어나지 않는다. 만약 인플레이션률이 3%에 달할 것으로 예상되면 돈을 빌려주는 측에서는 최소한 명목이자율을 예상된 인플레이션률보다 높게 책정하려고 할 것이다. 따라서 실제 인플이션률이 3%에 달할 경우 대출자나 차입자 어느 누구도 손해를 보지 않는다.

만약 실제 인플레이션률(5%)이 예상 인플레이션률(3%)보다 높을 경우 돈을 빌리는 차입자가 이득을 보게 된다. 차입계약을 할 때 당초 3%의 인플레이션을 예상했다는 것은 대출금의 실질가치가 3% 하락할 것으로 예측했다는 것과 같은 이야기이다. 따라서 실질가치의 하락을 보상받기 위해 명목금리를 그에 상응해서 최소한 3%로 책정할 것이다. 그런데 인플레이션이 실제로 5%로 상승할 경우 대출금의 실질가치가 약 5% 줄어들어 대출자는 손해를 보고, 그 대신 차입자는 이득을 보게 되는 것이다. 그러나 만약 실제 인플레이션(1%)이 예상 인플레이션(3%)보다 낮을 경우 그 반대의 현상이 일어나 채권자가 이득을 보고 채무자가 손해를 보게 된다.

우리는 앞에서 사람들이 인플레이션을 예상할 때 이를 임금계약이나 임대계약 또는 대출계약에 반영하여 인플레이션으로부터 오는 피해를 최소화하려고 한다는 것을 보았다. 대출계약을 예로 들면 돈을 빌려주는 대출자는 예상되는 인플레이션을 가산하여 대출 이자율을 산정하려고 한다. 보다 구체적으로 대출계약서에 명시되는 이자율은 예상 인플레이션율이 가산된 이자율이며, 이러한 이자율을 명목이자율nominal interest rate이라고 한다.

- 명목이자율 = 실질이자율 + 예상 인플레이션율

이 관계식은 처음으로 논의한 경제학자 피셔의 이름을 따서 흔히 피셔방정식Fisher equation 또는 피셔관계라고 불린다. 실질이자율real interest rate은 대출자가 현재의 소비를 포기하는 데 따른 불이익에 대한 보상이라고 볼 수 있으며 이는 명목이자율과는 달리 우리가 직접 관찰할 수 없다. 예를 들어 실질이자율이 2%라고 한다면 대출자는 현재의 소비를 억제하는 대가로 대출금액에 대한 2%의 실질이자를 요구한다고 볼 수 있다. 여기에 예상되는 인플레이션을 더하면 그가 실제로 받는 명목이자율이 된다. 예상 인플레이션율에 해당되는 이자율은 순전히 인플레이션에 따른 소득의 감소를 보충하기 위한 것이기 때문에 실질소득은 되지 않는다.

피셔는 실질이자율이 일정하다고 보았다. 그리고 그러한 실질이자율은 통화량이나 재정지출 같은 총수요정책에 의해서 영향을 받지 않는다고 전제했다. 통화량이 증가하면 거의 확실히 인플레이션이 상승하기 때문에 명목이자율은 인플레이션율만큼 상승하게 된다. 이 제안을 피셔가설Fisher hypothesis이라고 부른다. 비록 실질이자율은 관찰될 수 없지만 피셔방정식으로부터 우리는 실질이자율을 다음과 같이 도출할 수 있다.

- 사전적 실질이자율 = 명목이자율 - 예상 인플레이션율

사전에 대출에 관한 결정을 할 때 돈을 빌려주는 자는 실질이자율을 추산해서 명목이자율을 결정한다. 이러한 실질이자율을 사전적 실질이 자율ex ante real interest rate이라고 부를 수 있다. 원래 실질이자율은 현재 소비의 포기에 대한 보상이기 때문에 마이너스가 될 수 없다. 실질이자율이 마이너스라는 것은 돈을 빌려주는 사람이 돈을 빌리는 사람에게 오히려 보상을 해준다는 것을 의미하는데, 현재 소비를 포기하는 대가로 돈을 얹어주겠다는 사람은 아무도 없을 것이다.

그러나 대출에 대한 결정이 끝나고 연말에 실질이자율을 계산해보면 실질이자율이 0% 이하로 떨어질 수 있다. 예를 들어 실질이자율을 2%로 산정하고 인플레이션률을 3%로 예상해서 5%의 명목이자율을 대출계약서에 명시했는데 연말에 가서 사후적 인플레이션률이 6%에 달했다고 한다면 실질이자율은 마이너스 1%가 된다(5%-6%=-1%).

- 사후적 실질이자율 = 명목이자율 - 실제 인플레이션률

이러한 실질이자율은 사후적 실질이자율ex post real interest rate이라고 불린다. 이와 같이 사후적인 실질금리는 일정하지 않을 수 있으며 마이너스가 될 수도 있다. 여기에서 주목할 것은 정부는 명목금리를 인플레이션률보다 낮추든가 통화량을 늘려 인플레이션을 명목금리보다 높은 수준으로 유지함으로써 실질이자율을 마이너스로 만들 수 있다는 점이다. 이는 중요한 정책적 의미를 갖는다. 우리는 나중에 마이너스 금리가 통화정책과 관련해 어떤 의미를 갖는지를 더 자세히 살펴볼 것이다.

우리는 사후적 실질이자율이 마이너스가 될 수 있음을 보았다. 그러면 명목이자율도 마이너스가 될 수 있을까? 명목이자율은 실질이자율에 예

상 인플레이션을 더한 것과 같기 때문에 경제에 심각한 디플레이션이 발생할 경우 명목이자율은 이론상으로는 마이너스가 될 수 있다. 예를 들어 실질이자율이 2%이고 디플레이션율이 4%(-4%)라고 한다면 명목이자율은 -2%(=2%-4%)가 된다. 민간 금융거래에서는 명목이자율이 마이너스가 되는 경우가 극히 드물지만 중앙은행이 민간은행에 적용하는 정책금리에서는 종종 마이너스 금리가 도입되는 경우가 있다. 예를 들면 덴마크의 중앙은행은 2012년 7월 세계 최초로 시중은행이 예치한 돈에 마이너스 금리를 적용하는 조치를 취했다(덴마크는 유로존에 가입하지 않고 있는 나라다). 그에 따라 일부 민간은행들도 차입자들에게 마이너스 대출금리를 적용하고 있다. 일본은행도 2016년 1월, 사상 처음으로 마이너스 정책금리를 도입했다. 민간은행이 일본은행에 돈(지불준비금)을 예치할 경우 일본은행은 돈을 예치한 민간은행에 -0.1%의 이자율을 적용하기로 한 것이다. 이는 일본은행이 돈을 예치한 은행에 0.1%의 수수료를 부과하는 것과 같다.

8

공식 실업률은 실제 실업 상황을 과소 측정한다

실업은 인플레이션과 함께 거시경제의 질병으로 꼽힌다. 한 나라의 경제정책 목표는 이 두 질병을 예방하거나 치유하는 데 집중되어왔다(실업과 인플레이션을 거시경제의 두 적으로 간주하는 입장은 최소한 2008년 대경기침체가 일어나기 전까지 타당했다). 실업은 일할 능력과 일할 의사가 있는 사람이 일자리를 구하지 못한 상태를 말한다. 한국의 실업률은 2015년 9월 현재 3.2%이다. 이 수치가 무엇을 의미하는지를 이해하려면 먼저 실업률이 어떻게 정의되고 측정되는지를 알아볼 필요가 있다.

실업률을 구하기 위해 통계청은 총인구를 생산가능인구와 비생산가능인구로 나눈다. 비생산가능인구에 속하는 사람들은 너무 어리거나 군대, 감옥, 정신병원 같은 제도 안에서 생활하기 때문에 일을 할 수 없는 사람들을 포함한다. 한국에서는 만 15세 미만을 법적으로 일할 수 없는 어린 나이로 간주하지만 미국에서는 일을 할 수 없는 나이가 만 16세로 한국보다 한 살 많다. 이와 같이 생산가능인구에 해당되는 사람들은 '일을 할 수 있는' 사람들이고 비생산가능인구에 편입되는 사람들은 '일을 할 수 없는' 사람들이다.

일을 할 수 있는 생산가능인구는 다시 경제활동인구와 비경제활동인구로 분류된다. 경제활동인구는 '일하기를 원하는' 사람들이고 비경제활동인구는 일할 능력은 있지만 '일하기를 원치 않는' 사람들이다. 비경제활동인구의 범주에 들어가는 사람들은 은퇴자, 전업주부, 전업학생 그리고 놀고먹을 만큼 여유 있는 사람들이다. 즉 경제활동인구는 현재 노동시장에 나와 있는 사람들이다. 이 가운데에는 직장이 있는 사람들도 있고 직장을 찾고 있는 사람들도 있다. 경제활동인구 가운데 현재 직장이 있는 사람들은 취업자로, 현재 직장은 없지만 일자리를 적극적으로 찾고 있는 사람들은 실업자로 분류된다.

실업자의 범주에 포함되는 사람은 현재 직장이 없어야 하고 최소한 지난 4주 동안 일자리를 적극적으로 찾고 있어야 한다. 따라서 아예 일자리를 구하지 못할 것으로 생각하고 처음부터 구직을 포기한 사람들, 얼마 동안 일자리를 찾았지만 구하지 못해 구직을 포기한 사람들, 고시준비나 유학준비를 위해서 직장을 찾을 생각을 하지 않는 사람들은 노동시장에서 퇴출한 사람으로 취급되어 실업자로 간주되지 않으며 그 대신 비경제활동인구로 편입된다.

통계청은 매달 일정한 수의 가구를 무작위로 추출해서 설문을 통해 앞에서 말한 여러 통계자료를 작성한다. 그리고 설문조사를 근거로 실업률을 다음과 같이 추산한다.

- 실업률(%) $= \left[\dfrac{\text{실업자}}{\text{경제활동인구}} \right] \times 100$

결국 실업률은 일할 능력이 있고 일하기를 원하는 사람들 가운데 얼마나 많은 사람들이 직장을 구하지 못하고 있는지를 보여주는 지표이다. 그러나 이렇게 산정되는 실업률은 허점이 많다. 공식 실업률은 실제 실업 상황을 제대로 반영하지 못하고 과소평가한다는 비판이 가해지고 있다. 그것은 주로 실망실업자discouraged workers와 비자발적 비상용 노동자들의 존재 때문이다.

실망실업자는 일자리를 구하려고 노력했으나 결국 일자리를 구하지 못해 구직활동을 포기한 사람을 말한다. 실망실업자들은 현재 적극적으로 일자리를 찾고 있지 않기 때문에 경제활동인구에 포함되지 않으며 따라서 실업자로 분류되지 않는다. 일자리를 구하지 못한 사람이 희망을 잃지 않고 계속 직장을 찾고 있으면 실업자로 간주되지만 자포자기하여 구직을 단념할 경우 비실업자가 된다. 이와 같이 현재의 실업률 추계방식은 구직자가 희망을 포기하면 실업률이 떨어지는 불합리한 측면이 있다.

한편 통계당국은 실업률을 추계할 때 정규 노동자(풀타임 노동자)와 비상용 노동자(파트타임 노동자)를 구별하지 않고 취업자로 동일하게 취급한다. 노동자가 파트타임 업무를 자발적으로 원한 것이라면 그들을 취업자로 간주하여 실업자에서 제외하더라도 별 문제가 없을 것이다. 극단적으로 1주일에 한 시간만 일하는 사람의 경우, 본인이 한 시간만 일하기를 원하고 고용자도 그러한 일자리를 제공한다면 취업자로 간주된다. 문제는 비자발적 파트타임 노동자이다. 예를 들어 경기가 좋지 않을 때 고용주가 노동자를 해고하는 대신 근로일수를 줄인다든가 근무시간을 단축시킬 경우 이는 비자발적 파트타임 고용에 해당한다. 골프장의 캐디들이 1주일에 6일, 하루 8시간 일하는 고용계약을 체결했는데 골프장 측에서 경기가 좋지 않다는 이유로 주 4일 근무로 바꾼다든가 하루 오전 또는 오후 4시간 근무로 바꾸는 경우가 이에 해당한다. 이러한 비자발적 파트타임 노동자가 늘어날 경우 실제 고용은 악화된 상황이지만 공식 실업률에는 아무런 영향을 미치지 않는다.

실망실업자는 경제활동인구에서 제외되기 때문에 실업자로 분류되지 않으며, 비자발적 파트타임 노동자는 취업자로 간주되기 때문에 실업자에 포함되지 않는다. 실망실업과 비자발적 파트타임 고용을 때로는 위장실업이라고도 하며 위장실업의 존재 때문에 공식 실업률은 실제 실업 상황을 과소평가한다고 볼 수 있다.

한국의 고용 상황은 별로 좋지 않은데 실업률은 매우 낮다는 것은 분명 미스터리이다. 이 문제는 다음 장에서 자세히 살펴볼 것이다. 실업률을 둘러싼 또 다른 미스터리는 실업률이 들쭉날쭉하다는 점이다. 예를 들면 실업률이 2014년 9월 3.2%, 2014년 11월 3.1%를 유지하다가 2015년 2월에는 4.6%로 3개월 만에 1.5% 포인트나 상승했다. 그러다가 2015년 9월에는 다시 3.2%로 떨어졌다. 아무리 경기변동이 심하더라도 실업률이 단기간에 이렇게 큰 폭으로 오르락내리락한다는 것은 이해하기 힘든 현상이다. 미국 같은 선진 경제에서는 실업률이 떨어지면 주식시장과 채권시장이 즉각적으로 반응하는 등 실업률의 동향이 경기와 정책 선택에 가장 민감한 영향을 미친다. 미국의 연준이 양적 완화 조치를 2014년 10월에 종결한 것도 실업률이 5.5%로 낮아졌기 때문이며 2015년 12월 기준금리를 인상한 것도 실업률이 5%로 낮아졌기 때문이다. 그러나 한국에서 실업률은 경기 동향에 관한 정보를 제대로 반영하지 못하고, 정책 방향의 풍향계 역할도 제대로 수행하지 못하고 있다.

9

한국은 왜 실업률도 낮고
고용률도 낮은가

한국의 실업률은 구미 선진국들의 실업률에 비해 매우 낮은 수준이다. 그러나 한국의 낮은 실업률을 보고 한국의 고용 상황이 매우 양호하다고 결론지으면, 멋모르고 박수치는 꼴이 된다. 한국은 실업률도 낮지만 고용률(취업률) 또한 다른 선진국에 비해 매우 낮다. 실업률이 낮은데 고용률도 낮다는 것은 현재 일을 하고 있지 않은 많은 사람들이 실업자로도 대접받지 못하고 있다는 것을 의미한다. 이를 알아보기 위해 고용 상황을 측정하는 또 다른 지표인 고용률을 살펴볼 필요가 있다.

고용률은 일할 능력이 있는 사람들(생산가능인구) 가운데 얼마나 많은 사람들이 실제로 일을 하고 있는가를 보여주는 지표이다. 반면 실업률은 일할 능력이 있고 일하기를 원하는 사람들(경제활동인구) 가운데 얼마나 많은 사람들이 직장을 구하지 못하고 있는가를 보여주는 지표이다. 생산가능인구는 실망실업자, 취업준비자, 고시준비자 등 일할 능력은 있지만 일할 여건이 주어지지 않아서 노동시장을 떠났거나 아직 노동시장에 진입하지 않은 사람들을 포함한다. 따라서 실업률보다 실제 고용실업 상황을 비교적 잘 반영한다.

$$\bullet \ \text{고용률}(\%) = \left[\frac{\text{취업자}}{\text{생산가능인구}}\right] \times 100$$

이렇게 측정된 2012년의 고용률을 보면 한국 64.2%, 일본 70.6%, 미국 67.1%, 영국 70.9%, 독일 72.8%, 캐나다 72.2% 등이다. 한국의 고용률이 다른 주요 선진국에 비해 크게 낮은 편이다.

이는 생산가능인구로 분류된 사람들 가운데 일할 여건이 주어지지 않아서 할 수 없이 노동시장을 떠난 사람들이 다수 포함되어 있음을 말해준다. 취업자도 아니고 실업자도 아닌 애매한 범주에 속한 인구가 많다는 뜻이다. 요컨대 한국에서 실업률과 고용률 둘 다 낮은 것은 주로 취업과 실업 사이에 있는 경계인들이 많기 때문이다. 취업과 함께 연애와 결혼 등을 포기한 이른바 '3포족' 또는 'N포세대'가 대개 이러한 범주에 속한다. 한국 젊은이들의 슬픈 자화상이고 국가적 손실이다.

이제 한국사회는 왜 실업률도 낮고 고용율도 낮은가 하는 미스터리를 고용률 공식을 이용해서 풀 수 있다. 고용률을 구하는 공식에서 분모인 생산가능인구는 경제활동인구 + 실망실업자 + 기타 비전통적 실업자(취업준비자, 고시준비자, 유학준비자, 부모 도움으로 생활하는 캥거루족 등)로 주어진다.

$$\bullet \ \text{고용률}(\%) = \left[\frac{\text{취업자}}{\text{경제활동인구} + \text{실망실업자} + \text{불완전실업자}}\right] \times 100$$

한국의 경우 실망실업자와 비전통적 실업자의 수가 다른 선진국에 비해 매우 많기 때문에 생산가능인구가 그만큼 커져서 고용률이 상대적으로 낮아진다. 많은 선진 경제에서 이 비전통적 실업자들은 대부분 실업자로 분류될 수 있는 그룹이다. 그러나 한국의 노동시장은 이들이 쉽게 실업자로 처지가 바뀔 수 없는 구조이기 때문에 실업률 공식에서 분자인 실업자 수가 다른 나라에 비해 상대적으로 작아 실업률이 낮아진다(3포족들이 노동시장에 진입하면 그들은 실업자의 신분을 갖는다. 그러나 그들이 쉽게 노동시장에 뛰어들 수 있는 상황인가를 생각해보라).

또한 한국에서는 프리터freeter족이 상당수에 이르는 것으로 추산된다. 프리터란 '자유free'와 정규 직업이 아닌 부업으로 일하는 사람을 의미하는 '아르바이터arbeiter'의 합성어이다. 일정한 직업 없이 주로 장기간 시간제, 파견, 용역, 재택근무 등의 비정규직 업무로 생활비를 조달하는 사람들을 일컫는다. 프리터족들은 3포족과는 다르다. 프리터족들은 현재 일을 하고 있으면 취업자로 간주되고, 일을 하고 있지 않지만 일자리를 꾸준히 찾고 있으면 실업자로 취급되기 때문이다. 그러나 3포족들은 실업자로 취급되지 않는다.

한국 정부는 공식 실업률이 갖고 있는 문제점을 인식하고 2013년부터 체감 실업률을 발표하기 시작했다. 체감 실업률은 실업자에서 제외되는 실망실업자, 위장실업자(임시직, 일용직 등 불완전취업자), 취업준비자를 실업자의 범주에 포함시켜 실업률을 계산한 것이다. 이 체감 실업률은 10%를 넘고 있다. 이는 한국에 비전통적 실업자가 그만큼 많다는 것을 생생하게 보여주는 증거다(2015년 1월의 체감 실업자는 11.9%에 이르렀다).

경제학을 음울한 학문이라고 불렀던 칼라일은 "일하기를 원하지만 일자리를 찾지 못하는 젊은이는 아마 태양 아래에서 부의 불평등이 보여주는 가장 슬픈 모습이다"라고 말한다. 실업자가 겪는 아픔은 그 무엇과도 비교하기 어려울 것이다. 그들은 구직 지원서를 수십 군데 보내지만 번번이 낙방 통보를 받고, 마침내 희망을 포기하기도 한다. 청년들은 꿈을 꾸는 세대다. 봄은 꿈을 꽃피우는 계절이다. 청년들은 꿈을 키워볼 기회조차 갖지 못한 채 때로는 절망하고 때로는 분노한다. 김영랑이 〈모란이 피기까지는〉에서 읊은 한 구절이 실업자의 마음을 달래주는 듯하다. 봄날 같은 미래를 꿈꾸면서 합격 통지를 기다리다가 낙방 통보를 받는 날, 구직자들에게 그날은 "모란이 뚝뚝 떨어져버린 날"이다. 그러나 마냥 낙망해 있을 수는 없다. 꽃을 피울 때까지 그 봄날을 다시 기다릴 것이다.

* 모란이 피기까지는
  나는 아직 나의 봄을 기다리고 있을 테요.
  모란이 뚝뚝 떨어져버린 날
  나는 비로소 봄을 여읜 설움에 잠길 테요
  오월 어느 날, 그 하루 무덥던 날,
  떨어져 누운 꽃잎마저 시들어버리고는
  천지에 모란은 자취도 없어지고
  뻗쳐오르던 내 보람 서운케 무너졌느니
  모란이 지고 말면 그뿐, 내 한 해는 다 가고 말아
  삼백 예순 날 하냥 섭섭해 우옵내다.
  모란이 피기까지는
  나는 아직 기다리고 있을 테요, 찬란한 슬픔의 봄을

10
실업의 유형과
완전고용실업률

실업에는 다양한 유형이 있다. 먼저 마찰적 실업frictional unemployment은 사람들이 이사를 간다거나 보다 나은 직장을 구하기 위해 이전에 근무하던 직장을 그만두는 경우 또는 이전에 근무하던 직장이 문을 닫는 경우 등 일시적인 요인에 의해 일어나는 실업이다. 직업선택의 자유와 거주이전의 자유가 보장된 자유민주주의 사회에서 이러한 유형의 실업은 불가피하며 그 규모도 상당하다.

마찰적 실업이 일시적 요인에 의해 발생한다면 구조적 실업structural unemployment은 산업구조와 기술의 진보로 발생한다. 구조적 실업은 일자리가 필요로 하는 자격과 노동자가 가진 능력이나 기술이 서로 맞지 않아 발생한다. 구조적 실업은 때로는 미스매치실업mismatchunemployment이라고도 한다. 예를 들면 1980년대까지만 해도 영문 서류나 한글 서류를 타이프라이터로 작성하는 타자수들이 많았는데 타이프라이터가 컴퓨터로 대체됨에 따라 그러한 일자리는 모두 흔적도 없이 사라졌다. 통신기술의 발달로 전화국의 전화교환수들도 모두 없어졌다. 구조적 실업은 적자생존의 원리가 지배하는 자본주의체제의 특징적인 현상이다. 사무자동화와 공장자동화가 가속화됨에 따라 구조적 실업은 앞으로 점점 심각한 문제로 대두될 전망이다. 공장에서의 많은 일자리가 로봇에 의해 대체되어 가는데 이는 '고용 없는 성장'의 한 원인이 되고 있다. 택배 운송이 무인기 드론으로 대체될 날도 눈앞에 다가오고 있다. 구조적 실업은 산업구조의 변화에 따라 이전의 일자리가 사라진 결과로 일어난 현상이기 때문에 보다 심각한 문제를 야기한다.

계절적 실업seasonal unemployment은 고용기회가 계절의 변화에 민감하게 반응하기 때문에 일어나는 실업이다. 자본주의체제나 공산주의체제를 막론하고 계절의 변화가 있는 한 언제나 존재한다. 건축 노동자들은 겨울에는 대개 일자리를 구하지 못하는데 이것이 계절적 실업의 한 예이다. 계절적 실업은 농림어업, 관광업 등에서 흔히 나타난다.

마지막으로 경기순환적 실업cyclical unemployment은 경기순환의 결과로 일어나는 실업이다. 경기가 침체국면으로 빠져들면 실업자가 늘어난다. 기업들이 경기침체의 여파로 제품이 팔리지 않아 노동자를 해고하기 때문이다. 이와 같이 경제가 불황국면으로 접어들면 경기순환적 실업이 늘고, 반대로 호황국면을 맞이하면 경기순환적 실업은 줄어든다.

이 네 가지 유형의 실업 가운데 마찰적 실업, 구조적 실업, 계절적 실업은 경기 국면과 관계없이 언제나 존재한다. 이러한 실업은 경제적, 사회적 비용을 수반하지만 때로는 경제에 자극제가 될 수도 있다.

예를 들면 마찰적 실업은 인재를 적재적소에 배치하는 기능을 수행한다. 만약 현재의 직장이 자기의 재능이나 적성에 맞지 않는다고 할 때 이에 대한 돌파구가 없다면 그 개인의 생산성은 물론이고 회사 전체의 능률에도 악영향을 미칠 수 있다. 그러나 그가 보다 적성에 맞고 자신의 자질을 발휘할 수 있는 새 직장을 찾을 수 있다면 일시적인 실업에서 오는 경제적, 사회적 손실은 별로 문제가 되지 않을 것이다. 이와 같이 마찰적 실업은 경제가 잘 돌아가도록 하는 윤활유 역할을 하며 효율성을 높이는 기능을 수행하기도 한다. 노동시장이 유연할수록 마찰적 실업은 높아질 수 있다. 반면 직업선택의 자유, 거주이전의 자유가 제한된 공산주의체제 아래에서는 마찰적 실업이 원칙적으로 존재할 수 없다. 따라서 그러한 체제 아래에 있는 사람들은 자기의 능력을 최대한으로 발휘할 수 있는 직업을 선택할 기회를 박탈당하고 있다고 볼 수 있다.

어느 사회, 어느 시대이건 마찰적·구조적·계절적 실업은 항상 존재하기 때문에 경기가 호황이라도 실업률은 0이 될 수 없다. 정부는 기껏해야 경기부양책을 써서 경기순환적 실업을 해소할 수 있을 뿐이다. 완전고용실업률full-employment level of unemployment은 경기순환적 실업률이 0인 상태를 말하며, 마찰적·구조적·계절적 실업률의 합계와 같다. 이처럼 일하고 싶은 사람이 모두 직장을 구할 수 있는 상황, 즉 완전고용상태에 도달한다 해도 실업률이 0으로 떨어질 수 없으며, 그것이 바람직한 것만도 아니다. 어느 정도의 인플레이션이 경제에 활력소가 되듯이 어느 정도의 실업도 경제의 유연성과 생산성을 높이는 자극제가 될 수 있다.

미국에서 완전고용실업률은 미국경제가 황금기를 누리던 1960년대에 4% 수준이었다. 이는 경제가 완전고용상태에 이르렀을 때도 경제활동인구 가운데 4%는 마찰적 실업이나 구조적 실업 또는 계절적 실업의 상태에 있다는 것을 의미한다. 현재 미국의 완전고용실업률은 약 5~5.5%에 달하는 것으로 추정된다. 미국의 완전고용실업률이 비교적 높은 것은 미국경제에서 마찰적 실업과 구조적 실업이 실업 전체에서 차지하는 비중이 높기 때문이다. 마찰적 실업과 구조적 실업이 높다는 사실은 한편으로는 미국의 노동시장이 그만큼 유연하다는 것을 의미한다.

한국의 완전고용실업률은 현재 3~3.5% 수준에 달하는 것으로 알려져 있다. 한국의 고용 상황이 심각한데도 왜 완전고용실업률은 비교적 낮은 것일까? 한국에서는 그동안 노동시장의 경직과 종신고용 전통으로 인해 마찰적 실업과 구조적 실업이 매우 낮았다. 완전고용실업률은 주로 이 두 유형의 실업률 합계로 주어지는데, 이러한 실업률이 낮기 때문에 완전고용실업률 또한 낮은 것으로 볼 수 있다.

완전고용실업률은 '자연실업률' 또는 '잠재적 실업률'이라고도 불리는데, 각각의 뉘앙스에는 약간의 차이가 있지만, 거의 같은 의미로 혼용된다. 어떤 용어를 사용하든지 한 가지 분명한 사실은 완전고용실업률은 경기순환적 요인과는 무관하기 때문에 통화정책이나 재정정책의 영역 밖에 있다는 점이다. 다시 말해 정부가 총수요정책으로 이를 변동시키려고 해도 그러한 정책은 성공할 수 없음을 최근의 경제이론은 우리에게 가르쳐준다. 그러나 완전고용실업률이 고정된 것은 아니다. 교육이나 훈련 또는 기술발전을 통해 생산성을 높임으로써 어느 정도 낮출 수 있다.

경제가 완전고용실업률 또는 잠재적 실업률에 이르렀을 때 그 경제는 인플레이션을 유발하지 않고 최대한으로 성장할 수 있다. 잠재적 실업률에서 생산되는 상품과 서비스의 양을 '잠재적 총생산' 또는 '완전고용총생산'이라고 한다. 따라서 잠재적 총생산은 한 나라의 경제가 인플레이션을 유발하지 않고 달성할 수 있는 최대의 생산량이라고 정의할 수 있다. 한 나라의 경제가 도달한 최상의 상태, 열매로 비유하자면 그것은 탐스러운 포도송이와 같고 붉고 둥그런 대추알과도 같다.

고전학파 학자들은 한 나라의 완전고용총생산이 저절로 이루어진다고 말하지만, 현실 경제에서 그것은 태풍과 천둥과 벼락을 맞으면서 영글어 간다. 시인 장석주는 〈대추 한 알〉에서 "무서리 내리는 몇 밤, 땡볕 두어 달, 초승달 몇 날"이 들어서야 대추는 붉고 둥글게 여문다고 노래한다. 천둥과 벼락을 동반한 태풍은 바다를 한번 휘저어놓음으로써 바다의 생태계를 더욱 건강하게 만들어준다. 이와 비슷하게 경제에 불어 닥친 위기나 구조개혁 같은 태풍도 경제의 생태계를 한번 흔들어줌으로써 비능률적이고 비효율적인 요소들을 제거해 경제를 더욱 탐스럽고 견실하게 만들어주는 기능을 한다. 그렇지 않은 경제는 붉고 둥그런 대추가 아니라 푸르고 쭈그러진 대추와 같은 것이다.

＊　저게 저절로 붉어질 리는 없다
　　저 안에 태풍 몇 개
　　저 안에 천둥 몇 개
　　저 안에 벼락 몇 개
　　저게 저 혼자 둥글어질 리는 없다.
　　저 안에 무서리 내리는 몇 밤
　　저 안에 땡볕 두어 달
　　저 안에 초승달 몇 날이 들어서서
　　둥글게 만드는 것일 게다.
　　대추야
　　너는 세상과 통했구나.•

•　장석주, 《붉디 붉은 호랑이》(애지, 2005).

365

11   오컨의 법칙과
노동시장 탄력성계수

미국의 경제학자 아서 오컨은 잠재적 실업률 개념을 도입해 실업과 총생산 사이에 존재하는 경험법칙을 이끌어냈다. 우리는 경제성장이 둔화되면 실업률이 상승하고, 반대로 경제성장이 활발하면 실업률은 하락한다는 것을 (정확한 수량적 관계는 모르더라도) 경험을 통해 알고 있다. 오컨은 실업률과 경제성장률 간의 관계를 수량화했는데 그러한 수량적 관계를 오컨의 법칙 Okun's law이라고 한다.

오컨의 법칙은 실제 실업률이 잠재적 실업률을 상회할 경우 성장률이 얼마나 떨어지는가를 보여주는 관계식이다. 먼저 실제 실업률이 잠재적 실업률과 같을 경우 실질GDP 성장률은 잠재적 성장률과 같아진다. 이는 당연히 예견되는 결과이다. 오컨의 법칙은 미국의 실제 실업률이 잠재적 실업률로부터 1%포인트 상승할 때마다 실질성장률은 2%포인트가 하락한다는 것을 보여준다.[*] 예를 들어 잠재적 실업률이 5.5%인데 실제 실업률이 6.5%로 상승하면 실질GDP 성장률이 2%포인트 하락한다는 것이다. 이 숫자 2를 오컨계수Okun's coefficient라고 한다.

오컨의 경험법칙은 미국경제를 대상으로 얻은 결과이다. 오컨의 계수는 나라마다 상당히 다르게 나타날 뿐만 아니라 같은 나라라고 해도 기간에 따라서 차이를 보여주고 있다. 이러한 차이는 대체적으로 각국의 고용과 해고 관행과 노사관계 등의 차이를 반영한다.

오컨의 계수는 한 나라의 노동시장이 얼마나 유연한가를 간접적으로 보여주는 지표로도 사용된다. MIT의 경제학자 올리비에 블랑샤드Olivier Blanchard는 오컨의 법칙을 역으로 표현해서 실질GDP가 1%포인트 하락할 경우 실제 실업률은 잠재적 실업률로부터 얼마나 상승하는가를 추정했다.** 여기에서 우리는 오컨계수의 역수를 얻게 되는데 이 역수를 노동시장 탄력성계수라고 부를 수 있을 것이다.

- 오컨계수: 실제 실업률이 잠재 실업률로부터 1%포인트 상승할 경우 실질GDP 성장률이 잠재성장률로부터 얼마나 하락하는지를 보여주는 수치
- 노동시장 탄력성계수: 실질GDP가 1%포인트 하락할 경우 실제 실업률이 잠재 실업률로부터 얼마나 상승하는지를 보여주는 수치

한 나라의 노동시장이 유연할수록 실제 실업률은 보다 신축적으로 움

- 오컨의 법칙은 다음과 같이 표현할 수 있다.
  실질GDP 성장률(%)=잠재성장률(%)−2(실제 실업률−잠재실업률)
  또는 실질GDP 성장률(%)−잠재성장률(%)=−2(실제 실업률−잠재실업률)
- ** 블랑샤드는 오컨의 법칙을 다음과 같이 조정해서 오컨계수의 역수를 추정했다.
  (실제 실업률−잠재실업률)=a−b(실질GDP 성장률)
  여기에서 b는 오컨계수의 역수(b=1/오컨계수)로서 노동시장 탄력성계수를 나타낸다.

직이기 때문에 노동시장 탄력성계수는 커질 것이다. 극단적으로 실제 실업률이 경기변동에 전혀 반응하지 않을 경우 노동시장은 매우 경직되어 있으며 탄력성계수의 값은 0에 가까워진다. 그리고 그 값이 1일 경우, GDP가 1%포인트 하락할 경우, 실제 실업률은 잠재적 실업률로부터 1%포인트 상승하게 된다. 주요 선진국들을 대상으로 블랑샤드가 추정한 노동시장 탄력성계수의 값은 다음의 표와 같다.

국가	1960~1980년	1981~1994년
미국	0.40	0.47
일본	0.15	0.23
독일	0.27	0.42
영국	0.17	0.49

주요 선진국의 노동시장 탄력성계수

우선 1980년 이전의 자료에서 주목되는 것은 미국의 값이 전반적으로 높은 반면 일본은 상당히 낮다는 점이다. 일본의 기업들은 노동자들에게 '평생직장'이라는 직업 안정을 (적어도 1980년대 초까지는) 보장해주었다. 총생산이 감소하는 등 경기가 좋지 않더라도 노동자들을 해고하는 등의 과격한 조치를 취하지 않는 것이 일본의 전통적인 기업문화였고 경영방식이었다. 따라서 일본에서 총생산의 변동은 실업과 고용에 별다른 영향을 미치지 못했다. 그러나 미국의 경우 경기가 부진하면 언제라도 노동자들을 해고할 수 있는 기업풍토가 정착되어 있어 일본과는 사뭇 다른 패턴을 보여준다. 유럽의 두 나라 독일과 영국은 이 두 극단적인 노사관행의 중간에 위치한다고 볼 수 있으며 그들의 탄력성계수 값도 미국과 일본의 중간에 있음을 확인할 수 있다.

그러나 격동의 1980~1990년대에 와서는 상황이 크게 달라졌다. 우선 노동시장 탄력성계수의 값이 모든 나라에서 일제히 상승하는 추세를 보였다. 이는 1970년대의 석유파동을 거치며 국가 간 경쟁이 더욱 치열해지는 상황에서 살아남기 위해 경기가 좋지 않을 때 한계노동자들을 언제라도 해고하는 관행이 심화되었다는 증거이다. 특히 일본의 탄력성계수 값이 1980년대에 들어 크게 높아진 것은 그동안 관심의 대상이었던 일본의 고용관행이 점차 무너지고 있음을 보여준다. 이러한 여건 아래에서 고용(또는 실업)은 총생산의 변동에 민감하게 반응하며 그에 따라 노동시장 탄력성계수의 값도 커지는 것이다.

한국은행이 추정한 한국의 오컨계수는 1971~1998년 기간에는 3.6이었으나 1998년 아시아 금융위기 이후 2013년까지의 기간에는 0.3으로 크게 떨어졌다. 이는 실제 실업률이 잠재적 실업률로부터 1%포인트 상승할 경우, 금융위기 이전에는 실질성장률이 3.6%포인트가 하락했으나 금융위기 이후에는 오직 0.3%포인트가 하락한다는 것을 의미한다. 이 오컨계수를 근거로 역수인 노동시장 탄력성계수를 추산해보면, 1971~1998년 기간에는 0.28, 1998~2013년 기간에는 3.26이 된다.

한국의 경우 조사대상 기간이 다르고 금융위기라는 특수한 상황에 초점을 맞추고 있기 때문에 노동시장 탄력성계수를 앞에서 살펴본 나라들과 직접적으로 비교하는 것은 무리일 것이다. 그러나 분명히 한국도 다른 나라들과 비슷한 추세를 보이고 있다. 즉 글로벌 금융위기 이후 노동시장 탄력성계수가 커지는 추세이다. 하지만 탄력성계수가 두 비교 기간에 많은 차이가 난다는 것은 한국경제에서 실업률과 경제성장률 사이의 관계가 불규칙하다는 것을 의미한다. 실업률 통계가 실업 상황을 제대로 반영하지 못하고 있다는 반증이 되기도 한다.

낮은 인플레이션과
낮은 실업,
두 마리 토끼를 찾아서

경제학자들과 경제정책 수립자들은 그동안 거시경제의 적인 인플레이션과 실업을 해결하기 위해 이 적들과 치열한 싸움을 해왔다. 그러나 이 싸움에서 인류는 아직 완전한 승리를 거두지 못하고 있다. 미국경제의 황금기였던 1960년대에 인류는 실업 문제를 완전히 해결했다고 자부한 적도 있었으나, 1970년대 석유파동을 겪으면서 실업이라는 적은 다시 살아 돌아왔고 지금까지 간헐적으로 우리를 공격하고 있다. 1970년대 석유파동을 겪으면서 세계경제는 또한 인플레이션이라는 적으로부터도 공격을 당했다. 두 적으로부터 협공을 당한 셈이다. 그 후 인류는 실업보다는 인플레이션과 싸우는 데 더 많은 에너지를 쏟아부었다. 세상사는 돌고 돈다고 했지만 세계경제는 이제 인플레이션의 반대편에 있는 디플레이션이라는 새로운 적을 맞이하고 있다. 과연 우리는 이 모든 적들을 물리치고 승리할 것인가? 다시 말해 두 마리 또는 세 마리의 토끼를 다 잡을 수 있는가?

1 실업과 인플레이션의 역관계

필립스곡선

거시경제의 두 골칫거리인 인플레이션과 실업, 이 두 개의 변수 사이에 어떤 관계가 존재하는가 하는 문제는 지난 수십 년 동안 경제학계를 논쟁의 용광로 속으로 몰아넣었다(지금은 많은 나라들이 디플레이션 공포에 사로잡혀 있지만 인플레이션의 망령은 언제라도 다시 살아날 수 있다).

지금까지 일반적으로 받아들여진 결론은 통화정책이나 재정정책을 사용해서 낮은 인플레이션과 낮은 실업이라는 두 개의 목표를 모두 달성하기란 가능하지 않다는 것이다. 다시 말해 두 마리 토끼를 한꺼번에 잡을 수는 없다고 보는 것이 일반적인 견해이다.

그러면 한 마리의 토끼를 포기하면 다른 한 마리의 토끼는 잡을 수 있는가? 이에 관해서는 두 가지 서로 다른 입장이 존재한다. 우선 두 가지 목표를 동시에 달성하는 것은 가능하지 않지만 하나의 목표를 희생하면 다른 목표를 달성하는 것은 가능하다고 보는 케인스 경제학자들의 입장이 있다. 반면 통화주의 학자들은 하나의 목표를 포기하고 다른 목표를 달성하는 것도 가능하지 않다고 보는 입장이다.

인플레이션과 실업의 관계에 관한 두 학파의 대립은 지난 반세기 이상을 끌어온 대논쟁이었다. 이 논쟁의 중심에는 필립스곡선Phillips curve이 있다. 필립스A. W. Phillips가 1950년대 말 필립스곡선을 발견한 이후 이를 둘러싸고 전개되어온 케인스 경제학자들과 통화주의자들의 치열한 논쟁은 아직도 끝장을 보지 못하고 있다.

1958년 영국의 경제학자 필립스는 거의 1세기(1861~1957년)에 걸친 장기적인 자료를 분석해 명목임금의 증가율과 실업률 사이에 안정적이고 비선형적인 역상관관계negative correlation 또는 상반관계tradeoff가 존재함을 발견했다. 필립스는 더 나아가 실업이 감소하면 명목임금은 가파르게 상승하지만, 반대로 실업이 증가하면 명목임금은 완만하게 하락하여 거의 일정한 수준에 머무르게 됨을 발견했다. 케인스 경제학자들은 명목임금이 증가하면 실업이 줄어든다는 사실뿐만 아니라 실업이 증가할 때 필립스가 발견한 증거가 명목임금의 하방경직성에 대한 이론적 근거가 될 것으로 생각했다. 영국경제의 장기 시계열자료를 사용해 필립스곡선을 검증한 리처드 립시Richard Lipsey 역시 필립스곡선이 영국의 실업률과 명목임금상승률 사이의 관계를 놀라울 정도로 잘 설명하고 있음을 확인했다. 이와 같이 주로 케인스학파에 소속된 많은 경제학자들은 필립스곡선이 인플레이션에 관한 거시경제이론의 기초가 될 수 있을 것이라는 기대감에 부풀었다.

미국에서는 MIT 경제학자들인 폴 새뮤얼슨과 로버트 솔로Robert Solow가 원래의 필립스 모형을 변형해 명목임금 상승률과 실업률의 관계를 물가상승률(인플레이션률)과 실업률의 관계로 전환시켰다. 오늘날 우리가 필립스곡선을 말할 때는 주로 인플레이션률과 실업률 사이의 역관계를 의미한다. 실업률이 하락하면 인플레이션률은 상승하고, 그 반대로 실업률이 상승하면 인플레이션률은 하락하는 관계를 의미하는 것이다. 새뮤얼슨과 솔로 역시 미국경제에서 인플레이션과 실업 사이에 안정적인 역상관관계가 존재함을 발견했다.

이로써 필립스곡선은 그 이론적 입지가 더욱 공고해지고 실제적 영향력이 더욱 커졌다. 이제 필립스곡선은 케인스 경제학자들에게 정책선택의 메뉴를 제공해주는 이론적 도구로 자리매김했다. 만약 정책당국자가 낮은 실업률을 경제정책의 우선순위로 정했다면, 인플레이션의 상승을 어느 정도 허용함으로써 그러한 목표를 달성할 수 있다는 믿음을 갖게 되었다. 반대로 정책당국자가 낮은 인플레이션을 정책목표로 설정했다면, 이번에는 약간 높은 실업을 감내함으로써 그러한 목표를 달성하는 것이 가능하다는 확신을 필립스곡선은 심어주었다. 필립스곡선이 함축하는 정책적 의미를 한마디로 요약하면, 정부는 통화정책이나 재정정책을 적절히 사용하여 인플레이션이나 실업을 관리할 수 있다는 것이다.

그러나 낮은 실업률과 낮은 인플레이션률을 동시에 추구하는 것은 정책메뉴에 없기 때문에 그러한 정책목표를 실현하는 것은 가능하지 않다. 같은 논리로 높은 실업률과 높은 인플레이션률의 공존 역시 정책메뉴에 없는 것으로서 이러한 조합이 일어날 가능성은 배제된다. 이러한 목표를 추구하려는 정책당국자도 물론 없을 테지만 말이다.

필립스곡선이 의미하는 정책적 선택은 경제주체들이나 정책운영자들의 성향에 따라 다르게 나타난다. 흔히 고소득층은 인플레이션을 싫어하는 반면 저소득층은 실업을 싫어하는 것으로 알려져 있다. 정치적으로 보수집단(미국의 공화당원)은 인플레이션을 좋아하지 않고 진보집단(미국의 민주당원)은 실업을 좋아하지 않는다. 보수정권인 미국의 레이건 정부와 영국의 대처 정부는 경제정책의 최우선 순위를 인플레이션 억제에 두었다. 진보정권인 오바마 정부는 경제정책의 역점을 실업의 감소에 두었다.

필립스곡선이 발견되기 전까지 케인스 모형은 실업이론에만 매달릴 뿐 인플레이션에 관한 적절한 이론을 갖고 있지 못하다는 비판을 받았다. 그런데 필립스가 실업과 인플레이션 사이의 안정적인 관계를 발견함으로써 필립스곡선은 케인스학파에게 인플레이션이라고 하는 '잃어버린 고리'를 제공하게 된 것이다.

2

자연실업률 가설과
시시포스의 신화

실업과 인플레이션 사이의 수량적 관계를 나타내는 필립스곡선은 1970년대 초까지 현실 경제에서 매우 인상적으로 관찰되었다. 인플레이션율을 세로축에, 그리고 실업률을 가로축에 표시한 그래프에 1961년부터 2014년까지의 해당 수치를 나타내면, 1969년까지 인플레이션율은 오른쪽으로 갈수록, 즉 실업률이 증가할수록 값이 대체적으로 낮아지는 추세를 보이고 있다. 이는 바로 1970년 이전까지 미국경제에서 실업과 인플레이션 사이에 안정적인 상반관계, 즉 필립스곡선이 존재하고 있었음을 보여준다.

그러나 1970년부터 2014년까지 인플레이션율과 실업률의 관계를 동일한 그래프에 그려보면 1970~1994년 기간에는 무질서하게 분산되어 있는 산포도散布圖를 얻게 된다. 필립스곡선이 의미하는 실업과 인플레이션 사이의 상반관계는 이 기간 중 실종된 것으로 보인다. 이 기간 중 거의

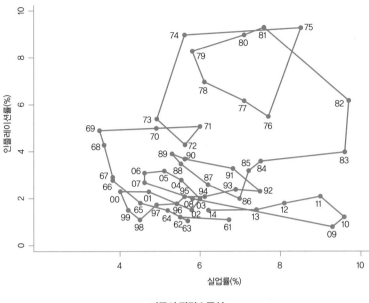

미국의 필립스곡선

모든 해에 인플레이션률은 필립스곡선이 예측하는 인플레이션률을 훨씬
상회했다. 이와 같이 1970년대 초부터 1990년대 중반까지 미국경제에
실업과 인플레이션이 공존하는 새로운 현상이 나타났다. 실업과 인플레
이션의 공존이라는 새로운 현상은 기존의 케인스 경제학으로는 설명할
수 없는 돌연변이 현상이었다. 스태그플레이션은 미국뿐만 아니라 거의
모든 나라에서 공통적으로 나타난 현상이었다. 한국도 예외는 아니었다.

　1930년대 대공황이 고전학파 경제학을 침몰시켰듯이, 1970년대의 스
태그플레이션은 고전학파 경제학의 부활과 케인스 경제학의 쇠락을 재
촉하는 방아쇠가 되었다. 통화주의라는 이름으로 수면 밑에서 활동하던
고전학파 경제학은 이제 실업과 인플레이션에 관한 새로운 이론으로 급
부상하기 시작했다.

밀턴 프리드먼은 대부분의 경제학자들이 케인스 진영에 몸담았던 1960~1970년대에 거의 혼자 힘으로 고전학파의 무너진 성벽을 재건하는 작업에 착수했다. 그는 보다 정교한 계량경제학적 분석기법과 방대한 자료를 사용해 고전학파 이론이 타당함을 입증하는 데 주력했다. 그의 새로운 이론은 통화주의로 불린다. 프리드먼은 케인스주의자들에 대한 공격의 선봉에 섰으며 많은 경제학자들이 그의 진영으로 속속 합류하기 시작했다.

먼저 그는 케인스학자들에게 환영받았던 필립스곡선을 공격함으로써 반케인스운동의 기치를 올렸다. 프리드먼은 실업과 인플레이션 사이의 상반관계를 나타내는 필립스곡선은 오직 경제주체가 예상된 인플레이션에 대해서 착오를 일으키는 기간, 즉 단기에만 존재하며 경제주체가 예상된 인플레이션에 대한 올바른 인식을 갖는 장기에는 존재하지 않는다고 주장했다.

이를 달리 표현하면 인플레이션을 대가로 실업을 낮추려는 케인스류의 총수요관리정책은 성공할 수 없으며 장기적으로는 오직 인플레이션만 조장하게 된다는 것이다. 프리드먼의 메시지는 통화정책이나 재정정책 같은 총수요관리정책으로는 낮은 인플레이션과 낮은 실업이라는 두 마리의 토끼는커녕 한 마리의 토끼도 잡을 수 없다는 것이다. 그는 더 나아가서 돌(총수요관리정책)을 잘못 던지면 오히려 장독(경제 안정)만 깨뜨릴 수 있다고 경고했다.

그에 의하면 한 나라의 실업률은 궁극적으로 자연실업률이라고 하는 균형실업률로 접근하게 된다. 이러한 제안을 자연실업률 가설이라고 부르는데, 이는 기존의 케인스이론과는 크게 상치된다. 프리드먼의 모형에서는 우하향하는 필립스곡선은 경제주체가 인플레이션을 잘못 예상하고

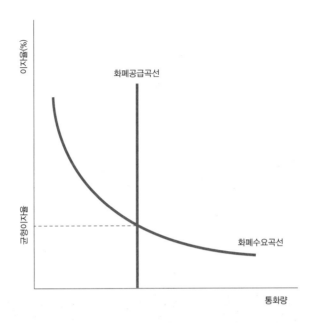

이자율(%)

화폐공급곡선

균형이자율

화폐수요곡선

통화량

통화주의자의 필립스곡선

있는 동안에만 존재하기 때문에, 프리드먼의 이론은 때로는 인식착오 이론misperception theory이라고도 불린다. 통화주의자들은 자연실업률 가설에 근거하여 필립스곡선이 단기적으로는 우하향하지만 장기적으로는 자연실업률 수준에서 수직선이 된다는 이론을 구축했다. 필립스곡선이 수직이라는 것은 사실상 필립스곡선의 존재 자체를 부정하는 것이나 마찬가지다.

자연실업률 가설은 경제가 일단 자연실업률에 도달하면 통화정책이나 재정정책이 할 수 있는 역할은 없어진다고 본다는 점에서 의미가 있다. 경제가 이 단계에 이르면 총수요관리정책으로는 더 이상 인플레이션을 유발하지 않고 실업률을 낮출 수 없게 된다. 통화정책을 사용하면 실업률

을 일시적으로는 자연실업률 이하로 낮출 수 있겠지만 그러한 정책은 인
플레이션의 상승을 각오해야 한다. 또한 궁극적으로 경제는 다시 자연실
업률로 돌아가기 때문에 그러한 정책은 성공적이라고 볼 수 없다. 통화정
책을 정책당국자의 입맛대로 사용할 경우 이는 장기적으로는 얻는 것이
없고 오히려 경제의 안정만 해치게 된다고 보는 것이다.

　프리드먼의 인식착오 이론은 정책당국자가 경제주체들을 속여서 실업
률을 자연실업률 이하로 끌어내려도 실업률은 다시 자연실업률로 돌아
가고, 다시 실업률을 자연실업률 이하로 떨어뜨려도 실업률은 또다시 자
연실업률로 돌아가는 특성이 있다는 것을 강조한다. 바로 이 점에서 프리

베첼리오 티치아노 Vecellio Tiziano, 〈시시포스 Sisyphus〉(프라도 미술관 소장)

드먼의 인식착오 이론은 시시포스의 신화를 떠올리게 한다.

그리스 신화에 나오는 시시포스는 생전 못된 일을 많이 해서 죽은 후에 커다란 바위 돌을 산꼭대기까지 굴려 올리는 형벌을 받았다. 그가 돌덩어리를 산꼭대기까지 끌어올리면 그 돌은 다시 땅 밑으로 굴러 떨어지는 과정이 영원히 되풀이되는 형벌이었다. 시시포스 신화는 흔히 '무익한 노력과 끝없는 좌절'을 비유하기 위해 인용된다. 통화주의자들은 케인스류의 총수요관리정책을 '무익한 노력과 끝없는 좌절'로 폄하한다.

시시포스는 또한 사람들을 교묘하게 속이는 능력을 가진 교활한 왕이었다. 아버지 헤르메스로부터 들키지 않고 훔치는 기술을 배운 아우톨리코스조차 그를 속이지는 못했다. 아우톨리코스는 시시포스의 소를 훔친 후에 소의 색깔과 모양을 바꾸어놓았는데 시시포스는 그 소의 발굽에 미리 표시를 해놓은 터라 도둑맞은 소를 찾을 수 있었다. 인식착오 이론과 다음 장에서 살펴볼 합리적 기대 가설은 정책당국자가 경제주체들을 교묘하게 속일수록 경제정책은 더욱 효과를 본다는 이론이다.

3
통화주의, 새고전학파
그리고 새케인스학파

자연실업률 가설은 통화주의학파의 요체라고 볼 수 있다. 통화주의는 시카고 대학의 프리드먼을 중심으로 배태되었기 때문에 흔히 시카고학파와 동의어로 인식되기도 한다. 통화주의는 영국 대처 총리와 미국 레이건 대통령의 경제정책의 이론적 토대가 되었으며, 고전학파 경제학의 현대적 부활이라고도 할 수 있다.

통화주의학파 내에도 다양한 색채가 존재하지만, 대체로 화폐를 경제활동에 영향을 미치는 가장 중요한 변수라고 본다. 통화주의자에 의하면, 화폐는 중요하지 않다는 견해는 근본적으로 잘못된 것이다. 그들의 화폐이론은 '화폐는 중요하므로 통화정책을 함부로 사용해서는 안 된다'는 주장으로 요약될 수 있다. 통화의 증가는 장기적으로는 오직 인플레이션의 상승만을 가져오기 때문에 경제에 득보다 해를 가져온다고 보는 것이 그들의 결론이다. 통화주의자들의 화폐이론은 화폐의 교환방정식, 즉 통화량을 유통속도로 곱한 것은 명목GDP와 같다(MV=PY)는 피셔의 교환방정식에 근거한다. 화폐의 유통속도가 안정적이라는 전제 아래 다음과 같은 통화주의 방정식을 구할 수 있다.

- 통화증가율＝인플레이션률 + 경제성장률(잠재성장률)

이 관계식은 통화주의학파의 단기적 필립스곡선에 대한 설명을 교환방정식으로부터 다시 조명한 것에 지나지 않는다. 통화량 증가의 효과는 단기에는 인플레이션 상승과 실질총생산 증가로 나뉘지만, 시간이 흐를수록 실질총생산에 대한 영향은 줄어들고 인플레이션에 대한 영향은 증대되어 장기적으로는 오직 인플레이션만 상승시킨다고 보는 것이다.

따라서 통화주의자들은 인플레이션의 가속을 막기 위해 통화증가율이 대체적으로 잠재적 총생산의 증가율(잠재성장률)과 비슷한 수준이 되어야 한다고 주장한다. 이는 앞의 통화증가율 방정식으로부터 도출된다. 인플레이션률이 0이 될 때 통화증가율 방정식은 다음과 같다.

- 통화증가율＝잠재성장률

그런데 역으로 생각해서 통화증가율이 잠재적 총생산의 증가율과 같아진다면, 과연 경제에 인플레이션은 없어질까? 통화주의자들의 공식은 경제의 공급측면을 무시한 단순한 교환방정식에 의존한 것으로서 이러한 낙관적인 예측은 현실적으로 반드시 보장되지는 않는다. 다시 말해서 통화증가율을 잠재성장률과 비슷하게 고정적으로 유지한다고 하더라도 공급충격이 일어날 경우 인플레이션은 언제라도 발생할 수 있다.

통화증가율 준칙과 관련해서 제기되는 또 다른 비판은 경제가 잘 굴러가려면 약간의 인플레이션이 필요하다는 주장이다. 특히 제한적 인플레이션론자들이 이 주장에 주로 공감한다. 현재 선진 경제에서 대체적으로 받아들여지는 연간 인플레이션은 약 2~2.5% 정도이다. 그렇다면 통화주의자와 제한적 인플레이션론자들의 입장을 고려한 적정 통화증가율은 잠재적 성장률에 2~2.5% 정도의 인플레이션율을 가산한 수치가 될 것이다.

- 통화증가율＝잠재성장률＋2~2.5%

1970년대의 석유위기를 전후로 케인스학파를 공격했던 통화주의는 이제 그 배턴을 로버트 루커스에 의해 주도되어온 합리적 기대 학파로 넘겨주고 있다. 합리적 기대 학파는 경제주체가 인플레이션에 대한 기대를 합리적으로 형성할 경우 케인스학파의 총수요관리정책은 아무런 효과도 거두지 못한다는 메시지를 전파하면서, 1930년대에 일어난 케인스 혁명에 대한 반혁명의 기치를 올렸다. 합리적 기대 학파는 통화주의와 뿌리는 같지만 통화주의보다 고전학파의 원리에 더욱 충실하기 때문에 때로는 '새고전학파 경제학'이라고도 불린다.

합리적 기대 이론은 쉽게 말해 경제주체들은 예상되는 정책에는 속지 않지만 예상하지 못한 충격을 주는 정책에는 속아넘어갈 수 있음을 강조한다. 경제주체들은 예상된 총수요관리정책에 대해서는 그 효과를 정확히 간파할 수 있기 때문에 그러한 정책을 무력화시킬 수 있다. 이 제안을 정책무력성 정리policy ineffectiveness theorem라고 한다. 따라서 정부의 정책이 효과를 보려면 정책당국자는 경제주체를 속이는 정책을 추구하지 않으면 안 된다. 이러한 이유로 합리적 기대 이론은 때로는 '속임수 이론fooling theory'이라고도 불린다.

합리적 기대 이론은 경제주체들이 상대가격의 변동에는 반응하지만 절대가격의 변동에는 반응하지 않는다는 것을 전제로 내세운다. 문제는 경제정책은 주로 절대가격의 변동에 영향을 미친다는 점이다. 하지만 경제주체들이 절대가격의 변동을 상대가격의 변동으로 착각하면 그들은 여기에 반응하여 생산량을 늘리고 고용을 늘린다. 따라서 정책당국자가 총생산을 늘리고 고용을 늘리려면 바로 경제주체들이 혼동하도록 하는 정책을 추진해야 한다는 것이 합리적 기대 이론의 요체이다.

그러나 속이는 정책을 항상 쓸 수는 없다. 미국 16대 대통령 에이브러햄 링컨Abraham Lincoln이 말했듯이 "당신은 모든 사람을 어느 시간 동안 속일 수는 있고 또한 일부 사람을 항상 속일 수는 있지만 모든 사람을 항상 속일 수는 없다." 루커스의 이론이 맞다고 하더라도 그 실제적 운용에는 한계가 있을 수밖에 없다.

새고전학파의 등장으로 기존 케인스 경제학에 대한 도전은 더욱 거세졌다. 그에 대한 응전으로 케인스학자들도 합리적 기대를 기존의 케인스 모형에 접목해서 전열을 가다듬어왔다. 이를 '새케인스 경제학'이라고 부른다. 새케인스 경제학자들은 비록 개별 경제주체들이 기대를 합리적으로 형성한다고 하더라도 총수요관리정책은 경제를 활성화시키는 수단으로 여전히 효과적이며 필요하다는 결론을 견지한다. 이로써 1960년대와 1970년대 중반까지 케인스 경제학자들과 통화주의자들 사이에 전개되었던 논쟁들은 새고전학파 이론의 등장 이후 대체적으로 새고전학파와 새케인스학파의 대결로 흡수되는 경향을 보이고 있다.

화폐의 기능과
금융의 역할

돈 또는 화폐는 사람들에게 웃음과 눈물을, 기쁨과 슬픔을 함께 가져다준다. 사람들은 돈에 웃고 돈에 운다. 그러나 경제학에서 말하는 돈은 우리가 흔히 생각하는 것과는 많은 차이가 난다. 현금뿐 아니라 당좌예금도 돈이다. 또한 사람들은 돈이 많을수록 좋다고 생각하지만 경제 전체로 볼 때 이 말이 반드시 맞는 것은 아니다. 역사적으로 보면 오히려 돈이 너무 많아서 경제에 탈이 생기는 경우가 돈이 적어서 생기는 문제보다 훨씬 많았다. 그런가 하면 화폐는 중앙은행인 한국은행만 창출하는 것으로 생각하기 쉽다. 그러나 현실 경제에서는 한국은행뿐만 아니라 금융기관과 예금자들도 통화 창출에 중요한 역할을 담당한다. 이런 의미에서 한 나라의 금융기관과 금융체제의 역할은 중요하다. 많은 연구들은 건전한 금융체제가 경제성장의 중요한 관건이 된다는 것을 밝히고 있다.

1 돈이란 무엇인가

사람들은 '경제'라는 말을 들으면 먼저 돈을 떠올린다. 돈이란 무엇인가? 많은 사람들이 거의 매일 그리고 일생 동안 줄곧 돈에 관해서 말하고 생각한다. 모든 문제의 바탕에 돈이 있다고 생각한다. 우리는 돈에 대해 잘 안다고 생각하지만 돈은 우리가 생각하는 것만큼 간단히 정의되지는 않는다. 촌철살인의 경구로 사람들을 감동시켜온 버나드 쇼는 "돈이 없는 것이 모든 악의 근원이다"라고 말한다. 돈과 가장 거리가 멀어 보이는 성경에도 돈은 자주 언급된다. 그러나 성경은 돈을 다른 각도에서 본다. "돈을 사랑함이 일만 악의 뿌리가 된다"고 말한다.

우리 농담에 '세 가지 금' 그러니까 지금, 현금, 소금이 중요하다는 말이 있는데, 서양에도 이와 비슷한 격언이 있다. "어제는 결제된 수표요 내일은 약속어음이다. 오늘은 현금이니 그것을 사용해라." 프랑스 태생의 영국 시인 힐레어 벨록_{Hilaire Belloc}은 "나는 사랑에 지쳤고 시에는 더욱 지

388

쳤지만, 돈은 항상 나를 기쁘게 한다"는 말을 남겼다. 그러나 1980년대에 활동했고 최근 브로드웨이 히트 뮤지컬 〈킹키부츠Kinky Boots〉를 작사·작곡해서 더욱 유명해진 신디 로퍼Cindy Lauper는 "돈이 전부가 아니야"라고 노래했다.

그 밖에도 돈에 관해서 재미있는 비유들이 많다. "돈은 모든 것을 바꾼다", "사람은 돈을 위해서라면 거의 모든 것을 하며 돈은 사람을 위해서 거의 모든 것을 한다", "돈을 사랑하는 사람은 결코 만족하지 않는다"…… 지난 수천 년 동안의 인류 역사는 어떻게 보면 돈을 조금이라도 더 많이 획득하기 위한 탐욕의 역사였다고 볼 수 있다.

우리가 쓰는 '돈'이라는 말은 '돌고 돈다'에서 유래되었다는 설이 있다. 어쩌면 돈이 잘 굴러다니라고 동전을 둥글게 만들었는지도 모른다. 반대로 모든 사람에게서 도망치기 쉽게 하려고 동전을 둥그렇게 만들었다는, 다소 해학적인 설명도 있다. 아무튼 돈이 자꾸 돌아야 경제가 활성화된다는 데는 이론의 여지가 없다. 사실 둥근 돌이 화폐로 1500년 동안이나 사용된 적이 있다.

2 　　돈에 관한

──── 이야기

현재 우리가 사용하는 화폐가 등장하기 전에는 다양한 형태의 상품이
돈 대신 사용되었다. 여기에서는 "이런 상품이 화폐로 사용되었다니!" 하
는 감탄을 자아낼 만한 특이한 형태의 화폐에 대해 살펴보기로 한다.

먼저 우리는 남태평양에 위치한 야프 섬을 찾아가 그곳 주민들이 사용
한 돌화폐를 구경할 것이다. 미크로네시아의 네 연방국가 가운데 하나인
야프 섬 주민들은 거의 1500년 동안 도넛 모양의 커다란 돌을 화폐로 사
용했다. 그중에는 지름이 3미터가 넘는 것도 있었으며 무게가 수백 킬로
그램이나 나가는 것도 있었다. 야프 섬의 주민들은 약 400킬로미터나 떨
어진 팔라우 섬으로부터 카누에 뗏목을 매어 돌들을 운반해 왔다.

각 돌들의 화폐가치는 돌이 가진 특성에 의해서 결정되었다. 돌이 클수
록, 가운데 구멍이 뚫리고 그 형태가 완벽할수록, 그리고 돌을 야프 섬까
지 끌고 오는 노력이 험난할수록 돌의 화폐가치는 높았다. 어떤 돌은 1만

야프 섬의 돌화폐

달러 상당의 화폐가치를 지니기도 했다. 야프 섬의 부총독이었던 힐러리 타체리올Hilrary Tacheliol이 "나는 최근 1만 2,000달러를 주고 집을 샀는데 2,000달러는 지폐로, 나머지 1만 달러는 돌화폐를 주고 샀다"고 말한 기록이 남아 있다.

이렇게 운반된 돌은 섬 주변이나 길가 또는 소유주의 집 앞에 세워지곤 했다. 물론 돌화폐의 소유권은 그것을 끌고 온 사람에게 있었다. 그리고 그 소유권은 구두계약에 의해 이전되었기 때문에 거래를 지불하기 위해 돌을 실제로 옮길 필요가 없었다. 돌들은 각각 독특한 특징이 있어서 섬 주민들은 원래의 소유자가 누구였고 현재의 소유자는 누구인지를 잘 알았다.

야프 섬의 돌화폐는 화폐의 가치를 결정하는 데 사람들의 신뢰가 얼마나 중요한지를 보여준다. 노먼 에인절Norman Angell은 《화폐에 관한 이야기 The Story of Money》에서 아주 귀중한 돌화폐 이야기를 소개하고 있다. 먼 옛날 어느 선조가 아주 크고 완벽한 돌을 팔라우 섬에서 운반해 오다가 광폭한 풍랑을 만났다. 그는 돌을 매어둔 뗏목의 밧줄을 끊지 않을 수 없었다. 하지만 같은 배를 타고 항해했던 다른 사람들이 그 잃어버린 돌이 얼마나 크고 얼마나 완벽했는지를 증언하자, 섬 주민들은 비록 그 돌을 본 적이 없으면서도 바다 깊이 놓여 있는 그 돌의 가치와 원래 소유자의 소유권을 그대로 인정했다. 세월이 흐르면서 그 돌을 본 사람이 한 명도 남지 않게 되었지만, 그 돌의 소유권은 이 사람 저 사람으로 구두계약에 의해 이전되며 지불수단으로서의 기능을 수행했다.

우리는 이제 타이티 섬으로 떠난다. 물물교환제도 아래에서는 바이올린 레슨과 이발 서비스의 교환이 가능할 것이다. 그러나 화폐경제체제 아래에서 바이올린 레슨을 받고 그 대가로 칠면조를 제공하는 거래는 아무도 상상하지 못할 것이다. 그러나 이와 유사한 상황이 실제로 일어났다. 19세기 영국의 경제학자 윌리엄 제번스William Jevons는 남태평양을 방문했을 때 목격한 불편한 물물교환 거래 이야기를 전해준다.

그 당시 잘 알려진 프랑스 가수 마드무아젤 젤리가 세계 투어의 일환으로 타히티 섬 가까이 있는 소사이어티 섬에서 공연을 했다. 그녀는 티켓 판매대금의 3분의 1을 받기로 하고 공연계약을 체결했다. 공연이 끝나고 그녀가 받은 몫은 돼지 3마리, 칠면조 23마리, 닭 44마리와 코코넛 5,000개, 그 외에 상당한 양의 바나나, 레몬, 오렌지 등이었다. 이것은 공연 주최측이 입장권의 대가로 받은 상품들이었다.

제번스가 이 상품들의 가치를 당시 파리 물가를 근거로 계산해보았더니 대략 4,000프랑 정도였다. 공연 보수로는 상당히 좋은 수준이었다. 문제는 소사이어티 섬 주민들 누구도 이 상품을 사고팔 화폐를 가지고 있지 않았다는 점이다. 젤리는 상품들을 프랑스까지 가져갈 적절한 운송 수단이 없었을 뿐만 아니라 남태평양 섬에 체재하는 동안 돼지, 칠면조, 닭, 과일 등을 먹을 시간도 없었다. 그녀는 이 상품들을 섬에 남겨두고 떠날 수밖에 없었다(그녀는 떠나기 전 자신이 받은 과일들을 돼지와 칠면조와 닭에게 먹이로 주었다).

제번스는 또한 말레이 군도를 여행하면서 월러스 씨가 겪은 여행담도 전하고 있다. 그곳의 섬 주민들은 화폐를 사용하지 않았다. 그래서 월러스는 매일 밤 저녁식사를 위해 물물교환을 해야 했다. 그런데 불행하게도 그곳에서 음식을 파는 사람들이 월러스의 소유물을 사려고 하지 않을 때도 있었다. '필요의 이중일치'가 이루어지지 않은 것이다. 월러스는 때때로 굶을 수밖에 없었다. 그는 다른 섬으로 여행할 때는 그곳 주민들이 좋아할 법한 칼, 의복, 술을 가방에 가득 싣고 출발했다. 그의 무거운 여행 가방은 더욱 무거워졌지만 여행지에서 물물교환을 위해서는 불가피한 일이었다.•

마지막으로 나치 포로수용소를 둘러보자. 제2차 세계대전 중 나치 치하에서 운영되던 포로수용소에서도 독특한 상품화폐가 유통되었다. 당시 국제적십자사는 포로들에게 치즈, 초콜릿, 옷, 담배 등 여러 물품을 제공했다. 국제적십자사는 그들에게 기호를 묻거나 선택의 여지를 주지 않고 각 물품의 일정량을 할당해서 배급했다. 그러나 할당제는 비효율적이라는 것이 곧 드러났다. 누구는 초콜릿을 좋아하고, 다른 누구는 치즈를

• William Jevons, "Money and the Medium of Exchange"(1875), Laurence Ball, *Money, Banking, and Financial Markets*(Worth Publishers, 2008).

선호하며, 또 다른 누구는 셔츠를 원했기 때문이다. 그러자 포로들 사이에 물물교환이 이루어지기 시작했다.

그런데 각 포로들은 그들이 가장 값어치 있다고 여기는 물품들만을 얻을 수는 없었다. 서로의 필요가 일치해야만 거래가 이루어질 수 있었다. 이 필요의 이중일치를 해결하기 위해서 포로수용소라는 제한된 공간 안에서조차 어떤 형태의 화폐가 필요해졌고, 결국 담배가 교환의 매개수단으로 등장했다.

포로수용소 내에서 모든 배급 물품은 담배의 수로 그 가치가 매겨졌다. 예를 들면 셔츠 하나는 담배 80개비로, 초콜릿 한 갑은 담배 5개비로 매매되었다. 심지어 서비스의 가격도 담배의 수로 정해졌다. 누구는 옷한 벌을 세탁해주는 대가로 담배 2개비를 받았다. 담배를 피우지 않는 사람들도 담배를 원했는데 앞으로 필요한 물품을 구입할 때 교환의 매개수단으로 사용할 수 있었기 때문이다. 이 포로수용소 안에서 담배는 교환의 매개수단, 회계의 단위 그리고 가치의 저장수단으로 사용되었다. 다시 말해 담배는 화폐로서의 기능을 충분히 수행한 것이다.

담배는 비단 나치 치하의 포로수용소에서만 화폐로 사용된 것은 아니다. 거제도 포로수용소에서도 화폐로 사용되었고, 영국 식민지 시절 메릴랜드와 버지니아에서는 공용 화폐로 사용된 적도 있다. 1980년대 말 소련에서도 한동안 담배가 화폐의 기능을 수행했다. 당시 소련의 경제가 수렁에 빠지면서 루블화의 가치가 땅에 떨어지자, 일부 거래자들은 대신 미국 담배 말보로로 물건을 사고팔았다.[*]

* R. A. Radford, "The Economic Organization of a P. O. W. Camp," *Economica*(1945), pp. 189~201. N. G. Mankiw, *Macroeconomics*(Worth Publishers, 2010).

3 오즈의
마법사

미국이 독립하기 1년 전인 1775년 미국의 대륙의회는 영국과의 독립 전쟁을 지원할 자금이 필요했지만 세금으로 거두어들인 수입은 턱없이 부족했다. 그래서 대륙의회는 전비를 조달하기 위해 지폐인 대륙 달러 Continental dollar를 찍어냈다. 혁명전쟁 기간 중 대륙 달러는 거의 무가치한 종잇조각으로 전락했다. 그 후 사람들은 값어치 없는 것을 이야기할 때 "그것은 대륙만한 가치도 없다"는 표현을 즐겨 사용했다.

미국이 1776년 독립을 쟁취하고 새 정부가 구성되었을 때 초대 재무 부장관으로 임명된 알렉산더 해밀턴Alexander Hamilton은 미국 화폐가 안정 적인 가치를 유지하는 제도를 꿈꾸었다. 그의 권고에 따라 의회는 1792 년 금과 은을 새로운 화폐의 기준으로 하는 금은복본위제도bimetallic standard를 채택하게 되었다. 금은복본위제도는 그러나 1860년대 남북전 쟁의 발발과 함께 끝이 났다. 그 후 미국 정부는 전비를 조달하기 위해 지폐를 대규모로 발행하기 시작했다. 미국에서 처음으로 초록색으로 인쇄된, 그린백greenbacks이라고 불리는 지폐였다. 그러나 그린백의 무분별한 발행으로 인플레이션이 다시 고개를 들자 미국은 1879년에 다시 금본위제도gold standard를 도입했다. 금을 교환의 매개수단으로 사용하는 금본위제도는 화폐의 무분별한 발행과 그에 따른 통화량의 증가로 인한 인플레이션을 억제하려는 시도였다.

사실 19세기 중엽부터 금본위제도가 사실상 붕괴된 1930년대까지 금본위제도를 채택했던 미국과 많은 유럽 국가들은 인플레이션보다는 디플레이션을 걱정해야 했다. 현대의 화폐경제체제 아래에서는 인플레이션이 많은 정책당국자들에게 '공공의 적' 1호로 인식되지만, 금본위제도 아래에서는 오히려 디플레이션이 골칫거리였으며 그것은 차입자와 대출자 사이에 심각한 대립을 가져오기도 했다. 앞에서 살펴보았듯 예상치 못한 인플레이션이나 디플레이션은 부와 소득의 재분배를 가져온다. 일반적으로 돈을 빌려주는 사람들은 인플레이션을 싫어하고, 돈을 빌리는 사람들은 인플레이션을 좋아한다. 그 반대로 돈을 빌려주는 사람들은 디플레이션을 환영하고, 돈을 빌리는 사람들은 디플레이션을 반기지 않는다. 예상치 못한 인플레이션이나 디플레이션이 가져오는 자산 재분배의 효과가 1800년대 말 미국에서 실제로 정치적 논쟁의 도화선이 되었다.

1880년부터 1896년까지 미국의 물가수준은 23% 하락했다. 이러한 디플레이션은 돈을 빌려주는 미국 동북부지방의 은행가들에게는 축복이었지만 돈을 빌리는 남부와 서부의 농부들에게는 달갑지 않은 것이었다. 이 문제에 대한 하나의 해결책은 금본위제도를 금과 은을 함께 교환수단으로 쓰는 금은복본위제도로 대체하는 것이었다. 은을 화폐로 사용함으로써 통화 공급량을 늘리면 디플레이션을 막는 효과를 가져올 수 있었기 때문이다.

은을 화폐로 사용하려는 안은 1896년 미 대통령선거의 최대 이슈가 되었다. 공화당 대통령 후보였던 윌리엄 맥킨리 William McKinley는 금본위제도를 고수하는 정강정책을 채택했다. 그는 미 동부의 보수 세력과 부자들의 이익을 대변하는 후보였다. 반면 민주당 대통령 후보 윌리엄 브라이언 William Bryan은 금은복본위제도를 지지했다. 그는 남부 및 서부의 농부들을 비롯한 서민층의 이익을 옹호하는 후보였다. 그는 "당신은 사람들을 금 십자가에 못박아서는 안 된다"는 유명한 연설을 남겼다.

이 논쟁은 미 중서부 출신의 언론인이었던 프랭크 바움 Frank Baum이 1896년 선거 후에 쓴 소설 《오즈의 마법사 The Wizard of Oz》에서 다시 한 번 생생히 재현된다. 소설은 도로시라는 소녀가 겪은 신기한 체험 속에 상징적 의미를 담아내고 있다. 도로시(전통적 미국의 가치의 대변자)는 고향인 캔자스에서 회오리바람을 타고 날아올랐다가 어느 이상한 땅에 착륙한다. 도로시는 그곳에서 허수아비(농부), 양철나무꾼(산업노동자), 그리고 사자(브라이언)와 친구가 된다. 네 주인공은 도로시가 다시 고향으로 돌아가는 것을 도울 수 있는 마법사(맥킨리)를 찾아 노란 벽돌로 된 위험한 길(금본위제도)을 따라 떠난다. 마침내 그들은 오즈(미국의 수도 워싱턴)에 도착하는데 그곳 사람들은 초록색 안경(달러)을 통해 세상을 바라본다. 마법사는 모든 사람들에게 모든 것을 해줄 수 있는 양 허세를 부리지만 그것은 결국 사기임이 드러난다. 도로시의 문제는 그녀가 신은 은색 신발(은본위제도)의 신비한 힘을 깨달았을 때 풀리게 된다.

비록 공화당 후보인 맥킨리가 대통령에 당선되어 미국은 계속 금본위제도를 유지하게 되었지만, 은본위제도를 주창했던 사람들도 선거 후 그들이 원했던 목표, 물가상승이라는 선물을 받게 되었다. 선거를 전후해서 대량의 금이 알래스카, 오스트레일리아 그리고 남아프리카공화국에서 발견된 것이다. 또한 금광에서 금을 채굴하는 신기술이 개발됨으로써 금의 채굴량이 크게 늘어났다. 이는 곧 화폐량의 증가로 이어졌고 인플레이션을 가져왔다. 미국의 물가는 1896년부터 1910년까지 35%가 상승했다. 오랜만에 인플레이션이라는 반가운 단비가 내린 것이다.

4 ——— 화폐의 기능

상품과 서비스가 생산, 교환, 소비되는 실물거래의 뒤에는 반드시 화폐 거래가 수반된다. 마치 휘발유 없이는 자동차가 달릴 수 없듯이 화폐 없이 실물경제는 돌아갈 수 없다. 이와 같이 재화시장뿐만 아니라 자산시장까지 포함한 거시경제 전체의 흐름을 파악하기 위해서는 화폐가 무엇이며 그것이 어떻게 측정되는지를 아는 것이 중요하다. 먼저 화폐에 대해 사람들이 품고 있는 오해들을 살펴보자.

첫째, 경제학에서 말하는 화폐란 우리가 흔히 생각하는 돈의 개념과는 다르다. 보통 돈이라고 하면 현금, 즉 한국은행권인 지폐와 동전을 연상하기 쉽다. 그러나 경제학에서 사용되는 화폐는 그 범위가 훨씬 넓다. 경제학에서 화폐는 일상 거래에서 지불의 수단으로 사용되는 금융자산으로 정의된다. 비단 지폐나 동전이 아니더라도 우리가 은행에 예금한 요구불예금도 지불수단으로 사용될 수 있으므로 화폐에 포함된다.

둘째, 돈은 중앙은행인 한국은행에 의해서만 창출되는 것으로 생각하기 쉽다. 그러나 화폐의 개념이 시중에 유통되는 지폐와 동전 이외에 은행의 요구불예금까지 포함하는 보다 광범위한 것이라고 한다면, 중앙은행뿐만 아니라 예금자와 금융기관도 통화 창출에 중요한 역할을 감당하고 있음을 쉽게 알 수 있다. 이 책을 읽는 독자도 화폐를 창출하거나 파기하는 데 일익을 담당하고 있음을 안다면 경제주체로서 자부심을 느끼게 될 것이다.

셋째, 화폐 자체가 어떤 가치를 내포하고 있는 것으로 생각하기 쉽다. 교환의 매개수단으로서 화폐가 등장하기 전에 사람들은 하나의 상품을 다른 상품으로 직접 교환했다. 물물교환제도 아래에서는 상품 자체가 교환의 매개수단이었기 때문에 그것은 내재가치를 지녔다. 1950년대까지만 해도 한국의 시골 5일장에서는 집에서 기르는 닭 한 마리를 가지고 시장에 나와 쌀이나 생선으로 바꾸는 물물교환이 행해졌다. 금본위제도에서도 매개수단 자체가 교환되는 상품의 가치에 상응하는 내재가치를 지녔다. 하지만 현대경제에서의 화폐는 그러한 내재가치를 지니지 않는다. 오늘날 지폐와 동전은 단순히 법화legal tender이다. 법화는 그 자체 내재적인 가치가 있는 것이 아니라 정부가 법령으로 그것이 화폐라고 선언하기 때문에 화폐로서의 기능을 수행하는 것이다. 이러한 화폐를 때로는 법정 불환지폐fiat money라고도 한다. 쌀이나 은 또는 금과 같이 그 자체가 유용하다거나 값어치가 있기 때문에 교환의 매개수단으로 받아들여지는 것이 아니라, 정부가 법령으로 그것을 지불의 수단으로 수취할 것을 요구하기 때문에 화폐로 받아들여지는 것이다. 보다 근본적으로, 야프 섬의 돌화폐에서 보듯이 매개수단의 내재가치는 중요한 것이 아니다. 사람들이 그것을 화폐라고 신뢰하는 한 내재가치가 반드시 필요한 것은 아니다.

이처럼 화폐에 대한 잘못된 생각들을 바로잡고 나서도 의문은 남는다. 은행의 정기적금은 화폐에 포함시킬 수 있는가? 국가나 정부 공공기관이 발행하는 국공채는? 회사채와 주식은? 금은? 신용카드는? 교통카드는?

이와 같이 화폐의 구성요소 그 자체를 기준으로 할 때 어디까지가 화폐이고 어디까지가 화폐가 아닌지가 애매해진다. 따라서 우리는 먼저 화폐가 화폐로서 당연히 가져야 할 기능을 먼저 규정하고 그다음 화폐는 '이러이러한 기능을 수행하는 그 무엇'이라고 정의하는 방법을 취할 수밖에 없다. 어떤 학자는 화폐를 "화폐가 하는 바로 그것Money is what money does"이라고 정의한 바 있는데, 이는 동어반복처럼 들릴지 모르지만 화폐의 정의를 정확히 간파한 것으로 볼 수 있다.

가장 중요한 화폐의 기능은 교환의 매개수단(또는 지불수단)이라는 점이다. 화폐는 상품이나 서비스를 매매하고, 채권, 채무를 결제하는 수단으로 사용된다. 교환의 매개기능은 물물교환체제와 화폐경제체제를 비교해보면 보다 명확히 이해할 수 있다. 물물교환 아래에서는 어떤 상품이 직접 다른 상품과 교환되는 것과 같다. 예를 들면 닭 한 마리와 쌀 두 되가 서로 교환된다. 하지만 화폐경제 아래에서 이러한 거래는 화폐라는 매개수단을 통해서 이루어진다.

화폐는 또한 회계의 단위(또는 거래의 공통분모)로 기능한다. 화폐는 여러 상품이나 서비스의 상대적 가치를 측정하는 기준으로 사용된다. 거리를 미터로, 체중을 킬로그램으로 측정하듯 상품이나 서비스의 가치를 화폐단위로 측정하는 것이다. 물물교환에서는 닭 한 마리에 쌀 두 되 하는 식으로 어떤 상품의 가치를 그 상품과 교환되는 다른 상품의 수량으로 표시하지만, 화폐경제에서는 닭 한 마리에 6,000원, 쌀 한 되에 3,000원 하는 식으로 상품의 가치를 화폐로 표시함으로써 거래를 크게 단순화시킨다.

마지막으로 화폐는 가치의 저장수단으로 기능한다. 화폐는 재산 또는 부를 축적하는 편리한 수단이 된다. 그러나 앞의 두 가지 기능(교환의 매개와 회계의 단위)은 오직 화폐에만 유일한 것이지만, 가치의 저장은 화폐만 갖는 기능은 아니다. 예를 들면 예금, 저축, 채권, 주식, 귀금속, 그림, 주택, 토지 등도 가치의 저장수단으로 사용되기 때문이다.

그러나 화폐는 다른 자산 형태와 비교하여 상품거래 또는 금융결제에 곧바로 사용될 수 있다는 이점을 갖는다. 저축성예금을 지불수단으로 직접적으로 사용할 수 없다. 일단 그것을 현금으로 바꾸든지 요구불예금으로 전환해야 한다. 이러한 전환은 별 어려움 없이 이루어지지만 저축성예금 그 자체를 지불수단으로 사용할 수는 없다. 채권이나 주식 또는 귀금속은 현금으로 전환하기가 조금 더 어렵지만 약간의 시간과 비용을 들이면 가능하다. 그러나 토지나 주택은 현금화하기가 훨씬 어렵다. 어떤 자산이 현금으로 얼마나 쉽게 전환될 수 있는가 하는 정도를 유동성이라고 하는데 화폐는 모든 자산 가운데 유동성이 가장 높은 자산이다.

그러나 화폐는 가치의 저장수단으로서 불리한 특성도 가지고 있다. 만약 인플레이션이 진행될 경우 화폐의 실질가치가 하락해 가치의 저장수단으로서의 화폐의 매력은 그만큼 줄어든다. 비슷한 이치에서 디플레이션이 진행되면 그 반대의 현상이 일어난다. 화폐의 명목가치는 그대로이지만 실질가치가 상승한다. 화폐를 보유하는 것만으로도 마치 이자를 받는 것과 같은 효과를 갖는다.

5

통화량의
측정

현대경제학은 화폐가 경제의 거의 모든 부분에 심대한 영향을 미치고 있음을 밝히고 있다. 정책당국자들은 경제가 불황에 처하거나 경기가 너무 과열될 경우 먼저 통화량을 조절해서 이러한 문제들을 해결하려고 나선다. 통화량을 조절 내지 통제하려면 먼저 한 경제에 화폐가 얼마만큼 유통되고 있는지를 파악할 필요가 있다.

우리는 어떤 자산이 화폐로 사용되기 위해서는 반드시 세 가지 기본적인 기능을 수행해야 한다는 것을 살펴보았다. 이러한 기능을 근거로 우리는 화폐를 '어느 경제에서 교환의 수단, 회계의 단위, 가치의 저장수단으로서 일반적으로 받아들여지는 어떤 것'이라고 정의할 수 있다. 그러나 이러한 정의는 한 나라가 어느 시점에 가지고 있는 화폐의 총액(통화량)이 얼마나 되는지를 측정하는 척도로서는 만족스럽지 못하다. 왜냐하면 '일반적으로' 또는 '어떤 것'이 구체적으로 무엇을 의미하는지 확실하지 않기 때문이다.

통화량을 정확히 측정하기 위해 중앙은행인 한국은행은 화폐에 대한 앞의 정의를 보다 실체화하는 지표들을 개발해 발표하고 있다. 한국은행은 크게 두 개의 통화량(M1, M2) 지표와 두 개의 유동성(Lf, L) 지표를 발표하고 있다.

- 협의 통화(M1) = 현금통화 + 요구불예금 + 수시입출식 저축성예금
- 광의 통화(M2) = 협의통화(M1) + 기간물 예금, 적금, 부금 + 양도성예금증서 같은 단기 금융상품
- 금융기관 유동성(Lf) = 광의 통화(M2) + 예금취급기관의 2년 이상 유동성 상품 같은 장기(1년 이상) 금융상품
- 광의 유동성(L) = Lf + 정부 및 기업 등이 발행한 유동성 상품

현금통화는 한국은행이 발행한 지폐와 동전으로서 민간이 보유하고 있는 현금만을 포함한다. 금융기관이 금고에 보관하고 있는 시재금이나 지급준비금으로 한국은행에 예치하고 있는 현금은 유통 중인 화폐가 아니고 은행의 준비금이기 때문에 통화에 포함되지 않는다. 요구불예금은 예금자가 언제라도 인출할 수 있는 은행예금을 말한다. 저축성예금은 만기가 있는 은행예금으로서 만기 전에 인출하면 벌칙 금리가 부과되는 것이 일반적이나, 수시입출식 저축성예금은 예외적으로 수시로 입출이 가능한 정기예금이다. 기간물 예금과 적금, 부금은 만기가 정해져 있어서 만기 전에 인출하면 벌칙 금리가 적용된다. 양도성예금증서도 만기가 있는 저축성예금이지만 자본시장에서 매매가 가능한 저축성예금이다.

여러 가지 통화량 지표의 구분은 주로 유동성의 정도에 따른 것이다.

M1에서 M2, Lf, L로 그 범위를 확대해나갈수록 이 통화량이나 유동성 지표에 포함된 구성 자산의 유동성은 점점 떨어진다. 협의 통화(M1) 구성요소들은 상품을 매매하거나 금융거래를 결제하는 데 직접적으로 그리고 즉각적으로 사용할 수 있는 금융자산들이다. 그에 비해 광의 통화(M2)에 포함되는 기간물 예금·적금이나 단기 금융상품은 상품거래나 금융결제를 위해 지불수단으로서 바로 사용될 수 없으며 이들을 협의 통화로 바꾸지 않으면 안 된다. 그러나 광의 통화의 구성요소들을 협의 통화로 바꾸는 것은 금융기관 유동성(Lf)이나 광의 유동성(L)의 구성요소들에 비해 훨씬 수월하다. 다시 말해서 M1의 구성요소들은 M2의 구성요소들에 비해 유동성이 높으며 M2의 구성요소들은 Lf, L의 구성요소들에 비해 유동성이 높다.

우리는 앞에서 화폐가 경제 전반에 걸쳐 광범위한 영향을 미친다는 것을 보았다. 정책당국자들은 경제활동에 영향을 미치기 위해서 우선 통화량을 조절하려고 한다. 그러면 어떤 통화량을 정책변수로 사용해야 하는가 하는 문제가 제기된다. 가장 중요한 기준은 어떤 통화량이 거시경제의 활동에 가장 밀접하게 연관되어 있느냐 하는 점이다.

자산시장이 급격히 변화하는 상황에서는 새로운 금융상품들이 수시로 시장에 등장하기 때문에 일반 대중들은 보다 유리한 형태의 지불수단을 찾아서 자산선택을 수시로 바꾼다. 예를 들면 저축성예금에 대한 금리가 높아지면 예금자들은 금리를 제공하지 않는 요구불예금에서 금리를 보장하는 저축성예금으로 자금을 옮기는 경향이 있다. 이는 바로 M1의 움직임이 매우 변동적일 수 있음을 의미한다. M1의 불안정성은 M1과 거시경제활동 사이의 관계를 불확실하게 만들 수 있으며, M1을 정책변수로 사용할 경우 통화정책의 효과는 부정확해질 수 있다.

실제로 1970년대의 석유파동을 겪으면서 실물 및 화폐 경제가 일대 변혁을 겪는 과정에서 M1과 거시경제활동 사이의 관계가 불안정해졌다는 증거가 여러 나라에서 나타나기 시작했다. 우리가 통화량의 정확한 측정에 관심을 갖는 것은 통화량과 거시경제활동 사이에 얼마나 밀접한 관계가 있느냐를 파악하기 위해서인데 그러한 관계가 매우 불안정하다면 통화량은 이미 경제정책 지표로서의 유용성을 잃게 되는 것이다.

많은 선진국에서 1970년대 말까지 M1이 통화 및 금융 조건을 나타내는 가장 신뢰할 만한 지표로 사용되었다. 그러나 1980년대에 들어서부터 M1과 경제활동 사이의 관계가 악화됨에 따라 M1을 근거로 한 통화정책이 번번이 그 목표를 빗나갔다. 그래서 통화당국은 점차 M1을 통화정책의 목표변수로 하는 것을 포기하고 M2로 전환하기 시작했다. 현재 많은 나라에서 M2가 통화정책을 위한 지표로서 사용되고 있지만, 최근 들어 M2도 통화정책 지표로서의 중요성을 점차 잃어가고 있다.

그 주된 이유는 역시 금융환경의 급격한 변화에서 찾을 수 있다. 새로운 금융상품들이 계속 개발되는 상황에서 M2도 불안정한 움직임을 보이고 있으며, 그에 따라 M2와 경제활동 사이의 관계도 예측하기 어려워지고 있다. 이에 따라 미국 같은 나라는 기준금리를 중요시하는 통화정책으로 전환하는 경향을 보여왔다. 한국도 이러한 추세를 따르고 있다. 그러나 기준금리를 통화정책의 타깃으로 사용한다고 해도 목표 기준금리의 달성은 통화량의 조절을 통해서 이루어진다.

단기적
경기변동

경기순환 또는 경기변동은 실질총생산(GDP) 및 고용이 경제 전반에 걸쳐 확장되거나 축소되는 현상을 말한다. 자연 현상에서 봄-여름-가을-겨울의 순환이 이루어지듯이 경제 현상에서도 확장-정점-수축-저점의 과정을 되풀이하는 것이 일반적이다. 결국 모든 것이 돌고 도는 숙명을 가지고 있다. 경기변동이 자연의 이치와 다른 것은 경기가 일정한 주기를 두고 순환하는 것은 아니라는 점이다. 이는 자연 현상과는 달리 경제 현상에는 인간의 탐욕이 개입된다는 것과 무관하지 않을 것이다. 인류가 겪은 가장 심각한 경기수축은 1930년대 대공황이었으며 2008년의 글로벌 경제위기는 대공황 이래 두 번째로 심각한 경기수축이었다. 경기변동은 피할 수 없는 것이지만 제2차 세계대전 이후 많은 나라에서 경기변동의 심도가 그전에 비해 많이 완화되어왔다. 또한 경기확장 기간은 길어지고 있는 반면 경기수축 기간은 점점 짧아지고 있다.

1

마천루의
저주

미국의 대공황은 1929년 10월 어느 날 갑자기 찾아왔다. 공교롭게도 이 무렵 뉴욕의 두 부호인 크라이슬러 자동차의 월터 크라이슬러Walter Chrysler 와 제너럴모터스의 존 래스콥John Rascob은 '누가 더 높은 건물을 지을 수 있나' 하는 경쟁을 벌이고 있었다. 크라이슬러 빌딩(높이 366미터)은 1930년에, 엠파이어스테이트 빌딩(높이 443미터)은 1931년에 각각 완공되었다. 크라이슬러 빌딩은 엠파이어스테이트 빌딩이 지어지기까지 11개월 동안 세계에서 가장 높은 빌딩이었다. 그리고 엠파이어스테이트 빌딩은 쌍둥이 빌딩인 세계무역센터가 1970년 뉴욕의 스카이라인을 바꾸어놓기 전까지 세계에서 가장 높은 빌딩의 영광을 40년 동안이나 누렸다.

아이러니컬하게도 이 지구상에서 가장 높은 건물들이 올라간 시점에 미국경제는 역사상 가장 낮은 곳으로 추락했다. 그 후부터 세계 최고층 건물이 올라가면 경제는 추락한다는 이론이 힘을 얻게 되었다. 이러한 현상은 흔히 '마천루의 저주'라고 불린다. 최고층 건물을 지은 나라는 '우리도 해냈다'라는 자부심을 갖게 되고, 거대한 건물은 국력을 상징하는 엠블럼으로 각인되곤 한다. 그런데 세계에서 가장 높은 빌딩을 지은 나라가 축배를 드는 순간 그 잔이 독배로 변하고 경제적으로 저주를 받는 상황들이 나타나는 것이다.

1998년 말레이시아의 수도 쿠알라룸푸르에 당시 세계에서 가장 높은 쌍둥이 빌딩인 페트로나스타워(높이 452미터)가 우뚝 솟았다. 페트로나스타워는 1998년부터 2004년까지 세계에서 가장 높은 빌딩의 타이틀을 거머쥐었다. 공교롭게도 1998년 아시아의 금융위기가 이 지역을 휩쓸었다. 마천루의 저주는 여기서 끝나지 않았다. 현재 세계에서 가장 높은 빌딩인 부르즈할리파(높이 828미터)가 2010년 두바이의 하늘을 뚫고 올라서는 순간, 아랍에미리트연합은 최악의 경기침체를 맞았다.

과연 마천루의 저주는 과학적으로 입증된 이론인가? 앤드루 로런스Andrew Lawrence는 초고층 빌딩과 경기침체의 상관관계를 설명하는 마천루지수skyscraper index를 고안해냈다. 그에 의하면, 이 지수는 대체적으로 경기순환상의 정점에서 최고 수준에 이르는 경향이 있다. 이 분야에서 또 다른 권위자인 마크 손튼Mark Thornton은 마천루의 저주 현상을 대개 경기확장기에 나타나는 버블의 세 가지 요소가 터진 결과로 본다. 경기확장기에는 융자를 받는 것이 수월하고 땅값이 치솟으며 사람들의 자만감 또한 하늘을 찌를 듯 높아지기 때문에 초고층 건물에 도전하려고 한다는 것이다. 다시 말해 초고층 건물의 건축 배경에는 버블이 일어날 수 있는 삼박자가 갖춰져 있다는 것이다. 그 버블이 붕괴될 가능성이 그만큼 높다는 이야기이다.

손튼은 이러한 이론에 근거하여 2013년에 세계경제가 다시 한 번 침체로 빠져들 것으로 예측했다. 2013년 또한 마천루 경쟁이 뜨겁던 해였

세계 최고층 빌딩 부르즈할리파

다. 2013년 2월 유럽에서 가장 높은 빌딩인 샤드(높이 309미터)가 영국의 수도 런던에서 그 자태를 뽐내면서 올라갔다. 2013년 5월에는 9·11사태로 파괴된 세계무역센터 자리에 서반구에서 가장 높은 건물 원월드트레이드센터(높이 546미터)가 위용을 드러냈다. 2013년 8월에는 중국에서 가장 높은 상하이타워(높이 632미터)가 구름을 뚫고 우뚝 솟았다. 그러나 이러한 마천루 경쟁에도 불구하고 세계경제, 특히 미국경제는 건실한 성장세를 이어갔다. 마천루의 저주가 일어나지 않은 것이다.

최근의 한 연구는 세계 최고층 빌딩의 착공 및 완공 시기와 미국의 경기변동의 정점 및 저점 사이에 어떤 관계가 있는지를 조사했다.[*] 이 연구는 두 개의 시계열자료 사이에 어떤 통계적 관계도 존재하지 않음을 발견했다. 이는 마천루의 저주가 검증된 이론이라기보다는 우연의 일치로 보아야 한다는 것을 시사해준다.

최근에는 커피가 골프경기에서 타수를 줄이는 데 효과가 있다는 연구결과가 발표되었다.[**] 연구자들은 핸디캡이 3에서 18에 이르는 골퍼들을 두 그룹으로 나누어 하루 18홀씩 이틀 연속 36홀을 치게 했다. 첫 9홀을 치기 전에 커피를 한 잔 마시고 후반 9홀을 치기 전에 또 한 잔 마시도록 했는데, 첫 번째 그룹에게는 진짜 카페인이 든 커피를, 두 번째 그룹에게는 가짜 카페인이 든 커피를 제공했다. 그 결과 진짜 카페인을 섭취한 그룹은 평균 77타를 친 반면, 가짜 카페인을 섭취한 그룹은 평균 79타를 쳐 2타의 차이가 나타났다. 연구자들은 2타 차이는 골프에서 매우 큰 의미를 갖는다고 평가했다. 우리는 과연 커피가 골프경기의 타수를 줄인다고 결론내릴 수 있을까?

경제변수 사이의 관계는 그 강도에 따라 인과관계, 함수관계, 상관관계, 선후관계 그리고 우연의 일치로 구분할 수 있다. 가장 강한 관계가 인과관계이다. 인과관계는 쉽게 말해서 한 변수가 다른 변수의 원인이 되는

• Jason Barr, Bruce Mizrach, Kusum Mundra, "Skyscraper Height and the Business Cycle: Separating Myth from Reality", *Applied Economics*(2015), pp. 148~160.

•• Petey Mumford et al., "Effect of Caffeine on Golf Performance and Fatigue During a Competitive Tournament", *Medicine & Science in Sports & Exercise*(2015).

관계이다. 돈이 많이 풀리면 물가가 상승한다는 것은 함수관계를 나타내기도 하지만, 통화와 인플레이션의 관계는 그보다 강한 인과관계가 있다고 볼 수 있다. 과거 통화의 움직임이 현재의 인플레이션을 설명하는 데 꼭 필요한 변수가 되는 경우 인과관계로 볼 수 있다.

다음으로 함수관계를 생각해보자. 소득과 소비의 관계를 살펴보면, 많은 연구들은 소득이 증가하면 소비도 증가한다는 사실을 밝히고 있다. 이 경우 소비가 소득에 의존한다고 말한다. 이처럼 두 변수 사이에서 한쪽 값의 결정에 따라 다른 쪽의 값이 결정되는 관계를 함수관계라고 한다. 커피와 골프 타수의 관계도 함수관계로 볼 수 있을 것이다. 또한 커피를 하루에 서너 잔 마시면 심장마비가 크게 줄어든다는 연구결과도 잇달아 발표되고 있는데, 커피와 심장마비의 관계도 역시 함수관계로 볼 수 있다.

상관관계는 두 변수가 서로 같은 방향으로 움직이느냐 또는 반대방향으로 움직이느냐를 측정할 뿐 어느 한 변수가 다른 변수를 결정한다는 의미를 갖는 것은 아니다. 일례로 기온이 오르면 아이스크림의 소비가 증가한다는 사실은 온도라는 변수와 아이스크림 소비라는 변수가 같은 방향으로 움직인다는 것을 의미할 뿐, 온도가 아이스크림의 소비를 가져오는 원인이라는 것을 의미하지는 않는다. 두 변수 사이에는 단순히 상관관계만 존재한다. 경기가 불황일수록 복권이 많이 팔리는 것도 마찬가지이다. 경기불황이 복권 판매의 원인이 되는 것은 아니다.

선후관계는 한 변수의 움직임이 우연히 다른 변수의 움직임에 선행하여 나타났음을 의미한다. 오동잎이 지면 북풍이 불기 시작한다는 관계는 하나의 선후관계다. 떨어지는 오동잎이 북풍을 몰고 오는 것은 아니다. 주가가 상승하면 나중에 경제가 좋아지는 것도 선후관계이다.

마지막으로 두 변수가 함께 움직이지만 그 사이에 통계적으로 유의한 관계가 전혀 없을 경우 이는 우연의 일치라고 볼 수 있다. 미국에서는 주가가 여름 무더위 중에 반짝하는 경우가 있다(이를 서머랠리summer rally라고 한다). 이 경우는 단순한 우연의 일치라고 볼 수 있다.

경제학자들은 경제변수들 사이의 관계를 보다 명확히 파악하기 위해 흔히 확률적인 추론을 사용한다. 이를테면 금리의 변동이 주가에 미치는 영향을 분석하는 과정에서 금리가 100번 변동했다고 하자. 이때 주가가 이에 반응을 보이는 경우가 90번이나 95번 또는 99번에 달했다는 사실이 확인된다면, 금리와 주가 사이에는 매우 강한 함수관계가 있다고 결론을 내릴 수 있다. 그러나 금리가 100번 변동했을 때 주가는 오직 50번이나 60번 정도만 반응을 보였다면 금리가 과연 주가에 영향을 미친다고 볼 수 있는지 확실한 결론을 내리기가 어렵다. 이 경우 금리와 주가 사이에 신뢰할 만한 관계가 없다고 본다.

경제학자들이나 통계학자들이 흔히 사용하는 믿을 수 있는 확률은 100번 가운데 최소한 90번 정도의 빈도로 일어나는 경우이다. 보다 일반적으로 사용되는 확률적 빈도는 95번 정도이다. 이 경우 금리와 주가의 관계가 5% 수준에서 통계적으로 유의하다고 하며, 금리가 주가에 영향을 미친다고 결론지을 수 있다. 5%의 유의수준이라는 것은 '금리가 주가에 영향을 미친다'는 결론이 틀릴 확률은 5%밖에 되지 않는다는 것을 의미한다. 이러한 관점에서 볼 때 마천루를 짓는 것과 경기침체 사이의 관계는 90번보다 훨씬 낮은 빈도로 관찰되리라는 것을 짐작할 수 있다. 결국 마천루와 경기변동 사이의 관계는 통계적으로 유의하지 않다고(또는 신뢰할 수 없다고) 결론지을 수 있다.

마천루를 짓는 것과 동시에 경기가 추락하는 것은 우연이지만, 경기가 상승하면 반드시 하강하는 것은 필연이다. 경제 현상은 자연이치와도 비숫하다. 경제도 봄(경기확장) ⇒ 여름(정점) ⇒ 가을(경기수축) ⇒ 겨울(저점)과 같은 순환 과정을 겪는다. 다만 경기변동이 자연이치와 다른 점은 경기가 주기적으로 순환하지는 않는다는 점이다.

자크 프레베르Jacques Prevert가 작사하고 조제프 코스마Joseph Kosma가 작곡한 〈고엽Les Feuilles Mortes〉은 1945년 초연된 롤랑 프티Roland Petit의 발레작품 〈랑데부Le Rendez-Vous〉를 위해 만든 곡으로 알려졌다. 이 시에는 한여름 작열했던 태양을 추억하며 메말라버린 낙엽 속에서 북풍을 견디는 삶의 애절함이 묻어난다. 지난여름 붉었던 입술처럼 경제도 활발하게 돌아가다가 가을날 창가에 떨어지는 나뭇잎처럼 쇠락하는 과정을 겪게 되는 것은 피할 수 없는 이치이다.

*   오! 우리가 친구로 지냈던 행복했던 날들을
기억해주면 좋겠어요.
그때는 삶이 더욱 사랑스러웠고
달콤했죠. 태양은 지금보다 더 밝게 빛났지.
고엽은 12월처럼 수북수북 쌓여가고
그대여 난 잊지 않고 있어요.
고엽은 12월처럼 수북수북 쌓여가고
추억과 회한도 그렇게 쌓여갔지요.
북풍이 불어와 그것들을
망각의 차가운 밤으로 휩쓸고 갑니다.
그대여 난 잊지 않고 있어요.
당신이 나에게 불러준 그 옛 노래를
그 노래는 같은 깃털의 새처럼 우리를 닮았었죠.

당신은 나를 사랑했고 난 당신을 사랑했지요.
우리는 둘이 행복하게 함께 지냈고
난 당신을 사랑했고 당신은 나를 사랑했지요.
그러나 삶은 조용히 서로의 마음을 사로잡은
사랑하는 이들을 갈라놓았네요.
그리고 바다는 백사장으로 밀려들어와
헤어진 연인들의 발자국을 지워버리네요.

〈고엽〉은 나중에 상송으로 다시 태어났다. 1946년 이브 몽탕Yves Montand
이 영화 〈밤의 문Les Portes de la Nuit〉에서 불러 감미로움의 극치를 보여주었
다. 그 뒤 영어로 번역된 〈낙엽Autumn Leaves〉은 상송의 여왕 에디트 피아프
Edith Piaf가 불러 잘 알려져 있고, 프랭크 시내트라Frank Sinatra와 냇 킹 콜Nat
King Cole의 버전도 널리 애창되었다.

*   떨어지는 나뭇잎이 창가에 흩날리네.
    빨갛고 노란 낙엽들
    지난여름 입맞춤한 당신의 입술과 같아요.
    내가 자주 잡았던 햇볕에 그을린 그 손과 같아요.
    당신이 멀리 떠난 후 날들은 점점 길어지고
    나는 곧 오래된 겨울 노래를 들을 겁니다.
    하지만 무엇보다 나의 사랑, 당신이 그리워요
    낙엽이 떨어지기 시작하면……

2 ─── 경기변동의
특징

 경제는 호수에 고인 물처럼 잔잔하게 머물러 있지 않는다. 흐르는 강
물과 같다. 때로는 급류가 되기도 하고 때로는 완류가 되기도 하지만 강
물이 계속 흘러 바다로 모이듯 경제도 상승국면과 하강국면을 반복하면
서 장기적으로는 성장추세를 이어간다. 경기순환은 어느 기간 동안 실질
총생산(GDP) 및 고용이 경제 전반에 걸쳐 확장되거나 축소되는 현상을
말한다. 경제학자들은 경기순환을 두 개의 주요 국면, 경기확장과 경기수
축으로 구별한다. 경기확장은 실질총생산이 증가하는 현상이며, 경기수
축은 총생산이 감소하는 현상이다. 경기가 확장의 절정에 달한 국면을 정
점이라고 하며 수축의 바닥에 달한 국면을 저점이라고 한다.
 경제학자들이 흔히 말하는 경기침체recession는 실질총생산이 2분기 이
상에 걸쳐 연속적으로 감소하는 경기수축 국면을 뜻한다. 경기수축의 심
도와 기간에 있어서 경기침체보다 훨씬 심각한 상황을 공황depression이라

고 하는데, 공황에 관한 공식적인 정의는 없다. 경제학자들은 다음과 같은 농담으로 경기침체와 공황을 구분한다. "당신의 이웃이 직장을 잃으면 경기침체이고, 당신이 직장을 잃으면 경제공황이다." 공황의 대표적인 예로서 1930년대 미국과 유럽의 경제를 황폐화시킨 대공황을 들 수 있다. 이는 1929년에 발생하여 10년 이상이나 지속되었다. 경기침체의 대표적인 예로서 2008년에 세계경제를 강타한 대침체를 들 수 있다. 이는 2008년에 시작되어 2010년에 끝났지만 그 피해 지역은 대공황 때보다 훨씬 넓었다.

경기의 확장과 수축 과정은 대개 특징적인 패턴을 보인다. 장마가 오기 전에 날씨가 후덥지근하게 느껴지는 등 어떤 징후가 사전에 나타나듯이, 경기가 본격적으로 확장되거나 수축되기 전에 먼저 거시경제의 변수에 어떤 움직임이 감지된다. 어떤 경제변수가 전반적인 경제활동에 선행하여 움직일 때 이를 선행경제변수leading economic variable라고 한다. 선행경제변수를 보면 단기적으로 어느 정도 경기순환의 정점과 저점을 예측할 수 있다. 주요 선행경제변수는 주택건설, 재고, 노동생산성, 통화량, 주가 등이다.

그러나 경기순환 과정과 동시에 움직이는 경제변수들도 있고 경기순환에 뒤이어 오는 경제변수들도 있다. 경기순환과 거의 동시에 나타나는 경제변수를 동행경제변수coincident economic variable라고 한다. 주요 동행경제변수로는 산업생산, 소비, 기업설비투자, 정부구입, 고용 등을 들 수 있다. 경기순환에 뒤처져 나타나는 경제변수를 후행경제변수lagging economic variable라고 한다. 대표적인 후행경제변수는 인플레이션이다.

경제변수가 움직이는 타이밍뿐만 아니라 그 방향도 경기변동을 이해하는 데 중요한 정보를 제공해준다. 전반적인 경제활동과 같은 방향으로 움직이는 변수들도 있고 반대방향으로 움직이는 변수들도 있다. 경제활동과 같은 방향으로 움직이는 경제변수를 경기순행적pro-cyclical 변수라고 부르며, 경제활동과 반대방향으로 움직이는 경제변수를 경기역행적counter-cyclical 변수라고 부른다. 그리고 경제활동과 무관하게 움직이는 경제변수를 경기중화적acyclical 변수라고 부른다.

대표적인 경기순행적 변수는 소비행위이다. 경기가 둔화되면 소비도 줄어들고 경기가 활성화되면 소비도 증가한다. 대표적인 경기역행적 변수는 실업률이다. 경기가 둔화되면 실업률은 높아지고 경기가 확장되면 실업률은 떨어진다. 대부분의 거시경제변수들은 전반적인 경제활동과 거의 같은 방향으로 움직이는 경향이 있으므로 경기순행적이라고 볼 수 있다.

3   경기변동의 패턴이
달라지고 있다

과거의 경기이론은 경제활동이 일정한 주기를 두고 부침을 되풀이한다고 보고 그 원인 규명에 많은 관심을 기울였다. 이러한 견해에 의하면 경기순환은 하나의 파동과 같은 현상으로 파악된다. 발견자의 이름을 따라 키친순환Kitchin cycle, 주글라순환Juglar cycle, 쿠즈네츠순환Kuznetz cycle, 콘드라티에프순환Kondratieff cycle 등이 대표적인 경기순환 패턴으로 논의되었다.

키친순환은 최단기의 경기순환으로서 한 정점에서 다음 정점까지의 기간이 대략 3~5년 정도에 이르는 경기순환을 가리킨다. 재고의 증감을 이러한 순환을 일으키는 근본 원인으로 보기 때문에 재고순환inventory cycle이라고도 한다. 주글라순환은 7~10년 정도의 주기를 갖는 중기적 경기순환이고, 쿠즈네츠순환은 15~25년에 걸친 장기파동이며, 콘드라티에프순환은 대략 30~50년에 걸친 최장기파동으로 알려져 있다. 콘드라티에프순환은 전기 발명이라든가 기차나 항공기 발명, 컴퓨터 및 인터넷, 스마트폰 발명 등 어떤 기술 혁신의 영향으로 일어나는 경기순환이다. 이러한 기술 혁신이 30~50년에 걸친 장기적 경기확장을 가능케 하는 원동력이 된다고 보는 것이다.

영국의 경제학자 윌리엄 제번스가 제안한 태양흑점설sun spot theory도 경기가 일정한 주기를 가지고 변동한다고 보는 이론이다. 태양계에서 일어나는 태양흑점의 변화가 경제활동에 어떤 변동을 가져올 수 있다는 점에 착안한 것이다. 그 당시 태양흑점 활동의 11년 주기가 발견되었는데, 제번스는 경기순환의 주기가 태양흑점의 활동 주기와 너무 비슷해 이를 우연의 일치라고 보기는 어렵다는 주장을 내놓았다. 농업이 경제의 주종을 이루었을 때는 태양흑점의 변화가 경제활동에 어느 정도 영향을 미쳤을지도 모른다. 그러나 이후 많은 연구들은 태양흑점 효과가 설사 있다 하더라도 그 영향은 매우 약한 것으로 밝히고 있다.

근대경제학자들은 어떤 변수가 사실은 경제활동에 아무런 영향을 미치지 않지만 사람들이 어떤 효과를 미치리라고 믿을 경우 그러한 상황을 묘사하기 위해 태양흑점이라는 용어를 사용하기도 한다. 그와 같은 믿음 자체가 태양흑점 효과를 불러일으킬 수 있다는 것이다. 이는 결국 사람들의 기대가 경제에 영향을 미치는 중요한 변수라는 자기실현적 기대 이론과 일맥상통한다.

주요 선진국들의 과거 경기변동 패턴을 살펴보면 경제가 일정한 주기를 두고 파동처럼 순환한다고 보기는 어렵다. 최근에는 일정한 주기를 두고 경기가 등락을 반복한다고 보는 학자들은 별로 없다. 따라서 경기순환business cycles보다는 경기변동economic fluctuations이 더 적절한 용어일지 모른다. 이는 미국의 경기변동 과정을 살펴보면 더욱 분명히 드러난다. 미국은 1854년부터 2014년까지 160년 동안 경기순환 과정을 추적해왔으며 경기변동에 대한 풍부한 통계자료도 축적해왔다. 이 기간 중 미국경제는 총 33개의 경기순환을 겪었다.

최근 미국의 경기순환 과정에서 나타나는 두드러진 특징은 제2차 세계대전 이후 경기변동의 심도가 그전에 비해 많이 완화되는 추세를 보인다는 점이다. 대공황 이전의 경제를 살펴보면 경기확장기에는 실질총생산이 장기 추세선으로부터 평균 5% 증가한 반면 경기수축기에는 평균 6% 하락했다. 그러나 제2차 세계대전 이후에는 경기순환의 변동폭이 거의 반으로 줄어들어, 경기확장기에는 평균 2.5% 증가했고 경기수축기에는 평균 3% 하락했다(대공황과 제2차 세계대전 기간 중의 경기변동은 예외적인 현상으로 간주하고 제외한 수치이다).

또 다른 특징은 경기확장 기간은 길어지고 있는 반면 경기수축 기간은 점점 짧아지고 있다는 점이다. 미국에서 나타난 33개의 경기순환 기간을 좀 더 자세히 살펴보면 경기수축 기간은 평균 16개월이었으며 경기확장 기간은 평균 42개월이었다. 이를 제2차 세계대전 전과 후로 나누어서 살펴보면, 1919년부터 1945년까지(6개 경기순환) 경기수축 기간은 18개월이었으며 경기확장 기간은 35개월이었다. 그러나 제2차 세계대전 이후 경기수축 기간은 11개월로 짧아졌고 경기확장 기간은 59개월로 크게 늘어났다.

대상 기간	경기순환 단위	경기수축 기간	경기확장 기간
1854~1919(1차대전 이전)	16개 경기순환	22개월	27개월
1919~1945(1차대전~2차대전)	6개 경기순환	18개월	35개월
1945~2014(2차대전 이후)	11개 경기순환	11개월	59개월

미국경제의 경기순환 과정

경기변동의 심도가 완화되고 경기확장 기간이 길어지는 현상은 나라마다 변동폭이나 기간에 있어서 얼마간의 차이는 있지만 거의 공통적으로 나타난다. 몇몇 연구들은 한국경제에서도 그와 같은 특징을 확인하고 있다. 경기의 확장기간은 길어지고 수축기간은 짧아지는 현상은 크게 두 가지 측면에서 그 원인을 찾을 수 있을 것이다. 먼저 대공황 이후 케인스 경제학의 영향이 증대된 점을 꼽을 수 있다. 케인스 경제학은 각국의 정책담당자들에게 경기침체를 막기 위한 적극적인 정책을 펼 수 있는 이론적 무기를 제공했다. 두 번째로는 케인스 경제학의 역할과 별도로 경제위기를 겪으면서 자본주의의 체질이 강화되었다고 볼 수 있다.

4   경제는 올라갈 때가 있으면
_____   내려갈 때가 있다

고은의 〈그 꽃〉은 잘나갈 때는 보이지 않던 것들이 내리막길을 걸을 때
는 마음이 비워져 잘 보인다는 평범한 진리를 간명한 단시로 표현해준다.

    ＊   내려갈 때 보았네.

           올라갈 때 못 본

           그 꽃•

〈그 꽃〉은 겨우 15자로 이루어져 있다. 일본의 전통시인 17자 형식의
하이쿠보다 더 짧다. 그런데도 세상 이치를 이보다 더 강렬하게 표현한
시가 있을까? 시인이 걸은 길과 마찬가지로, 경제도 올라갈 때가 있고 내

     •   고은,《순간의 꽃》(문학동네, 2001).

려갈 때가 있다. 경제도 세상 이치처럼 잘나갈 때는 문제점들이 잘 보이지 않는다.

경기변동의 원인에 관해서 고전학파와 케인스학파는 근본적으로 다른 입장을 취한다. 고전학파 학자들은 경기변동을 경제가 한 균형상태에서 다른 균형상태로 재조정되는 과정에서 발생하는 일시적이고 단기적인 현상으로 본다. 경제가 일시적으로 과열을 보일 경우 노동, 재화, 화폐 수요가 늘어나는데 이는 결국 임금, 물가, 금리를 인상시킨다. 임금이 오르면 기업은 고용을 줄이며, 물가가 오르면 소비자는 소비지출을 줄이고, 금리가 오르면 기업은 투자를 줄이려고 한다. 경제는 이러한 조정기간 중에 일시적인 수축을 경험한다.

이와 대조적으로 케인스학파 학자들은 경기변동의 폭이 크고 기간도 오래 지속될 수 있음을 지적한다. 따라서 경기변동의 폭을 줄이고 경기변동의 기간을 단축시키기 위해 정부가 어떤 역할을 해야 한다고 주장한다. 케인스 이론가들은 경기변동의 근본 원인을 총수요의 변동에서 찾으려고 하는데, 이는 총수요의 변동이 승수효과를 가져오기 때문이다. 케인스학파의 경기변동 이론을 설명해주는 대표적인 이론이 폴 새뮤얼슨의 승수-가속도 모형multiplier-accelerator model이다.

새뮤얼슨은 케인스의 승수이론과 투자의 가속도 모형을 결합해 승수와 가속도의 상호작용에 관한 이론을 개발했다(투자의 가속도 모형은 투자는 가속도계수의 크기와 소득의 변화에 의존한다고 보는 이론이다). 새뮤얼슨의 승수-가속도 모형에서는 기업에 의한 투자수요가 증가하면 승수효과를 통해서 소득이 증가한다. 소득이 증가하면 가속도원리에 의해서 기업은 목표 자본량을 더 늘리려고 계획한다. 목표 자본량을 달성하기 위해 기업은 투자를 더 늘려야 한다. 투자수요의 증가는 다시 승수효과를 유발해 소득의 증가를 가져온다. 이러한 승수-가속도의 상호작용은 총생산이 한 경제가 감당할 수 있는 최대치(잠재적 GDP)에 도달할 때까지 계속된다.

그러나 고전학파의 경기변동 이론은 근본적으로 경기변동을 경제주체들이 시장에 있는 정보를 잘못 받아들인 결과로서 일어나는 현상으로 파악한다. 통화주의학파인 프리드먼과 새고전학파인 루커스의 설명을 살펴보자.

먼저 통화주의 학자들은 통화정책이 경제에 중요한 영향을 미친다고 믿지만 경제를 안정화시키는 데 도움이 된다고는 생각하지는 않는다. 오히려 통화량의 변덕스러운 변동이 일시적으로 인플레이션을 유발하고 총생산을 변동시키는 등 경제의 불안정성을 증폭시킨다고 본다. 장기적으로 통화량의 변동은 실물경제에 아무런 영향도 미치지 못하지만 단기적으로는 경제를 불안하게 하는 주범으로 간주된다. 통화주의자의 설명에 의하면, 정책당국자가 재량적으로 통화를 늘릴 경우 인플레이션이 발생하는데 노동자나 소비자 등 경제주체들은 단기적으로는 인플레이션을 인식하지 못한다. 그러나 생산자들은 인플레이션의 결과로 제품을 높은 가격으로 팔 수 있기 때문에 생산을 늘린다. 시간이 지남에 따라 경제주체들은 그들의 인식착오를 인지하고 임금인상을 요구한다. 이제 생산비용이 높아져 생산자들은 생산을 줄인다. 이와 같이 경기변동은 단기적으로 발생하는 일시적인 현상이다.

루커스의 새고전학파 이론(합리적 기대 이론)도 근본적으로는 통화주의의 인식착오 이론과 같은 입장을 취하지만, 정보의 중요성을 강조하는 면에서 통화주의보다 더욱 철저하다. 루커스의 경기변동 이론은 생산자가 불완전한 정보로 인하여 일반물가수준의 변동과 그들이 생산하는 제품의 상대적 가격의 변동을 혼동하는 데서 경기변동의 원인을 찾으려고 한다. 생산자가 일반물가수준의 상승을 자신이 생산한 제품 가격의 상승으로 착각할 경우, 생산자들은 고용을 늘리고 생산을 증가시킨다. 이윤을 보다 많이 올릴 수 있다고 생각하기 때문이다. 그 결과로 경기가 일시적으로 호황국면으로 접어든다. 그러나 이러한 상황은 오래 지속되지 못할 것이다. 시장에 보다 많은 정보가 도착하면 경제주체는 곧 그들의 착오가 잘못되었음을 인지하며 경제는 곧 정상상태로 되돌아간다.

이와 같이 새고전학파 주창자들은 경제주체들이 경제적 의사결정을 할 때 합리적 기대를 갖는다면 경기변동은 거의 일어나지 않든가 일어나더라도 단기에 끝날 것으로 예측한다. 이는 수개월에서 수년에 걸쳐 지속되는 경기변동을 설명할 수 없다는 약점을 가지고 있다. 정보인식의 착오는 몇 주에서 몇 개월 정도밖에 지속되지 않으며 특히 요즘 같은 정보화 시대에는 아주 단기적일 수밖에 없다. 이러한 점이 경기변동을 설명하는 데 있어서 통화주의와 새고전학파가 갖는 하나의 한계로 간주되고 있다.

고전학파 이론의 또 다른 문제점은 공급충격에 따른 경기변동을 설명하지 못한다는 점이다. 고전학파의 경기변동 이론의 약점을 보완하기 위해서 나온 이론이 충격증식 이론propagation theory과 실물경기순환 이론real business cycle theory이다. 고전학파 이론가들은 통화량의 변동이 어떻게 수개월에서 수년 동안 지속되는 경기변동을 가져올 수 있는지를 설명하기 위해 충격증식을 강조한다. 일단 경제에 기술충격이 발생하면 그러한 충격은 스스로 증식해간다고 보는 것이다. 충격증식은 일시적인(또는 작은) 충격이 경제에 비교적 장기적인(또는 큰) 영향을 미친다는 것을 의미한다.

케인스학파와 기존 고전학파의 경기변동 이론이 주로 수요측면에서 경기변동의 원인을 찾으려고 한 데 반해, 1980년대 중반에 등장한 실물경기순환 이론은 한 나라의 실제 GDP의 변동(경기변동)을 잠재적 GDP의 변동에서 찾으려는 이론이다. 이는 경제의 공급측면에서 경기변동의 원인을 찾는다는 점에서 기존의 이론과 대조된다. 잠재적 GDP가 증가하거나 감소할 경우 그에 따라 실제 GDP도 증가하거나 감소해 경기가 호황을 맞이하거나 불황으로 접어든다는 것이 실물경기순환 이론의 핵심이다.

그러면 무엇이 잠재적 GDP의 변동을 가져오는가? 실물경기순환 이론가들은 가장 중요한 요인으로 기술혁신을 꼽는다. 잠재적 총생산에 영향을 미치는 기술충격은 새로운 생산기술(철도, 전기, 항공기, 컴퓨터, 인터넷, 모바일 통신수단 등), 새로운 생산 방법(포드의 대량생산 공정, 무재고와 자동화로 유명한 토요타 생산방식, 식스 시그마 품질경영기법 등), 새로운 자원의 발견(셰일오일 및 셰일가스) 등을 포함한다. 이는 호의적인 기술변화가 일어나는 경우로서, 잠재적 GDP 또한 증가하며 그에 따라 실제 GDP도 증가하는 선순환이 일어나게 된다. 한편 외부충격(석유파동, 글로벌 경제위기 등)은 잠재적 GDP에 부정적인 영향을 미치는 요인으로서, 실질성장률의 하락을 동반한다.

실물경기순환 이론은 현재 한국이 당면한 경제위기를 설명해주는 이론적 틀로서 주목할 만하다. 한국의 잠재성장률은 1997년 외환위기와 2008년 글로벌 경제위기가 발생했을 때 크게 감소했으며 그에 따라 경제체력도 크게 떨어졌다. 한국의 경제성장률이 3%대로 주저앉은 것은 이 부정적인 요인들 때문이다. 한국경제의 저성장은 실물경기변동에 따른 경제 추락 현상으로 이해할 수 있다.

연준 의장을 지낸 버냉키도 공동연구자들과 함께 충격증식 이론과 비슷한 맥락에서 금융가속도 이론financial accelerator theory을 제안했다.[•] 이 이

•   Ben Bernanke, Mark Gertler, Simon Gilchrist, "The Financial Accelerator and the Flight to Quality," *Review of Economics and Statistics*, 1-15(1996).

론은 '작은 충격, 큰 경기변동'의 원인을 자금시장의 특성에서 찾으려고 한다. 금융가속도 이론의 요체는 금융시장에서 일어나는 작은 충격이 실물경제에 큰 파고를 몰고 올 수 있다는 것이다. 금융가속도 이론은 앞으로의 경제위기가 주로 금융 및 자본시장의 불안정성에 의해 유발될 것으로 전망하며, 한 나라의 금융체제와 금융구조의 효율화가 경제의 안정화를 위해서 무엇보다 중요하다는 것을 강조한다.

13강

장기적
경제성장

경제가 왜 성장하는가에 관해서는 아직 아무도 완전한 해답을 가지고 있지 못하다. 더구나 아무도 높은 경제성장을 도모할 수 있는 비법을 알고 있지도 못하다. 그러나 한 가지 분명한 사실은 경제성장과 발맞추어 인류의 생활수준 또한 향상되어왔다는 점이다. 산업혁명 이후 인류는 거의 무한정의 기술혁신을 이루어왔으며 이것이 성장의 원동력이 되어 경제규모와 1인당 소득수준을 비약적으로 증대시켜왔다. 특히 제2차 세계대전 이후 '아시아의 네 호랑이'로 불리는 한국, 대만, 싱가포르, 홍콩은 눈부신 경제성장의 덕택으로 그들의 메마른 땅을 '젖과 꿀'이 흐르는 땅으로 바꾸어놓았다. 그 가운데에서도 싱가포르의 성장은 보다 극적이어서 2011년 싱가포르는 1인당 소득수준에서 미국을 앞지르기 시작했다. 2000년대에 들어와서는 중국을 비롯한 후발 주자들이 성장 레이스에 뛰어들었는데 그 결과 중국은 이제 경제규모에서 미국에 뒤이어 세계 2위의 경제대국으로 우뚝 올라섰다.

1 　경제성장과 생활수준

130년 전의 최대 부국 오스트레일리아

한 나라의 경제정책의 궁극적 목표는 생활수준 향상을 통해 사회구성원 모두가 풍요로운 삶을 누리도록 하는 데 있다. 생활수준 향상은 장기적인 경제성장에 의해서 가능해지며 장기적인 경제성장은 지속적인 기술진보에 의해서 이루어진다.

기원전 100만 년부터 산업혁명이 일어나기 전까지, 1인당 소득으로 본 인류의 삶은 크게 달라지지 않았다. 하버드 대학의 마이클 크리머 Michael Kremer와 UC 버클리의 브래드퍼드 드롱Bradford DeLong이 기원전 100만 년부터 서기 2000년까지 인류의 1인당 GDP에 대해 연구한 통계자료에 의하면, 2000년 달러가치로 측정한 인류의 1인당 GDP(실질소득)는 기원 전 100만 년부터 서기 1350년까지 시대에 따라 약간의 변동은 있었지만 거의 100달러 수준에서 정체되어 있었다. 1인당 연간 소득 100달러는 현재 지구상에서 가장 못사는 나라들인 소말리아나 부룬디 사람들의 소득수준과 비슷하다. 2014년 이 나라들의 1인당 GDP는 2000년 달러가치로 약 100달러에 불과하다.

기원전 4세기 플라톤과 아리스토텔레스가 아테네 거리에서 철학 담론을 나누던 당시 1인당 실질GDP는 약 175달러였다. 이는 1750년대 산업혁명이 일어날 때까지 다시 오지 않을 황금기였다. 인류의 1인당 GDP는 아테네가 문명을 꽃피웠던 때 이후 줄곧 쪼그라들어 로마제국이 멸망한 서기 400년에는 120달러였다. 청교도들이 신대륙으로 이주한 1620년대에도 1인당 GDP는 기원전 4세기 아테네 사람들의 생활수준을 넘어서지 못했다.

그러다가 산업혁명 이후 생활수준이 기하급수적으로 향상되기 시작했다. 산업혁명이 일어난 지 약 100년 후인 1850년 1인당 실질GDP는 1750년 수준의 2배로 늘었으며, 1950년에는 1850년 수준에 비해 5배 이상 늘었다. 그리고 2000년에는 1950년 수준의 4배로 증가했다. 인류는 산업혁명 이후 비약적으로 기술을 향상시켜왔다. 지난 2000년의 인류 역사는 기술진보가 생활수준을 꾸준히 향상시킬 수 있는 가장 중요한 원천임을 보여주었다. 기술진보에는 한계가 없으며 그것이 생활수준의 향상에 미치는 영향은 앞으로 더욱 증대할 것이라는 데는 이론이 없다.

경제성장이 생활수준의 향상에 얼마나 중요한 역할을 수행하는지를 알아보기 위해 일본과 오스트레일리아의 예를 들어보자. 앵거스 매디슨 Angus Maddison의 연구에 의하면, 1870년에는 오스트레일리아의 1인당 실질소득이 일본보다 5.5배 이상이나 높았다. 1870년에는 오스트레일리아가 세계에서 가장 부유한 나라였으며 일본은 가장 가난한 나라들 가운데 하나였다. 그로부터 110년이 지나는 동안 오스트레일리아의 1인당 실질소득은 연간 1.1%의 증가를 보여 1979년에는 1인당 소득이 1870년에 비해 3.2배가 늘었다. 그에 비해 일본의 1인당 실질소득은 연 2.7%로 증가하여 1979년의 1인당 실질소득은 1870년 대비 무려 17.7배나 증가했다. 일본의 연평균 소득증가율 2.7%는 오스트레일리아의 연평균 증가율 1.1%와 그렇게 큰 차이가 나는 것처럼 보이지 않지만 한 세기가 지난 후의 결과는 천양지차였다. 일본은 1979년에 1인당 실질소득이 오스트레일리아와 같은 수준에 도달했으며 그 후로는 오스트레일리아를 계속 앞서왔다. 일본은 한때 (환율의 영향도 컸지만) 미국의 1인당 소득수준에 근접하기도 했으며 이제는 세계에서 가장 잘사는 나라들 가운데 하나가 되었다.

경제성장률의 차이는 1세기가 아니라 1세대 동안에도 삶의 질을 크게 바꾸어놓을 수 있다. 우리는 이를 피부로 직접 체험한 당사자이기도 하다. 1960년에 한국의 1인당 GDP는 155달러, 1961년에는 92달러에 불과했으나 약 30년 동안 눈부신 경제성장의 덕택으로 1994년에는 1만 달러를, 그리고 2006년에는 2만 달러를 돌파했으며 3만 달러 달성을 눈앞에 두고 있다. 이는 일본과 오스트레일리아의 비교보다도 더욱 극적이다. 생활수준의 변화는 비단 한국뿐만 아니라 지난 몇십 년 동안 고속 경제성장을 이룩한 싱가포르, 대만, 홍콩 등 이른바 '아시아의 네 마리 용'으로 불리는 국가들에서 마찬가지로 나타났다. 이제 중국, 태국, 인도네시아, 말레이시아, 베트남 같은 나라들이 그 뒤를 바짝 뒤쫓고 있다.

경제성장률의 작은 차이가 소득의 큰 차이로 나타나는 것은 경제성장에서 복리의 마법이 작용하기 때문이다. 금년의 경제성장은 작년에 이룩한 실적에 금년 성장률이 더해진 것이고, 내년의 경제성장은 금년에 이룩한 실적에 내년의 성장률이 더해진 것이다. 복리계산의 마법은 흔히 '72의 법칙'으로 알려져 있다. 이는 경제성장률의 작은 차이가 장기적으로는 소득의 향상에 큰 차이를 가져올 수 있음을 다른 각도에서 살펴볼 수 있게 해준다. 72의 법칙에 의하면 72라는 숫자를 한 나라의 실질 경제성장률(백분율)로 나누면 그 나라의 경제규모(실질GDP)가 두 배로 커지는 데 소요되는 기간을 얻게 된다.

1997년 아시아 외환위기가 발생하기 전까지 30여 년 동안 한국경제는 연평균 약 8%로 성장했다. 이러한 성장추세가 지속된다면 한국의 경제규모가 두 배로 커지는 데 소요되는 기간은 대략 72/8=9년이 된다. 그러나 지금 상황은 한국의 잠재성장률이 약 4%로 낮아지고 있음을 보여준다. 만약 성장률이 고속 성장기의 절반인 4%로 떨어진다면 한국경제가 두 배로 커지는 데는 약 72/4=18년이 걸린다. 중국은 1978년 개방경제로 나아간 이후 지난 30여 년 동안 연평균 10%의 성장률을 유지했다. 이는 중국경제가 그동안 7년마다 두 배로 성장했음을 의미한다. 반면 지난 1세기에 걸친 미국의 평균 성장률은 약 3.3%였다. 미국경제가 앞으로도 계속 이와 같은 성장세를 이어간다면 미국의 경제규모가 두 배로 커지는 데 걸리는 기간은 약 22년이 된다.

경제가 왜 성장하는지, 경제성장의 속도가 왜 나라마다 다른지, 그리고 한 나라에서도 시기에 따라 경제성장의 속도가 다르게 나타나는 이유가 무엇인지에 관해서는 아직 아무도 완전한 해답을 갖고 있지 못하다. 높은 경제성장을 유인할 수 있는 비법도 없다. 그러나 경제학자들은 경제성장의 원천과 동력에 관해서 상당한 연구를 축적해왔으며 그 결과 최근 들어 장기적 경제성장에 관한 우리의 이해는 보다 풍부해졌다.

2

130년 전
조선인의 삶

   130년 전의 조선은 어두움과 정적에 싸여 있었다. 그러나 선교사 호러스 그랜트 언더우드Horace Grant Underwood는 조선 땅이 머지않아 은총의 땅이 되리라는 것을 믿는다고 기도했다. 그리고 그가 조선 땅에 많은 씨앗을 뿌리고 떠난 지 약 50년 후 그의 기도는 현실로 다가왔다. 한국의 1인당 소득이 그가 예측한 대로 "김제 평야에서 지리산 꼭대기까지" 올랐다.

   경제성장을 논의하기에 앞서 19세기 말 조선인의 삶의 모습이 어떠했는지를 알아보기 위해 선교사로 조선 땅을 밟은 언더우드의 편지를 통해 과거로 시간여행을 떠나보자. 언더우드는 1859년 영국 런던에서 태어났다. 그가 13세 되던 해에 그의 가족은 미국으로 이주했다. 언더우드는 뉴욕 대학과 뉴브런스윅 신학교를 졸업하고 장로교 목사가 되었다. 1884년 북미장로교단에서 조선 선교사로 임명을 받고 1885년 4월 5일 부활절에 감리교 선교사인 헨리 아펜젤러Henry Appenzeller와 함께 제물포 부두

1900년대 서울의 모습(서울시 소장)

에 첫 발을 내디뎠다.

그보다 1년 먼저 조선에 선교사로 온 호러스 앨런Horace Allen은 1885년 4월에 한국 최초의 서양식 의료기관인 광혜원을 설립하고 조선인들에게 의료활동을 펼치고 있었다(앨런은 25세이던 1883년에 미국 오하이오주 마이애미 의대를 졸업하고 한국에 파견된 최초의 개신교 선교사였다). 광혜원은 이후 제중원으로 이름이 바뀌었으며, 미국인 사업가 루이스 세버런스Lewis Severance가 큰돈을 기부해 당시 동양 최대의 서양식 병원으로 성장했다(이것이 오늘날 세브란스병원의 모태가 되었다).

19세기 말 당시에는 공개적인 선교활동이 금지되었기 때문에 언더우드는 조선에 도착한 후 얼마 지나지 않아 광혜원에서 화학과 물리학을 가르치기 시작했다. 그 후에는 한국 최초의 개신교 교회인 정동교회(현재의 새문안교회)와 YMCA를 설립했다. 1889년에는 조선어문법책과 한영사전을 편찬하고 성경을 순 우리말로 번역하는 등 한글 발전에도 큰 족적을 남겼다. 또한 경신학원과 연희전문학교(현재의 연세대학교)를 설립하여 조선의 교육 발전에 지대한 공을 세웠다. 1897년에는《그리스도신문》이라는 주간신문을 창간하기도 했다. 1889년 3월에 결혼하여 말과 가마를 타고 서울에서 의주까지 신혼여행을 떠났고 지방의 여러 곳을 여행하면서 교회를 세우기도 했다. 조선이 1905년 일본에 주권을 빼앗겼을 때는 가장 강력하게 일본의 조선합병에 반대했다. 그는 조선에서 선교와 교육에 온 열정을 쏟다가 건강이 악화되어 미국으로 돌아갔고, 1916년 10월 어둠밖에 보이지 않던 조선 땅을 뒤로하고 파란만장한 생을 마쳤다. '원두우'라는 한국식 이름으로도 알려져 있는 그는 조선을 끔찍이 사랑한 선교사였다. 언더우드 가문은 조선에 남아 3대에 걸쳐 의료와 교육에 헌신했고, 그의 4대손인 원한광은 1980년에 광주민중항쟁을 해외에 알렸다는 이유로 전두환 정권에 의해 강제로 추방되기도 했다.

언더우드 선교사는 조선 땅에 와서 보고 느낀 조선의 실상을 우리말로 쓴 〈보이지 않는 조선의 마음〉이라는 기도문을 통해 우리에게 전하고 있다. 마치 100년 후 조선의 변화를 예견이라도 한 듯 그는 참담함 속에서도 소망을 보았다.

* 　주여! 지금은 아무것도 보이지 않습니다.
　주님, 메마르고 가난한 땅
　나무 한 그루 시원하게 자라 오르지 못하고 있는 이 땅에
　저희들을 옮겨와 심으셨습니다.
　그 넓고 넓은 태평양을 어떻게 건너왔는지
　그 사실이 기적입니다.

주께서 붙잡아 뚝 떨어뜨려놓으신 듯한 이곳,

지금은 아무것도 보이지 않습니다.

보이는 것은 고집스럽게 얼룩진 어둠뿐입니다.

어둠과 가난과 인습에 묶여 있는 조선 사람들뿐입니다.

그들은 왜 묶여 있는지도, 고통이라는 것도 모르고 있습니다.

고통을 고통인 줄 모르는 자에게,

고통을 벗겨주겠다고 하면 의심부터 하고 화부터 냅니다.

조선 남자들의 속셈이 보이지 않습니다.

이 나라 조정의 내심도 보이질 않습니다.

가마를 타고 다니는 여자들을 영영 볼 기회가 없으면 어쩌나
합니다.

조선의 마음이 보이질 않습니다.

그리고 저희가 해야 할 일이 보이질 않습니다.

그러나 주님! 순종하겠습니다.

겸손하게 순종할 때 주께서 일을 시작하시고

그 하시는 일을 우리들의 영적인 눈이 볼 수 있는 날이 있을
줄 믿습니다.

"믿음은 바라는 것들의 실상이요

보지 못하는 것들의 증거니……"라고 하신 말씀을 따라

조선의 믿음의 앞날을 볼 수 있게 될 것을 믿습니다.

지금은 우리가 황무지 위에 맨손으로 서 있는 것 같사옵니다.

지금은 우리가 서양 귀신, 양귀자라고 손가락질 받고 있사오나

저들이 우리 영혼과 하나인 것을 깨닫고,

하늘나라의 한 백성, 한 자녀임을 알고

눈물로 기뻐할 날이 있음을 믿나이다.

지금은 예배드릴 예배당도 없고 학교도 없고

그저 경계와 의심과 멸시와 천대만이 가득한 곳이지만

이곳이 머지않아 은총의 땅이 되리라는 것을 믿습니다.

주여! 오직 제 믿음을 붙잡아주소서.

3 ━━━ 아시아 용들의 비상

얼마 전까지 아시아의 '네 호랑이' 또는 '네 용'으로 불리던 한국, 대만, 싱가포르, 홍콩은 경제성장 이론가들의 집중적인 연구대상이었다. 1960년대 초부터 1997년 아시아 외환위기가 발발하기 전까지 이 나라들이 이룩한 경제성장은 기적으로 칭송되었으며 많은 개도국 지도자들의 부러움을 샀다.

이제 한국, 대만, 싱가포르, 홍콩과 경제대국 일본의 1인당 명목국민소득을 역사적으로 살펴봄으로써 우리는 아시아의 네 용이 지난 반세기 동안 어떻게 비상해왔는지를 보다 생생하게 그려볼 수 있을 것이다.* 명목 GDP는 총생산을 불변가격이 아닌 경상가격(그해의 가격)으로 평가한 총

* 1960~1979년까지의 자료는 세계은행, 1980~2014년까지의 자료는 IMF 발표를 인용했다.

생산액을 가리킨다. 1인당 명목GDP는 한 나라의 명목GDP를 국민 수로 나누어서 얻는다. 여기 다섯 나라의 1인당 명목GDP는 해당 연도의 미국 달러화로 전환한 것이다. 이 국가들의 1인당 GDP의 역사적 자료에서 몇 가지 흥미 있는 특징을 발견할 수 있다.

- 1960년 한국의 1인당 GDP는 155달러로 일본은 물론 아시아의 네 용들 가운데에서도 가장 뒤처져 있었다. 그리고 일본은 한국이 먼발치에서 쳐다보아야 할 정도로 한참 앞서 있었다. 1960년 이 나라들의 1인당 GDP를 보면, 일본이 479달러, 홍콩이 429달러, 싱가포르가 395달러였다.

- 후발주자로 출발한 한국은 1961년 발발한 5·16 군사정변 이후 잠시 경제적으로 뒷걸음질쳤다. 1인당 GDP는 5·16 군사정변이 일어난 1961년에는 92달러로 줄어들었으며, 한일청구권협정이 체결된 1965년에도 106달러에 머무는 등 이후 몇 년 동안 거의 정체상태에 머물렀다. 그러다가 대일청구권자금이 본격적으로 유입되기 시작한 1967년에야 157달러로 1960년 수준을 회복했고, 그 후부터는 꾸준한 증가세로 돌아섰다.

- 일본과 아시아의 네 용들 가운데 '1,000달러 고지'에 가장 먼저 도착한 나라는 물론 일본이었다. 일본(1,059달러)은 1966년에, 싱가포르(1,074달러)와 홍콩(1,102달러)은 1971년에, 한국(1,042달러)은 1977년에 1,000달러 고지에 올라섰다.

- 이때부터 일본과 아시아의 네 용들 사이의 경제성장 경주가 본격적으로 시작되었다고 볼 수 있다. 이제 이 나라들은 '1만 달러 고지'를 향해서 달리기 시작했다. 일본(1만 218달러)은 1981년에 1만 달러

고지에 선착했다. 홍콩(1만 454달러)은 1988년에, 싱가포르(1만 711달러)는 한 해 뒤인 1989년에, 대만(1만 726달러)은 1992년에, 그리고 한국(1만 207달러)은 1994년에 1만 달러 소득클럽에 가입했다.

- 일본(3만 973달러)은 1992년에 '3만 달러 부자클럽'의 회원이 되었으며, 한국이 1만 달러 소득을 달성한 1994년에 일본의 1인당 GDP는 3만 8,759달러에 달했다. 그 이듬해인 1995년에는 4만 2,516달러로 대망의 4만 달러 선에 올라섰다. 태양이 일본 상공에 가장 높게 떠오른 해이자 그 태양이 기울기 시작한 때이기도 했다. 빛나던 태양을 야금야금 가리는 일식이 시작되었다. 이는 물론 1995년 플라자협정에 의해서 엔화의 대미 달러 환율이 대폭 하락한 데도 기인한다. 일본의 절정은 거기에서 끝났고, 이미 '잃어버린 20년'의 서막이 올라가고 있었다. 일본은 1995년 이후 2009년까지 한 번도 1인당 소득 4만 달러를 넘어서지 못했다. 2010년 환율하락(엔화 강세)의 영향으로 1인당 소득은 4만 2,943달러를 기록하며 다시 4만 달러를 회복했고 2012년에는 4만 6,683달러까지 치고 올라갔으나, 아베노믹스에 따른 환율상승(엔화 약세)으로 2013년에는 다시 3만 8,633달러로 쪼그라들었다.

- 싱가포르가 2007년부터 1인당 GDP에서 일본을 앞서기 시작했다. 2011년에는 5만 3,122달러로 미국(4만 9,725달러)마저 추월하기 시작했다. 2014년에는 5만 6,287달러로 일본(3만 6,222달러)을 큰 차이로 따돌렸다. 1960년대 초에는 누구도 싱가포르가 소득수준에서 일본과 미국을 따라잡으리라고는 생각하지 못했을 것이다.

- 한국은 경제성장 레이스에서 쉬지 않고 달려와 드디어 2003년에는 대만을 제치고 4위로 올라섰다. 2014년의 레이스 성적표는 다음과

같다. 싱가포르 5만 6,287달러, 홍콩 4만 97달러, 일본 3만 6,222달러, 한국 2만 7,970달러, 대만 2만 2,600달러. 참고로 미국의 1인당 GDP는 5만 4,370달러이며 중국의 1인당 GDP는 7,572달러다. 이와 같이 아시아에서는 2016년 현재 세 나라(일본, 싱가포르, 홍콩)만이 '1인당 소득 4만 달러'라는 명예의 전당에 이름을 올렸다. 우리는 여기에서 싱가포르의 눈부신 성장을 눈여겨볼 필요가 있다. 싱가포르는 금융, 관광 등 서비스산업에 대한 집중적인 투자로 중진국함정을 벗어날 수 있었으며 선진국 가운데에서도 선두그룹으로 뛰어오를 수 있었다.

- 마지막으로 중국의 도약을 살펴보자. 중국의 경제는 현재 세계경제의 태풍의 눈이다. 경제규모(GDP)에서는 이미 일본을 제치고 세계 2위의 경제 거인으로 올라섰지만 생활수준(1인당 GDP)에서는 아직 많이 자라지 못한 상태이다. 사실 중국이 생활수준에서 대약진을 한 것은 2001년부터이다. 과거 중국의 1인당 GDP 추세를 살펴보면 이는 더욱 분명히 드러난다. 1960년 92달러, 1970년 112달러, 1980년 308달러, 1990년 343달러, 2001년 1,044달러(처음으로 1,000달러 돌파), 2006년 2,077달러(처음으로 2,000달러 돌파), 2008년 3,433달러(처음으로 3,000달러 돌파), 2010년 4,504달러(처음으로 4,000달러 돌파), 2011년 5,561달러(처음으로 5,000달러 돌파), 2012년 6,249달러(처음으로 6,000달러 돌파), 2014년 7,572달러(처음으로 7,000달러 돌파), 2015년 8,280달러(처음으로 8,000달러 돌파). 중국의 1인당 GDP는 과거 15년 동안 무려 7배 가까이 증가했다.

4

장기적인 경제성장의
원천은 기술진보

경제는 단기적으로는 부침을 거듭하지만 장기적으로는 성장추세를 지속하는 특징이 있다. 한 나라의 장기적인 성장은 그 경제가 가지고 있는 생산자원(특히 노동과 자본)의 증가, 기술향상, 생산성 증가 등 공급측면에 의해 주로 결정된다. 새로운 생산자원이 증가하거나, 새로운 생산 및 경영기술이 개발되거나, 노동자의 생산성이 증가하는 경우 그 경제의 잠재적 생산능력은 그만큼 늘어난다. 잠재적 총생산의 증가가 경제성장이다.

지속적인 경제성장은 가능한가? 로버트 솔로의 성장 모형은 기술진보가 꾸준히 이루어질 경우 경제는 지속적으로 성장한다는 것을 보여준다. 솔로는 생산자원 증가와 기술수준의 진보가 어떻게 경제성장을 결정하는가를 설명하기 위해 신고전학파의 전통에서 노동 및 자본의 한계수익체감 법칙과 규모에 따른 수익불변을 전제로 하는 성장 모형을 개발했다.

기업은 생산자원을 사용해서 상품과 서비스를 생산하는 조직체이다.

생산자원은 흔히 네 가지 유형으로 분류된다. 첫째는 노동이다. 노동은 육체적, 지적 능력이다. 노동을 제공하는 사람들은 임금을 받는다. 둘째는 자본이다. 자본은 공장, 기계류, 공구같이 상품과 서비스를 생산하기 위해 인간이 만들어낸 모든 생산도구를 포함한다. 여기에는 생산활동에 사용되는 자동차나 트럭, 사무실, 그리고 사무용품인 복사기, 컴퓨터, 전화기 등이 포함된다. 자본을 제공하는 사람들은 이자를 받는다. 세 번째 생산요소는 토지다. 토지는 우리가 보통 생각하는 땅뿐만 아니라 자연 상태로 존재하는 모든 생산자원을 포함한다. 토지는 지하 광물질, 석유, 가스, 수자원(물)까지도 포함한다. 자원을 소유한 사람들은 그것을 기업에 제공하고 그 대가로 지대를 받는다. 마지막으로 기업가 능력이 있다. 기업가는 노동, 자본 및 토지를 결합하여 상품과 서비스라는 산출물을 만들어내는 경영인이다. 기업가는 비단 생산에 관한 결정뿐만 아니라 마케팅, 재무, 인력관리, 시장 개척 등에 관한 결정도 해야 하는데 이러한 결정에는 위험이 따른다. 기업가는 경영에 관한 결정을 수행하고 그에 따르는 위험을 떠맡는 대가로 이윤을 얻는다.

경제학에서는 생산함수를 자주 사용한다. 함수란 어떤 한 변수가 다른 변수에 의존하는 관계를 말한다. 변수는 소득, 금리, 주가, 환율같이 시간의 흐름과 더불어 그 값이 일정하지 않고 변하는 수치로서, 생산함수는 산출물(상품이나 서비스)이라는 변수가 생산요소(노동, 자본, 토지, 기업가 능력)라는 변수에 의해 결정되는 관계를 나타낸다.

- 산출물＝F(노동, 자본, 토지, 기업가 능력)

여기에서 F는 함수관계를 표시한다. 생산함수는 산출물이 노동, 자본,

토지 및 기업가 능력에 의존한다는 것을 의미한다. 경제 전체에 관한 생산함수를 이야기할 때 산출물은 총생산(실질GDP)이 된다. 생산요소 가운데 토지는 어느 정도 고정되어 있기 때문에 기업은 생산량을 늘리기 위해서 토지의 양을 늘리려고 하지는 않는다. 또한 기업가 능력도 생산 과정에서 절대적으로 필요한 생산요소이지만 기업은 생산량을 늘리기 위해서 기업가 능력을 더 늘리려고 하지는 않는다. 그것도 어느 정도 고정되어 있다고 볼 수 있다. 기업은 상품이나 서비스의 생산량을 늘리거나 줄이기 위해서 주로 노동과 자본의 양을 조정한다. 따라서 우리가 흔히 사용하는 생산함수는 다음과 같이 나타낼 수 있다.

- 총생산＝F(노동, 자본)

우리는 노동과 자본뿐만 아니라 기술발전도 상품과 서비스의 생산에 크게 영향을 미친다는 것을 보았다. 기술발전의 수준을 나타내는 변수를 A라고 한다면, 솔로는 기술발전이 산출물에 관해서 다음과 같은 방식으로 영향을 주는 것으로 상정했다.

- 총생산＝AF(노동, 자본)

솔로는 이 식으로부터 다음과 같은 방정식을 얻었는데 이 관계식은 흔히 솔로의 성장설명 방정식growth accounting equation이라고 불린다.

- 총생산 증가율＝A의 증가율 + (노동의 몫×노동증가율) + (자본의 몫×자본증가율)

노동의 몫은 총생산(GDP) 가운데 노동 제공자들, 즉 노동자들에게 가는 몫이고 자본의 몫은 자본 소유자들에게 가는 몫이다. 생산기술이 규모에 따른 수익불변을 나타낸다고 가정할 경우 노동의 몫과 자본의 몫을 합한 수치는 1이 된다. 이는 바로 총생산이 정확히 생산에 참가한 노동자와 자본소유자에게 분배된다는 것을 의미한다. 미국은 총생산의 약 70%가 노동자들에게 분배되며 약 30%가 자본소유자들에게 분배된다. 한국은 노동자에게 돌아가는 몫이 약 45% 정도이고 자본가에게 돌아가는 몫이 약 55%이다. 중국은 총생산의 약 40%만 노동자들에게 분배되고 60%는 자본소유자들에게 분배되는 것으로 알려져 있다(중국에서 자본소유자는 공기업을 포함한다).

솔로의 성장설명 방정식은 경제성장률이 어떻게 결정되는가를 설명해준다. 먼저 노동의 양이 증가하면 경제도 성장한다. 노동의 증가에 따른 경제성장률은 '노동의 몫×노동 증가율'로 주어진다. 다음으로 자본의 양이 증가하면 경제가 성장한다. 자본의 증가에 따른 경제성장률은 '자본의 몫×자본증가율'로 주어진다.

한 나라의 노동의 몫(SL)이 0.5이고 자본의 몫(SL)도 0.5라고 가정하자. 한 나라의 연간 경제성장률이 4%이고 노동력의 증가율이 연 2%이며 자본량의 증가율이 연 5%라고 하면, 경제성장에 대한 노동 기여도는 0.5×2%=1%이고 자본 기여도는 0.5×5%=2.5%이다. 다시 말해 연 4%의 경제성장률 가운데 1%는 노동의 증가가 가져온 경제성장이고 2.5%는 자본의 증가가 가져온 경제성장이다. 노동의 증가와 자본의 증가가 경제성장에 기여한 몫을 합하면 3.5%가 된다. 그런데 이 나라의 경제는 실제로 연 4%로 성장했다. 그 차이인 0.5%는 어디에서 온 것일까? 솔로의 성장설명 방정식이 이를 설명해준다.

• A의 증가율＝경제성장률−[(노동의 몫×노동증가율)＋(자본의 몫
×자본증가율)]

이 방정식에 앞의 수치를 대입하면 4%−[1%＋2.5%]＝0.5%라는 결과
를 얻게 된다. 0.5%는 A의 증가율과 같다. 그러면 A의 증가율 0.5%는 무
엇을 측정하는가? 이 성장률은 노동과 자본이라는 물적 생산요소의 증가
에 의한 경제성장 이외의 다른 원천에 의해서 이루어진 경제성장을 측정
한다.

A의 증가율은 '솔로의 잔여항Solow residual'으로 알려져 있는데, 이는 경
제성장률 가운데 노동과 자본의 증가에 기인하지 않는 부분을 모두 포함
한다고 해서 붙은 명칭이다. 한때 경제학자들은 이 잔여항의 실체를 정확
히 모른다고 해서 '무지항ignorance term'이라고 부르기도 했는데, 솔로는
이를 기술진보에 기인한 경제성장으로 보았다.• 이러한 이유로 A를 총요
소생산성 total factor productivity(TFP) 또는 다중요소생산성 multi-factor
productivity(MFP)이라고도 부른다. A의 증가율이 노동 및 자본 이외의 모든
요소의 성장률 기여(주로 기술진보에 의한 성장률 기여)를 측정하기 때문에
붙여진 이름이다.

솔로의 모형에서는 저축률, 인구증가율 그리고 기술진보가 1인당

•   당시 A의 증가율은 무지항으로 불렸지만 이후 많은 연구들은 이 무지항의 정체를 밝
히려고 노력했다. 예를 들면 윤기향·박승록이 공저한 논문에서는 총요소생산성이 기술
진보, 생산 및 경영 효율성 증대, 규모의 경제라는 세 개의 원천으로 구성되어 있음을 밝
히고 있다. 한국경제의 경우 기술진보가 총요소생산성 증가율의 80%를 차지하며, 생산
및 경영 효율성이 15%를, 그리고 규모의 경제가 5%를 차지하는 것으로 분석되고 있다.
Yuhn, Ky-Hyang and Park, Seung Rok, "Information Technology, Organizational
Transformation and Productivity Growth", *Asian Economic Journal*(2010).

GDP 또는 생활수준의 향상에 가장 결정적인 영향을 미치는 요소들이다. 우선 저축률이 높아지면 그만큼 투자를 위한 자금이 늘어나 투자가 촉진된다. 투자는 자본증가율을 결정한다. 이와 같이 투자는 경제성장의 기반이며 생활수준의 향상을 위한 젖줄이다.

인구증가율도 생활수준을 결정하는 중요한 요소이다. 인구증가율은 노동증가율을 결정한다. 그러나 인구증가율은 1인당 소득에 부정적인 영향을 미친다. 인구증가율이 증가하면 1인당 소득은 감소하고 생활수준은 낮아진다. 반대로 인구증가율이 감소하면 1인당 소득이 증가해 생활수준도 그만큼 향상된다. 한국은 한때 "둘만 낳아 잘 기르자"가 경제정책의 모토였다. 그러나 최근의 성장 모형(크리머 모형)은 인구증가가 반드시 생활수준 향상에 부정적인 영향을 미치는 것은 아님을 보여준다. 마이클 크리머는 인구가 많아지면 그만큼 과학자와 발명가와 기술자 들이 많아지고 기술진보가 더욱 빨라진다고 주장한다. 그 결과 GDP 성장도 빨라져서 인구증가를 상쇄할 만큼 1인당 소득이 늘어나게 된다는 것이다.

마지막으로 기술진보는 솔로 모형에서 생활수준 향상에 가장 중요한 열쇠가 된다. 지속적인 생활수준 향상은 기술진보에 의해서만 가능하기 때문이다. 이 성장을 결정하는 요소(저축률, 인구증가율, 기술진보)들이 변동하면 한 나라의 생활수준은 한 단계 높아진다.

솔로 모형에서는 저축률이 한 단계 높아지면 그에 따라 생활수준도 한 단계 높아지지만, 저축률이 계속 증가하지 않으면 생활수준도 제자리걸음을 하게 된다. 물론 저축률을 증가시키는 데는 한계가 있다. 소득을 전부 저축할 수는 없기 때문에 저축률을 100%까지 끌어올릴 수는 없다. 같은 맥락에서 인구증가율이 한 단계 떨어져도 그에 따라 생활수준이 한 단계 높아진다. 그러나 인구증가율을 낮추는 데는 한계가 있다. 인구증가율을 0%까지 떨어뜨릴 수는 없다. 이와 같이 저축률을 늘리거나 인구증가율을 억제하여 생활수준을 향상시키려는 정책에는 한계가 있다.

결국 솔로의 성장설명 방정식은 경제성장을 결정하는 요소들 가운데 지속적인 경제성장을 가능케 하는 가장 중요한 요소는 기술진보임을 보여준다. 지난 수천 년 동안 인류의 생활수준은 거의 정체상태에 머물다가 18세기 중반 산업혁명 이후 대약진을 이룩했는데 그 원동력은 기술진보였다.

일본은 한때 기술진보의 대표 주자였다. 일본 기업들은 세계를 놀라게 할 만한 새로운 기술과 제품 들을 수없이 쏟아냈다. 심전도검사기, 내시경 카메라, 건전지, LED, DSLR 카메라, CD 플레이어, 블루레이 디스크, 소니 워크맨, 닌텐도 게임기 등은 전 세계인의 사랑을 받아온 발명품들이다.[*] 신기술의 경연장 같은 일본 제품에 비하면 미국도 초라해 보일 정도였다. 그러나 이는 일본이 '잃어버린 20년'을 맞이하기 전까지의 이야기이다. 잃어버린 20년 동안 혁신적인 기술개발에 뒤처진 일본 기업들은 후발주자인 한국, 대만, 중국 등의 기업들에게 추월당하는 수모를 겪었다.

기술 강국 일본이 지금은 주춤한 듯 보이지만, 일본은 주저앉은 것이 아니라 뛰어오르기 위해 웅크리고 있는지도 모른다. 일본의 기술력이 갑자기 이루어진 것은 아니기 때문이다. 일본은 2015년까지 총 24명의 노벨상 수상자를 배출했다. 그 가운데 노벨문학상을 수상한 세 명을 제외하면 21명이 과학 분야에서 노벨상을 수상했다. 2014년에는 두 명이 노벨

• 2015년 7월 일본인 500명을 대상으로 한 어느 여론조사는 '일본인이 가장 자랑스러워하는 발명품'을 발표했다. 1위 인스턴트 라면(57%), 2위 청색발광 다이오드(41.4%), 3위 비데(36.8%), 4위 자동개집표기(27.2%), 5위 가라오케(25%), 6위 즉석 카레(21.2%), 7위 건전지(21%), 8위 전기밥솥(21%), 9위 내시경 카메라(20%), 10위 샤프펜슬(19.6%), 11위 지워지는 잉크펜(19.6%).

상을 받았고, 2015년에도 생리의학상과 물리학상을 받는 영광을 누렸다. 북송시대의 시인 구양수歐陽脩는 이미 1000년 전에 〈일본칼 노래日本刀歌〉에서 일본의 기술력을 노래했다.

* 곤이崑夷로 가는 길은 멀어서 더 이상 통하지 않으니
  세상에 전한다는, 옥돌도 자르는 칼 누가 구할 수 있겠는가?
  보검이 근래에 일본이라는 나라에서 나와
  월국越國의 장사꾼이 그것을 창해의 동쪽에서 구했다네.
  물고기 가죽을 싸서 붙인 향나무로 만든 칼집은
  누런 놋쇠와 흰 구리를 섞어 장식했고
  백금百金 값에 호사가 손으로 전해 들어왔는데
  그걸 차면 요상함과 흉악함 물리칠 수 있다네.
  전하는 말에 그 나라는 큰 섬을 차지하고 있고
  토지는 비옥하고 풍속은 좋다고 하는데
  그들의 선조 서복徐福이 진나라 백성임을 속이고
  약을 캐러 가서는 동남동녀들과 함께 그곳에 머물러 늙었다네.
  여러 공인들이 오곡을 기르며 그들과 함께 살아
  지금도 만드는 물건들이 모두 정교하다네.
  지난 왕조 때에는 조공을 바치러 여러 번 왕래했는데
  선비들 중에는 가끔 문장에 뛰어난 이가 있었다네.
  서복이 떠날 때에는 아직 분서焚書를 하지 않아
  없어진 백 편의 서경書經이 지금까지도 전해진다는데,
  엄한 명령으로 중국으로 전하는 것을 허락하지 않고 있고
  온 세상에 고문古文을 아는 이는 없다네.

옛 임금들의 위대한 경전이 동쪽 오랑캐에게 숨겨져 있지만
넓은 바다에 푸른 물결치고 있어 갈 길이 없다네.
사람은 감격하여 앉은 채 눈물만 흘리고 있으니
녹슬고 무디어진 칼이야 말할 거리나 되는가?•

이 시에 나오는 서복은 2200여 년 전 진시황의 명을 받고 불로초를 구하러 동쪽으로 여행한 진나라 사람이다. 그의 일행은 한반도를 거쳐 일본으로 건너간 것으로 알려져 있다. 일본에서는 서복이 오곡 씨앗을 가지고 왔다는 기록을 근거로 그가 도작(벼농사)문화를 전파한 것으로 평가한다. 시의 한 구절인 "여러 공인들이 오곡을 기르며 그들과 함께 살아 지금도 만드는 물건들이 모두 정교하다네"는 바로 서복이 전한 도작문화를 말한다. 도작문화를 도입한 일본은 일찍부터 도작문화에 필요한 칼이나 도구를 만드는 공인들을 배출했을 것이고, 이들의 기술은 일본의 장인정신으로 이어졌을 것이다.

•   김학규 역음, 《송시선》(명문당, 2012).

5
_____

싱가포르는 어떻게
미국을 따라잡았는가

1960년 주요국의 1인당 GDP를 비교해보면 한국 155달러, 일본 479달러, 싱가포르 395달러, 미국 2,881달러였다. 미국의 1인당 GDP는 한국의 18.6배, 일본의 6배, 싱가포르의 7.3배였다. 그러나 2014년에는 미국 5만 4,370달러, 한국 2만 7,970달러, 일본 3만 6,222달러, 싱가포르 5만 6,287달러였다. 2014년 미국의 1인당 GDP는 한국의 1.9배, 일본의 1.5배 그리고 싱가포르의 0.97배로 바뀌었다.

사실 일본의 1인당 GDP는 1987년부터 2000년까지(1998년 제외) 한동안 미국의 1인당 GDP를 앞질렀다. 이는 1985년 플라자협정으로 일본의 환율이 크게 낮아진 데도 원인이 있었을 것이다. 그러나 그 후 일본은 미국의 벽을 넘지 못했다. 하지만 싱가포르는 1인당 GDP에서 2007년 일본을 추월한 데 이어 2011년부터는 미국을 추월하기 시작했다. 불과 반세기 만에 상전벽해 같은 변화가 일어난 것이다. 무엇이 이러한 변화를 가능하게 했을까?

최근 성장이론가들은 부유한 나라는 더욱 부유해지고 가난한 나라는 더욱 가난해질 것인가, 아니면 국가 간 생활수준의 차이는 궁극적으로 좁혀질 것인가 하는 문제에 많은 관심을 기울였다. 솔로의 성장 모형은 각 국의 생활수준은 궁극적으로는 수렴하게 될 것으로 예측한다.

논의의 편의를 위해서 다음과 같은 두 나라를 상정해보자. 한 나라(부국)는 높은 1인당 자본(자본/노동 비율)과 높은 생활수준(1인당 GDP)을 누리고 있으며, 다른 한 나라(빈국)는 낮은 1인당 자본과 낮은 생활수준을 유지하고 있다. 만약 두 나라가 인구증가율과 저축률이 같고 동일한 생산기술을 구비하고 있다면, 그들은 결국 동일한 생활수준에 도달할 것이다. 왜냐하면 솔로 모형에서 성장의 원천인 기술진보는 외생적으로 모든 나라에 동일하게 주어지는 것으로 상정되기 때문이다. 따라서 솔로 모형은 빈국은 뛰는 토끼처럼 빨리 성장하고 부국은 기는 거북이처럼 느리게 성장할 것으로 예측한다.

궁극적으로 빈국이 부국을 추격해 부국과 같은 수준의 1인당 자본과 생활수준을 누리게 될 것이라는 제안을 절대적 성장수렴absolute convergence이라고 한다. 한때 일본이, 그리고 최근 싱가포르가 결코 넘을 수 없을 듯했던 미국의 생활수준을 넘어선 것이 절대적 성장수렴론을 뒷받침하는 사례이다.

솔로 모형에 따르면 경제가 개방적이고 국가 간의 차입과 대출이 자유롭게 이루어질 경우 성장수렴은 더욱 빠른 속도로 진행된다. 빈국은 1인당 자본이 부국에 비해 현저히 낮기 때문에 자본의 한계수익은 부국보다 훨씬 높아진다. 따라서 부국의 투자자들은 빈국의 높은 자본수익률을 쫓아 빈국에 투자하려고 한다. 이에 따라 부국의 자본은 빈국으로 유입되며 빈국의 1인당 자본량이 점차 증가해 부국 수준으로 접근하게 된다. 그에 따라 1인당 생산과 생활수준도 부국 수준으로 수렴된다는 것이 절대적 성장수렴의 결론이다. 자본의 유입이 경제성장에 미치는 효과는 그동안 한국을 비롯한 아시아의 네 용들과 중국의 경험에서 확인되었다.

절대적 성장수렴에 대한 실증적 증거를 최초로 제시한 사람은 윌리엄 보몰William Baumol이었다. 그는 앵거스 매디슨이 수집한 16개 선진국에 대한 장기 시계열자료(1870~1979)[*]와 로버트 서머스Robert Summers와 앨런 헤스턴Alan Heston이 수집한 72개국에 대한 단기 시계열자료(1950~1980)를 사용해 각국 간 생활수준이 수렴했는지를 조사했다. 보몰은 16개 선진국 가운데 1870년 1인당 소득수준이 높았던 국가들은 지난 1세기 동안 비교적 낮은 성장률을 보였으며, 상대적으로 1인당 소득수준이 낮았던 국가들은 높은 성장률을 기록함으로써 이 국가들 간 생활수준의 차이가 크게 좁혀졌음을 발견했다. 또한 72개국의 단기 시계열자료를 사용한 분석에서 중위 소득권 시장경제국가와 계획경제국가에서도 비록 16개 시장경제 선진국에서만큼 강하지는 않았지만 성장수렴 현상이 나타나고 있음을 확인했다. 오직 저소득국가군에서만 성장수렴 현상이 나타나지 않았다. 그러나 뒤이어 그의 연구에 많은 결함이 있음을 지적한 비판들이 나왔다.

그 후에 나온 수렴에 관한 연구들은 가난한 나라들이 보다 빠른 속도로 성장했다는 증거를 찾지 못했다. 그 대신 저축률이나 인구증가율, 기

---

[*] 보몰이 조사한 16개 선진국을 1870년의 1인당 소득 순위별로 보면 다음과 같다. 1위 오스트레일리아, 2위 영국, 3위 스위스, 4위 벨기에, 5위 네덜란드, 6위 캐나다, 7위 미국, 8위 덴마크, 9위 이탈리아, 10위 오스트리아, 11위 독일, 12위 노르웨이, 13위 프랑스, 14위 핀란드, 15위 스웨덴, 16위 일본.

술발전 단계가 비슷한 나라들은 생활수준이 서로 수렴한다는 조건부 성장수렴conditional convergence이 제안되었다. 또한 교육수준, 정치제도, 정부정책, 사유재산권 보장 등에서 비슷한 패턴을 보이는 나라들에서도 기술이나 생활수준의 수렴이 빠르게 이루어지고 있다는 연구결과들이 보고되었다. 이와 같이 조건부 성장수렴은 동질성이 높은 국가들 사이에는 생활수준의 수렴이 이루어지지만, 정치체제, 정부정책, 교육수준 등이 서로 다른 이질적인 국가들 사이에서는 생활수준의 수렴이 일어나지 않는다는 것을 보여준다.

성장수렴의 관점에서 볼 때 한국의 경제성장과 일본의 경제성장이 10년 내지 15년의 시차를 두고 비슷한 패턴을 보여온 것이 흥미롭다. 이 두 나라는 자유와 민주주의, 시장경제 같은 가치를 공유하고 있을 뿐만 아니라 동일한 유교문화권에서 문화의 발전도 비슷하게 이루어졌다. 또한 교육, 인적 자본, 제도, 법, 기업관행 등 많은 면에서 동질성을 유지해왔다. 양국이 성장의 수렴을 보이는 것은 당연한 현상인 듯 보인다. 문제는 이 두 나라 사이에 성장둔화의 수렴도 나타나고 있다는 점이다.

조건부 성장수렴의 제안자들은 성장수렴에서 인적 자본의 역할이 매우 중요하다는 것도 확인했다. 하버드 대학의 맨큐가 공저자들과 함께 121개국을 대상으로 1960년부터 1985년까지 생활수준의 수렴이 일어났는지를 조사했다. 먼저 이 기간 각국의 경제성장률이 이 나라들의 1960년 소득수준(1인당 소득)과 어떤 연관이 있는지 조사했다. 맨큐 등은 이 나라들에서 경제성장률과 소득수준 사이에 역관계를 찾지 못했다. 다시 말해 생활수준의 절대적 수렴에 관한 증거를 발견하지 못한 것이다. 그래서 그들은 저축률과 인구증가율을 모형에 추가해 이 변수들이 일정하다고 가정할 경우 어떤 관계가 있는지를 알아보았다. 그 결과 1960년

소득이 낮은 나라는 소득이 높은 나라보다 빨리 성장했다는 증거를 발견했다. 이는 생활수준의 수렴이 저축률과 인구증가율이 비슷한 나라에서 보다 강하게 나타남을 의미하며, 조건부 성장수렴을 뒷받침하는 증거이다. 마지막으로 그들은 인적 자본을 모형에 추가해서 저축률과 인구증가율뿐만 아니라 인적 자원이 일정하다는 가정을 세우고 1인당 소득수준과 성장률의 관계를 분석해보았다(인적 자본에 대한 근사치로 고등학교 이상의 교육을 마친 인구를 사용했다). 그 결과 각국 간 생활수준의 수렴은 더욱 뚜렷하게 나타났다. 이들의 연구는 인적 자본이 경제성장과 생활수준의 수렴에 있어서 가장 중요한 요소라는 것을 확인해준 결정적인 증거를 제시한 것이다.

이제 우리는 어떻게 해서 싱가포르가 1인당 GDP에서 미국과 일본을 앞질렀고 한국을 비롯한 아시아의 용들이 선진국의 생활수준을 바짝 추격하고 있는지에 대한 실마리를 찾을 수 있다. 그 비밀은 인적 자본에 있다. 이 나라들은 "배우고 때때로 익히면 또한 기쁘지 아니한가學而時習之 不亦說乎"하고 배움을 강조하는 유교 전통에서 교육을 최고의 덕목으로 삼아왔으며, 그 결과 풍부한 인적 자본을 축적하게 되었다. 인적 자본은 기술발전의 원천이다. 그러나 지금껏 전력으로 달려온 결과 성장 추격에 성공하긴 했지만, 앞으로도 이 나라들에서 인적 자본의 증가가 성장을 이끄는 동력이 될지는 불확실하다. 이미 이 나라들의 거의 모든 국민이 고등학교 이상의 교육을 받는 수준에 도달했기 때문이다.

6   아시아의 네 용들은 올림푸스 산에서
데살리 평원으로 내려앉을 것인가

아시아의 네 용으로 불리는 한국, 대만, 싱가포르, 홍콩은 1990년대 중반까지 성장의 열매를 바라보면서 나르시시즘에 젖어 있었다. 그런데 이 나라들이 샴페인을 터뜨렸던 1990년대 중반부터 이들의 성장이 정체될 것이라는 성장정체론이 뜬금없이 고개를 들기 시작했다. 성장정체론은 크루그먼이 1994년 《포린 어페어스 Foreign Affairs》에 기고한 논문에서 먼저 제기되었고, 뒤이어 1995년 보스턴 대학의 알윈 영 Alwyn Young 이 이에 관한 논문을 발표함으로써 관심이 증폭되었다.

먼저 크루그먼은 소련과 아시아 네 용들의 경제 실적에서 어떤 유사성이 있음을 발견했다. 그는 이 나라들 모두 국가가 적극적으로 관여해서 그동안 활용되지 않은 자원(특히 노동과 자본)을 동원해 생산에 투입한 결과로 급속한 경제성장을 이루었음을 발견했다. 소련도 한때는 미국을 곧 추월할 것이라는 환상을 가졌으나 국가에 의한 자원의 동원에는 한계가

있었고, 결국 소련은 1980년대 말에 붕괴되었다. 그는 소련의 경험에 비추어 볼 때 아시아의 네 용들도 성장이 급격히 둔화될 것으로 내다보았다.

영은 한 걸음 더 나아가 이 네 나라의 기적적인 경제성장이 사실은 '숫자의 횡포tyranny of numbers'에 지나지 않는다는 연구결과를 발표했다. 그에 의하면 1966년부터 1990년까지 이 나라들의 전체 경제, 특히 제조업에서의 1인당 총생산은 다른 나라에 비해 현저하게 높았지만, 높은 경제성장이 기술수준의 향상에 의해서 이루어졌다기보다는 생산요소(특히 노동과 자본)의 양적, 질적 증가에 기인했다. 그는 이 나라들에서 성장의 대부분은 여성의 노동력 참가, 근로시간 증가, 교육수준 향상, 투자율 증가 및 유휴 노동의 제조업 대량 유입에 따른 생산요소의 증가에 의해 이루어졌을 뿐 기술수준의 진보에 의한 경제성장은 대수롭지 않다는 것이 그의 결론이다. 일단 이 나라들에서 생산요소의 대폭적인 증가를 고려할 경우, 기술주준의 증가율은 많은 OECD 국가들이나 남미 국가들의 과거 실적과 크게 다를 바 없다는 것이었다. 그는 나아가 생산요소의 급격한 팽창이 둔화되면 성장도 둔화될 것이라고 예측했다.

이를 좀 더 자세히 살펴보면 제2차 세계대전 이후 출산율의 급격한 감소로 여성인구의 노동시장 참가가 크게 늘었다. 여성인구의 노동력 참가로 인한 성장 기여는 홍콩 1%, 한국 1.2%, 대만 1.3%, 그리고 싱가포르 2.6%에 이르는 것으로 추정된다. 그러나 이제는 일하기를 원하는 여성들의 노동력 참가가 거의 달성되었기 때문에 영은 여성 노동력의 증가에서 오는 성장은 정체상태에 이를 것으로 내다보았다.

노동의 부문 간 이동 또한 중요한 역할을 수행했다. 지난 수십 년 동안 이 나라들에서는 농업부문에서 다른 부문, 특히 제조업으로 노동의 대량 유입이 이루어졌다. 노동력 이동으로 인한 성장 기여는 한국 0.7%, 대만

0.6%에 이르는 것으로 추정된다. 그러나 이제 제조업으로의 노동 유입이 거의 끝났기 때문에 노동의 부문 간 이동에서 오는 성장도 그만큼 줄어들 것으로 전망했다.

자본의 급격한 증가도 성장에 크게 기여했다. 싱가포르에서는 투자의 GDP에 대한 비율(투자/GDP)이 1960년의 10%에서 1980년에는 39%, 다시 1984년에는 49%로 높아졌다. 한국에서는 이 비율이 1950년대 초에는 오직 5%에 불과했으나 1960년대 말에는 30%로, 다시 1991년에는 40%로까지 증가했다. 한편 대만에서는 자본량의 증가가 극적인 속도로 이루어지지는 않았다. 1950년대 초 10%에 달했던 투자/GDP 비율이 1975년에는 27%로 증가했다가 1990년대 초에는 약 22%의 수준에 머물렀다.

교육수준 향상으로 축적된 인적 자본도 성장에 괄목할 만한 기여를 했다. 이 나라들에서 고등학교 졸업 이상의 학력을 갖는 노동인구는 25년 동안(1966~1990년) 세 배 가까이 증가했으며 특히 싱가포르에서는 거의 네 배나 증가했다. 교육수준 향상에 의한 인적 자본의 증가는 노동력 증가율을 1%포인트 높이는 효과를 가져왔다.

영은 이 나라들에서 경제성장의 상당부분은 앞에서 열거한 요인들, 즉 여성 노동인구 증가, 노동의 부문 간 이동, 투자율 증가, 교육수준 향상에 의해서 이루어졌으며, 이러한 요인들을 감안해 총요소생산성(기술수준)을 계산해보면 기술수준의 기여에 의한 경제성장 실적은 "올림푸스 산에서 데살리 평원으로 떨어진다"고 주장했다. 1966년부터 1990년까지 이 나라들에서 총요소생산성의 연평균 증가율은 한국이 1.7%, 대만이 2.6%, 싱가포르가 2%, 홍콩이 2.3%였다. 그는 이들의 실적치를 다른 나라들의 총요소생산성 증가율과 비교해보면 아시아 네 호랑이의 성장이 기적이

아님을 쉽게 확인할 수 있다고 결론지었다.[*] 그리고 영은 이 나라들에서 생산요소들의 양적, 질적 증가가 거의 정체상태에 도달했기 때문에 성장 둔화는 거의 확실하게 나타날 것으로 예측했는데, 그의 예측은 몇 년이 지나 현실화되었다.

경제개발기인 1960~1970년대는 제쳐두고라도 1981년부터 1995년까지 이 나라들의 연평균 경제성장률은 7.7%였다. 보다 구체적으로 한국은 9.1%, 대만은 7.5%, 싱가포르는 8.1%, 홍콩은 6.3%였다. 그러나 1990년대 중반부터 급격한 반전이 이루어져 1996년부터 2010년까지 이들의 연평균 경제성장률은 거의 반 토막이 났다. 각국의 경제성장률은 한국 4.6%, 대만 4.4%, 싱가포르 5.8%, 홍콩 3.7%로 떨어졌다. 이러한 추세는 어떻게 보면 예정된 궤적이었던 셈이다.

- 1960~1989년 비교 대상국가들의 총요소생산성 증가율은 다음과 같다. 캐나다 0.5%, 프랑스 1.5%, 독일 1.6%, 이탈리아 2%, 일본 2%, 영국 1.3%, 미국 0.4%. 그리고 1950~1985년 브라질의 해당 수치는 1.6%였다.

7   경제의 기초체력이 튼튼해야
────   잠재성장률이 높아진다

한국의 잠재성장률이 1997년 외환위기 이후부터 급격히 떨어지고 있
다. 한국은 1966년부터 1996년까지 (10·26 사태가 일어난 다음 해인 1980
년을 제외하고) 30여 년 동안 고도성장 가도를 질주해왔다. 1966년부터
1996년까지 한국의 평균 경제성장률은 8.7%에 달했으며 (1980년을 제외
하면) 연평균 성장률은 그보다 높은 9%에 달했다. 이 기간 동안 한국경제
는 거의 잠재성장률 수준에서 쾌속성장을 해왔다고 볼 수 있다.

잠재성장률은 한 나라가 인플레이션을 자극하지 않고 노동과 자본 등
가용 자원을 최대한으로 활용해 달성할 수 있는 최대의 성장률을 말한
다. 한국의 연간 잠재성장률은 1966년부터 1996년까지 약 8~9%에 달
한 것으로 추정된다. 그러나 1997년 외환위기를 전후해서 약 4~4.5%로
낮아졌으며, 2015~2018년에는 3~3.2%로 더욱 낮아질 것으로 한국은
행은 전망했다. 1990년대 중반 이후부터 잠재성장률이 거의 반으로 줄

어든 것이다. 설상가상으로 지난 몇 년 동안 한국의 실제 성장률은 잠재성장률에도 미치지 못하는 수준에서 달팽이걸음을 걷고 있다.

미국경제도 글로벌 경제위기를 맞이해서 경제성장률이 한국과 비슷하게 추락했다. 미국은 2008년 글로벌 경제위기 동안 실제 성장률이 잠재성장률(3.3~3.5%)을 크게 밑돌았고, 실업률은 잠재실업률(5~5.5%)을 크게 웃돌았다. 2009년에는 경제성장률이 마이너스로까지 떨어졌으며 실업률은 10%까지 상승했다. 정책당국자들은 미국경제를 활성화시키기 위해서 시장경제의 원칙과 어긋나는 정책을 사용하는 것도 마다하지 않았다. 오바마 정부의 대규모 재정지출과 연준의 3차에 걸친 양적 완화는 미국경제를 활성화시켜 잠재성장률과 잠재실업률 수준으로 끌어올리는 것을 목표로 진행되었다. 미국경제가 일단 잠재성장률과 잠재실업률에 도달하자 예상한 대로 연준은 2014년 10월 말 양적 완화 조치를 종료했으며 2015년 12월에는 기준금리를 인상했다.

그런데 현재 한국이 겪고 있는 성장둔화는 미국이 겪었던 성장둔화와는 그 성격이 근본적으로 다르다. 미국은 실제 성장률이 잠재성장률 밑으로 떨어진 경우이지만 한국은 잠재성장률 자체가 떨어진 경우이다. 현재 한국의 실제 성장률이 낮은 것은 잠재성장률 자체가 하락한 데 따른 것이며, 지금 한국 정부가 해결해야 할 문제는 잠재성장률을 끌어올리는 것이다. 이는 실물경기순환 이론이 예측하는 전형적인 패턴이다. 그런데 정부는 조자룡의 헌 칼 쓰듯 통화증가나 재정확대로 경기를 부양시키는 데만 관심을 갖는다. 정책당국자는 경기가 침체국면으로 접어들면 추가경정예산을 편성해서 경기를 활성화시키는 정책을 사용하곤 했다. 추경은 2000년대 들어 15년 동안 15회, 거의 매년 한 차례씩 편성되었다. 그러나 통화량을 늘리는 정책도 경기가 깊은 침체의 골짜기에 빠져 있을 때는 경기부양 효과가 별로 나타나지 않을 뿐만 아니라 잠재성장률을 끌어 올리기 위한 정책으로는 더더욱 부적절하다.

여기에서 잠재성장률을 결정하는 요인이 무엇인가를 살펴볼 필요가 있다. 물(통화정책)과 건강보조식품(재정정책)은 우리 몸이 건강한 상태를 유지해서 정상적으로 기능하도록 하는 데까지 도움이 될 뿐이지 뼈나 근육의 발육에 직접적인 도움을 주지는 않는다. 뼈가 튼튼해지고 신체가 발육하려면 영양의 3대 요소인 단백질, 지방, 탄수화물이 풍부한 음식물을 섭취해야 한다. 이와 비슷하게 경제가 장기적으로 성장하려면 생산의 3대 요소인 노동, 자본, 기업가경영 혁신(또는 기업가 능력)이 꾸준히 증가해야 한다. 또한 운동이 신체 발육과 건강 유지에 필수적이듯이 기술진보가 장기적인 경제성장에 필수적이다.

이와 같이 잠재성장률을 높이기 위해서는 먼저 보다 많은 사람이 보다 많은 시간을 일하도록 하고, 기업들이 보다 많이 투자하도록 하며, 기업가들이 보다 창의적인 기업가정신을 발휘하도록 하는 인센티브를 제공하는 것이 필요하다. 그 위에 기술진보를 위한 혁신이 더해지면 금상첨화다.

먼저 노동력의 증가는 인구증가율과 밀접한 관련을 갖는다. 노동력은 고용자 수에 노동시간을 곱해서 산정되는데 인구증가율이 감소하면 고용자 수의 감소도 불가피해진다. 한국은 인구증가율이 둔화되고 있고 생산가능인구가 2016년부터 감소추세로 돌아설 것으로 전망된다. 노령화도 급속도로 진행되고 있다. 또한 소득수준이 증가한 데 따른 자연스러운 현상으로 노동시간도 단축되는 추세다. 노동력을 늘려 잠재성장률을 끌어올리는 데는 한계가 있다. 그나마 노동력 증가를 위한 하나의 가능성은 여성들의 노동 참가율이 OECD 국가 가운데 가장 낮다는 점에 있다. 가정주부를 포함한 여성들의 노동 참가를 돕는 정책이 필요하다.

다음으로 자본의 증가는 투자의 증가에 의해서 이루어진다. 기업의 투자를 유인하는 정책은 언뜻 간단할 듯하다. 그러나 기업은 투자로부터 오는 수익이 투자에 따르는 비용보다 커야 투자를 하며, 경제의 장래에 대한 전망이 밝아야 투자를 한다. 전통적인 제조업은 인건비 부담이 크기 때문에 높은 투자수익을 올리기가 어려운 구조로 바뀌고 있다. 이런 면에서 투자수익이 투자비용을 크게 앞지를 수 있는 서비스산업이 매우 매력적인 산업으로 부상하고 있다. 또한 투자비용(자금조달 비용)을 낮게 유지하기 위해서는 사람들이 저축을 많이 하도록 유인하는 정책이 필요하다. 투자에 대한 세금을 낮추어주는 것도 투자를 늘릴 수 있는 하나의 유인책이다.

마지막으로 기술진보는 기업가혁신으로부터 온다. 기업가혁신은 한국이 특히 취약한 분야이다. 한국은 지금 조지프 슘페터Joseph Schumpeter가 말한 '창조적 파괴'를 이끌 만한 기업가를 필요로 한다. 그동안 한국의 재벌기업들은 주로 모방에 의한 기술 추격에 의존해왔다. 특히 한국은 창업보다 대물림으로 기업가가 되는 비중이 선진국에 비해 아주 높다. 이렇게 볼 때 한국이 잠재성장률을 끌어올리기 위해서 선택할 수 있는 가장 강력한 카드는 기술진보이다. 기술진보에는 한계가 없다. 기술진보와 그것을 이끌 기업가혁신이야말로 진정한 창조경제의 핵심일 것이다.

14강

경제정책

통화정책과 재정정책은 거시경제정책의 양대 축을 형성한다. 신체가 건강한 사람은 의사의 치료나 처방약을 필요로 하지 않는다. 이 경우 식사를 정기적으로 하고 일정한 양의 물을 마시며 건강보조식품을 복용하는 것으로 충분하다. 그러나 그가 복통을 겪는다면 의사의 진료가 필요하다. 만약 그 복통이 맹장염 때문이라면 처방약으로는 그 증상을 치료할 수 없고 수술을 받아야 한다. 경제 현상도 이와 비슷하다. 경제가 건강한 상태를 유지하면 일정한 규모의 통화량과 균형재정으로 경제는 잘 돌아갈 수 있다. 그러나 경제에 문제가 생기면 일시적으로 통화량을 늘리든가 정부지출을 늘려 이에 대처해야 한다. 만약 경제가 위기에 처하면 정책당국자는 통화정책이나 재정정책 또는 이를 결합하여 보다 대범하고 적극적인 조치를 취할 필요가 있다. 그러나 이러한 경제정책이 과연 소기의 효과를 가져올 것인가에 관해서는 고전학파와 케인스학파 사이에 의견이 다르다.

1 ――― 경제정책,
무엇을 노리는가

경제정책은 정부(행정부와 국회 및 중앙은행)가 한 나라의 경제활동에 영향을 미치기 위해 사용하는 정책을 말한다. 재정정책 및 통화금융정책(통화정책)이 주종을 이루며 때로는 외환정책, 소득정책, 산업정책이 사용되기도 한다.

재정정책은 행정부와 국회가 정부지출, 세금, 이전지출을 변동시켜 경제활동에 영향을 미치려는 정책을 말한다. 통화금융정책은 중앙은행이 통화량을 조절하거나 금리나 유동성 같은 금융 조건을 조절해 경제활동에 영향을 미치려는 정책이다. 외환정책은 주로 중앙은행이나 정부가 한 나라의 통화가치와 환율을 조절해 수입과 수출 나아가 국제수지에 영향을 미치려는 정책이다. 소득정책은 인플레이션이 심할 경우 정부가 직접적으로 물가나 임금 또는 금리를 규제하려는 정책이다. 마지막으로 산업정책은 기업에 보조금을 지급하든가 세제 혜택을 베풀어 산업의 경쟁력을 키우려는 정책을 말한다.

이러한 정책들은 과연 효과가 있는가? 효과가 있다면 의도한 대로 효과를 발휘하는가? 이는 근대경제학이 탄생한 이후 지금까지 계속되어온 논쟁거리이다. 보다 구체적으로, 이러한 정책은 단기적으로 실업이나 인플레이션 또는 환율이나 국제수지 문제를 해결하는 데 도움을 주는가? 그리고 장기적으로는 경제성장을 촉진시키는 데 도움이 되는가? 이 질문들은 여전히 해결을 기다리고 있다. 우리는 지금까지 단편적으로 이러한 정책의 유효성에 관해서 논의해왔다.

이미 살펴본 대로 경제정책의 유효성에 관해서는 크게 세 갈래의 다른 견해들이 존재한다. 첫째, 경제정책은 단기적으로뿐만 아니라 장기적으로도 경제활동(특히 고용, 실질GDP, 경제성장)에 영향을 미친다고 보는 입장이다. 이러한 입장은 주로 케인스학파에 속한 사람들이 견지한다. 둘째, 경제정책은 단기적으로는 경제활동에 영향을 미치지만 장기적으로는 그 효과가 의문스럽다고 보는 입장이다. 셋째, 경제정책은 장기적으로든 단기적으로든 경제에 효과를 미치지 못하며 오히려 인플레이션 등 부작용을 가져올 수 있다고 보는 입장이다. 고전학파 이론을 신봉하는 사람들은 대개 경제정책의 효과가 제한적이거나 거의 없다는 입장을 지지하는데, 고전학파를 더욱 충실하게 신봉하는 합리적 기대 이론가들이 세 번째 입장을 견지한다.

경제정책이 경제활동에 별로 효과가 없다고 보는 사람들도 경제정책을 사용해서는 안 된다고 주장하는 것은 아니다. 다만 경제정책을 함부로 사용할 경우 경제에 오히려 해를 가져오기 때문에 신중을 기해야 한다는 입장을 견지한다. 특히 통화정책과 관련해서는 경기가 좋으면 통화량을 줄이고 경기가 나쁘면 통화량을 늘리는 등 통화정책을 재량적으로 사용해서는 안 되고, 일정한 준칙을 정해놓고 그러한 준칙에 따라서 운용해야 한다는 주장을 편다. 또한 재정정책과 관련해서는 정부지출을 방만하게 늘릴 경우 세금을 더 거두어야 하고 정부 조직도 더 늘려야 하는 등 '큰 정부'를 유지하는 데서 오는 문제점을 지적한다. 정부의 자원배분은 비효율적일 수 있기 때문에 '작은 정부'를 지향해야 하며, 그러기 위해서는 경제분야와 관련된 정부의 활동은 자유로운 시장기능을 강화하는 범위 내로 국한해야 한다는 입장이다.

경제정책이 경제활동에 약효가 있다고 보는 사람들은 재정정책 및 통화정책이 경제안정화를 위해 매우 효과적이라고 믿는다. 이는 확대기조로 운용될 수도 있고 긴축기조로 운용될 수도 있다. 경기가 침체될 경우 대체적으로 실업은 증가하고 인플레이션은 둔화되는 추세를 보인다. 경제정책의 효과를 믿는 사람들은 이 경우 정책당국자는 정부지출을 늘리거나 세금을 감면해서, 또는 통화량을 늘리거나 금리를 낮추어서 경기를 부양해야 한다고 주장한다. 전자의 정책을 확대 재정정책이라고 하고 후자의 정책을 확대 통화정책이라고 한다. 반면 경기가 지나치게 과열될 경우, 경제에 부작용이 나타난다. 실업은 줄지만 인플레이션에 대한 상승 압력이 높아진다. 이 경우에는 정책당국자가 정부지출을 줄이거나 세금을 증가시켜서, 또는 통화량을 줄이거나 금리를 올려서 경기를 진정시켜야 한다고 주장한다. 전자의 정책을 긴축 재정정책이라고 하고 후자의 정책을 긴축 통화정책이라고 한다.

일반적으로 경제가 잠재적 생산능력 수준에 접근할수록 통화정책이 경제안정화를 위해 보다 효과적일 수 있고, 경제에 유휴자원이 많이 남아 있을수록 경기활성화를 위해 재정정책이 보다 위력적일 수 있다. 또는 경제가 정상상태에 있을 때는 통화정책이, 경제가 심각한 침체에 빠져 있을 때는 재정정책이 보다 효과적일 수 있다. 또한 경제가 보다 자율화되고 시장에 대한 규제가 보다 적을수록 통화정책이 재정정책에 비해 유연성을 발휘할 수 있다. 지난 30~40년 동안 경제체제는 보다 자율화되고 개방화되었다. 재정정책의 거시경제에 대한 영향력은 기존에 생각했던 만큼 크지 않은 데 반해, 통화정책의 영향력은 점점 커져가고 있다. 케인스학자로서 가장 저명한 폴 새뮤얼슨 MIT교수가 쓴 《경제학 *Economics*》은 이 분야의 고전이다. 이 책은 초판을 출간한 당시에는 케인스적 분위기가 강하게 풍겼다. 그러나 최근판에서는 그러한 입장이 많이 희석되었다.

많은 거시경제학자들은 이제 재정정책을 안정화정책의 도구로 사용한다는 것은 유행에 뒤처진 옷을 입는 것과 같다는 인식을 가지고 있다. 특히 경제가 정상상태에 있을 때는 더욱 그렇다. 재정정책의 단점들로서 경제교란 요인의 발생과 그에 대한 효과적인 대응 사이에 존재하는 시차가 매우 길다는 점, 주로 선출직인 재정정책 수립자들은 경제적 효과보다 정치적 인기를 중시해 정책을 채택하고 실시한다는 점, 재정정책은 산업 간, 지역 간, 경제주체 간에 차등적으로 나타난다는 점 등을 꼽을 수 있다. 다만 경제가 심각한 침체에 빠져 있을 때는 통화정책의 효과가 잘 먹혀들지 않기 때문에 재정정책은 여전히 경제활성화를 위한 중요한 정책수단으로 사용될 수 있다.

경제정책은 주로 돈을 풀어 실시한다. 경제정책은 돈과 어떤 관계일까? 재정정책과 통화정책 그리고 외환정책은 돈과 관련해서도 크게 차이가 난다. 먼저 재정정책은 정부가 세금으로 거둬들인 돈을 풀거나 일반투자자나 중앙은행으로부터 차입한 돈을 푸는 정책이다. 정부가 중앙은행으로부터 차입하지 않는 한, 경제에 이미 풀려 있는 돈을 쓰는 것이기 때문에 새로운 통화가 증가하는 것은 아니며 따라서 인플레이션에 대한 우려는 별로 발생하지 않는다. 반면 통화정책은 중앙은행이 돈을 새로 찍어 경제에 푸는 것이다. 따라서 통화량이 그만큼 늘어난다. 통화량의 증가가 과도할 경우 인플레이션에 대한 압력이 높아진다. 많은 선진국에서는 인플레이션에 대한 우려 때문에 통화정책 사용에 매우 조심스러운 입장을 취한다.

정부가 환율에 영향을 미치기 위해 사용하는 외환정책도 돈에 영향을 미치는가? 중앙은행이 달러화에 대한 원화가치의 급격한 상승을 진정시키려고 외환시장에 개입한다고 하자. 원화가치 상승은 외환시장에 원화에 비해 달러화가 넘쳐나기 때문에 일어난다. 따라서 중앙은행은 외환시장에 있는 달러화를 사들일 필요가 있다. 달러화를 사들이려면 한국은행 창구를 통해서 원화가 나가야 한다. 이는 새로운 통화의 창출이기 때문에 시중에 통화량이 늘어난다. 이러한 외환시장개입을 '태화 외환시장개입 unsterilized foreign exchange intervention'이라고 한다. 이 경우 시중에 돈이 풀리며, 인플레이션 압력이 나타날 수 있다.

재정정책과 통화정책은 주로 총수요의 변동을 통해 경제활동에 영향을 미치지만 통화정책은 특히 금리의 변동을 통해 경제활동에 영향을 미침으로써 가격기능을 통한 경제의 자율적 조정능력에도 영향을 미친다. 그러나 통화정책의 역할에는 한계가 있음을 인식해야 한다. 통화당국은 명목금리와 명목환율만 직접 통제할 수 있을 뿐, 실질금리와 실질환율을 직접 통제할 수는 없다. 또한 통화당국은 오직 단기금리에만 영향을 미칠 수 있을 뿐이며 장기금리는 시장 요인에 의해 결정된다(그러나 최근의 양적 완화 조치는 예외적으로 장기금리에 영향을 미치려는 정책이었다).

통화창출을 위한
준비물들

통화량은 그 자체로 경제활동에 영향을 미칠 뿐 아니라, 금리에 영향을 미침으로써 경제활동을 조절하는 조타기 역할을 한다.[*] 오늘날 통화의 대부분은 은행화폐의 형태를 취한다. 앞에서 논의한 바와 같이 통화(M1 또는 M2)는 현금과 요구불예금 및 수시입출식 저축성예금을 포함하는데, 요구불예금 및 수시입출식 저축성예금이 바로 은행화폐다. M1에서 현금(지폐 및 동전)이 차지하는 비중은 매우 낮으며, M2를 기준으로 할 경우 더욱 낮아진다. 은행화폐의 비중이 높다는 것은 통화창출에 은행의 역할이 그만큼 중요하다는 것을 의미한다.

상업은행과 기타 예금은행의 중요한 기능은 개인이나 기업으로부터 예

---

[*] 물론 앞 장에서 살펴본 대로, 고전학파 이론을 신봉하는 사람들은 통화량이 경제활동에 미치는 영향은 주로 인플레이션에 국한된다고 본다. 우리는 이러한 극단적인 견해를 그대로 수용하기보다는 중도적인 입장에서 이 문제를 논의할 것이다.

금을 수취하거나 차입을 하여 조달한 자금을 가계나 기업 또는 정부에 대출하는 것이다. 이윤극대화를 목표로 하는 민간기업과 마찬가지로, 은행도 보유하고 있는 자산을 효율적으로 이용해 가능한 한 많은 이윤을 올리는 것을 목표로 한다. 그러나 다른 민간기업과는 달리 예금은행은 예금을 수취하고 이를 대출하는 과정에서 부수적으로 통화를 창출하게 된다.

통화창출 과정에서 세 가지 중요한 변수가 있다. 현금, 예금 그리고 대출이다. 현금은 중앙은행인 한국은행이 발행한다. 예금에 대한 결정은 예금자(일반 대중)에 의해서 이루어진다. 마지막으로 대출에 대한 결정은 은행에 의해서 이루어진다. 즉 한 나라의 통화창출은 중앙은행, 예금은행 및 일반 예금자의 상호작용에 의해서 결정된다고 볼 수 있다. 보다 구체적으로 중앙은행의 정책변수(지급준비율), 예금은행의 대출 여력, 일반 대중의 현금선호 등이 통화창출에 영향을 미치는 중요한 변수가 된다.

물론 개별 은행은 통화를 창출하지 않는다. 은행들이 통화를 창출하려는 의도를 가지고 행동하는 것도 아니다. 그럼에도 불구하고 통화의 많은 부분은 예금 취급 금융기관(예금은행)들이 부분지급준비제도 아래에서 예금을 수취하고 이로부터 획득한 자금을 대출하는 과정에서 부수적으로 창출된다. 이와 같이 한 나라의 통화가 어떻게 창출되는가를 알기 위해서는 지급준비금제도를 이해하는 것이 중요하다.

모든 예금은행은 그들이 수취한 요구불예금 가운데 일정액을 반드시 시재금(은행금고에 보유하고 있는 현금)이나 중앙은행에 대한 예치금 형태로 준비하고 있어야 한다. 이러한 지급준비금을 법정준비금 또는 필요준비금 required reserves(RR)이라고 하며 법정준비금의 예금에 대한 비율을 법정지급준비율 required reserve ratio이라고 한다. 법정준비금은 본래 예금자를 보호하려는 취지에서 마련된 제도이지만 통화창출에도 중요한 영향을 미치며, 따라서 통화정책의 한 수단으로 사용되고 있다. 물론 예금은행은 법정준비금을 초과하여 준비금을 보유할 수 있다. 이를 초과준비금excess reserves(ER)이라고 한다. 그러므로 총준비금total reserves(TR)은 법정준비금 (RR)과 초과준비금(ER)의 합계와 같다.

- 총준비금(TR)＝법정준비금(RR)＋초과준비금(ER)

이로부터 초과준비금을 다음과 같이 구할 수 있다.

- 초과준비금＝총준비금－법정준비금

예금은행은 오직 초과준비금만을 영업활동(대출 및 증권투자 등)을 위해 사용할 수 있다. 만약 예금은행의 법정지급준비율이 10%이고 새로운 예금 100만 원이 예금은행에 예치된다고 한다면, 그 예금은행은 10만 원을 법정준비금으로 보유해야 한다. 나머지 90만 원은 초과준비금으로 예금은행은 90만 원 한도 내에서 이를 대출하거나 다른 영업활동을 위해 사용할 수 있다. 이것이 부분법정지급준비금제도이다.

3

한 나라의 통화는
어떻게 창출되는가

각국의 중앙은행은 통화량 조절을 통해서 통화정책을 수행한다. 앞에서 논의한 것처럼 협의 통화(M1)는 현금(C)과 예금(D)으로 구성된다. 예금은 끊임없이 증감하며 이 과정에서 통화가 창출된다. 통화창출에서 가장 중요한 주체는 중앙은행, 예금은행, 예금자이며 가장 중요한 변수는 통화승수monetary multiplier(MM)와 본원통화monetary base(MB)다. 이와 같이 한 나라에서 통화가 어떻게 창출되는가를 이해하려면 본원통화와 통화승수를 알아야 한다. 본원통화는 다음과 같이 정의된다.

- 본원통화=유통 중인 현금 + 은행이 금고에 보관하고 있는 현금(시재금) + 은행이 중앙은행에 예치하고 있는 준비금(지급준비예치금)

먼저 유통 중인 현금은 일반 대중이 보유하고 있는 한국은행권과 동전의 합계를 말한다. 이는 통화(M1 또는 M2)의 일부이다. 그러나 예금은행이 금고에 보관하고 있는 현금(시재금)은 통화에 포함되지 않는다. 시재금은 유통 중인 현금이 아니고 준비금의 일부로 은행이 보유하고 있기 때문이다. 또한 은행이 한국은행의 계정에 예치해둔 예치금도 통화가 아니고 은행의 준비금이다. 이와 같이 시재금과 중앙은행 지급준비예치금의 합계는 은행의 총준비금을 구성한다. 따라서 본원통화는 다음과 같이 정의될 수 있다.

- 본원통화(MB) = 일반 대중이 보유한 현금(C) + 은행 총준비금(TR)

이렇게 정의된 본원통화는 때로는 고성능화폐high-powered money 또는 M0라고도 불린다. 많은 학자들은 본원통화가 중앙은행이 비교적 정확히 통제할 수 있는 정책변수가 된다고 보고 있다. 중앙은행은 발권은행으로서 현금을 직접 통제할 수 있으며, 또한 중앙은행에 부여된 통화정책 수단을 사용해 은행의 총준비금을 충분히 관리할 수 있기 때문이다. 이런 의미에서 중앙은행은 본원통화를 거의 완벽하게 통제할 수 있다고 볼 수 있다. 그러나 중앙은행은 통화량(M1 또는 M2)을 완전히 통제하지는 못한다. 예를 들면 M1과 M2 모두 요구불예금과 수시입출식 저축성예금을 포함하는데, 중앙은행이 개인과 은행에 대해서 예금을 늘리거나 줄이라고 명령할 수는 없는 것이다.

통화창출이라는 무대장치를 마련하기 위해 우리는 통화승수라는 또하나의 마술 도구를 필요로 한다. 앞에서 국민소득이 어떻게 결정되는가를 이야기할 때 경제에 승수효과라는 신통한 효과가 작용하고 있음을 보았다. 이와 비슷한 승수효과가 통화창출에도 작용한다. 사람들이 은행에 예금하고 또 은행으로부터 대출받는 과정을 통해서 승수효과가 작동하는데, 통화승수는 다음과 같이 주어진다.

$$\text{통화승수} = \frac{1 + \text{현금/예금}}{\text{지급준비율} + \text{현금/예금} + \text{초과준비금/예금}}$$

현금/예금 비율은 민간이 보유하고 있는 현금을 법정준비금의 적용을 받는 예금으로 나눈 비율이고, 초과준비금/예금 비율은 은행이 보유하고 있는 초과준비금을 예금으로 나눈 비율이다. 만약 법정지급준비율이 10%(0.1)이고 현금/예금 비율이 0.7이며 초과준비금/예금 비율이 0.05일 경우 통화승수의 크기는 다음과 같다.

$$\text{통화승수} = \frac{1 + 0.7}{0.1 + 0.7 + 0.05} = 2$$

이제 통화창출이라는 마술을 펼칠 무대가 완성되었다. 한 나라의 경제에서 통화량은 다음과 같이 결정된다.

- 통화량의 증가 = 통화승수(MM) × 본원통화(MB)의 증가

만약 통화승수의 크기가 2라고 한다면 통화정책당국자(중앙은행)가 본원통화를 10억 원 증가시킬 경우 통화량(M1)은 20억 원 정도 증가한다(통화량의 증가=2×10억 원=20억 원). 이렇게 늘어난 통화량은 금리를 비롯해서 경제의 여러 부분에 영향을 미친다.

그런데 우리의 통화창출 모형은 중앙은행의 통화정책 수행과 관련해 한 가지 중요한 질문을 던진다. 중앙은행은 과연 이러한 마술을 부려 통

화량을 의도한 대로 통제할 수 있는가? 중앙은행이 통화정책을 사용해서 본원통화를 의도하는 방향으로, 그리고 의도하는 규모만큼 통제할 수 있다는 데 대해서는 경제학자들 사이에 별 이론이 없다. 문제는 통화승수다.

통화승수 결정에는 세 개의 경제주체가 관여한다. 먼저 중앙은행은 법정지급준비율을 결정한다. 다음으로 현금/예금 비율은 주로 예금자에 의해서 결정된다. 마지막으로 초과준비금/예금 비율은 주로 예금은행에 의해서 결정된다. 그런데 중앙은행이 예금자와 은행에게 '감 놔라 배 놔라' 하고 지시할 수는 없다. 이와 같이 중앙은행이 통화승수를 완전히 통제할 수 없다는 데 통화정책의 어려움이 있다. 통화승수를 완전히 통제하지 못한다는 것은 곧 통화량을 완전히 통제하지 못한다는 것을 의미한다. 인류 역사상 최악의 경제공황으로 꼽히는 1930년대 대공황도 결국 미국의 중앙은행이 통화량을 통제할 수 없었던 까닭에 지연되고 악화되었다.

통화승수가 중앙은행의 정책과 일반 대중 및 은행들의 행위에 따라 어떻게 영향을 받는지를 살펴보자. 먼저 중앙은행이 법정지급준비율을 인상할 경우 이 변수가 통화승수 공식의 분모에 있기 때문에 통화승수는 작아질 것이다. 이와 같이 다른 조건이 일정할 경우 통화승수는 법정지급준비율과 반대방향으로 움직인다. 두 번째로 금융기관이 초과준비금을 보다 많이 보유하기를 원할 경우 초과준비금/예금 비율이 증가한다. 이 비율이 분모에 있기 때문에 초과준비금/예금 비율이 증가할 경우 통화승수는 작아진다. 이와 같이 다른 조건이 일정할 경우 통화승수는 초과준비금/예금 비율과 반대방향으로 움직인다. 마지막으로 사람들이 현금을 보다 많이 보유하기를 원할 경우 현금/예금 비율이 상승한다. 이때 통화승수는 어떤 방향으로 움직일까? 현금/예금 비율이 통화승수 공식의 분모와 분자에 모두 들어 있기는 하지만, 이 경우에도 통화승수가 작아진다는 것을 쉽게 알 수 있다.

결국 다른 조건이 일정할 경우 통화승수는 현금/예금 비율과 반대방향으로 움직인다. 우리는 매우 흥미 있는 사실을 발견하게 된다. 통화승수는 이를 결정하는 세 변수와 모두 반대방향으로 움직인다는 점이다.

4   통화정책의
수단들

한 나라의 통화정책은 그 나라의 중앙은행에 의해 수행되며 정부가 제한된 범위에서 관여한다. 한국의 중앙은행인 한국은행은 물가안정, 고용증대, 성장 촉진의 달성을 기본 목표로 한다. 그 밖에 금리안정, 주식·채권 등 자산시장 안정, 환율안정 등을 부수적인 목표로 삼고 있다. 여러 목표 가운데서도 통화가치의 유지, 즉 물가안정이 중앙은행의 최우선 정책 목표임은 두말할 필요가 없다.

통화정책의 효과는 중앙은행이 통화량 및 금리를 포함한 일반적인 금융조건에 얼마만큼의 영향력을 행사할 수 있느냐에 달려 있다. 중앙은행은 전통적으로 통화량 및 금융조건에 영향을 미칠 수 있는 세 가지 정책수단을 사용해왔다. 공개시장조작open market operations, 재할인율정책discount policy, 그리고 지급준비율정책reserve requirements이다. 그러나 2008년 글로벌 경제위기에 즈음해서 미국 중앙은행인 연준은 비전통적 통화정책수단인 양적 완화 조치를 광범위하게 사용했으며, 일본도 아베가 총리로 선출되면서 양적 완화 조치를 취하기 시작했다.

첫 번째 통화정책수단인 공개시장조작은 중앙은행이 공개시장(자금시장)에서 국공채를 매입하거나 매각함으로써 통화량에 영향을 미치는 정책이다. 다양한 금융자산이 존재하고 금리가 자유롭게 시장의 요인에 의해서 결정되는 선진국의 경우 가장 중요하고 가장 빈번하게 사용되는 통화정책수단이다. 주로 정부가 발행한 채권을 공개시장조작의 대상으로 삼는다.

미국의 경우 공개시장조작의 대상이 되는 재무성증권은 만기 1개월짜리 단기증권부터 만기 30년의 장기증권에 이르기까지 수십 종이나 되며, 시장규모도 엄청나게 크다. 재무성증권 채무 잔액은 미국 GDP의 약 60%인 10조 달러에 이르는 것으로 추산된다. 이러한 미 재무성증권은 세계에서 가장 유동성이 높고 가장 안전한 자산이다. 세계 각국의 투자자들뿐만 아니라 중앙은행들도 공적 준비자산으로서 많은 규모의 재무성증권을 보유하고 있다. 중국의 중앙은행인 인민은행이 보유한 재무성증권의 규모도 1조 달러가 넘는 것으로 알려져 있다. 미국의 공개시장조작은 재무성증권뿐 아니라, 최근에 실시된 양적 완화 조치는 장기증권인 주택담보부채권mortgage backed security(MBS)도 그 대상으로 하고 있는데 이 점에서 양적 완화 조치는 전통적인 통화정책과 크게 다르다.

그러나 한국에서 공개시장조작은 선진국에서만큼 중요한 통화정책수단이 되고 있지 못하다. 공개시장조작의 대상이 되는 금융자산이 다양하지 않고 규모가 작은데다, 금리도 비교적 최근인 1991년부터 1994년에야 세 차례에 걸쳐 단계적으로 자율화되었기 때문이다. 한국에서는 주로 한국은행이 발행하는 통화안정증권을 금융기관에 팔거나 사들임으로써 공개시장조작을 수행한다. 중앙은행은 공개시장조작의 대상으로 민간 기업이 발행하는 회사채를 포함시키지 않는다. 이는 이해의 상충을 피하기 위한 것이다.

한국은행이 공개시장에서 10억 원어치 1년 만기 국채를 제일은행으로부터 매입한다고 하자. 한국은행은 이를 결제하기 위해 제일은행이 한국은행에 대해 가지고 있는 지급준비예치금 계정에 10억 원을 계상한다. 이제 제일은행의 지급준비예치금이 10억 원 증가하기 때문에 그에 따라 본원통화가 10억 원이 증가하며 그 결과 통화량이 증가하게 된다. 통화량이 얼마만큼 증가할지는 앞에서 살펴본 대로 통화승수의 크기에 달렸다.

• 통화량의 증가＝통화승수×본원통화의 증가

통화승수의 크기를 2라고 한다면 중앙은행의 10억 원어치 공개시장매입으로 본원통화가 10억 원 증가하고 그에 따라 통화량은 20억 원이 증가하게 된다(통화량의 증가＝2×10억 원＝20억 원). 이와 같이 중앙은행은 확대 통화정책을 추구하려고 할 때 공개시장매입에 나선다.

한국은행과 제일은행 사이에 국채 매매(공개시장매입)가 이루어지는 것은 한국은행이 제일은행에 대해 채권에 대한 좋은 가격을 제시하고 제일은행은 그 가격이면 좋은 투자가 된다고 판단하기 때문이다. 한국은행이 통화량을 '통제'한다고 말할 때 그것은 한국은행과 은행 사이에 이루어지는 자발적인 거래를 의미하는 것이지 어떤 강압적인 조치를 수반하는 것은 아니다.

공개시장매각은 공개시장매입과 정반대로 작용한다. 한국은행이 보유하고 있는 증권을 금융기관에 팔고 그들로부터 돈을 회수하는 정책이다.

공개시장매각은 긴축 통화정책의 수단으로 사용된다.

- 공개시장매입 ⇒ 본원통화 증가 ⇒ 통화량 증가: 확대 통화정책
- 공개시장매각 ⇒ 본원통화 감소 ⇒ 통화량 축소: 긴축 통화정책

두 번째로 살펴볼 재할인율정책은 한국은행이 기업에 정책금융을 제공하기 위해 자주 사용해온 정책이다. 재할인율은 예금은행이 중앙은행으로부터 차입할 때 중앙은행이 적용하는 이자율이다. 중앙은행은 은행의 은행이라고 할 수 있다. 따라서 금융기관은 보유하고 있는 초과준비금보다 더 많은 자금을 필요로 할 때 그들의 은행인 중앙은행으로 가서 돈을 빌리려고 한다. 기업은 제품이나 서비스를 판매하면 보통 어음을 받는데, 어음은 일정한 지불기한이 있지만 자금이 필요한 기업은 지불기한 이전에라도 액면금액보다 낮은 금액을 받고 이를 은행에 판다. 이것을 어음할인이라고 한다. 은행은 이렇게 할인한 어음을 다시 한국은행에 가져가서 할인을 받는다. 이것이 재할인이다. 이때 적용되는 금리가 재할인율이다. 대출에 대한 이자는 은행이 대출액을 상환할 때 지급되는 것이 아니라 돈을 빌릴 때 미리 공제(할인)된다.

은행은 예금 등으로 확보한 자금보다 더 많은 자금을 필요로 할 때 세 개의 루트를 통해 돈을 차입할 수 있다. 첫 번째 차입 루트는 중앙은행으로부터 돈을 빌리는 것이다. 두 번째 루트는 다른 은행으로부터 돈을 빌리는 것이다. 이때 적용되는 금리를 '기준금리'라고 한다. 세 번째 루트는 은행이 보유하고 있는 유가증권(국공채 등)을 자금시장에서 팔고 이를 일정한 기일 내(보통 1주일 이내)에 판 가격보다 높은 가격으로 되사겠다는 계약을 체결하는 것이다. 이러한 거래를 '환매' 또는 '레포repo'라고 한다.

미국 같은 선진 금융체제에서는 이 세 개의 차입 기회 가운데 은행 간 자금 차입이 가장 자주 이용된다. 미국에서는 이때 적용되는 금리를 '페더럴펀드금리federal funds rate'라고 하며 일본에서는 이를 '콜금리call rate'라고 한다. 한국에서도 2008년 2월까지는 은행 간 차입 금리를 콜금리라고 불렀으나 2008년 3월부터는 이를 기준금리로 바꾸었다.

기준금리는 금융기관 간의 자금거래에 적용되는 시장금리인 동시에 중앙은행이 원하는 수준으로 목표치를 설정할 수 있기 때문에 정책금리이기도 하다. 기준금리가 통화정책의 수행에 매우 중요한 위치를 차지하고 있는 것은 시장에서 결정되는 금리들이 거의 모두 이 기준금리를 기준으로 해서 결정되기 때문이다. 은행들은 자금을 다른 은행으로부터 기준금리로 빌려서 여기에 금리를 가산해 소비자나 기업에 대출을 한다. 따라서 기준금리가 내려가면 가계대출이나 기업대출에 대한 금리도 내려가고, 반대로 기준금리가 올라가면 가계대출이나 기업대출에 대한 금리도 올라간다.

한국은행이 재할인율을 인하하면 이는 은행으로 하여금 한국은행으로부터 더 많이 돈을 빌려가도록 유인하는 효과를 갖는다. 제일은행이 한국은행으로부터 돈을 빌리면 한국은행은 제일은행이 한국은행에 가지고 있는 예치금 계정에 빌린 금액만큼 계상한다. 그러면 제일은행의 총준비금이 증가하고 그에 따라 본원통화가 그만큼 증가한다. 본원통화 증가는 공개시장조작에서와 같은 크기의 승수효과를 유발하여 통화량이 증가한다. 결국 재할인율 인하는 확대 통화정책을 의미하며, 반대로 재할인율 인상은 금융긴축을 알리는 신호이다.

• 재할인율 인하 ⇒ 본원통화 증가 ⇒ 통화량 증가: 확대 통화정책

• 재할인율 인상 ⇒ 본원통화 감소 ⇒ 통화량 축소: 긴축 통화정책

재할인율정책은 원래 금융시장의 위기를 막기 위한 수단으로 출발했다. 재할인율정책의 위기예방 기능은 특히 미국같이 자유롭게 은행을 설립할 수 있는 경제체제에서 더욱 중요하다. 역사적으로 미국의 중앙은행인 연준이 창설되었을 때 연준에 부여된 가장 주요한 기능은 최종대부자 lender of last resort로서의 역할을 수행하는 것이었다. 재할인율정책은 바로 최종대부자로서의 역할을 수행하기 위한 정책수단이다.

이와 같이 재할인율정책은 중앙은행이 금융체제의 위기를 막기 위한 최종대부자 역할을 수행하는 수단으로서 매우 유용하지만, 본원통화와 통화량을 관리하기 위한 수단으로서는 공개시장조작만큼 정교하지 못하다. 중앙은행은 재할인율을 변경할 수는 있지만 은행으로 하여금 중앙은행으로부터 차입하도록 강요할 수는 없다는 점이 재할인율정책의 약점으로 지적된다. 중앙은행으로부터 차입하느냐 마느냐는 전적으로 은행의 결정에 달려 있다. 이는 "말을 물가로 끌고 갈 수는 있지만 말로 하여금 물을 마시도록 할 수는 없다"는 경구를 연상하게 한다. 그래서 중앙은행은 통화관리에 있어서 재할인율정책보다는 공개시장조작을 더 자주 사용한다.

마지막 통화정책수단은 지급준비율정책이다. 예금은행은 수취한 예금액 가운데 일정한 부분을 법정지급준비금으로 금고나 중앙은행에 갖고 있는 지급준비예치금 계정에 적립하고 있어야 한다는 것을 살펴보았다. 지급준비율이 7%라면, 예금은행은 법정지급준비율의 적용을 받는 예금액의 7%를 예치하고 있어야 한다. 한국은행은 지급준비율을 변경하거나 지급준비율의 적용을 받는 예금액을 조정함으로써 통화량을 조절할 수

있다. 지급준비율정책은 그 효과가 통화정책수단들 가운데 가장 강력하지만 선진 경제에서는 별로 사용되지 않는다. 반면 금융체제가 잘 발달되지 못한 경제체제에서는 그것이 갖는 강력한 효과 때문에 수시로 사용된다.

원래 법정지급준비금제도는 은행이 도산하거나 위기에 처했을 때 예금자를 보호하려는 취지에서 마련되었다. 은행이 항상 일정액의 자금을 확보하도록 함으로써 예금자가 자금을 인출하고자 할 때 언제라도 응할 수 있도록 하기 위한 것이다. 지금은 많은 나라에서 예금자를 보호하기 위한 조치(예금자보험)를 실시하고 있어 예금자보호라는 지급준비금제도의 당초의 취지가 많이 퇴색되어가고 있다.

한국은 2006년 12월부터 요구불예금 및 수시입출식예금에 대하여 7%의 지급준비율을 적용하고 있다. 이 지급준비율은 2006년 12월 이후 지금까지 한 번도 변동된 적이 없다. 미국의 법정지급준비율은 요구불예금에 대하여 10%가 적용되고 있으며, 중국의 법정지급준비율은 19.5%이다(2015년 2월 20%에서 19.5%로 인하되었다). 지급준비율 변경은 은행의 유동성 규모 및 대출 여력과 관련하여 중요한 정책적 의미를 갖는다.

통화승수 공식에서 살펴본 대로 법정지급준비율은 통화승수를 결정하는 중요한 요소 가운데 하나이다. 통화승수 공식에서 보았듯이 지급준비율이 인상되면 통화승수가 작아진다. 통화승수가 작아진다는 것은 다른 조건이 일정하다면 통화량이 줄어든다는 것을 의미한다. 따라서 중앙은행은 법정지급준비율을 변경함으로써 통화승수에 영향을 미칠 수 있으며 나아가 통화량을 조절할 수 있다. 이는 공개시장조작과 재할인율정책이 주로 본원통화에 영향을 미쳐 통화량을 조절하는 것과 대조된다.

법정지급준비율을 인상하면 이전에는 초과지급준비금으로 분류되었던 준비금의 일부가 이제는 법정지급준비금으로 전환되어 묶이게 된다. 이는 예금은행의 대출 여력을 그만큼 축소시키며 승수효과를 통해 통화량을 감소시킨다. 반대로 법정지급준비율을 인하하면 법정지급준비금 가운데 일부가 초과지급준비금으로 전환되어 그만큼 예금은행의 대출 여력을 높여주며 이는 승수효과를 통해 통화량을 증가시킨다.

- 법정지급준비율 인하 ⇒ 통화승수 상승 ⇒ 통화량 증가: 확대 통화 정책
- 법정지급준비율 인상 ⇒ 통화승수 하락 ⇒ 통화량 감소: 긴축 통화 정책

언뜻 보기에 지급준비율정책은 매우 강력한 통화량 조절수단인 듯 보인다. 그런데 이러한 사실이 오히려 지급준비율정책을 피하게 만드는 약점이 되고 있다. 법정지급준비율은 통화승수의 크기에 직접적인 영향을 미치기 때문에 법정지급준비율이 소폭만 변경되어도 통화량은 큰 폭으로 변동될 수 있다. 따라서 법정지급준비율 변경이 통화량에 미치는 효과를 정확히 가늠하기가 어렵다. 지급준비율정책은 너무 강력하고 세련되지 못한 통화정책 수단이라는 비판이 나오는 것도 이러한 이유 때문이다. 미국의 중앙은행인 연준은 공개시장조작 같은 다른 신축적인 통화정책의 수단을 사용함으로써 통화량을 보다 효과적으로 관리할 수 있기 때문에 굳이 지급준비율정책을 통화정책의 수단으로 사용할 필요가 없다는 입장을 견지하고 있다.

또 다른 문제점으로 은행의 유동성에 불규칙적인 영향을 미칠 수 있다는 점이 지적된다. 법정지급준비율이 인상될 경우 예금은행은 그 인상분

에 상당하는 법정준비금을 마련해야 하는데 충분한 여유자금을 가지고 있지 못한 은행은 곧바로 유동성 위기에 빠질 수 있다. 반대로 법정지급준비율정책은 경제에 유동성을 공급하는 수단으로서 매우 위력적일 수도 있다. 지급준비율을 인하하면 그만큼 은행들의 대출 여력이 높아져 은행의 유동성을 증대시킨다. 중국처럼 금융제도가 선진화되어 있지 않는 경제체제에서는 은행의 유동성 관리를 위해서 지급준비율정책을 적극적으로 활용하고 있다. 이는 공개시장조작을 통한 기준금리 조정에 초점을 맞추는 미국 중앙은행의 통화정책 운용과 크게 다른 점이다. 중국 인민은행이 경기를 조절하기 위해 지급준비율정책에 주로 의존하고 있는 또 다른 이유는 중국의 공개채권시장이 잘 발달되어 있지 않기 때문이기도 하다.

국제적 경쟁이 날로 치열해지는 국제화시대에 은행의 경쟁력과 효율성을 높이기 위한 방안으로서 법정지급준비율을 인하하거나 이 제도를 폐지하는 나라들이 늘고 있다. 캐나다, 뉴질랜드, 스위스, 오스트리아 중앙은행들은 아예 법정지급준비율제도를 폐지했다. 이런 맥락에서 최근 각국에서 경쟁적으로 이루어지고 있는 법정지급준비율 인하는 통상적인 통화정책의 일환으로 추진되고 있다기보다는 법정지급준비금으로 묶여 있는 자금의 일부를 풀어줌으로써 금융기관의 대출 여력을 높여 금리를 인하하고 은행의 국제 경쟁력을 높이려는 데 목적이 있다. 이는 궁극적으로는 기업의 차입 비용을 내리고 투자를 촉진할 것이다.

5 목표 기준금리는
어떻게 결정되는가

중앙은행인 한국은행은 통화량, 즉 화폐의 공급을 통제하며 금리를 조정한다. 그런데 시장에서 균형금리가 어떻게 결정되는지를 알아보기 위해서는 시장의 또 다른 힘, 화폐에 대한 수요를 알아볼 필요가 있다.

케인스는 사람들이 세 가지 동기에서 화폐를 보유하려고 한다는 이론을 정립했다. 가계는 상품과 서비스를 구입하기 위해, 기업은 생산요소인 노동, 자본, 원자재를 구입하기 위해 화폐를 보유하려고 하는데, 이를 거래적 화폐수요transactions demand라고 한다. 케인스는 거래를 수행하기 위한 화폐수요는 소득에 의존한다고 보았다. 또한 개인과 기업은 예상치 못한 긴급 상황에 대비하기 위해서도 화폐를 보유하려고 하는데, 이를 예비적 화폐수요precautionary demand라고 한다. 이는 '비오는 날'을 대비하기 위한 화폐수요이다. 케인스는 예비적 화폐수요 역시 소득에 의해 결정된다고 가정했다. 마지막으로 케인스는 고전학파 학자들이 알지 못했던 투기적

화폐수요speculative demand를 그의 화폐이론에 도입했다. 투기적 화폐수요는 사람들이 이자나 배당을 지급하는 채권이나 주식에 투자하기 위해서 보유하려고 하는 화폐액이다. 투기적 화폐수요는 금리와 반대되는 방향으로 움직이며 전체 화폐수요를 불확실하게 만드는 원천으로 간주된다.

이와 같이 총화폐수요는 소득과 같은 방향으로 움직이고 금리와 반대방향으로 움직인다. 소득수준이 일정하다고 한다면 화폐의 수요곡선은 이자율을 세로축에, 통화량을 가로축에 표시한 도표에서 오른쪽으로 하강하는 형태를 갖는다. 케인스의 화폐수요이론을 유동성선호이론liquidity preference theory이라고 부르며, 그의 화폐수요함수를 유동성선호함수라고 한다.

이제 금리가 시장에서 어떻게 결정되며 한국은행은 시장에서 결정되는 금리를 어떻게 조절하는지를 알아보기 위해, 화폐공급곡선과 화폐수요곡선을 한 군데 모아보자(논의의 단순화를 위해서 화폐의 공급은 오로지 중앙은행에 의해서 결정된다고 본다). 여기에서 우리는 두 곡선이 만나는 한 점을 찾게 된다. 이렇게 결정되는 금리가 균형금리이며 이는 중앙은행이 통제할 수 있는 기준금리라고 볼 수 있다. 중앙은행은 이렇게 결정된 기준금리를 공개시장조작이나 다른 통화정책의 수단을 사용하여 목표 수준으로 조절할 수 있다.

예를 들어 한국은행이 기준금리를 2%에서 1.75%로 인하하려는 경우를 생각해보자. 한국은행이 시중은행들에게 더 많은 자금을 공급해주면 은행들은 자금이 풍부해져 다른 은행에 대한 대출금리(기준금리)를 낮출 수 있다. 한국은행은 은행에 돈을 공급하기 위해 은행들에게 그들이 보유하고 있는 국채를 사겠다고 제안한다. 한국은행이 공개시장에서 거래되는 국채에 대해서 좋은 가격을 제시하면 은행들은 기꺼이 그러한 제의에

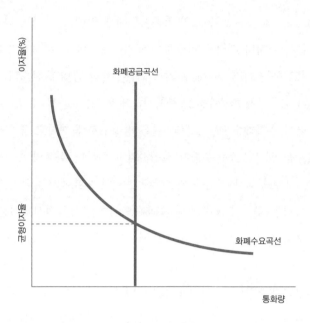

균형이자율 결정 모형

응할 것이다. 한국은행은 은행으로부터 국채를 매입하고 그 대신 은행에 돈을 공급한다. 한국은행의 국채 매입은 통화공급곡선을 오른쪽으로 이동시킨다. 이제 은행은 보다 많은 자금을 가지고 있기 때문에 그들이 다른 은행에 돈을 빌려줄 때 적용하는 기준금리를 2%에서 점차적으로 내릴 여력이 생긴다. 한국은행은 은행들이 기준금리를 1.75%로 내릴 때까지 은행으로부터 국채를 계속 매입할 것이다.

제일은행이 제이은행으로부터 자금을 빌릴 때 전에는 2%의 이자를 지급했지만 지금은 1.75%만 지급하고 빌릴 수 있기 때문에 제일은행의 자금조달 비용이 그만큼 줄어든다. 이렇게 빌린 자금으로 제일은행은 기업이나 가계에 대한 대출을 늘리기도 하고 주택담보대출이나 자동차융자를 해주기도 한다. 제일은행으로서는 자금조달 비용이 줄어들었기 때문에 당연히 이러한 대출 금리를 더 낮출 수 있다. 이와 같이 기준금리는 자금의 공급비용을 나타낸다(물론 은행의 대출 금리는 기준금리 이외에 기업, 가계 또는 정부에 의한 자금수요에도 영향을 받는다. 자금시장에서 자금수요가 많아질수록 시장금리는 기준금리보다 그만큼 높아진다). 시장금리가 낮아지면 가계에 의한 소비나 기업에 의한 투자가 그만큼 증가할 것이다. 그 결과 경기는 더욱 활성화되고 실업은 줄어든다. 그러나 인플레이션은 높아질 우려가 있다.

만약 한국은행이 목표 기준금리를 2%에서 2.25%로 인상할 경우, 그 반대의 현상이 일어난다. 가계에 의한 소비가 위축되고 기업에 의한 투자가 감소하게 된다. 기준금리가 높아지면 시장금리가 올라가고 그 결과 경기는 둔화된다. 이 경우 실업은 늘지만 인플레이션은 낮아질 가능성이 높다.

지금까지 우리는 중앙은행의 통화정책이 실물경제에 미치는 영향을 살펴보았다. 이러한 논의는 케인스학파의 주장에 가까운 것이다. 그러나 실물경제에 대한 통화정책의 효과에 관해서 케인스학파와 고전학파는 서로 대립되는 입장을 취하며, 고전학파 경제학자들은 우리가 논의한 효과의 대부분에 관해서 비판적인 견해를 갖는다.

6

중용의 도와
중도의 경제

경제에서 금리, 인플레이션, 환율은 너무 높아도 좋지 않고 너무 낮아
도 좋지 않다. 어느 중간 수준에 달했을 때 경제는 최적의 상태에 도달할
수 있다. 이 중간 지점을 서양에서는 '해피 미디엄happy medium'이라고 하
고 동양에서는 '중용中庸'이라고 한다. 중용은 공자 사상의 핵심 요소로
서, 공자가 최상의 도덕준칙으로 여긴 원리이다. "지나침은 미치지 못한
것과 같다過猶不及", "중립하여 치우치지 않는다中立而不倚"라는 중용의 핵
심 내용은 공자의 사상을 관철하는 도덕률이다.

이러한 중용의 원리는 사실 인간의 본성에만 적용되는 것이 아니라 경
제 현상에도 적용된다. 중용의 중은 어느 한쪽으로 치우치지 않는 상태
를, 용은 평상의 이치를 의미한다. 그러므로 중용은 지나침도 모자람도
없이 치우치지 않고 평상을 유지하는 이치를 말한다고 볼 수 있다. 많은
경제변수들 역시 너무 높지도 않고 너무 낮지도 않은 수준, 또는 너무 많

지도 않고 너무 적지도 않은 수준을 유지하면 경제는 최적의 상태, 또는 평상의 상태에 이를 수 있다. 평상의 상태는 바로 균형상태를 의미한다.

먼저 이자율부터 생각해보자. 금리가 떨어지면 경제성장은 촉진되지만 인플레이션이 높아질 수 있고, 금리가 오르면 인플레이션은 떨어지지만 경제성장은 위축될 수 있다. 경제성장을 둔화시키지도 않고 인플레이션을 자극하지도 않는 최적 수준의 이자율이 존재할까? 경제학자들은 그러한 이자율을 중립이자율neutral interest rate이라고 부르며, 중립이자율을 구하기 위한 노력을 기울여왔다. 그러한 노력 가운데 하나가 테일러준칙Taylor rule이다. 테일러준칙은 스탠퍼드 경제학자 존 테일러John Taylor가 중립적인 기준금리를 찾기 위해 제안한 공식이다.*

경제학자들은 너무 높지도 않고 너무 낮지도 않아서 경제를 평상상태로 이끄는 이자율을 중립이자율이라고 부르지만, 우리는 중립이자율이라는 용어 대신에 중용이자율 또는 중도이자율이라고 부를 수 있을 것이다. 중도이자율이 어느 수준의 이자율(기준금리)을 의미하는지는 일률적으로 말할 수 없다. 그것은 각 나라가 처한 경제 상황과 각 나라가 목표로 하는 경제성장률과 인플레이션률에 따라서 달라질 수 있다.

과연 인플레이션에도 중용의 인플레이션률이 존재하는가? 인플레이션

---

* 테일러준칙이 의미하는 목표 기준금리는 다음과 같이 주어진다.
목표 기준금리 = 균형 실질기준금리 + 인플레이션률 + λ[실제 인플레이션률 − 목표 인플레이션률] + $(1 − \lambda)$[실제 경제성장률 − 잠재적 경제성장률].
여기에서 램다(λ)는 가중치이다. 정책당국자가 인플레이션 억제에 더 무게를 두면 램다는 0.5보다 크며, 인플레이션 억제보다 경제성장을 더 우선시하면 램다는 0.5보다 작아진다. 정책당국자가 인플레이션의 억제와 경제성장의 촉진에 동일한 가중치를 준다고 가정하면 램다는 0.5가 될 것이다. 이 경우 테일러준칙은 다음과 같다.
목표 기준금리 = 균형 실질기준금리 + 인플레이션률 + 0.5[인플레이션 갭 + 총생산 갭]
인플레이션 갭은 실제 인플레이션률과 목표 인플레이션률의 차이를, 총생산 갭은 실제 경제성장률과 잠재적 경제성장률의 차이를 나타낸다.

이 너무 높으면 자원배분이 왜곡된다. 특히 예상치 못한 인플레이션이 진행될 때 자원은 경제주체들이 알지 못하는 방향으로 배분된다. 소득은 채권자에게서 채무자로 이전되며, 부동산을 갖지 못한 저소득층에서 부동산을 소유하는 고소득층으로 이전된다. 또한 인플레이션이 심화되면 기업들은 당장은 높은 가격으로 제품을 팔 수 있기 때문에 더 많은 이윤을 올릴 수 있으나, 궁극적으로는 임금이 상승하고 금리도 오르며 환율에도 좋지 않은 영향을 미친다. 기업투자는 촉진될지 모르지만 소비자들은 소비를 줄이며 경제의 안정화가 위협받게 된다. 장기적으로는 경제성장에도 부정적인 영향을 미친다.

그렇다면 인플레이션이 낮을수록 좋은가? 예를 들면 물가상승이 없는 제로 인플레이션이나 물가가 하락하는 디플레이션이 바람직한가? 그에 대한 대답은 '아니요'이다. 디플레이션은 인플레이션 못지않게, 어쩌면 인플레이션보다 더 나쁜 해독을 경제에 미칠 수 있다. 대개 인플레이션은 경기호황과 함께 나타나지만 디플레이션은 경기침체와 함께 나타나기 때문이다. 디플레이션이 자원배분에 미치는 효과는 인플레이션의 영향과 반대로 작용한다.

그렇다면 어느 수준의 인플레이션이 바람직한가? 현재의 경제 상황에서 대체적으로 2% 수준의 인플레이션은 경제의 안정화를 해치지 않고 소비와 투자 수요를 모두 자극할 수 있다는 점에 경제학자들(특히 케인스학자들)은 동의하고 있다. 이를 중도인플레이션률이라고 부를 수 있을 것이다. 이는 경제에 숨통을 터주기 위해서 어느 정도의 인플레이션이 필요하다고 주장하는 '제한적 인플레이션론자들'의 주장과 일치한다.

실업률도 중도의 실업률이 존재하는가? 그렇다고 말할 수 있다. 실업과 인플레이션은 상호 밀접한 관련이 있기 때문에 실업률은 중도인플레이션률과도 연관되어 있다. 한 나라의 실업률은 장기적으로는 균형실업률로 접근하는 경향이 있다. 이는 통화주의자들이 주장하는 자연실업률이다. 우리가 중립이자율이라는 용어 대신에 중도이자율이라는 용어를 사용하듯이 자연실업률을 중도실업률이라고 부를 수 있을 것이다. 한 나라가 자연실업률에 도달하면 인플레이션은 더 가속되지 않고 거의 일정한 수준을 유지한다. 이러한 이유로 자연실업률은 때로는 '인플레이션을 가속시키지 않는 실업률non-accelerating inflation rate of unemployment' 줄여서 '나이루NAIRU'라고도 불린다. 실업률이 자연실업률과 같아지면 경제가 생산하는 총생산은 잠재적 총생산의 수준과 같아진다. 다시 말해 한 나라의 경제는 잠재성장률을 달성할 수 있게 된다. 중도실업률(자연실업률)은 각 나라의 경제구조에 따라 각각 다를 수 있으며, 한 나라에서도 경제 상황에 따라 시대마다 변할 수 있으므로, 중도실업률의 수준을 획일적으로 정의할 수는 없다. 미국의 경우 현재의 중도실업률은 약 5~5.5%로 추정되며 한국의 경우는 약 3.5%에 이르는 것으로 알려져 있다.

환율도 다른 가격변수들과 마찬가지로 너무 높아도(약세 통화) 좋지 않고, 너무 낮아도(강세 통화) 좋지 않다. 한국의 달러 환율이 오른다는 것은 한국의 원화가치가 달러화에 비해 상대적으로 떨어진다는 것을 의미한다. 한국 상품의 가격이 국제시장에서 다른 나라 상품의 가격에 비해 상대적으로 하락했음을 의미하기 때문에 한국의 수출에 유리하다. 반면 외국 상품의 가격이 상대적으로 비싸졌음을 의미하기 때문에 한국의 수입은 줄어든다. 따라서 한국의 경상수지와 국제수지는 그만큼 좋아진다. 수출 위주의 기업들은 이윤이 증가하고, 따라서 고용을 늘릴 것이다. 부분적으로 한국의 경제성장에 도움이 된다.

그러나 한국이 수입하는 외국 상품의 가격은 한국 시장에서 상승하기 때문에 그만큼 수입가격이 오르게 된다. 한국으로 수입되는 소비재의 가격이 오르면 한국의 소비자물가도 상승하게 된다. 특히 한국으로 수입되는 원자재나 원유의 가격이 오르면 이는 한국경제에 타격을 줄 수 있다. 기업의 생산비용이 증가하고 가계의 예산에도 영향을 미칠 수 있다.

그러면 적정 환율 또는 중도환율이 존재하는가? 환율은 두 나라 사이에 존재하는 변수이고 두 나라의 이자율, 소득, 인플레이션 등이 복합적으로 영향을 미치기 때문에 일률적으로 환율이 어느 수준이 되어야 한다고 말하기는 어렵다. 이론적으로는 한 나라의 경상수지 및 자본수지의 합계가 0이 되는 환율이 중도환율이라고 볼 수 있으나, 이는 각 나라의 외환보유액 규모와 외환정책에 따라 각각 달라질 수 있다.

결론적으로 사람들이 중용의 도에 이르면 평상심을 유지하듯이 경제도 중도의 경지에 달하면 그보다 더 좋을 수 없는 상태에 이르게 된다. 이는 정책당국자들이 추구하는 목표이다. 중용은 인간의 본성을 천부적인 것으로 보며 인간이 그 본성을 따르지 않으면 평상심에서 벗어난다고 본다. 본성을 일탈해서 탐욕을 추구할 경우 경제 또한 중도의 상태에서 멀어지리라는 것은 과거의 경제위기로부터 우리가 얻은 교훈이다.

7 마이너스 금리
아래에서의 삶

전통적인 케인스체계에서 통화정책이 경제활동에 영향을 미치는 경로
는 몇 단계를 거친다. 먼저 통화가 금리에 영향을 미치며 그다음 금리가
투자에 영향을 미친다. 이러한 파급경로는 경제가 정상적인 상태에 있을
때는 원만하게 작동하지만 경제가 침체상태에 빠져 있을 때는 제대로 작
동하지 않는다. 하지만 경기침체의 영향으로 실질금리가 마이너스로 될
경우 이야기는 달라진다.

앞에서 살펴본 대로 경제주체들의 행위는 실질금리에 영향을 받는다.
기업이나 소비자와 노동자 또는 대출자와 차입자 등 경제주체들은 소비
와 투자 등 경제적 의사결정을 할 때 실질금리를 근거로 한다. 우리는 사
람들이 그저 명목금리를 보고 경제적 의사결정을 한다고 생각하기 쉬우
나 사실 합리적 경제주체들의 행위는 본인들이 의식하든 의식하지 못하
든 실질금리에 근거한다.

누군가 은행으로부터 연 5%의 융자를 받아 자동차를 구입하려 한다고 하자. 예상 인플레이션률이 0%라면 자동차를 사는 것을 조금 머뭇거릴 수 있다. 그러나 예상 인플레이션률이 3%라면 자동차를 구입하는 쪽으로 마음을 굳힐 것이다. 만약 예상 인플레이션률이 7%라면 기꺼이 자동차를 구입하려고 할 것이다. 이 예에서 명목금리는 같지만 실질금리는 각각 5%, 2%, -2%로 다르다. 각각의 경우 경제적 의사결정이 달라진다는 것은 바로 그 행동이 실질금리에 근거하고 있음을 말해준다.

이제 저축소득자와 돈을 빌려주는 채권자의 경우를 생각해보자. 연 2%의 이자를 지급하는 정기예금에 1억 원을 넣었다고 하자. 그런데 연간 인플레이션률이 5%라면 이자로 200만 원을 벌지만 원금의 실질가치는 500만 원이 줄어든다. 실질가치로 따져 매년 300만 원의 손해를 보는 셈이다. 이 경우 실질금리는 명목금리(2%)에서 인플레이션률(5%)을 뺀 -3%가 된다. 이와 같이 실질금리가 마이너스로 떨어질 경우 예금자와 채권자는 손해를 본다.

그런데 만약 실질금리가 마이너스가 된다면 부채를 안고 있는 채무자는 어떤 영향을 받을까? 예컨대 연간 3%의 이자를 지급하는 1억 원의 주택담보대출을 안고 있다면, 연간 이자지불액이 300만 원이 된다. 현재의 인플레이션률이 5%라고 한다면 실질금리가 -2%가 되어 매년 300만 원의 이자를 지급하더라도 부채규모는 실질가치로 매년 500만 원씩 줄어든다. 따라서 실질가치로 매년 200만 원의 이득을 보게 된다. 실질금리가 마이너스로 떨어질 경우 채무자는 이득을 본다.

이처럼 경제주체들에게 영향을 미치는 것은 실질금리이다. 문제는 중앙은행이 통화정책을 통해서 통제할 수 있는 금리는 명목금리이지 실질금리가 아니라는 점이다. 그러나 피셔방정식으로부터 알 수 있듯이 통화당국은 통화량을 조절해서 명목금리나 인플레이션률에 영향을 미침으로써 사후적 실질금리를 마이너스로 만들 수 있다.

• 실질금리 = 명목금리 − 실제 인플레이션률

인플레이션률이 0이 되면 실질금리는 명목금리와 같아진다. 또한 인플레이션이 명목금리의 변동폭만큼 변동할 때 실질금리는 일정해진다. 이 경우 통화정책은 실질금리에 전혀 영향을 미치지 못한다. 그러나 만약 인플레이션이 명목금리보다 높으면 실질금리는 마이너스가 될 수 있다. 단기적으로는 인플레이션률이 명목금리보다 높을 수 있기 때문에 단기적으로는 마이너스 실질금리가 가능하다. 특히 정책당국자가 명목금리를 인하하거나 의도적으로 인플레이션을 촉진시킬 경우 실질금리가 마이너스로 될 가능성은 더욱 높아진다. 사실 역사적으로도 실질금리가 마이너스로 떨어지는 경우가 종종 나타났다.

마이너스 금리가 기업의 투자에는 어떤 영향을 미칠까? 많은 학자들(특히 케인스 경제학자들)은 실질금리와 투자의 관계가 그렇게 강하지 못하다고 본다. 그러나 실질금리가 마이너스로 떨어지면 이는 분명 투자의 유인책이 될 수 있다. 특히 경제가 불황에 처해 있으면 마이너스 실질금리는 투자의 촉매제가 될 수 있다. 하버드대 총장을 지낸 로런스 서머스는 주요 선진국의 경제가 장기적 침체로부터 벗어나기 위해서는 실질금리가 마이너스로 떨어져야 한다는 주장을 펴고 있다. 여기에서 우리는 통화정책의 새로운 병기를 발견하게 된다.

마이너스 금리는 수출과 수입에도 큰 영향을 미칠 수 있다. 환율은 단기적으로는 두 나라 사이의 금리 차이에 의해 결정된다. 한국의 금리가 미국의 금리보다 상대적으로 높을 경우 다른 조건이 같다면 한국의 원화 가치는 달러화에 비해 상대적으로 올라간다. 반대로 한국의 금리가 미국의 금리보다 상대적으로 낮을 경우 한국의 원화가치는 달러화에 비해 상대적으로 떨어진다. 수출과 수입에 영향을 미치는 것은 실질환율이며, 실질환율에 단기적으로 영향을 미치는 요인은 실질금리의 차이다. 한국의 실질금리가 마이너스로 된다면 원화의 실질가치는 달러화에 비해 크게 떨어질 것이고 이는 한국의 수출에 날개를 달아줄 것이다.

8
재정정책의
한계

통화정책의 내용과 효과를 살펴봄으로써 얻을 수 있는 교훈은 통화정책을 경제안정화(인플레이션 억제)가 아니라 경제체력을 높이기 위한 부양책으로 사용할 경우 소기의 효과를 거두지 못할 가능성이 많다는 점이다. 이러한 결론은 특히 통화주의자들이 일관되게 견지해온 입장이다. 물론 통화정책이 금리 이외의 다른 경로를 통해서 투자와 총생산에 영향을 미칠 수도 있지만 그것은 예외적인 경우이다.

그러면 거시경제정책의 또 다른 축인 재정정책을 적극적으로 사용하는 것이 바람직한가? 케인스 경제학이 경제학계를 지배하던 때에는 재정정책은 무소불위의 위력을 가지는 정책으로 간주되기도 했으나, 이제 재정정책의 그러한 효과를 신봉하는 경제학자는 많지 않다. 경제체제가 자율화될수록, 경제에 대한 규제가 적을수록, 그리고 경제가 완전고용상태에 접근할수록 재정정책이 할 수 있는 역할은 매우 제한된다. 이러한 경제체제에서는 통화정책이 경제의 안정화를 위한 정책수단으로서 보다 유연성을 가진다. 그러나 경제체제가 개방화될수록 재정정책이 할 수 있는 역할이 증대된다고 보는 견해도 있다. 우리는 여기에서 재정정책의 내용, 역할과 한계를 살펴볼 것이다.

오늘날 정부의 기능은 국방, 외교, 치안유지 같은 고유한 활동에 국한되지 않고, 시장의 실패를 보완하고 경제성장을 촉진하며 국민복지의 향상을 도모하는 등 광범위한 영역을 아우른다. 정부는 이러한 기능을 수행하기 위해 세금을 걷고 이를 집행한다. 정부의 세입과 세출에 관련된 모든 경제활동을 재정이라고 하며 세입과 세출에 관련된 경제정책을 재정정책이라고 한다. 정부는 재정정책을 통해서 고용, 성장, 물가, 국제수지, 소득분배 등 경제활동에 영향을 미칠 수 있다.

세출은 크게 정부구입(G), 이전지출(TP) 및 이자지급(IP)으로 나뉜다. 먼저 우리는 정부의 상품 및 서비스 구입이 GDP의 중요한 구성요소임을 보았다. 정부구입이 GDP에서 차지하는 비중은 대략 20%(정부소비 15%, 정부투자 5%)에 이른다. 이전지출은 국민 가운데 일부 개인이 정부로부터 받는 실업수당, 최저생계비지원 및 기타 사회보장비 등 특별보조금을 가리킨다. 개인에게 주어지는 보조금은 생산활동의 대가로 이루어지는 것이 아니기 때문에 GDP에 포함되지 않는다. 미국과 같은 선진국에서는 국민에 대한 복지비용으로서 이전지출이 상당한 규모에 이르지만 한국에서는 아직까지 이전지출이 정부지출에서 차지하는 비중은 매우 낮다(2005년 한국에서 GDP 대비 정부보조금 비율은 0.5% 미만이다. 미국에서는 이전지출이 정부지출의 40%를 차지한다). 정부구입과 이전지출을 합하여 정부지출이라고 부른다. 정부는 세수입보다 더 많이 지출할 경우 이를 충당하기 위해 차입을 하는데, 차입에 따르는 이자도 정부지출에 포함된다.

세입의 대부분은 조세수입이 차지한다. 세금은 먼저 소득세와 독립세로 나눌 수 있다. 여기에서 소득세란 세액이 소득에 의존하는 세금이고, 독립세란 세액이 소득과는 관계없이 결정되는 세금이다. 소득세에는 개인소득세, 법인세 등이 포함되며 독립세에는 부가가치세, 물품세, 재산세, 상속세 등이 해당한다.

또한 세금은 직접세와 간접세로 구분할 수 있다. 직접세는 납세의무자(세금을 납부할 의무를 지닌 사람)와 담세자(세금을 부담하는 사람)가 일치하여 조세부담이 전가되지 않는 조세이다. 소득세, 법인세, 상속세, 재산세 등이 여기에 해당된다. 간접세는 납세의무자와 담세자가 달라 조세부담이 다른 사람에게 전가되는 조세이다. 여기에는 부가가치세, 개별소비세, 주세 등이 포함된다. 예를 들어 백화점에서 10만 원을 주고 옷을 한 벌 사면 이 10만 원에는 부가세 1만 원이 포함되어 있다. 이 경우 납세의무자는 백화점이지만 담세자는 구입자이다.

세율을 어떻게 정하느냐에 따라 조세제도는 누진세progressive tax, 비례세proportional tax, 역진세regressive tax로 구분된다. 누진세는 한계소득세율이 소득의 증가와 함께 올라가는 세제이다. 예를 들면 연간 개인소득 1,000만 원 미만까지는 5%, 1,000만 원 이상 5,000만 원 미만까지는 15%, 5,000만 원 이상 1억 원 미만까지는 25%, 1억 원 이상은 35%가 부과되는 것과 같은 경우이다. 세율이 같더라도 과세대상 소득이 증가하면 세금납부액은 증가하기 마련인데 누진세제도 아래에서는 세금납부액이 더 높은 비율로 증가하는 것이다. 사회주의 경제체제나 복지국가를 보다 강력히 추구하는 나라일수록 누진세의 세율이 가파르게 높아진다.

비례세 또는 정률세flat tax는 소득수준에 관계없이 일정한 세율을 적용하는 세제이다. 예를 들면 2,500만 원을 버는 사람이나 1억 원을 버는 사람에게 모두 20%의 소득세율을 적용하는 경우이다. 공급중시 경제학자들은 지속적인 경제성장을 위한 가장 효과적인 세제는 정률세라고 주장한다.

역진세는 실효평균세율이 소득의 증가와 함께 떨어지는 경우이다. 예를 들면 연간 소득 5,000만 원 미만까지는 20%, 5,000만 원에서 1억 원 미만까지는 18%, 1억 원 이상은 15%의 세율을 적용하는 경우이다.

우리는 케인스 모형에서 승수효과를 다룰 때 정부지출과 이전지출 및 세금의 변동이 국민소득에 미치는 효과를 살펴보았다. 정부가 총수요를 촉진하거나 억제하기 위해 정부구입, 이전지출 또는 세금을 의도적으로 증가시키거나 감소시키는 정책을 재량적 재정정책이라고 한다. 정부는 소비지출이나 민간투자지출의 예상치 못한 변동으로 경제가 침체국면으로 접어들 때 재량적 재정정책을 통해서 민간지출의 부족분을 보충할 수 있다.

재정정책에는 통화정책에서는 찾아볼 수 없는 독특한 특성이 있다. 정부가 의도적으로 정부지출이나 세금을 변동시키지 않더라도 한 나라의 경제체제 내에는 총수요를 자동적으로 촉진하거나 억제하는 장치가 존재한다. 특히 세금이나 이전지출은 경제여건의 변화에 따라 자동적으로 변동하는 측면이 있어 경제안정화에 중요한 역할을 수행한다. 이를 가리켜 '재정의 자동안정화 장치'라고 한다.

예를 들면 경제가 호황을 누릴 때 조세수입은 그에 따라 증가한다. 다른 조건이 일정하다면 조세수입이 느는 만큼 민간의 소비지출은 억제된다. 소비수요의 둔화는 승수효과를 통해 경제의 과도한 질주에 브레이크를 걸며 경기의 지나친 과열을 막는다. 반대로 경제가 침체의 늪에 빠져 있을 때는 조세수입이 감소한다. 다른 조건이 일정하다면 세금의 감소는 소비를 촉진시켜 경제에 활력소를 불어넣는다. 이와 같이 소득세는 경기에 따라 자동적으로 변동하여 경기의 변동폭을 줄이는 기능을 수행한다. 조세제도의 자동안정화 장치는 조세가 누진세일 경우 더욱 큰 효과를 발휘할 수 있다.

또한 사회복지제도가 잘 발달된 나라에서는 이전지출 프로그램도 경기의 변동을 완화시키는 자동안정화 장치로서 중요한 기능을 수행한다. 예를 들면 경기가 부진하여 실업이 늘 경우 실업수당 등 이전지출의 혜택을 받는 사람들의 숫자가 늘어나 이전지출액이 증가한다. 이는 소비를 자극하여 경기를 끌어올리는 기능을 수행한다. 반대로 경기가 호전되면 많은 사람들이 일자리를 찾고 따라서 이전지출의 혜택을 받는 사람들의 숫자가 줄어들어 소비도 그만큼 감소한다. 이와 같이 재정의 자동안정화 장치는 경제가 침체국면일 때는 총수요를 촉진하고 경제가 호황국면일 때는 총수요를 감소시켜 결과적으로 경기변동을 완화하는 작용을 한다.

9

구축효과와 구인효과
그리고 리카도동등성

    재정적자는 경제에 심각한 영향을 미칠 수 있다. 먼저 우리의 관심을 끄는 것은 재정적자가 금리를 인상시키는가 하는 점이다. 재정적자는 정부지출의 증가로 유발될 수 있고 세금의 인하로 유발될 수도 있다. 많은 경제학자들이 정부지출의 증가로 인한 재정적자는 금리를 인상시킨다는 데 대해서는 별 이론이 없다.

    먼저 정부가 경기부양책의 일환으로 지출을 늘린 결과 재정적자가 발생한 경우를 생각해보자. 이 경우 정부는 재정적자를 메우기 위해서 중앙은행으로부터 돈을 빌리든가 세금을 인상하지 않는 한, 자본시장에서 돈을 빌려야 한다. 이 경우 정부는 이미 자금시장에 나와 있는 돈을 빌린다. 그러면 한 경제 내에서 전체적인 자금수요가 증가하기 때문에, 다른 조건이 일정하다면 정부지출의 증가로 인한 재정적자는 금리를 인상시키게 된다. 또한 정부가 자금을 외국인으로부터 차입하려 할 경우 외국 투자자들은 자국의 금리보다 높은 금리를 보장받아야 돈을 빌려주려고 할 것이다. 이와 같이 외국 투자자들로부터 돈을 빌리기 위해서는 국내 금리가 외국 금리보다 상대적으로 높아야 한다. 그러나 미국과 같이 정치적·경제적으로 안정된 나라는 외국보다 금리가 낮아도 돈을 얼마든지 빌릴 수 있다. 그 반면 부도위험이 높거나 전쟁위험이 높은 나라들(위험국가)에서는 보통 금리에 리스크 프리미엄이 가산되기 때문에 이 나라들의 금리는 안정된 국가들의 금리보다 높은 경향을 보인다.

그러나 세금 삭감으로 초래되는 재정적자도 금리를 인상시키는가 하는 문제에 관해서는 많은 논란이 있어왔으며 아직도 해결을 보지 못하고 있다. 일찍이 고전학파 경제학자인 데이비드 리카도는 세금 인하에 의해 초래된 재정적자는 금리에 아무런 영향을 미치지 않는다는 가설을 내세웠다. 리카도의 제안은 그 후 하버드 경제학자 로버트 배로에 의해서 더욱 정교하게 다듬어졌는데 그들의 이론은 흔히 리카도동등성Ricardian equivalence이라고 불린다.

리카도동등성의 제안자들에 의하면 세금이 인하될 경우 그것이 항구적인 것이든 일시적인 것이든 사람들은 소비를 늘리지 않고 오히려 저축을 늘리려는 경향을 보인다. 이 경우 민간저축이 늘어나지만 재정흑자는 줄어들어 총저축(민간저축+재정흑자)에는 아무런 변동이 없기 때문에 다른 조건이 일정할 경우 금리는 변동하지 않는다고 주장한다. 리카도동등성이론을 한마디로 설명하면, 정책당국자가 오늘 세금을 인하해주면 그에 따른 재정적자를 메우기 위해 나중에 세금을 인상하리라는 것을 경제주체들은 알기 때문에 여기에 속지 않고 후일의 세금인상에 대비해서 오늘 소비를 늘리는 대신 저축을 늘린다는 것이다. 이는 세금에 관한 한 조삼모사의 우화가 합리적인 경제주체에는 먹혀들어가지 않는다는 것을 말해준다.

거시경제학을 뜨겁게 달궈온 또 다른 논쟁거리는 정부지출의 증가(재정적자)가 민간부문의 소비, 투자, 수출을 감소시키는가 하는 문제다. 앞에서 살펴본 대로 재정적자를 기록할 경우 정부는 민간부문으로부터 돈을 빌린다. 이는 이미 경제에 돌고 있는 돈 가운데 일부가 정부부문으로 이전된다는 것을 의미한다. 따라서 재정적자가 발생할 경우 민간부문, 특히 투자와 소비 및 수출을 위해 사용될 돈이 정부지출을 위해 사용되기 때문에 민간부문의 투자, 소비, 수출이 위축될 수 있다.

먼저 소비가 어떻게 영향을 받는지를 살펴보자. 정부가 200억 원을 들여 공공도서관을 짓고 추가로 100억 원을 들여 책 100만 권을 구입한다고 하자. 민간소비가 받게 될 영향으로서 세 가지 가능성을 생각해볼 수 있다. 첫 번째, 민간소비자들이 책 구입에 100억 원을 줄이는 경우이다. 일반 소비자들은 필요한 책을 모두 공공도서관에서 열람하거나 대여할 수 있기 때문에 굳이 책을 사지 않는 경우이다. 이 경우 민간소비(도서 구입)는 정부지출의 증가(100억 원)만큼 줄어든다. 두 번째 가능성은 소비자들의 도서 구입비가 반으로 줄어드는 경우이다. 이 경우 민간소비가 정부지출의 증가만큼 줄어들지는 않는다. 세 번째는 소비자들의 도서 구입이 정부의 도서 구입에 전혀 영향을 받지 않는 경우이다. 이 경우 민간소비가 전혀 줄어들지 않는다. 첫 번째의 경우는 정부구입이 민간소비를 완전히 몰아냈다는 뜻에서 구축crowding-out했다고 말한다. 정부지출의 증가만큼 소비지출이 줄어들었기 때문이다. 두 번째 경우는 정부구입이 민간소비를 부분적으로 구축한 경우이며, 세 번째의 경우는 정부구입이 민간소비에 전혀 영향을 미치지 않은 경우이다.

다음으로 정부지출 증가와 민간투자의 관계에서 나타나는 구축효과

crowding-out effect를 살펴보자. 정부가 도서관 건립을 위해서 추가로 들어가는 비용을 모두 차입에 의존한다고 하면 이제 정부부문도 자본시장에서 민간 경제주체와 한정된 자금을 놓고 경쟁을 해야 하기 때문에 다른 조건이 일정하다면 시장금리가 상승하게 된다. 기업투자는 금리와 반대방향으로 움직이기 때문에 민간 기업투자가 줄어들 것이다.

끝으로 정부지출 증가는 수출에도 영향을 미친다. 재정적자의 결과로 한 나라의 금리가 상승하면 그 나라의 통화가치도 단기적으로 상승하는 경향이 있다. 왜냐하면 국제 자본이 금리가 높은 나라의 채권이나 금융자산으로 몰리기 때문이다. 통화가치가 상승할 경우 그 나라의 상품과 서비스가 국제시장에서 보다 비싸지며 그 결과 수출이 감소하게 된다.

이렇듯 고전학파 경제학자들은 민간부문에서의 소비, 투자 및 수출은 정부부문에서의 재정지출 증가액만큼 줄어든다고 본다. 그 결과 총수요(소비 + 투자 + 정부구입 + 수출 − 수입)는 서로 상쇄되어 전혀 증가하지 않기 때문에 재정지출이 총생산에 미치는 효과는 0이 된다고 주장한다. 고전학파 학자들의 이러한 주장을 완전 구축효과라고 한다.

반면 케인스 경제학자들은 재정지출의 증가가 금리를 상승시켜 투자, 소비 및 수출을 어느 정도 감소시키는 것은 사실이지만 민간수요를 완전히 구축할 정도로 금리의 상승효과가 크지 않으며 따라서 여전히 재정지출은 총생산과 고용에 영향을 미친다고 본다. 부분 구축효과를 인정하는 것이다. 오늘날 구축효과가 전혀 일어나지 않는다고 보는 견해는 드물다.

때때로 현실세계에서는 재정지출은 구축효과와 별도로 구인효과crowding-in effect도 갖는다. 구인효과는 재정정책이 경제의 총공급에 미치는 영향을 통해서 나타난다. 예를 들면 사회간접자본을 늘리기 위한 정부지출 증가 또는 근로, 저축 및 투자 의욕을 조장하기 위한 세금 감면은 총공급에 영향을 미칠 수 있다. 총공급이 증가한다는 것은 한 나라의 잠재적 생산능력이 증가한다는 것을 의미한다. 정부지출 증가와 세금 감면이 민간지출, 특히 투자지출의 증가를 가져오는 현상을 구인효과라고 부른다.

구인효과는 재정지출의 금리 상승에 따른 구축효과와 대비된다. 구축효과와 구인효과 가운데 어느 효과가 더 강한가는 재정지출이 정부소비를 위해서 사용되었느냐 아니면 정부투자(인프라)를 위해서 사용되었느냐에 따라 달라진다. 재정지출의 보다 많은 부분이 정부소비를 위해 사용되었다면 구축효과가 구인효과보다 강하게 나타날 것이며, 반대로 재정지출의 보다 많은 부분이 정부투자를 위해 사용되었다면 구인효과가 더 크게 나타날 수 있다.

10 재정적자와 시뇨리지

정부에 떨어지는 떡고물

재정적자는 인플레이션에 어떠한 영향을 미치는가 하는 질문도 끊임없이 제기되는 논쟁거리이다. 논쟁의 초점은 재정적자가 단독으로 지속적인 물가상승을 유발할 수 있는가 하는 점이다. 정부구입의 증가 또는 세금 인하는 총수요를 증가시킨다. 그러나 이러한 총수요의 증가는 단 한 번으로 그칠 경우 단 한 번의 인플레이션만을 가져올 뿐이라는 것은 이미 살펴보았다. 정부가 매년 계속해서 재정을 적자 운영할 경우 인플레이션 또한 매년 지속될 수 있다. 하지만 이것은 실현가능한 시나리오가 아니다. 재정적자에는 한계가 있기 때문이다.

재정적자를 민간으로부터의 차입이나 세금 인상으로 충당할 수 없는 경우 정부는 중앙은행에 손을 내밀 수밖에 없다. 이 방법은 그동안 남미의 여러 국가를 비롯해서 많은 개도국에서 널리 행해져왔으며 아직도 많은 권위주의 나라에서 재정적자를 충당하는 전형적인 방법으로 이용되고 있다. 정부가 화폐 발행을 통해 재정적자를 충당하는 경우, 실제로는 국채를 발행하여 이를 중앙은행이 매입하도록 압력을 넣는 방법으로 이루어진다.

화폐 발행에 의한 재정적자 충당은 중앙은행의 독립성이 얼마나 보장되어 있느냐에 따라 그 정도에 차이가 있을 수 있다. 미국같이 중앙은행의 독립성이 철저히 보장된 나라에서는 정부가 중앙은행으로 하여금 화폐를 발행하도록 강요할 수 없다. 설사 한다고 하더라도 중앙은행이 쉽게 정부의 요구를 들어주지 않는다. 기껏해야 정부는 중앙은행에 적절한 가격과 조건을 제시하여 국채를 사줄 것을 요청할 뿐이고 중앙은행이 이에 응할 경우 화폐 발행이 이루어진다. 그러나 많은 개도국이나 권위주의 나라에서는 중앙은행의 독립성이 충분히 보장되지 않기 때문에 정부는 재정적자가 발생하면 우선 중앙은행으로 하여금 화폐를 발행하도록 압력을 가한 다음 이를 빌린다. 이를 '재정적자의 화폐화'라고 한다.

정부가 재정적자를 메우려고 중앙은행으로부터 돈을 차입할 경우 이는 거의 필연적으로 '인플레이션에 이르는 길'이다. 정부가 재정적자의 화폐화 유혹을 뿌리치지 못하는 이유 가운데 하나는 인플레이션으로 실질적 이득을 올릴 수 있기 때문이다. 인플레이션은 정부가 중앙은행으로부터 빌린 실질차입금을 감소시켜 정부에 막대한 이익을 가져다줄 수 있다. 정부가 인플레이션으로부터 얻게 되는 실질수입을 '화폐주조차익' 또는 '시뇨리지seigniorage'라고 한다.

한 나라의 정부가 고속도로와 발전소를 건설하기 위해 10년 만기 10억 달러어치 국채를 발행하고 이를 중앙은행으로 하여금 구입하도록 한다고 하자. 경제에 10억 달러의 새로운 돈이 풀린 것이다. 이로부터 이 나라의 인플레이션이 10년 동안 1,000% 상승했다고 한다면 10년 후에 정부가 중앙은행에 갚아야 할 상환액은 빌릴 당시의 돈 가치(실질가치)로 따져 1억 달러에도 미치지 못한다. 정부는 약 9억 달러 이상의 이득을 보는 셈이다. 이 9억 달러가 시뇨리지로서, 사실상 정부수입이 된다. 이는 '떡고물'이라고 하기에는 너무 큰 금액이다. 정부가 떡고물이 아니라 시루의 밑바닥에 달라붙은 것만 남기고 대부분의 떡을 모두 가져가는 것이나 마찬가지이다. 물론 시뇨리지의 크기는 인플레이션율의 크기에 달려 있다. 일반적으로 시뇨리지의 크기는 다음과 같이 주어진다.

- 시뇨리지＝인플레이션율×실질화폐잔액

앞의 예에서 인플레이션율은 10년 동안 10(1,000%)이다. 실질화폐잔액은 명목화폐잔액을 물가지수로 나눈 값이다. 빌릴 당시의 명목화폐잔액은 10억 달러이다. 빌릴 당시 물가지수가 1이었다고 한다면 1,000% 인플레이션의 결과로 10년 후 물가지수는 인플레이션율 10을 더한 11이 된다. 따라서 시뇨리지＝(10)×(10억 달러/11)＝9.09억 달러이다. 정부는 10억 달러를 빌려서 약 9억 900만 달러의 수입을 챙긴다. 왜냐하면 정부가 10년 후에 갚아야 할 10억 달러는 실질가치로는 9,100만 달러에 불과하기 때문이다.

시뇨리지를 나타내는 식은 왜 경제학자들이 시뇨리지를 인플레이션세 inflation tax라고 부르는지를 보여준다. 정부는 인플레이션을 유발해 실질수입을 올리는 반면, 화폐를 보유한 사회구성원들은 그만큼 돈을 잃는다. 일반적으로 세수입은 세율에 과세표준소득을 곱한 값에 해당하는데, 인플레이션세의 경우 인플레이션율이 세율에 해당되고 실질화폐잔액이 과세소득에 해당된다.

그러면 정부가 징수한 인플레이션세는 누가 부담하게 될까? 인플레이션세는 화폐를 보유하고 있는 일반 대중이 지불하게 된다. 일반 세금은 국민들의 저항을 불러올 수 있지만, 정부는 인플레이션을 통해서 은밀히 대중으로부터 인플레이션세를 징수할 수 있는 것이다. 레닌이 자본주의를 파괴할 수 있는 강력한 무기로 제시한 것이 바로 이 방법이었다.

15강

무역과
국제금융

국제무역은 국가 간에 상품과 서비스를 사고파는 행위이며 국제금융은 국가 간에 자금을 서로 교환하는 행위이다. 시장에서의 교환이 교환에 참가하는 개인의 복지를 늘리는 것과 마찬가지로 국제무역과 국제금융도 그러한 활동에 참가하는 국가의 부를 늘린다. 범선에 상품을 실어 무역을 하던 먼 옛날에는 바람이 무역 촉진에 한몫을 해서 무역풍이라는 이름을 얻기도 했다. 바람이 잘 통해야 숲이 건강해지고 나무도 건강한 생명력을 유지하듯이, 국가 간 상품과 자금의 원활한 흐름은 나라의 경제를 살찌운다.

1 ____ 국제무역과 소득

지금 세계는 점점 좁아져간다. 1980년대 초반까지만 해도 한국에서 외국여행이란 극히 제한된 범위의 사람들만 누리는 사치로 인식되었다. 그러나 이제 외국여행은 국내의 다른 도시를 여행하는 것만큼 대수롭지 않게 여겨진다. 우리가 소비하는 상품의 상당수는 외국에서 생산되며 우리가 생산하는 상품의 상당수는 외국에서 소비된다. 한국에서 인터넷의 구매사이트를 통해서 외국 상품을 직접 구입하는 직구족들도 늘어나고 있다. 이제 외국인이 한국의 증권이나 자산을 거의 자유롭게 구입할 수 있는 시대가 되었으며, 한국인이 외국의 증권이나 자산을 구입하는 것도 식은 죽 먹기다. 개방화, 국제화, 세계화의 급속한 진전은 국내 경제활동과 경제정책의 운용에도 큰 변화를 가져오고 있다.

한국은 1961년 제1차 경제개발 5개년계획을 시작한 이래 수출을 성장의 엔진으로 하는 수출 주도형 성장정책을 추진해왔다. 지난 50여 년에 걸친 한국의 눈부신 경제성장은 수출 주도형 성장정책의 대표적인 성공 사례로 꼽힌다. 같은 기간 중 한국의 연간 수출 규모나 수출이 GDP에서 차지하는 비중을 보더라도 무역이 그동안 한국의 경제발전에 얼마나 중요한 기여를 했는지를 쉽게 확인할 수 있다.

GDP에 대한 수출의 비율은 1960년에는 4.1%에 불과했다. 그 비율이 1970년에는 14.9%로 높아졌고 1980년에는 34.6%까지 상승했다. 이후 25%에서 37% 사이에서 움직이다가 2013년에는 43%로 치솟았다. 연간 비율로서는 가장 높은 수준이다. 수입까지 포함한 총무역의 GDP에 대한 비율은 2013년 80.8%에 이른다. 이 비율은 세계에서 다섯 손가락 안에 들 정도로 높다. 소비중심 경제구조인 미국과 유럽의 선진 경제는 물론이고 수출 주도 성장전략을 추구해온 일본과 중국에서도 GDP에서 차지하는 수출의 비중은 한국에 비해 훨씬 낮다.

많은 나라들이 수출 주도 성장전략을 추구하는 것은 소득증대와 경제성장에 미치는 수출의 영향이 매우 크기 때문이다. 앞에서 보았듯이, 한 나라의 GDP는 다음과 같은 항목으로 구성된다.

- GDP = 소비(C) + 투자(I) + 정부구입(G) + 순수출(NX)

이 국민소득 계정으로부터 GDP를 구성하는 항목들이 증가하면 GDP도 증가함을 알 수 있다. 그러나 케인스 모형이 의미하듯이, 소비가 1억 원이 늘면 GDP가 1억 원만 느는 것은 아니다. 경제는 살아 있는 유기체와 같아서 정지상태에 있는 것이 아니라 동적인 과정을 이어간다. 일반적으로 소비가 1억 원이 증가하면 GDP는 약 1억 5,000만 원 증가한다고 분석된다. 이는 바로 지출의 승수효과 때문이다. 이러한 결론은 특히 케인스학파 학자들에 의해 지지받고 있다.

케인스 체계에서의 승수효과는 소비, 투자, 정부구입, 수출 및 수입 등 총지출 항목 가운데 독립지출인 경우에 한해서 발생한다. 독립지출이란 소득에 의존하지 않는 지출을 말한다. 반면 유발지출induced expenditure은 소득에 의해서 유발되는 지출이다. 앞의 지출 항목들 가운데 대부분의 소비와 수입은 소득에 의해서 유발되는 지출 항목들이다. 케인스 체계에서는 투자, 정부구입, 수출만이 독립지출로 간주된다. 이러한 관점에서 볼 때 수출이 유발하는 소득증대 효과(승수효과)는 다른 어떤 지출 항목보다 크다고 볼 수 있다. 특히 한국처럼 수출의 비중이 큰 나라에서는 더욱 그러하다.

먼저 수출과 소비의 승수효과를 비교해 소득 유발 효과를 살펴보자. 소비의 대부분은 소득에 의존하며 독립소비의 비중은 매우 낮다. 따라서 오직 소비의 적은 부분만 승수효과를 갖는다. 반면 수출은 모두 독립지출이며 따라서 수출 전체가 승수효과를 유발한다. 즉 소비와 수출이 똑같은 승수의 크기를 갖는다고 해도 각각이 GDP에 미치는 효과의 크기는 다르다.

다음으로 수출의 승수효과를 다른 독립지출인 정부구입과 투자의 승수효과와 비교해보자. 정부지출과 투자는 모두 독립지출이기 때문에 그 전체가 승수효과를 갖는다. 그러나 정부구입은 예산의 제약을 받으며 정책당국자는 이를 무한정으로 늘릴 수 없다. 또한 기업투자도 경기변동에 민감하게 반응하며 투자의 증가를 통한 승수효과도 한계가 있다. 그러나 한 나라의 수출은 오직 세계경제 상황에 의해서만 제약을 받을 뿐이다.

이상의 논의로부터 수출은 다른 어떤 지출항목보다도 강력한 소득 유발 효과를 갖게 됨을 알 수 있다. 자유무역이 지배하는 체제에서는 각 나라가 최대한으로 수출을 늘리려고 하는 이유가 여기에 있다.

그러나 우리는 수출만 할 수 없다. 외국으로부터 상품과 서비스를 수입하기도 한다. 수입은 한 나라의 소득순환 과정에서 소득을 외국으로 유출시키는 유출항목이다. 수입이 늘어나는 만큼 GDP도 유출된다. 수입은 우리의 소득에 의존하는 유발수입induced imports과 소득에 의존하지 않는 독립수입autonomous imports으로 구성된다. 물론 독립수입은 유발수입에 비해서 크기가 미미하다.

앞에서 살펴본 대로 수출은 모두 독립수출이다. 이와 같이 수출의 증가에서 독립수입의 증가를 뺀 독립순수출(수출-독립수입)이 승수효과를 가지며 이러한 독립순수출의 승수효과는 어느 다른 지출 승수효과보다 강력하다. 한국에서는 경제개발기에 연간 수출목표액을 설정해놓고 대통령이 직접 목표 달성을 독려할 정도로 수출에 각별한 관심을 기울였다. 지금은 직접적인 수출 독려보다는 환율정책을 통한 수출 증대에 정책의 우선순위를 두고 있다.

2 　　　　환율

　국내에서 상품이나 서비스를 구입하거나 여행을 하려면 원화가 필요
하듯이, 외국의 상품이나 서비스를 구입하든가 외국을 여행하든가 외국
의 자산에 투자하려면 외국의 돈, 즉 외환이 필요하다. 외환이 거래되는
시장이 외환시장이며, 이곳에서 각국 통화 사이의 교환비율, 즉 환율(명목
환율)이 결정된다. 외환시장에서 환율이 결정되는 메커니즘은 시대에 따
라서 크게 변천해왔다.

　한 나라가 개방경제체제에서 운용될 때 환율은 그 나라의 무역, 인플
레이션, 국민소득과 고용, 금리, 자산 가격 등 전반적인 경제활동에 영향
을 미친다. 환율은 또한 이 변수들에 영향을 받기도 한다. 환율과 이 변수
들 사이의 관계는 이처럼 쌍방향이다. 우리는 1997년 외환위기를 맞이
했을 때 환율의 불안정성이 어떻게 한국경제를 유린했으며 우리 생활의
구석구석까지 주름을 더했는지를 지금도 생생하게 기억하고 있다. 당시

원화의 달러 환율은 거의 1달러당 1,900원까지 치솟았으며 하루아침에 사람들은 직장을 잃고 거리로 내몰렸다. 그 참담함은 아직도 많은 사람들의 뇌리에서 떠나지 않고 있다.

환율과 경제활동 간의 관계를 이해하기 위해서는 우선 환율이 정확히 무엇을 의미하고 어떻게 측정되는지를 알 필요가 있다. 환율을 표시하는 방법에는 두 가지가 있다. 하나는 외국화폐 1단위, 예를 들면 미화 1달러를 얻기 위해 지불해야 할 자국화폐의 수량으로 나타내는 방법이다. 이 경우 두 나라 간의 환율은 '미화 1달러당 원화 1,000원'으로 표시된다. 이 환율은 자국 화폐로 표시된 외국 화폐 1단위의 가치이다. 다른 하나는 자국 화폐 1단위, 예를 들면 원화 1원과 교환되는 외국 화폐의 수량으로 나타내는 방법이다. '원화 1원당 미화 0.001달러 또는 0.1센트'로 표시한다. 거시경제학에서 사용되는 일반적인 관행은 환율을 외국 화폐(주로 미 달러화) 1단위와 교환되는 자국 화폐의 수량으로 표시하는 것이다. 그러나 미 달러화와 유로화 및 영국 파운드화 사이의 환율은 유로화 1단위 또는 파운드화 1단위와 교환되는 미 달러화의 수량으로 표시하는 것이 보통이다.

이 관행을 따를 때 우리는 종종 용어 사용에서 혼동을 일으킬 수 있다. 예를 들면 대미 달러 환율이 1달러당 1,000원에서 1,100원으로 변동하는 경우 '대미 달러 환율이 상승'했다고 하는데 이는 '원화가치가 하락'했음을 의미한다. 전에는 미국 돈 1달러를 사기 위해 한국 돈 1,000원이 필요했지만, 환율이 변동된 후에는 같은 1달러를 얻기 위해 1,100원을 지불해야 하기 때문이다. 반대로 환율이 1달러당 1,000원에서 900원으로 하락할 경우, 이는 원화가치가 상승했음을 의미한다.

- 명목환율 상승 ⇒ 원화가치 하락 ⇒ 원화의 절하
- 명목환율 하락 ⇒ 원화가치 상승 ⇒ 원화의 절상

한편 환율은 명목환율과 실질환율로 구분할 수 있다. 경제적 의사결정에 영향을 미치는 변수들은 명목변수가 아닌 실질변수라는 것을 보았다. 환율도 예외는 아니다. 우리는 명목환율(E)과 실질환율(e)을 구별해야 하며, 수출입물량에 영향을 미치는 것은 명목환율이 아니라 실질환율임을 알아야 한다. 명목환율은 앞에서 내린 정의대로, 외국 화폐 한 단위와 교환되는 자국 화폐의 수량이다. 앞에서 예로 든 미화 1달러당 원화 1,000원은 명목환율이다.

실질환율은 외국 상품과 국내 상품 간의 교환비율이다. 실질환율은 외국 상품 한 단위를 얻기 위해 교환해야 할 국내 상품의 수량이다. 실질환율과 명목환율 사이에는 일정한 관계가 성립한다. 실질환율은 명목환율에 외국 상품 가격에 대한 국내 상품 가격의 비율을 곱해준 것과 같다.

- 실질환율 = 명목환율 × $\left(\dfrac{\text{외국 화폐로 표시된 외국 상품의 가격}}{\text{자국 화폐로 표시된 자국 상품의 가격}} \right)$

실질환율과 명목환율의 관계는 조금 복잡해 보이지만 실은 간단하다. 대체적으로 외국 상품의 가격에 대한 자국 상품의 가격 비율은 단기에는 별로 변동하지 않으며 매우 안정적이다. 이는 바로 실질환율이 명목환율과 거의 같은 방향으로 움직인다는 것을 의미한다. 한 나라의 명목환율이 상승하면 실질환율도 상승하는 경향을 보이며 그 반대로 명목환율이 하락하면 실질환율도 하락하는 경향을 보인다.

이렇게 정의된 실질환율은 두 가지 중요한 의미를 함축하고 있다. 먼저 실질환율은 두 나라 간 상품 가격의 비율을 나타내기 때문에 실질환율을 분석하면 어느 나라의 상품 가격이 상대적으로 비싼지 또는 싼지를 알 수 있다. 이와 같이 수출입 물량에 영향을 미치는 것은 명목환율이 아니라 실질환율이다. 두 번째로, 국제시장에서 거래되는 상품들의 가격은 완전경쟁시장에서 결정되는 가격으로 볼 수 있다. 당연히 경쟁력이 높은 상품은 높은 가격을 받을 수 있고, 경쟁력이 낮은 상품은 낮은 가격으로 팔린다. 애플과 삼성의 스마트폰이 국제시장에서 높은 가격으로 팔리는 것은 품질, 성능, 디자인 면에서 경쟁력이 높기 때문이다. 이와 같이 실질환율은 한 나라(또는 산업)의 국제 경쟁력을 나타낸다(다만 우리가 미 달러화를 기준으로 환율을 표기하는 방식 때문에 실질환율의 역수가 국제 경쟁력을 나타내며, 이것을 때로는 '교역조건'이라고 한다).

한국과 미국 두 나라가 오직 한 가지 상품, 빅맥 햄버거만 생산한다고 가정해보자. 만약 두 나라 간의 실질환율이 0.5라고 한다면 이는 미국 빅맥 1단위와 교환되는 한국 빅맥이 0.5단위임을 의미한다. 다시 말해 한국 빅맥 1개가 미국 빅맥 2개와 교환된다는 것인데, 이는 한국의 빅맥 가격이 미국의 빅맥 가격에 비해 두 배가 비싸다는 것을 말해준다.

우리는 한국과 미국 두 나라가 오직 한 가지 상품만 생산한다는 가정 아래에서 실질환율을 구했다. 그러나 현실 경제에서는 두 나라 모두 여러 종류의 상품을 생산한다. 생산량도 각각 천차만별이다. 이와 같이 실제로 산출되는 실질환율은 각 나라에서 생산되는 교역 가능한 상품을 가중평균한 수출 및 수입 가격지수를 산정해서 두 나라 간의 실질환율을 구한다.

실질환율의 상승 또는 하락이라는 표현을 사용할 때도 명목환율에서와 비슷한 혼란이 일어날 수 있다. 명목환율의 상승은 원화가치의 상대적인 하락을, 명목환율의 하락은 원화가치의 상대적인 상승을 의미한다는 것을 보았다. 이와 비슷하게 실질환율의 상승은 국내 상품 가격의 상대적인 하락을, 실질환율의 하락은 국내 상품 가격의 상대적인 상승을 의미한다. 이러한 관계는 앞의 식으로부터 분명해진다. 국내 상품 가격이 떨어지면 분모가 작아지기 때문에 실질환율은 상승하고, 반대로 국내 상품 가격이 오르면 실질환율은 하락한다.

이와 같이 실질환율의 상승은 국제시장에서 달러로 표시된 자국 상품의 가격이 상대적으로 하락한다는 것을 의미함과 동시에 외국 상품 한 단위와 교환되는 자국 상품의 수량이 많아진다는 것을 의미한다. 이는 바로 국내 상품의 경쟁력이 낮아진다는 것을 의미한다. 반대로 실질환율 하락은 국내 상품의 국제 경쟁력이 높아진다는 것을 의미한다.

- 실질환율 상승 ⇒ 국내 상품 가격 하락 ⇒ 국제 경쟁력 하락
- 실질환율 하락 ⇒ 국내 상품 가격 상승 ⇒ 국제 경쟁력 상승

우리는 또한 현물환율spot exchange rate과 선도환율forward exchange rate을 구분할 수 있다. 외환거래에는 두 종류가 있다. 현물거래는 일정한 양의 외환을 현재의 환율로 오늘 사거나 팔기로 계약을 체결하는 거래를 말하며, 현물거래에 적용되는 환율이 현물환율이다. 이와 대조적으로 선도거래는 일정한 양의 외환을 오늘 합의된 환율로 미래의 날짜에 사거나 팔기로 계약을 체결하는 거래를 말하며, 선도거래에 적용되는 환율이 선도환율이다. 즉 현물환율은 현재 시장에서 통용되는 환율이며, 선도환율은 장래의 환율에 대한 현재의 예측치라고 볼 수 있다.

한국은 어느 한 나라하고만 상품 및 서비스 거래를 하는 것은 아니다. 지구상의 거의 모든 나라와 대외거래를 행하고 있으며 따라서 한국과 다

른 나라 사이의 환율도 외국 화폐 수만큼 존재한다. 한국 원화의 실효환율effective exchange rate은 한국의 원화와 다른 모든 무역상대국 화폐의 교환가치를 가중평균한 지수이다. 실효환율은 보통 한국과 해당 국가 간의 무역이 한국의 전체 무역에서 차지하는 비중을 가중치로 하여 산정된다. 실효환율은 한 나라의 통화가치를 나타내는 지표이기 때문에 지수가 올라가면 통화가치의 상승을, 반대로 내려가면 통화가치의 하락을 의미한다. 이와 같이 실효환율은 명목환율과 반대되는 의미를 담고 있다. 이 지수가 100을 넘으면 현재의 원화가치가 기준연도에 비해 더 올라갔다는 것을, 100보다 작으면 기준연도에 비해 더 떨어졌다는 것을 의미한다. 실효환율에 대해서도 명목실효환율과 실질실효환율을 구분할 수 있다.

3

환율과
경제활동

한국이 현재 채택한 변동환율제 아래에서 환율은 외환시장에서 수요와 공급 요인에 의해서 결정된다. 따라서 환율은 수시로 오르거나 하락하는 추세를 보인다. 환율의 변동은 경제에 어떠한 영향을 미칠까? 환율이 오를 경우 경제에 도움이 될까 해가 될까?

먼저 환율과 인플레이션의 관계를 살펴보자. 한국의 대미 달러 환율이 1달러당 1,000원에서 1,100원으로 상승했다고 가정한다. 이는 곧 한국의 원화가치가 미국의 달러화에 대해 상대적으로 하락했음을 의미한다. 캘리포니아산 와인의 가격이 미국에서 한 병당 20달러라고 하면 환율이 변동하기 전에는 한국 소비자들이 와인 한 병을 구입하는 데 2만 원을 지불했다. 그러나 환율이 상승한 후에는 2만 2,000원을 지불해야 한다. 따라서 국내 소비자물가지수(CPI)는 그만큼 상승하게 된다. 한마디로 말해서 원화가치가 떨어졌기 때문에 한국 소비자들은 이제 외국 상품을 구입하기 위해 보다 비싼 값을 지불해야 한다. 외국 상품이 국내 소비에서 차지하는 비중이 높을수록 환율 변동이 가격에 미치는 효과는 더욱 클 것이다. CPI에 근거한 인플레이션율은 그만큼 상승하게 된다. 그러나 GDP디플레이터는 외국에서 생산된 상품이나 서비스의 가격을 포함하지 않기 때문에 환율의 변동은 GDP디플레이터에 근거한 인플레이션율에는 직접적인 영향을 미치지 않는다.

이와 같이 다른 조건이 일정하다면, 환율 상승은 인플레이션 상승을 유발한다는 점에서 국내 경제에 별로 달갑지 않은 결과를 가져온다. 환율 하락은 반대로 국내 인플레이션을 낮추는 효과가 있다.

- 환율 상승 ⇒ 원화가치 하락 ⇒ 국내 인플레이션 상승
- 환율 하락 ⇒ 원화가치 상승 ⇒ 국내 인플레이션 하락

환율의 변동은 무역에도 강력한 영향을 미친다. 앞의 예시를 계속 살펴보면 환율의 상승으로 미국 와인의 국내 가격이 상대적으로 비싸졌기 때문에 미국 와인에 대한 한국 소비자들의 수요가 떨어질 것이다. 그 대신 국내 소비자들은 국산 와인이나 막걸리 등 값싼 대체재를 찾을 것이다. 이와 같이 환율 상승, 즉 원화가치 하락은 수입을 억제하는 효과를 갖는다.

- 환율 상승 ⇒ 수입 감소
- 환율 하락 ⇒ 수입 증가

또한 미국 소비자들의 입장에서 보면, 환율이 변동하기 전에는 가격이

3만 3,000원인 한국의 골프모자 하나를 구입하는 데 33달러를 지불해야 했는데 이제는 30달러로 살 수 있게 된다. 그들은 미국산 골프모자에서 한국산 골프모자로 소비패턴을 바꾸려고 할 것이다. 이와 같이 환율 상승은 한국의 수출을 촉진하는 효과를 갖는다. 따라서 다른 조건이 일정하다면 환율 상승은 수입을 줄이고 수출을 늘려 한국의 무역수지를 개선시킨다는 점에서 국내 경제에 바람직한 영향을 미친다. 환율의 하락은 그 반대의 결과를 가져온다.

- 환율 상승 ⇒ 수출 증가, 수입 감소 ⇒ 무역수지 개선
- 환율 하락 ⇒ 수출 감소, 수입 증가 ⇒ 무역수지 악화

그러나 마셜-러너조건Marshall-Lerner condition에 의하면 환율 상승이 무역수지에 미치는 효과는 어느 정도 시간이 지난 후에야 나타나며, 단기적으로 환율 상승은 오히려 무역수지를 악화시키는 결과를 가져온다. 환율 상승에 따른 무역수지의 변화를 세로축, 시간의 흐름을 가로축으로 그래프를 그리면 알파벳 J를 닮은 형태를 얻게 되는데 이를 J-곡선이라고 한다.

환율은 국내 소득(GDP)과 고용에도 중요한 영향을 미친다. 순수출(수출-수입)은 총수요의 중요한 구성요소이다. 환율 상승으로 수출이 늘고 수입이 줄어드는데다 국내 상품에 대한 외국의 수요가 그만큼 늘어나 GDP가 증가한다. GDP가 늘어나면 기업은 투자와 고용을 늘리게 된다. 수출의 투자 및 고용 유발효과는 무역의 비중이 큰 나라일수록 더욱 크게 나타난다. 따라서 다른 조건이 일정하다면 환율 상승은 GDP와 고용을 늘린다는 점에서 국내 경제에 고무적인 결과를 가져온다. 환율 하락은 그 반대의 결과를 가져온다.

- 환율 상승 ⇒ 소득 및 고용 증가
- 환율 하락 ⇒ 소득 및 고용 감소

논의를 종합해보면 환율의 하락(원화가치 상승)은 물가안정화를 위해서는 긍정적인 영향을 미치지만 무역과 소득 및 고용에는 부정적인 영향을 미친다. 반대로 환율의 상승(원화가치 하락)은 무역과 소득 및 고용에는 청신호가 되지만 인플레이션에는 적신호가 될 수 있다. 이와 같이 환율의 변동은 국내 경제에 득이 되는 면도 있고 해가 되는 면도 있다. 따라서 환율 변동의 최종효과를 저울질할 때는 국내 경제가 어떤 상황에 처해 있는지를 면밀히 검토할 필요가 있다. 만약 국내 경제가 인플레이션보다는 경기침체로 골머리를 앓고 있다면 원화의 약세(고환율)가 바람직할 것이고, 반대로 경기침체가 아니라 인플레이션이 골칫거리라면 원화의 강세(저환율)가 바람직할 것이다.

그러면 환율과 금리 사이에는 어떤 관계가 있을까? 만약 자본거래가 완전 자유화되어 있는 상황에서 한국의 금리가 미국의 금리보다 높다면 채권이나 예금 같은 한국의 금융자산은 국제 투자자들에게 보다 매력적인 투자대상이 될 것이다. 왜냐하면 한국 채권으로 얻게 될 투자수익이 미국 채권으로 얻게 될 투자수익보다 높아지기 때문이다. 따라서 국제 투자자들은 한국의 채권을 구입하려고 할 것이므로 그들은 한국의 원화를 필요로 하게 된다. 원화에 대한 수요가 증가하면 원화가치는 그만큼 올라가고 환율은 하락한다. 이와 같이 국내외의 금리 차이는 단기적으로는 환율에 직접적인 영향을 미친다. 이는 정책당국자가 금리를 조정해서 환율에 영향을 미칠 수 있음을 보여준다.

- 금리 상승 ⇒ 환율 하락 ⇒ 원화가치 상승
- 금리 하락 ⇒ 환율 상승 ⇒ 원화가치 하락

마지막으로 환율이 주식이나 채권 등의 자산시장에 어떠한 영향을 미치는지를 살펴보자. 특히 우리의 관심을 끄는 것은 원화가치가 상승(환율이 하락)하면 한국의 주식 가격도 상승하는지, 또는 반대로 한국의 주식 가격이 상승하면 원화가치가 상승하는지 하는 점이다. 이론적으로는 원화가치가 상승할 것으로 예상되면 한국의 주식 가격도 상승하며, 한국의 주식 가격이 상승할 것으로 예상되면 원화가치도 상승하게 된다. 이처럼 환율의 변동은 자산 가격의 변동을, 자산 가격의 변동은 환율의 변동을 가져올 수 있다. 인과관계가 양 방향으로 흐르는 현상을 피드백 효과라고 한다. 그러나 실증적으로는 각 나라의 외환시장이나 자산시장이 얼마나 개방되어 있으며 얼마나 효율적인가에 따라 그러한 관계는 다르게 나타날 수 있다.

- 원화가치 상승(환율 하락) 예상 ⇒ 자산 가격 상승
- 자산 가격 상승 예상 ⇒ 원화가치 상승(환율 하락)

4   환율제도

현재 세계 여러 나라에서 채택된 환율제도는 크게 세 가지로 분류할 수 있다. 하나는 자유변동환율제(순수변동환율제) freely floating exchange rate system이다. 이 체제 아래에서는 환율이 외환시장에서 외환에 대한 수요와 공급의 상호작용에 의해 자유롭게 결정되며 정부는 환율결정에 전혀 개입하지 않는다. 변동환율제 아래에서 결정되는 환율은 균형환율equlibrium exchange rate 또는 시장환율market exchange rate이라고 불린다.

다른 하나는 고정환율제fixed exchange rate system로서, 정부가 자국 통화의 가치를 금이나 기축통화에 연계시킴으로써 환율을 일정 수준으로 유지시키는 체제이다. 환율이 변동할 조짐을 보이면 정부는 자국 통화의 가치를 유지하기 위해 외환시장에 적극 개입하게 된다. 이 체제 아래에서 결정되는 환율은 공적 환율official exchange rate이라고 불린다.

마지막으로 관리변동환율제managed floating exchange rate system는 앞의 두

체제의 중간에 위치한 제도이다. 정부가 목표 환율을 설정하고 실제 환율이 목표 환율 범위 안에서 움직이도록 관리한다. 만약 실제 환율이 목표 환율로부터 이탈할 경우 외환시장에서 자국 화폐를 사거나 파는 등 외환시장에 일시적으로 개입하는 정책을 취한다. 많은 나라가 관리변동환율제를 채택하고 있는 것은 지나친 환율의 변동이 환투기를 불러오고 환리스크를 증가시키는 등 실물경제의 불안정성을 증폭시킬 수 있다는 우려 때문이다.

관리변동환율제 아래에서도 정부 개입의 빈도와 강도에 따라 순수변동환율제에 가까운 체제로부터 '더러운 변동환율제dirty floating exchange rate'에 가까운 체제에 이르기까지 다양한 형태가 존재한다. 미국과 서유럽 국가들 같은 자유시장경제에서는 순수변동환율제에 가까운 환율제도를 운용하고 있다. 그러나 수출 주도 성장전략을 추구하는 나라들, 특히 동아시아 국가들은 강력한 형태의 관리변동환율제를 채택하고 있다. 관리변동환율제 아래에서는 정부가 환율을 일정한 수준으로 관리하기 위해 외환시장에 수시로 개입하기 때문에 국제적 분쟁이 일어나기도 한다. 환태평양경제동반자협정Trans-Pacific Partnership(TPP)에 참여하는 나라들이 환율절하 경쟁을 자제한다는 내용의 공동선언을 채택한 것도 환율조작에 대한 미국의 강한 불만을 반영한 것이다.

관리변동환율제는 때로는 '더러운 변동환율제'라고 불리는데, 정부가 자국의 수출을 늘리기 위해 외환시장에 개입해서 인위적으로 환율을 조작하려는 행위를 빗댄 표현이다. 일부에서는 중국을 더러운 변동환율제를 가장 철저히 시행하고 있는 나라로 간주한다. 중국 위안화의 환율은 고정환율제와 변동환율제를 혼합한 하이브리드 변동환율제로 볼 수 있다. 위안화의 환율은 네 개의 통화(달러화, 유로화, 엔화, 원화)를 배스킷으로

해서 각 통화의 환율을 가중평균해 그날그날의 환율을 결정한다. 중국 정부는 목표 환율을 정하고 그에 맞춰 환율을 관리하는 것으로 알려져 있다.

고정환율제도 아래에서도 경제 여건의 변화로 고정환율을 더 이상 유지할 수 없는 상황에 이르면 정부는 환율 자체를 변경하는 비상조치를 취한다. 이때 통화가치를 하락시키는 방향으로 환율을 조정하면 평가절하devaluation라고 하며, 통화가치를 상승시키는 방향으로 조정하면 평가절상revaluation이라고 한다. 변동환율제 아래에서는 환율이 시장의 수요와 공급에 의해 수시로 변동한다. 이 제도 아래에서 한 나라의 통화가치가 다른 나라의 통화가치에 비해 하락할 때 이를 통화가치의 하락depreciation(또는 환율의 상승)이라고 하며, 한 나라의 통화가치가 다른 나라의 통화가치에 비해 상승할 때 이를 통화가치의 상승appreciation(또는 환율의 하락)이라고 한다.

개발도상국가들, 특히 남미의 많은 나라들은 변동환율제보다는 여러 형태의 변형된 환율제도를 채택하고 있다. 예를 들면 평가조정환율제 또는 소폭변경연계환율제라고 할 수 있는 크롤링페그crawling peg제도는 한 나라의 통화가치를 다른 기축통화에 고정시키되 국제수지에 교란요인이 발생하면 고정된 환율을 수시로 변동시키는 제도이다. 크롤링페그제는 고정환율제와 변동환율제의 장점을 결합한 제도인데 변동환율제에 보다 가깝다고 볼 수 있다. 이 제도는 국제수지의 불안정과 인플레이션의 가변성으로 어려움을 겪는 남미 국가들, 볼리비아, 브라질, 코스타리카, 니카라과, 페루 등이 주로 채택하고 있다.

그런가 하면 고정환율제보다 더욱 확고하게 환율을 고정시키는 제도가 통화위원회currency board제도이다. 통화위원회는 보통 한 나라의 중앙은행과 병행해서 또는 중앙은행을 대체해서 운용된다. 통화위원회의 유일한 기능은 통화위원회가 발행한 자국의 통화를 고정 비율로 기축통화(달러화)와 교환해주는 것이다. 통화위원회 아래에서 고정환율은 법으로 정해진다. 그만큼 고정환율을 변동하는 것이 쉽지 않게 된다. 통화위원회는 일반적인 중앙은행과 달리 국내 경제활동을 관리하기 위해 통화량을 조절하는 통화정책을 수행하지 않는다.

통화위원회를 채택한 대표적인 사례로 홍콩과 아르헨티나를 들 수 있다. 영국이 홍콩을 1997년 중국에 반환하기로 하는 협상이 1982년 영국과 홍콩 사이에 시작되자 홍콩달러화는 심하게 요동쳤다. 이 통화위기는 홍콩 당국이 1달러당 7.8홍콩달러로 묶는 통화위원회제도를 채택함으로써 진정되기 시작했다. 한편 아르헨티나는 막대한 해외 차입으로 1980년대 말에서 1990년대 초 연 1,000%가 넘는 초인플레이션을 경험했는데, 초인플레이션을 잡기 위해서 아르헨티나 정부는 1991년 통화위원회제도를 도입했다. 초기에는 통화위원회가 잘 돌아가는 듯했으나 아르헨티나가 2001년 대외채무에 대한 지불불능을 선언하면서 통화위원회제도도 더 이상 존속하지 못하고 막을 내렸다. 홍콩의 경험은 통화위원회제도의 성공 사례로, 아르헨티나의 경험은 실패 사례로 꼽힌다.

한국이 변동환율제를 채택한 것은 그렇게 오래되지 않았다. 1990년 3월 한국은 변동환율제로 나아가기 위한 전 단계로 매일 매매기준율을 정하고 가격변동의 상·하한폭을 정해 그 범위 내에서 움직이도록 하는 시장평균환율제를 채택했다. 그러다가 1998년 12월 IMF로부터 구제금융을 받으면서 한국 정부는 환율의 하루 변동폭을 철폐했으며, 그 이후 환율이 시장에서 수요와 공급에 따라 변동되는 변동환율제로 이행했다.

5 ─── 국제 통화체제의
변천

국제 통화체제는 국제금본위제에서 고정환율제로, 다시 고정환율제에서 변동환율제로 변천해왔다. 1815년 무렵부터 등장한 국제금본위제도는 공식적으로는 1975년 1월 역사의 뒤안길로 완전히 사라질 때까지 명맥을 유지했지만, 대공황이 한창이던 1933년 사실상 와해되었다. 제2차 세계대전의 종전이 가까워질 무렵 승전국 대표들은 국제금본위제도를 대체할 새로운 국제금융 질서를 설계하기 시작했으며 거기에서 제안된 것이 고정환율제였다. 그러나 미국의 무분별한 달러화 발행으로 주요 국가들이 더 이상 고정환율제를 유지하기가 어려워지자 1973년 3월 고정환율제는 철폐되었다. 그 대안으로 등장한 것이 현재의 변동환율제다.

먼저 금본위제의 발전 과정을 살펴보기로 하자. 1815년경부터 제1차 세계대전이 발발하기 전인 1913년까지 세계 주요국의 경제는 금본위제도 아래에서 운영되었다. 금본위제도는 지폐의 무분별한 발행이 인플레이션을 유발한다는 깨달음에서 탄생했다. 금화는 이미 그리스, 로마 시대부터 사용되었으나, 금본위제도는 내재적 가치를 갖는 금화를 매개수단으로 사용하는 화폐체제하고는 근본적으로 다르다. 금본위제도 아래에서도 물론 금화가 사용될 수 있지만 그것이 중요한 요소는 아니다. 금본위제도는 교환의 매개수단인 화폐(지폐)의 가치가 금의 일정한 양으로 정의되는 특징을 갖는다. 예를 들면 '금 1온스는 20달러의 가치를 갖는다' 또는 '1달러는 금 0.05온스와 교환된다'는 식으로 화폐의 가치와 일정량의 금의 가치가 등가관계를 유지하는 제도이다. 이 제도 아래에서는 20달러를 가진 사람은 언제라도 이를 금 1온스와 교환(또는 태환)할 수 있다.

국제금본위제도 아래에서 1온스의 금은 미화 20달러 혹은 영화 4파운드와 교환되었다. 미국 돈 20달러와 영국 돈 4파운드가 등가관계를 갖게 되는 셈이다. 이는 영국 돈 1파운드로 미국 돈 5달러를 살 수 있다는 것을 의미하며 따라서 미국 달러화와 영국 파운드화 사이의 환율은 자동적으로 1파운드당 5달러로 결정되는 시스템이 확립되었다. 이와 같이 금본위제도 아래에서는 각국 간의 환율이 일정한 수준에서 고정되는 장치가 마련되었기 때문에 환율이 안정화되는 부차적 효과를 누렸다.

금본위제가 상당히 오랜 기간 유지될 수 있었던 것은 금 가격이 시장에서 수요와 공급에 의해서 결정되기 시작한 1970년대 초까지 오랫동안 매우 안정적인 움직임을 보인 것과도 관련이 있다. 이는 금본위제도 아래에서 물가가 매우 안정적인 움직임을 보였다는 것을 의미하기도 한다. 금본위제도 아래에서는 미국을 비롯한 많은 나라가 인플레이션보다도 오히려 디플레이션을 걱정할 정도였다.

만유인력의 법칙을 발견한 아이작 뉴턴Isaac Newton은 영국 왕립조폐국의 총책임자를 지냈다. 그는 1717년 금값을 1온스당 3파운드 17실링 10

펜스로 책정했는데 이 가격은 1914년까지 200년 동안 거의 변동 없이 그 수준에서 유지되었다. 오직 나폴레옹과의 전쟁기간인 1729~1821년만 예외였다. 뉴턴이 도입한 공정 금 가격 제도는 금본위제도의 효시라고 볼 수 있다. 미국 정부의 공정 금 가격도 1792년부터 1973년까지 오직 네 번밖에 바뀌지 않았다. 1792년 1온스당 19.75달러에서 결정된 공정 금 가격은 1834년에 20.67달러로, 1934년에 35달러로 인상되었다. 그리고 1972년에 1온스당 38달러로 다시 조정된 후, 1973년에는 다시 42.22달러로 인상되었다. 이 가격이 마지막 공정 금 가격이었다.

1815년 무렵부터 선진국들은 국제금본위제도를 채택하기 시작했지만 고전적 국제금본위제도의 전성기는 1870년대부터 1913년까지 약 40년 동안이었다. 그러다가 제1차 세계대전이 발발한 1914년부터 전쟁이 끝난 1918년까지 금본위제도는 사실상 붕괴되었다. 그런데 제1차 세계대전이 끝난 후 다시 금본위제도로의 복귀를 갈망하는 분위기가 팽배해졌다. 주된 이유는 금본위제도가 사실상 중단된 전쟁기간 중 인플레이션이 걷잡을 수 없이 광폭한 움직임을 보였기 때문이었다. 미국이 금본위제도로 복귀한 첫 번째 국가가 되었으며 그 뒤를 이어 유럽 여러 나라들도 금본위제도를 다시 채택하기 시작했다.

그러나 미국에서 1929년 대공황이 발발하고 대공황의 여진이 유럽 여러 나라로 번지자 금본위제도도 다시 중대한 도전을 받게 되었다. 대공황의 여파가 점점 깊어감에 따라 각국의 통화도 점점 금과의 연계성을 잃어가기 시작했다. 특히 미국 정부는 달러가치의 하락으로 1온스의 금을 20달러와 교환해줄 수 없게 되자 1933년 금과 달러화의 태환을 중단하기에 이르렀다. 다른 나라들도 뒤따라 금과의 태환을 중단했다. 전쟁 이전의 고전적 금본위제도를 복구하려는 노력은 이로써 물거품이 되었다.

미국은 뒤이어 1934년 민간이 보유한 금을 정부에 넘기도록 하는 법을 통과시켰다. 이 법에서 민간의 금 보유를 금지하고 오직 정부만이 모든 화폐용 금에 대한 소유권을 갖도록 했다. 그리고 미국 정부는 미국 달러화에 대한 평가절하를 단행했다. 공정 금 가격은 1온스당 20.67달러에서 35달러로 인상되었다. 달러화의 가치가 그만큼 떨어진 것이다.

1971년은 금본위제도가 공식적으로 무대에서 퇴장한 해였다. 그해 8월 미국의 닉슨 대통령은 금을 1온스당 35달러에 사거나 팔기로 하는 약정을 중단하겠다고 선언했다. 미국 정부가 공식적으로 '금의 비화폐화 demonetization of gold'를 선언함으로써 금본위제도를 폐기한 것이다. 1975년 1월 1일부터 국제 결제를 위한 공정 금 가격(1온스당 35달러)도 철폐되었다. 이로써 금을 민간시장에서 시장가격으로 사고파는 체제가 확립되었다. 민간인의 금 보유 금지도 1975년 완전히 철폐되었다.

금본위제도의 가장 큰 특징은 한 나라의 통화량이 그 나라가 보유한 금의 양에 의해 제한된다는 점이다. 통화량이 반드시 그에 상응하는 금 보유량으로 뒷받침되어야 하기 때문에 통화당국은 화폐를 마음대로 찍어내지 못한다. 따라서 금의 양이 늘어나지 않으면 통화량이 늘어나지 않는다(만약 새로운 금광이 발견되어 금 생산량이 급격히 늘어나면 통화량도 급격히 증가하게 된다). 현대의 경제이론은 통화량의 급격한 증가가 인플레이션(특히 초인플레이션)의 주범이 된다는 데 거의 이론이 없다. 금본위제도 아래에서는 공급 충격이 없는 한 인플레이션이 발생할 소지가 거의 없다. 이런 이유로 아직도 일부에서는 인플레이션을 막고 경제를 안정시키기 위해 금본위제도로 복귀하자는 주장을 펴는 사람들이 있다.

그러나 금본위제도가 갖는 장점에도 불구하고, 현대의 복잡한 경제체제 아래에서 금본위제도로 돌아간다는 것은 현실성이 떨어지는 주장이다. 금을 화폐로 사용하기 위해서는 금의 산출량이 상품과 서비스의 거래를 뒷받침할 만큼 증가해야 하는데 현재의 금 매장량으로 볼 때 그것은 가능하지 않다. 현재의 금 매장량은 약 4만 톤으로 추정되며 현재의 속도로 금을 채굴할 경우 머지않은 장래에 채산성 있는 금광은 거의 바닥날 것으로 전망된다. 현재의 금 보유량을 다 합쳐도 미국 달러 표시 본원통화의 0.3%에 지나지 않는다. 이 정도의 규모로 매년 생산되는 상품과 서비스를 거래한다는 것은 거의 불가능하다. 만약 공정 금 가격 제도를 다시 도입하고 금 가격을 엄청나게 높게 책정한다면 가능할지는 모르지만 세계경제에 대혼란을 가져오리라는 것이 불을 보듯 뻔하다.

6

브레튼우즈 체제의 탄생과 붕괴

고정환율제에서 변동환율제로

1944년 제2차 세계대전 종전이 임박한 가운데 주요 연합국 대표들은 미국 뉴햄프셔 주에 있는 브레튼우즈에서 회동을 갖고 금본위제도를 대체할 새로운 국제 통화체제를 강구하기 시작했다. 케인스 경제학파의 창시자인 케인스도 영국 대표로 이 회의에 참석했다. 이들은 1930년대에 경험했던 환율의 불규칙한 변동이 국제경제 질서에 여러 가지 바람직하지 않은 결과를 초래했다고 판단하고 환율을 거의 일정하게 유지하는 고정환율제를 채택하기로 합의했다. 이로써 향후 국제 통화체제를 약 30년간 떠받칠 브레튼우즈 체제가 출범하게 되었다.

이 체제 아래에서 각국이 그들 통화의 교환가치를 미국 달러화를 기준으로 설정함으로써 이제 미 달러화는 금을 대체하는 새 체제의 축(기축통화)으로 등장하게 되었다. 예를 들면 한국 돈 1,000원이 1달러와 등가를 가지며 일본 돈 250엔이 1달러와 등가를 가진다는 식으로 환율이 고정되었다. 이 비율을 환평가par value라고 한다. 각국 중앙은행은 자국의 통화가치를 환평가의 ±1% 범위로 유지하기로 합의했다. 가령 원화와 달러화 사이의 환율이 1,000원대 1달러로 결정되었다면 한국은행은 1달러당 990원에서 1,010원 범위 내에서 환율을 유지할 의무를 갖게 된 것이다.

브레튼우즈 체제 아래에서는 각국이 자국의 통화가치를 유지하기 위하여 상당한 규모의 달러화를 보유하지 않으면 안 되었다(주로 미재무성증권으로 보유한다). 한 나라의 통화가치가 합의된 변동폭을 상회할 기미를 보일 경우(예를 들면 1달러당 1,020원), 이는 달러화 강세를 의미한다. 이는 시장에 달러화가 부족해서 일어난 현상이기 때문에 한국은행은 보유한 달러화를 시장에 풀고 그 대신 원화를 매입해서 환평가를 유지해야 한다. 이를 위해 달러화의 충분한 보유가 필요했던 것이다. 반대로 한 나라의 통화가치가 합의된 변동폭 아래로 떨어질 조짐을 보일 경우(예를 들면 1달러당 980원), 이는 원화 강세를 의미한다. 이는 시장에 달러화가 너무 많아서 일어난 현상이기 때문에 한국은행은 시장에 원화를 풀고 그 대신 달러화를 매입해서 환평가를 유지해야 한다.

브레튼우즈 체제는 미국 달러화에 대해서 특별 지위를 부여한 체제로서 다른 나라들은 국제거래에서 상대적으로 불평등한 처지에 놓이게 되었다. 한국이 다른 나라들로부터 수입을 과다하게 많이 할 경우 다른 나라들은 기축통화인 미국 달러화로 결제해줄 것을 요구할 것이다. 그러면 한국의 달러화 준비금은 곧 바닥이 나 더 이상 원화의 환평가를 유지하는 것이 어려워진다. 한국은 결국 평가절하를 단행하지 않을 수 없게 된다. 예를 들면 1달러당 1,000원에서 1,200원으로 평가절하를 단행해야 하는 상황을 맞게 된다. 실제로 한국은 고정환율제 아래에서 달러 보유 부족으로 수차례 평가절하를 단행했다.

브레튼우즈 체제 아래에서 미국은 이러한 불리한 상황으로부터 비켜나 있었다. 수입을 과다하게 하더라도 달러화를 얼마든지 찍어내 수입대금을 결제할 수 있어서 공적 준비금 고갈 같은 문제로 걱정할 필요가 없었다. 미국의 경제, 특히 달러화가 계속 안정을 유지하기만 한다면 브레튼우즈 체제가 미국에 부여한 특별우대는 국제 통화금융체제의 안정을 위해서 바람직할 수도 있었을 것이다. 그러나 달러화의 안정이 흔들리는 상황에서 미국 달러화를 축으로 하는 국제 통화체제가 안정되기를 바라는 것은 나무에 올라가 물고기를 구하는 것과 마찬가지이다.

1960년대 말 베트남전쟁의 확전에 따른 전비지출 증가로 과열된 미국 경제에 심각한 인플레이션과 만성적인 무역적자라는 두 가지 불청객이 찾아왔다. 미국의 무역적자로 막대한 규모의 달러화가 무역상대국(특히 독일과 일본)으로 계속 빠져나갔고, 그 결과 이 나라들은 달러 과잉상태에 직면하게 되었다. 달러의 과도한 유입은 이 나라들의 통화가치를 계속 상승시켰으며 이 나라들은 환평가를 유지하기 위해 계속 자국 화폐를 발행해서 달러화를 사들이지 않으면 안 되었다.

결과적으로 이 나라들에서 통화량이 대폭 증가하고 인플레이션 압력이 거세졌다. 여기에 투기 세력까지 가담했다. 달러화의 가치가 계속 하락하자 이 나라들이 더 이상 달러화와의 고정환율을 유지할 수 없다고 판단한 투기 세력은 달러화를 매각하고 마르크화나 엔화를 계속 매입했다. 사태는 더욱 걷잡을 수 없는 혼란으로 빠져들었다. 드디어 1973년 3월 주요 선진국들은 달러화의 가치를 유지하려는 노력을 포기하고 자국의 환율이 외환시장에서 자유롭게 결정되도록 허용하기에 이르렀다. 변동환율제가 새로 탄생한 것이다. 그리고 변동환율제가 오늘날까지 이어져 내려오고 있다.

7 환율의 장기적 움직임

구매력평가

환율은 무역, 인플레이션, 소득 및 고용 등 경제의 많은 분야에 영향을 미치지만, 거꾸로 영향을 받기도 한다. 그리고 이러한 영향은 한 나라의 경제가 보다 개방되어 있을 때 더욱 커지고 넓어질 수 있다. 경제에서는 한 변수(환율)가 다른 변수(소득)에 일방적으로 또는 단선적으로 영향을 미치지 않는다. 경제변수들은 서로 영향을 주고받으면서 일반균형상태로 나아간다.

두 나라 간 환율에 영향을 미치는 중요한 요인으로는 장기적으로는 양국 간 인플레이션 차이, 중기적으로는 양국 간 경기변동 차이(또는 소득 차이), 단기적으로는 양국 간 금리 차이를 들 수 있다. 여기에서 말하는 단기적인 움직임은 매일이나 몇 주 또는 몇 개월에 걸친 환율의 움직임을 말한다. 중기적인 움직임은 1~2년 정도에 걸친 환율의 움직임을, 장기적인 움직임은 3~10년에 걸친 환율의 움직임을 말한다(그러나 이러한 기간의 구분은 다분히 자의적이고 정의하는 사람에 따라서 달라질 수 있는 것이다). 먼저 장기적인 환율의 움직임부터 살펴보기로 한다.

환율이 장기적으로 어떻게 결정되는지를 이해하려면 '일물일가의 법칙law of one price'을 이해할 필요가 있다. 이 법칙은 동일한 상품이 다른 장소에서 동일한 시간에 다른 가격으로 팔릴 수 없다는 것을 의미한다(이 법칙은 운송료, 정보비용 같은 거래비용이 없다고 전제한다). 예를 들면 몽블랑 볼펜이 서울보다 부산에서 더 싸게 팔릴 수 없다는 것이다. 만약 몽블랑 볼펜이 부산에서 서울보다 싼값에 팔린다면 사람들은 부산에서 몽블랑 볼펜을 사서 서울에서 팔아 차익을 올릴 수 있다. 그러면 서울에 보다 많은 몽블랑 볼펜이 공급되고 부산에서는 공급이 줄어 궁극적으로 서울에서는 가격이 하락하고 부산에서는 가격이 상승하여 결국에는 가격 차이가 없어지게 된다(그럼에도 현실적으로 가격 차이가 있는 것은 운송비, 정보비용, 가게 임대료, 세금 등에 따른 차이 때문이다).

일물일가의 법칙을 국제 외환시장에 적용한 것이 구매력평가purchasing power parity 이론이다. 환율결정에 관한 구매력평가 이론은 장기에 있어서 두 통화 사이의 환율은 양자가 동일한 구매력을 갖는 방향으로 결정된다는 이론이다. 예를 들면 몽블랑 볼펜이 한국에서는 4만 원에 팔리고 미국에서는 40달러에 팔린다고 가정해보자. 만약 두 나라 사이의 환율이 1달러당 1,000원으로 결정된다면 구매력평가가 성립한다. 우선 4만 원은 한국에서 몽블랑 볼펜 하나를 살 수 있다. 4만 원은 또한 미화 40달러를 살 수 있으며, 이 40달러로 미국에서 동일한 몽블랑 볼펜 하나를 살 수 있다. 이와 같이 한화 4만 원과 40달러(또는 한화 1,000원과 미화 1달러)는 동일한 구매력을 갖는다.

구매력평가 이론에 의하면, 두 나라 사이의 환율은 장기적으로는 구매력평가가 충족되는 수준에서 결정된다. 이는 장기적으로는 환율이 양국의 상대가격에 의해 결정된다는 것을 의미한다. 이제 몽블랑 볼펜의 상대가격이 다음과 같이 변경되었다고 가정해보자. 한국에서 몽블랑 볼펜의 가격이 4만 원에서 4만 8,000원으로 올랐으나, 미국에서는 그대로 40달러로 변동이 없다. 이제 4만 8,000원은 한국에서 몽블랑 볼펜 하나를 살 수 있으며, 또한 환율이 1달러당 1,000원으로 유지되고 있으면 미화 48달러를 살 수 있다. 이 돈으로 미국에서는 40달러짜리 몽블랑 볼펜 하나를 사고도 8달러가 남는다. 따라서 많은 사람들은 미국에서 몽블랑 볼펜을 사려고 원화를 미화로 바꾸려 할 것이다. 달러화에 대한 수요가 증가하고 원화 공급 또한 증가한다. 이는 필연적으로 달러화의 가치를 높인다.

달러화는 얼마까지 상승할까? 달러화의 가치가 1달러당 1,000원에서 1,100원으로 상승했다고 하자. 이 환율 수준에서는 아직도 원화를 미 달러화로 바꿔 미국에서 몽블랑 볼펜을 사는 것이 유리하다. 따라서 달러화에 대한 수요는 계속 늘어날 것이며 달러화의 가치도 계속 상승할 것이다. 환율의 조정은 달러화의 가치가 1달러당 1,200원으로 상승할 때까지 계속될 것이다. 일단 환율이 1달러당 1,200원으로 상승하면 이제 몽블랑 볼펜을 한국에서 사든 미국에서 사든 가격에는 차이가 없어진다. 4만 8,000원을 가지고 한국에서 몽블랑 볼펜 하나를 사거나, 미화 40달러를 살 수 있다. 40달러로 미국에서도 동일한 몽블랑 볼펜 하나를 살 수 있다. 이제 1달러와 1,200원은 동일한 구매력을 갖게 된다. 이러한 환율을 구매력평가 환율PPP exchange rate이라고 한다.

구매력평가 이론이 타당하다면 실질환율은 언제나 1이 된다. 우리는 실질환율을 외국 상품 1단위와 교환되는 자국 상품의 수량으로 정의했다. 환율이 1달러당 1,200원일 경우 한국에서 몽블랑 볼펜 하나와 미국에서 몽블랑 볼펜 하나는 동등한 가치를 갖는다. 다시 말해 한국의 몽블랑 볼펜 하나는 미국의 몽블랑 볼펜 하나와 교환된다. 이와 같이 구매력평가 이론에 의하면 두 나라 사이의 환율은 장기적으로는 실질환율이 1이 되는 방향으로 움직인다.

앞의 예에서는 오직 하나의 상품만이 두 나라 사이에서 거래된다고 가정했다. 그러나 실제로는 무수한 종류의 상품과 서비스가 거래된다. 따라서 우리는 한 나라가 다른 나라와 거래하는 모든 상품과 서비스의 가격을 가중평균해서 수출단가지수와 수입단가지수를 구하고 이를 근거로 구매력평가 환율을 구한다. 구매력평가 이론으로부터 얻게 되는 결론은 한국의 물가수준이 상대적으로 오르면 환율은 장기적으로 상승(원화가치 하락)한다는 것이다. 우리는 구매력평가 이론으로부터 다음과 같은 관계를 얻는다.

- 환율의 변동＝한국의 인플레이션률－외국의 인플레이션률

여기에서 한국의 물가수준이 미국에 비해 상대적으로 상승하는 경우 한국의 인플레이션률이 미국의 인플레이션률보다 크기 때문에 장기적으로 환율도 상승하게 된다. 이처럼 구매력평가 이론은 환율이 장기적으로는 두 나라 간 물가상승률(인플레이션률)의 차이를 반영하게 된다고 본다. 예를 들어 한국의 인플레이션률이 4%이고 미국의 인플레이션률이 2%라고 한다면 장기적으로 두 나라 사이의 환율은 2% 상승하는 방향으로, 다시 말해 원화가치가 2% 절하되는 방향으로 조정된다.

우리는 지금까지 통화량의 변동과 환율의 관계를 명시적으로 살펴보지 않았다. 그러나 통화주의자들에 의하면 두 나라 간 환율은 궁극적으로

는 두 나라의 통화량 증가율 차이에 의존한다. 통화량은 우리가 앞에서 살펴본 환율결정 요인들, 예를 들면 인플레이션, 소득(GDP), 무역 등에 영향을 미쳐 환율에 영향을 미친다고 볼 수 있지만, 통화주의자들은 환율의 변동을 직접적으로 통화량 변동률의 차이에서 찾는다. 한 나라의 통화량은 궁극적으로는 잠재적 GDP에는 영향을 거의 미치지 않고 오직 인플레이션에만 영향을 미친다는 가정 아래에서 통화주의자들은 다음과 같은 구매력평가 모형을 도출한다.

- 환율의 변동 = 한국의 통화량 증가율 − 외국의 통화량 증가율

이와 같이 통화주의자의 구매력평가 모형은 환율이 장기적으로는 두 나라 사이의 통화량 증가율 차이를 반영하게 된다고 본다. 예를 들어 한국의 통화량 증가율이 6%이고 미국의 통화량 증가율이 4%라고 한다면 장기적으로 두 나라 사이의 환율은 2% 상승하는 방향으로, 즉 원화가치가 2% 절하되는 방향으로 조정된다.

통화주의자의 환율결정 모형이 이른바 명품 브랜드들의 가격 결정에도 직접적인 영향을 미치고 있다. 가방, 시계, 화장품, 의류, 액세서리 등 다양한 사치품을 파는 샤넬, 루이뷔통, 구찌, 파텍필립 등의 브랜드는 고가 전략을 추구하면서 좀처럼 세일을 하지 않는다. 그리고 각 나라별 또는 지역별로 각각 다른 가격 정책을 적용하는 것으로 정평이 나 있다. 명품 브랜드에 관한 한 일물일가 법칙의 타당성이 의심을 받은 지 오래다. 그러나 콧대 높은 유럽 명품업체들의 차등적인 가격정책도 환율의 변동 앞에서 더 이상 버티지 못하고 있다.

유로존의 중앙은행인 유럽중앙은행이 2015년부터 매달 600억 유로를

금융시장에 푸는 양적 완화 조치를 실시한 후 유로의 가치는 크게 하락했다. 미국 달러화와의 환율이 거의 1유로당 1달러로 떨어져 유로 출범 이후 처음으로 달러화와 거의 등가를 유지하게 되었다. 유로화는 달러화뿐만 아니라 아시아의 주요 무역 상대국의 통화(중국 위안화, 일본 엔화, 한국 원화)에 대해서도 약세를 보였다. 이러한 현상은 바로 통화주의자의 구매력평가 모형이 예측하고 있는 결과이다.

그 결과 명품 브랜드 제품들의 가격이 현지 통화인 유로로 환산했을 때 크게 떨어졌다. 한국을 비롯해 중국, 홍콩, 일본 등 각국 여행객들 사이에서 현지에서 이 제품들을 사서 자국에서 파는 환차익 거래가 인기를 끌게 되었다. 그러자 유통시장에서의 혼란을 피해기 위해서 명품 브랜드들이 최근 가격 인하 조치를 단행했다. 샤넬은 앞으로 전 세계적으로 제품의 가격 차이가 10% 이상 벌어지지 않도록 하겠다는 방침을 밝혔다. 각국에서 제품 가격이 일물일가의 법칙에 보다 접근하는 가격 체계가 이루어질 전망이다.

그러나 많은 연구들은 환율결정에 관한 구매력평가 이론이 환율의 장기적인 움직임에 관해서 어느 정도의 방향을 제시해주기는 하지만, 매일 또는 매주 변하는 환율의 단기적 변동 또는 1년 정도의 기간에 걸친 환율의 중기적인 변동을 설명하기에는 부적절하다고 보고 있다.

환율의 중기적 움직임

경기변동과 무역

환율의 중기적인 움직임을 결정하는 가장 주요한 요인은 무역과 경기변동이다. 한국의 경기가 호황을 보이면 수입이 늘고 수출도 잘된다. 경제가 잘나가기 때문에 원화가치는 강세를 유지한다. 다시 말해 환율이 하락한다. 그러나 시간(보통 1~2년)이 지남에 따라 수입의 증가는 한국의 원화가치에 부정적으로 작용하기 시작한다. 수입 수요가 증가함에 따라 보다 많은 외국상품을 구입하기 위해 외환(달러화)에 대한 수요도 그만큼 늘어나기 때문이다.

원화의 대미 달러 환율을 생각해보자. 한국경제가 빠른 속도로 성장할 경우, 소비자들은 외국의 자동차, 스마트폰, 와인 등을 보다 많이 구입하려고 할 것이며 기업들은 생산 장비 등을 보다 많이 구입하려고 할 것이다. 이 상품들을 구입하기 위해 한국은 보다 많은 달러화를 필요로 한다. 달러화에 대한 수요가 늘어나면 한국 외환시장에서 다른 조건이 동일할 경우 달러화의 가치가 상승하고 원화가치가 하락하며 따라서 대미 달러 환율이 상승하게 된다.

결국 한국의 경기가 호황을 보일 경우 무역흑자가 줄어들거나 무역적 자가 커지는 등 한국의 무역수지는 악화되고, 이는 환율을 상승시키는 요 인으로 작용한다. 한국이 1997년 겪은 외환위기는 물론 직접적으로는 태국 바트화에 대한 투기 세력의 공격으로 유발되었지만 고도성장에 취 해 외국 상품과 서비스 구입에 열을 올린 결과 한국의 외환구조가 취약 하게 된 데 근본 원인이 있었다.

반대로 한국경제가 불황에 처할 때는 시간이 지나면서 외국 상품에 대 한 한국 소비자들의 수요가 줄어들기 때문에 수입이 감소하거나 그 증가 세가 둔화되어 달러화에 대한 수요도 줄게 된다. 따라서 한국 외환시장에 서 다른 조건이 동일하다면 달러화의 가치가 떨어지고 원화의 가치가 상 대적으로 올라가 대미 달러 환율은 하락하게 된다. 한 나라의 경기순환은 대개 몇 년 주기로 반복되기 때문에 경기순환은 환율의 중기적인 움직임 을 설명하는 데 적합하다.

비단 한국의 수입뿐만 아니라 한국의 수출도 환율에 영향을 미친다. 한국의 수입은 외환시장에서 달러에 대한 수요를 증가시켜 환율에 영향 을 미치지만, 한국의 수출은 외환시장에서 달러의 공급을 증가시켜 환율 에 영향을 미친다. 한국의 수출은 한국의 경기변동에 영향을 받는 것이 아니고 외국의 경기변동에 영향을 받는다. 따라서 외국의 경기가 호황을 보이면 한국의 수출은 시간이 지나면서 늘고 그에 따라 달러화가 한국으 로 유입된다. 달러의 공급이 늘어나기 때문에 달러가치는 하락하고 원화 가치는 상대적으로 상승한다. 환율이 하락하게 되는 것이다.

만약 한국의 경기호황으로 수입이 늘고 외국의 경기호조로 수출도 증가한다면 환율에 대한 순효과는 확실하지 않다. 다른 조건이 일정하다면, 수입의 증가는 원화가치를 하락시키는 경향이 있는 반면 수출의 증가는 원화가치를 상승시키는 경향이 있기 때문이다. 물론 수출이 수입을 초과해서 순수출(무역수지)이 흑자일 경우 한국시장으로의 달러화 유입이 외국시장으로의 달러화 유출보다 크기 때문에 한국 외환시장에서 달러가 늘어난다. 이에 따라 시간이 지나면서 원화가치는 상승하는 경향을 보일 것이다. 반대로 순수출이 적자일 경우 원화가치는 하락하는 경향을 보인다.

순수출과 환율의 관계는 물론 다른 조건이 일정하다는 가정 아래에서 성립한다. 한국은 그동안 꾸준히 무역흑자를 보여왔지만 원화는 대체적으로 약세를 보여왔다. 반면 미국은 지난 수십 년 동안 무역적자를 시현해왔는데, 대체로 달러화는 한국 및 중국을 포함한 아시아의 통화에 대해서는 강세를 유지한 반면 유로 및 엔화를 비롯한 주요 선진국 통화에 대해서는 약세를 보여왔다(미국경제가 완전한 회복세를 보인 2013년 이후부터 달러화는 주요 통화에 대해서도 강세를 견지하고 있다).

환율의 이러한 움직임은 중국과 한국을 포함한 아시아의 여러 나라들이 자국 통화가치를 낮게 유지하기 위해서 외환시장에 개입해왔다는 비판이 제기되고 있는 이유이기도 하다(박근혜 대통령이 2015년 10월 미국을 방문했을 때 미국 정부가 이 문제를 제기했다). 예를 들면 미국 중앙은행인 연준이 7개 주요 선진국과의 환율을 가중평균하여 산출한 미국의 실효환율지수는 2002년부터 2008년까지 35% 이상 하락했지만, 이머징 마켓까지 포함한 27개국과의 환율을 가중평균한 실효환율지수는 25%만 하락했다. 이는 미국 통화의 가치가 한국과 중국을 포함한 신흥자본국 이머징 마켓에 대해 상대적인 강세를 유지해왔음을 말해준다. 다시 말해 이 국가들의 통화는 미국 달러화에 대해 상대적으로 약세기조를 보여온 것이다.

9

환율의 단기적 움직임

이자율평가

단기적인 환율의 움직임을 설명해주는 이론으로서 자산시장 이론asset market approach이 있다. 자산시장 이론은 단기적인 환율의 변동은 주로 단기자금(핫머니)의 국가 간 이동에 의해 영향을 받는다는 것을 강조하는 이론이다. 매일매일 국제적으로 일어나는 외환자산 거래의 규모는 상품 및 서비스 거래(무역)의 규모를 압도하기 때문에 환율의 단기적인 움직임은 무역보다도 주로 국가 간 자산이동에 의해 영향을 받는다고 보는 것이다. 좀더 쉽게 설명하면 두 나라 사이의 금리 차이가 단기적인 환율의 움직임에 직접적인 영향을 미친다는 것이다. 다른 조건이 일정하다면, 한국의 금리가 미국의 금리보다 높으면 달러 대비 원화가치가 올라가고, 반대로 한국의 금리가 미국의 금리보다 낮으면 달러 대비 원화가치는 떨어진다고 본다.

환율결정에 관한 이전의 이론은 주로 무역의 역할을 중시했다. 그러나 정보통신 분야의 기술진보와 이머징 마켓의 자본규제 철폐 및 완화는 국가 간 자본거래의 규모를 크게 증대시켰으며 그 결과 국가 간 자본이동의 규모가 국가 간 상품이동의 규모를 압도하게 되었다. 2013년 세계의 상품 및 서비스의 무역(수출입) 규모는 연간 약 38조 달러였지만, 국제 통화 거래(자본 거래)는 연간 약 2,000조 달러에 달한 것으로 추산된다. 자본 거래의 규모가 무역 규모보다 50배 이상 크다.

국제 자본의 이동이 무역보다 훨씬 큰 규모로 훨씬 빠르게 진행되는 상황에서 단기적인 환율결정의 모형으로서 무역의 흐름은 적절치 못하다는 것이 점점 분명해졌다. 마커스 플레밍Marcus Flemming과 노벨경제학상을 수상한 로버트 먼델Robert Mundell은 1960년대에 각각 국제 투자자들은 국가 간 금리의 차이가 존재할 때 이윤의 기회를 극대화하기 위해 자본을 금리가 높은 나라로 이동시키려 한다는 점을 간파했다. 세계 경제가 점점 개방화되고 자율화됨에 따라 자본의 국제적인 대량 이동이 일어나 환율에 중요한 영향을 미칠 수 있음을 인식하고, 그들은 각각 독자적으로 자산시장 모형을 개발했다.

환율은 여느 가격과 마찬가지로 기본적으로 외환에 대한 수요와 공급에 의해 결정된다. 자산시장 이론은 외환시장에서 원화의 가치는 원화 표시 자산의 공급과 수요의 상호작용에 의해서 결정된다고 본다. 이는 우리가 앞 절에서 살펴본 이론, 즉 원화의 가치는 주로 장기적인 물가수준의 움직임과 무역의 흐름에 의해서 결정된다고 보는 이론과 대조된다. 원화 표시 자산이란 원화 예금, 원화로 발행된 채권과 주식 등을 포함한다. 원화 표시 자산의 수요와 공급에 영향을 미치는 많은 요인 가운데 가장 중요한 것은 다른 통화(예를 들면 달러)로 표시된 자산에 대한 원화 표시 자산의 상대적인 기대수익률이다. 다른 조건이 일정하다면, 원화 표시 자산에 대한 기대수익률이 높을수록 원화 표시 자산에 대한 수요도 커진다. 원화 표시 자산에 대한 수요가 클수록 원화의 가치도 올라가고 따라서 환율은 하락하게 된다.

자본의 국가 간 이동에 아무런 제약이 없다면 원화 표시 자산과 달러 표시 자산의 기대수익률 사이에 차이가 존재할 경우 그 차이를 노리고 즉각적으로 국제적인 자본이동이 일어날 것이다. 이에 따라 환율은 원화 표시 자산에 대한 수익률과 달러 표시 수익률이 같아질 때까지 변동하게 된다. 환율과 기대수익률 사이의 관계를 보여주는 것이 이자율평가 조건 interest rate parity condition이다. 이자율평가는 통화 표시에 상관없이 두 자산이 동일한 수익률을 올릴 때 성립한다. 이자율평가 조건은 서로 다른 통화로 표시된 자산에 대한 수익률 차이는 예상되는 환율의 변동을 감안할 경우 결국은 서로 같아진다는 이론이다.

예를 들어 한국의 1년 만기 국채에 대한 이자율이 2%라고 하고 미국의 1년 만기 재무성증권에 대한 이자율이 4%라고 하자. 그리고 현재의 대미 달러 환율이 1달러당 1,000원이라고 가정한다. 이제 1년 만기 채권에 투자하려는 한국의 투자자는 두 가지 투자대상, 즉 고정이자율 2%를 지급하는 한국 국채와 고정이자율 4%를 지급하는 미국 재무성증권을 저울질할 것이다. 미국의 이자율이 한국의 이자율보다 높기 때문에 일단은 미국 채권이 한국 채권에 비해 매력적인 투자대상으로 떠오른다.

한국 투자자가 미국 채권에 투자하기 위해서 1억 원의 투자자금을 미국 달러화로 교환한다고 하자. 이때 적용되는 환율이 현물환율이며, 이는 오늘 시장에서 거래되는 환율이다. 오늘의 환율이 1달러당 1,000원이므로 투자자는 10억 원을 주고 10만 달러를 매입할 것이다. 그리고 10만 달러를 투자해서 미국 재무성증권을 산다. 이로부터 투자자가 얻는 이자

소득은 4,000달러(10만 달러×0.04)가 된다.

그런데 이제 미국 달러화에 대한 수요가 늘어나기 때문에 외환시장에서는 환율의 변동이 이루어진다. 물론 달러가치가 올라가고 원화가치가 하락하여 환율은 상승할 것이다. 환율이 어떻게 조정될까? 이자율평가 이론에 의하면 환율은 미국 채권에 투자해서 올린 수익률과 한국 채권에 투자해서 올린 수익률이 같아질 때까지 조정된다.

앞의 예시에서 미국 채권에 대한 투자로부터 얻게 되는 이자소득은 4,000달러(10만 달러×0.04)이고, 미국 채권에 대한 투자로부터 얻게 되는 총 원리금은 10만 4,000달러(10만 달러＋4,000달러)가 된다. 이 투자자는 1년 후에 투자원리금 10만 4,000달러를 원화로 바꿔 한국으로 가져오려고 할 것이다. 그런데 1년 후 환율(미래의 예상환율)이 1달러당 980.77달러로 하락했음을 알게 된다. 그는 이 환율을 적용해서 투자원리금 10만 4,000달러를 원화로 바꿀 것이다. 원화로 교환한 후 그가 손에 쥐게 된 총 투자원리금은 1억 200만 원(10만 4,000달러×980.77원)이 된다. 한편 만약 이 투자자가 연 2%의 이자를 지급하는 한국 채권에 투자했더라면 이자소득으로 200만 원(1억 원×0.02)을 벌어 총 원리금 1억 200만 원(1억 원＋200만 원)을 남겼을 것이다.

이 예에서 환율이 1달러당 1,000원에서 980.77원으로 조정되면 투자자는 미국 채권에 투자하든 한국 채권에 투자하든 결국 동일한 수익률을 올리게 됨을 알 수 있다. 이 경우 이자율평가 조건이 성립한다. 그러나 이자율평가 조건이 언제나 성립하는 것은 아니다. 우리는 1년 후의 환율이 1달러당 980.77달러에서 결정된다고 가정했는데 정말로 그렇게 되리라는 보장은 없다. 두 사례를 생각해보자. 1년 후의 환율이 1달러당 990원으로 결정되는 경우와 1달러당 970원으로 결정되는 경우이다.

1년 후 환율이 990원에서 결정된다면 투자자가 번 투자원리금 10만 4,000달러는 원화 1억 296만 원으로 교환된다. 이 경우 한국 채권에 투자하는 것보다 더 큰 수익률을 올리게 된다. 반면 1년 후의 환율이 1달러당 970원이라면 원화로 교환한 투자원리금은 1억 88만 원이 된다. 한국 채권에 투자하는 것보다 더 작은 수익률을 올리게 된다.

이 두 가지 사례는 이자율평가 조건이 성립되지 않는 경우이다. 이자율평가 조건은 국제 자본시장이 매우 효율적이어서 정보와 자본의 자유로운 이동이 보장될 때 성립될 수 있다. 투자자가 이자율의 차이를 노리고 자본 거래를 하는 것을 차익거래라고 한다. 앞의 예에서처럼 투자자가 환율의 변동에 따르는 리스크, 즉 환리스크를 전혀 커버하지 않고 하는 거래를 유위험 재정거래라고 하고 그때 성립되는 이자율평가 조건을 '유위험 이자율평가uncovered interest parity'라고 한다.

유위험 재정거래는 환리스크에 노정될 위험이 있기 때문에 투자자들은 보통 환리스크를 커버하는 선도거래 약정을 맺는다. 앞에서 논의한 것처럼 선도거래는 일정한 양의 외환을 오늘 합의된 환율로 미래의 날짜에 사거나 팔기로 약정하는 거래를 말한다. 미래의 예상되는 환율 대신 선도환율을 적용할 경우 투자자가 어떤 통화로 표시된 자산에 투자하더라도, 동일한 수익률을 올릴 경우 '무위험 이자율평가covered interest parity' 조건이 성립한다.

앞의 예에서 투자자가 미래의 환율 변동에 대비해서 미리 10만 4,000달러를 1달러당 990원에 사기로 합의하는 선도계약을 체결한다고 하자. 1년 후 실제 환율이 1달러당 980.77달러에서 결정된다고 해도 이 투자자는 1달러당 990원의 값으로 총 투자원리금을 팔게 된다. 투자자는 무위험 재정거래 덕분에 한국 채권에 투자하는 것보다 더 높은 수익률을 올리게 된다. 물론 이 경우 무위험 이자율평가 조건이 충족되는 것은 아니다. 그러나 1년 후에 1달러당 980.77원에 총 투자원리금을 팔기로 하는 선도거래가 맺어진 경우, 미국 채권에 대한 투자와 한국 채권에 대한 투자 사이에는 아무런 차이가 없다. 무위험 이자율평가 조건이 성립되는 것이다.

이 예시에서 알 수 있듯이 무위험 이자율평가 조건은 오늘의 선도환율이 1년 후의 미래 환율과 같을 때 성립한다. 자산시장효율성 가설은 선도환율(예를 들면, 1년 만기)이 미래의 환율(예를 들면 1년 후의 환율)에 대한 정확한 예측치가 된다고 주장한다. 그러나 많은 실증연구들은 자산시장효율성 가설을 뒷받침할 만한 증거를 찾지 못하고 있다. 이는 결국 현실 세계에서 무위험 이자율평가 조건이 그대로 성립하지 않는다는 증거이기도 하다.

이자율평가 조건은 몇 가지 중요한 정책적 의미를 갖는다. 균형상태에서 두 나라 사이에 금리 차이가 조금이라도 벌어지면 자본은 보다 높은 금리를 쫓아서 즉각 이동할 수 있다는 점이다. 미국이 금리를 인상하면 자본이 한국으로부터 미국으로 유출될 가능성이 높아지며 한국은 달러 유동성 위기를 겪을 수 있다. 이는 환율에도 곧바로 영향을 미칠 뿐만 아니라, 자본의 유출이 심할 경우 한 나라의 경제에 미치는 파장이 매우 클 수 있다.

16강

불확실성의
시대

지금 세계경제에는 자욱한 안개가 드리워져 있다. IMF도 2015년 10월의
보고서에서 "세계경제는 지금 2008년 글로벌 경제위기 이후 가장 심각
한 위기에 직면해 있다"고 경고한 바 있다. 글로벌 경제위기를 맞아 시장
경제 자본주의는 더욱 바람직한 모습으로 진화할 것인가? 중국의 굴기屈
起는 계속될 것인가? 새로운 통화전쟁이 발발할 것인가? 중국의 부상이
미국 달러화의 세계 지배체제를 무너뜨릴 것인가? 경제환경과 인구 구조
의 변화는 세계경제를 만성적 불황으로 몰고 갈 것인가? 특히 한국도 일
본이 경험했던 것과 같은 장기적인 불황의 늪으로 빠져들 것인가? 우리
는 경제학이라는 불빛을 들고 이러한 불확실성의 층들을 한 꺼풀씩 벗기
면서 안개 속을 헤쳐 나아갈 것이다. 다시 떠오르는 태양의 햇살로 안개
가 걷히고 우리가 바라보는 풍경이 더 아름답게 보이기를 기대하면서.

1

자본주의 4.0

미국식 시장자본주의는 쇠락할 것인가

20세기 세계경제는 미국 주도의 시장경제 자본주의에 의해서 지배되어왔다. 미국이 세계경제 질서의 판을 짜왔다고 말해도 과언은 아니다. 미국의 경제가 위협을 받으면 곧 시장경제 자본주의가 위협받는 것이나 마찬가지로 인식되었다. 미국경제는 지난 120여 년 동안 18번의 경기침체를 경험했다. 특히 제1차 세계대전 이전에 겪은 경기불황, 1930년대의 대공황, 1970년대에 경험한 경기불황, 그리고 2008년에 일어난 글로벌 경제위기가 미국경제에 가장 깊은 상처를 남긴 경제위기였다.

사실 한 나라의 경제는 장기적으로는 그 나라의 잠재성장률에 따라 꾸준히 성장해간다. 그러나 어느 경제이건 잔잔히 흐르는 강물처럼, 순풍에 흘러가는 돛단배처럼 성장하지는 않는다. 때로는 강물에 급류가 굽이치고 비바람에 배가 요동치듯 경제도 단기적으로는 바람에 흔들리고 비에 젖는다. 경제위기는 시장경제 자본주의의 피할 수 없는 속성이다. 도종환의 〈흔들리며 피는 꽃〉은 바로 이러한 상황을 은유적으로 읊조린다.

    *   흔들리지 않고 피는 꽃이 어디 있으랴

          이 세상 그 어떤 아름다운 꽃들도

          다 흔들리면서 피었나니

          흔들리지 않고 가는 사랑이 어디 있으랴

          젖지 않고 피는 꽃이 어디 있으랴

          이 세상 그 어떤 빛나는 꽃들도

          다 젖으며 젖으며 피었나니

          바람과 비에 젖으며 꽃잎 따뜻하게 피웠나니

          젖지 않고 가는 삶이 어디 있으랴•

도종환의 시를 다음과 같이 바꾸어 불러본다.

    *   흔들리지 않고 성장하는 경제가 어디 있으랴

          이 세상 그 어떤 잘나가는 경제들도

          다 흔들리면서 성장해왔나니

          흔들리지 않고 가는 복지가 어디 있으랴

          젖지 않고 열매 맺는 경제가 어디 있으랴

          이 세상 그 어떤 빛나는 경제들도

          다 젖으며 젖으며 성장했나니

          바람과 비에 젖으며 경제 과실 탐스럽게 맺었나니

    •   도종환, 《흔들리지 않고 피는 꽃이 어디 있으랴》(알에이치코리아, 2014).

소련으로 상징되는 통제경제 공산주의는 단 한 번의 경제위기에 무너졌지만, 시장경제 자본주의는 위기 때마다 새로운 모습으로 복원되었다. 경제위기를 겪을 때마다 미국은 '차가운 머리'(시장의 효율성)와 '따뜻한 가슴'(정부의 개입)으로 그러한 위기를 극복해왔다. 정책당국자들은 차가운 머리로 경제위기의 원인을 찾아내 비효율적인 요소들을 제거하려고 노력했으며, 따뜻한 마음으로 경제위기의 결과를 분석하여 고통 받는 계층을 위한 사회안전망을 구축했다.

미국은 대공황이 한창일 때 금융기관의 문어발식 영업활동을 규제하기 위해 1933년 글래스-스티걸법을 제정했으며, 2008년 글로벌 경제위기 직후인 2010년, 월가의 탐욕스러운 금융자본을 규제하고 소비자를 보호하기 위해 도드-프랭크법 Dodd-Frank Wall Street Reform and Consumer Protection Act을 통과시켰다. 그 결과 미국경제는 경제위기 앞에 주저앉지 않고 새로운 형태의 자본주의 시장경제체제로 한 단계 진화했다.

경제주간지《이코노미스트》에 정기적으로 기고해온 언론인이자 경제학자인 아나톨 칼레츠키는 미국식 시장경제 자본주의가 자본주의 4.0의 단계로 발전하면서 앞으로도 세계경제 질서의 전범이 될 것으로 전망했다. 그는 저서《신자유주의를 대체할 새로운 경제 패러다임 Capitalism 4.0: The Birth of a New Economy in the Aftermath of Crisis》에서 자본주의의 발전 과정을 다음 네 단계로 구분했다.

- 자본주의 1.0(1776~1930): 고전적 자본주의 또는 자유방임 자본주의
- 자본주의 2.0(1931~1979): 케인스적 자본주의 또는 사회적 자본주의

- 자본주의 3.0(1980~2007년): 원리적 자본주의 또는 신자유주의
- 자본주의 4.0(2008~): 자본주의의 미래 방향

　자본주의 1.0은 애덤 스미스에 의해 구축되어 1930년대 대공황 때까지 유지된 원형적 자본주의체제를 말한다. 고전적 자본주의는 경제주체들이 경쟁적 시장에서 정부의 규제와 간섭을 받지 않고 자유롭게 활동하는 자본주의체제로서 자유방임주의에 가까운 경제체제이다. 자본주의 2.0은 대공황 이후 케인스에 의해 새롭게 설계된 자본주의체제를 말한다. 대공황을 전후해서 고전적 자본주의가 최대 위기를 맞고 있을 때 케인스는 정부의 개입과 규제를 통한 수정자본주의만이 자본주의를 위기로부터 구출할 수 있다고 믿었다. 자본주의 3.0은 1970년대 말 1980년대 초 신자유주의의 등장과 함께 복원된 자본주의를 말한다. 원래의 고전적 자본주의와는 달리 원리적 자본주의는 작은 정부를 지향하지만 자유시장의 질서를 유지하기 위한 강한 정부를 요구하고 있다.

　칼레츠키는 시장경제 자본주의가 앞으로도 더욱 진화해 자본주의 4.0의 형태로 나아갈 것으로 내다봤다. 자본주의 4.0은 2008년 글로벌 경제위기 이후 변화된 새로운 환경에 대응해서 효율과 형평 사이에 보다 균형 잡힌 형태로 새롭게 태어날 자본주의의 모습이다. 자본주의 2.0(케인스주의)의 시대에는 정부가 만능이었다. 자본주의 3.0(신자유주의)의 시대에는 시장이 만능이었다. 그는 자본주의 4.0의 모습으로 시장과 정부, 복지와 성장이 함께 가는 자본주의를 그린다. '함께 가는' 자본주의로 신자유주의를 극복하려는 비전이다. 한국에서 논의되는 동반성장론이나 공동성장론도 자본주의 4.0의 새로운 방향으로 볼 수 있을 것이다.

　2008년의 글로벌 경제위기는 3단계로 변화한 자본주의에 또 다른 변

화를 강요한 네 번째 경제위기였다. 자본주의가 이 도전으로부터 살아남은 동력으로 칼레츠키는 미코버원리Micawber principle를 든다. 미코버는 찰스 디킨스Charles Dickens의 소설《데이비드 코퍼필드David Copperfield》에 나오는 주인공 이름이다. 이 소설에서 미코버는 공상적 낙천주의자로 묘사된다. 그는 "1년에 20파운드를 벌고 19.975파운드를 쓰면 그는 행복한 인간이다. 그러나 1년에 20파운드를 벌고 20.025파운드를 쓰면 그는 불행한 인간이다"라고 말한다. 이는 '수입보다 적게 쓰면 행복해지고 수입보다 많이 쓰면 불행해진다'는 단순한 진리를 의미하는 것으로 해석된다.

그러나 칼레츠키가 말하는 미코버원리는 다소 다른 의미로 사용되고 있다. 그것은 어떤 뚜렷한 근거 없이 일이 앞으로 좋아질 것이라고 막연히 믿는 미코버의 낙천적 기질을 지칭한다. 지금은 경제적으로 어렵지만 장래에는 보다 좋아질 것으로 믿는 낙천적인 태도가 바로 그런 것이다. 미국식 자본주의가 여러 가지 문제점을 안고 있지만 사람들이 앞으로 잘될 것이라고 믿었기 때문에 글로벌 경제위기가 자본주의의 붕괴를 가져오지 않았다는 것이 칼레츠키의 해석이다.

자본주의가 진화하는 과정에서 두 가지 사고가 항상 대립해왔다. 하나는 시장은 언제나 옳고 정부는 거의 언제나 틀렸다는 주장(고전학파)이고, 다른 하나는 정부는 언제나 옳고 시장은 거의 언제나 틀렸다는 주장(케인스학파)이다. 칼레츠키에 의하면 자본주의 4.0으로 대표되는 미래의 자본주의는 정부와 시장이 함께 옳지 않을 수 있으며 때로는 그들의 오류가 치명적일 수 있다는 인식에 바탕을 둔다. 이러한 인식은 정부와 시장이 따로따로 떨어져 기능하는 것이 아니라 함께 가야 함을 강조한다.

이는 바로 자본주의 4.0의 시대에는 '차가운 머리'와 '따뜻한 가슴'을 가지고 경제 문제를 풀어가야 한다는 것을 의미한다. 그럴 경우 효율성을 추구하는 시장과 형평성을 강조하는 정부가 범할 수 있는 오류를 줄일 수 있다는 것이다. 2008년의 글로벌 경제위기는 경제체제에 대한 새로운 변화를 촉진하는 촉매제라고 칼레츠키는 결론짓는다. 그는 결론적으로 시장과 정부가 함께 가면서 혁신과 새로운 실험정신을 위한 기회를 잘 활용하면 미국이 주도하는 시장자본주의는 최상의 경제 모형으로 앞으로도 계속될 것이지만, 그렇지 못할 경우 주도권은 중국으로 넘어가 세계경제체제는 중국에 의해서 계획되고 지배될 것이라고 경고한다.

미국과 중국 사이의 기세 싸움이 이미 시작되었다. 주도권을 중국에 빼앗기지 않으려는 미국의 결의에서 비장미마저 느껴진다. 오바마 대통령은 2015년 10월 6일 환태평양경제동반자협정(TPP) 타결 직후 가진 회견에서 "중국 같은 나라가 세계경제 질서를 주도하게 할 수는 없다"고 천명했다. TPP는 미국과 일본이 주도해 만든 다자 간 자유무역협정으로서 중국의 팽창에 대항한다는 지정학적 의미도 담고 있다. 태평양 연안 12개국이 참여하는데 한국은 아직 가입하지 않았다.

중국도 이미 세계금융 질서의 재편을 위한 첫걸음을 내딛기 시작했다. 중국 주도로 설립되는 첫 국제금융기구인 아시아인프라투자은행Asian Infrastructure Investment Bank(AIIB) 협정문이 2015년 6월 서명됨으로써 2016년 AIIB 출범을 위한 준비를 마쳤다. AIIB는 중국을 비롯해 독일, 프랑스, 영국, 이탈리아 등 서방 국가들과 한국, 오스트레일리아, 싱가포르 등 총 57개국이 참여한 명실상부한 국제금융기구이다. 현재 선진국 가운데 미국과 일본 정도만 AIIB에 참여를 거부하고 있는 실정이다. 그동안 미국과 서방 국가들이 주도했던 국제금융 질서에 '새판 짜기'의 힘겨루기가 본격적으로 시작되었다.

2

중국의 굴기는
계속될 것인가

1978년 개방정책을 편 이후 중국경제는 적토마 같은 속도로 성장해왔
다. 1981년부터 2011년까지 30년 동안 연평균 10.2%의 경이적인 성장
률을 기록했다. 이러한 성장세는 일찍이 그 어느 나라도 경험해보지 못했
고 앞으로도 나오기 어려운 기록이다. 그 결과 중국은 2010년 이미 일본
을 제치고 세계 2위의 경제대국으로 올라섰으며 이제 미국을 쫓고 있다.
2014년 중국의 명목GDP는 10조 3,565억 달러였는데, 중국경제가 연
7%로 성장한다고 가정하면 1년에 약 7,250억 달러 규모의 경제가 추가
되고, 2년마다 약 1조 4,500억 달러 규모의 경제가 새로 추가된다. 2014
년 한국의 GDP가 1조 4,104억 달러였음을 감안하면, 이는 2년마다 한국
경제보다 규모가 더 큰 경제가 중국에서 탄생하고 있음을 의미한다.

중국의 이러한 질주가 언제까지 지속될 것인가 하는 질문은 경제학자
들은 물론이고 일반인들에게도 큰 관심사로 떠오르고 있다. 한때 아시아

의 네 호랑이로 불렸던 한국, 대만, 싱가포르, 홍콩의 경험에서 우리는 어떤 실마리를 찾을 수 있을 것이다. 이 나라들은 1990년대 중반까지만 하더라도 세계경제의 우등생들이었다. 그런데 1994년 폴 크루그먼이, 1995년 알윈 영이 이 네 호랑이의 성장세가 곧 꺾이리라고 내다보았고, 네 호랑이들은 1990년대 후반부터 발톱이 무뎌지기 시작했다. 그들의 예언이 적중한 것이다.

경제발전의 수레바퀴가 잘 돌아갈 때는 기술발전이 없더라도 노동과 자본의 증가에 의해 높은 경제성장을 이룩할 수 있다. 경제가 저개발 단계에 있을 때는 많은 노동과 자본이 유휴상태에 있으며 이 자원들이 언제라도 생산가용자원으로 유입될 수 있기 때문이다. 1950~1960년대 우리 농촌에서는 한창 일할 나이의 청년들이 겨울날 따뜻한 담벼락 아래 모여 빈둥거리는 모습이 낯설지 않았다. 이들은 노벨경제학상을 수상한 아서 루이스Arthur Lewis가 말하는 '무제한의 노동공급'의 원천이었다. 이들이 농촌의 논두렁에서 도시의 공장지대로, 농업부문에서 제조업부문으로 대거 유입되기 시작했다. 또한 해외자본이 국내로 유입되면서 자본도 눈부시게 증가했다. 빠른 속도로 증가한 노동과 자본이 1960~1980년대 아시아 네 호랑이의 성장을 가능케 한 원동력이었다.

아시아 네 호랑이의 경험이 중국경제의 장래에 관해서 시사하는 바는 크다. 1978년 개방정책을 시작한 이후 약 30여 년은 중국에서 무제한의 노동이 공급된 시기였다. 또한 외국으로부터 거의 무제한의 자본이 유입된 시기이기도 했다. 그러나 영과 크루그먼이 예측했듯이 노동 및 자본의 공급은 한계에 부닥칠 수밖에 없다. 중국경제의 적토마 같은 질주도 머지않아 속도가 떨어질 수밖에 없으리라는 것을 충분히 예측할 수 있다.

중국의 경험을 두고 중국의 사회주의 시장경제체제가 미국식 자본주의 시장경제체제보다 더 우월하다고 결론짓는 것은 타당하지 않다. 지금까지는 거의 무제한으로 공급되는 유휴 노동자원을 고용으로 흡수해왔지만, 앞으로 경제가 성숙 단계에 접어들면 임금이 점점 상승하고 고용되었던 노동자원이 실업으로 전락할 가능성이 높아진다. 또한 지금까지는 해외로부터 대규모의 자본이 중국으로 유입되었지만 자본이 충분히 축적되는 단계에 이르면 한계자본수익률 체감의 법칙에 따라 중국에서의 자본수익률이 점점 떨어지게 된다. 자본이 중국으로부터 빠져나갈 가능성이 커진다. 이러한 추세는 생산요소(노동과 자본) 증가율의 둔화를 가져오고 이는 필연적으로 경제성장의 둔화로 이어진다.

결국 중국의 잠재적 경제성장률은 언젠가는 4~5% 수준으로 떨어질 것이다. 그러한 상황이 언제 올지는 예단하기 어렵지만 중국의 1인당 GDP가 1만 달러 수준을 넘어서면 성장률이 분명 하강곡선을 그릴 것이다. 2014년 10월 미국의 선행경제지표를 공식적으로 발표하는 컨퍼런스 보드Conference Board는 중국경제의 성장세가 앞으로 급격히 떨어질 것으로 예측해 이목을 끌었다. 이 발표는 2015~2019년 중국경제의 성장률이 연평균 5.5%로 하락하고, 2020~2025년에는 연평균 3.9%로 주저앉을 것으로 전망했다. 실제로 중국경제는 2016년 벽두부터 증시 추락으로 몸살을 앓고 있다. 이는 중국경제의 하강곡선을 알리는 서막일지도 모른다. 주가의 움직임은 경제의 미래를 알리는 탄광의 카나리아 같은 것이다.

물론 이러한 예측이 정확히 맞을 거라는 보장은 없다. 앞에서도 논의한 바와 같이 장기적인 경제 예측은 그 자체가 오류로부터 자유로울 수 없다. 그럼에도 중국경제의 장래에 관해서 어느 정도 분명하게 말할 수 있는 것은 미국, 유럽, 일본을 비롯한 선진국 경제는 물론이고 한국 등 아시아 네 호랑이의 경험으로부터 배운 학습효과 때문이다.

3

새로운
통화전쟁?

새로운 통화전쟁currency war의 전운이 감돌고 있다. 통화전쟁은 각국이 경쟁적으로 자국 화폐의 가치를 떨어뜨리기 위해서 시장에 개입하는 행위를 말한다. 개인이나 국가 모두 강한 것을 지향하는데 왜 많은 나라들이 통화에서는 유독 '약한 통화'(고환율)를 추구하는 것일까?

약한 통화가 경제에 반드시 좋은 것만은 아니다. 통화가 약세를 보인다는 것은 자국 통화의 돈 가치가 떨어진다는 것을 의미하기 때문에 외국 상품을 사려면 더 비싼 가격을 지불해야 한다. 외국을 여행할 경우에도 자국 통화로 따져 더 많은 돈을 써야 한다. 이는 생활수준이 그만큼 낮아진다는 것을 의미하기도 한다. 게다가 외국에서 수입하는 석유나 부품 등 원자재 가격이 국내에서 더 올라가기 때문에 수입 원자재를 사용해서 제품을 생산하는 기업의 이윤은 떨어지고 결국 기업은 제품 가격을 인상하지 않을 수 없게 된다. 전반적으로 물가가 올라갈 수 있다. 또한 기업이 외국 통화로 빌린 차입금(외채)을 갚을 때 자국 통화로 환산한 상환부담금은 그만큼 증가하게 된다.

약한 통화가 갖는 여러 가지 불리함에도 불구하고 많은 나라들이 자국 통화 가치를 떨어뜨리려고 애쓰는 것은 수출전략 때문이다. 수출이 증가하면 고용도 늘고 소득도 증가하는 효과를 기대할 수 있다. 국가가 경제정책의 우선순위를 수출 증대와 이를 통한 성장과 고용 확대에 두는 한 약한 통화에서 오는 문제점은 충분히 감내할 수 있다고 보는 것이다. 특히 경제가 오랜 기간 침체되어 있고 실업이 증가할 경우 수출 주도 성장전략에 의존하려는 유혹을 뿌리치기가 쉽지 않다.

이와 같이 수출 주도형 성장전략을 추구하는 나라는 약한 통화가 부강한 나라를 만든다고 믿는다. 일찍이 중상주의 신봉자들이 국가의 부를 축적하는 수단으로 수출을 늘리는 정책에 중점을 두었다. 현대에 와서는 일본이 수출 주도 성장전략으로 고도성장에 성공했으며, 그 뒤를 이어 한국을 비롯한 아시아의 네 용들이 동일한 전략을 추구해서 선진국 반열에 오를 수 있었다. 이제는 중국을 비롯한 아시아의 다른 잠룡들도 이러한 전략을 선택하고 있다.

우리는 통화전쟁을 각국이 경쟁적으로 자국 통화의 가치를 떨어뜨리려는 행위로 정의했다. 1973년 변동환율제가 채택되기 전, 환율이 고정되어 있던 금본위제도나 고정환율제 아래에서는 통화전쟁이 발발할 수 있는 마당이 마련되어 있었다. 그런데 각국의 환율이 시장의 힘에 의해서 결정되는 현재의 변동환율제 아래서 어떻게 각국 정부가 환율을 조절하려는 통화전쟁에 개입할 수 있을까? 변동환율제 아래에서도 정부가 시장에서 결정된 환율에 영향을 미칠 수 있는 수단을 가지고 있으며 간접적으로 통화전쟁을 일으킬 수 있다.

각국의 통화당국자는 대체로 네 가지 수단을 사용하여 자국의 통화가치를 떨어뜨리려고 한다. 하나는 외환시장에 직접 개입하는 방법이다. 중앙은행이 외환시장에서 자국 통화를 팔아 다른 나라의 통화를 매입하는 것이다. 이 경우 시장에서 자국 통화의 공급이 늘어나고 다른 나라의 통화에 대한 수요가 늘어나기 때문에 자국 통화의 가치는 떨어지고 외국 통화의 가치는 올라간다. 달러 표시 환율이 상승하게 되는 것이다. 지금까지 많은 나라들, 특히 동아시아 국가들이 수출을 늘리기 위해 이른바 '더러운 변동환율제'라고 불리는 외환시장 개입을 적극 활용해왔다.

두 번째는 외화로 다른 나라의 금융자산을 매입하는 방법이다. 예를 들어 한국이 보유한 달러로 미국의 자산(주로 재무성증권이나 부동산)을 매입할 경우 달러 보유액이 줄어들어 상대적으로 한국에서 달러가치가 올라가고 원화가치는 하락하게 된다. 다시 말해 환율이 올라가게 된다.

세 번째는 한 나라가 단기금리를 조정함으로써 자국 통화가치에 어느 정도 영향을 미치는 방법이다. 미국 국채의 금리와 한국 국채의 금리가 동일한 수준인 3%라고 가정해보자. 한국은행이 기준금리를 내리면 그에 따라 한국 국채의 금리도 내려갈 것이다. 한국 국채에 대한 금리가 2%로 떨어진다면 이제 미국 국채가 한국 국채보다 매력적인 투자대상이 된다. 한국 국채에 투자한 투자자들은 원화를 미국 달러화로 바꾸어 미국 국채로 투자대상을 바꾸려고 할 것이다. 국내에서 달러에 대한 수요가 늘어 달러가치가 올라가고 원화가치가 하락하게 된다. 그런데 많은 나라에서 중앙은행은 금리정책을 환율보다 국내 경제활동에 영향을 미치기 위한 수단으로 사용하기 때문에 금리를 통한 환율의 조정은 제한적이다.

마지막은 양적 완화를 통한 개입이다. 이는 미국이 2008년 글로벌 경제위기 때 경제를 활성화할 목적으로 돈을 찍어 대규모의 장기증권을 매입하면서 처음으로 사용되었다. 양적 완화는 인플레이션을 부추기고 결국 한 나라의 통화가치를 떨어뜨려 환율에 간접적으로 영향을 미친다. 2008년 금융위기가 심화되자 미국은 세 차례에 걸쳐 양적 완화 조치를 취했으며 유로존도 비슷한 양적 완화 조치를 취했다. 그러나 양적 완화 조치가 큰 반향을 불러일으킨 것은 아베 총리가 취임하면서 일본은행이 취한 무제한의 양적 완화 조치였다. 일본은 공공연하게 인플레이션을 부추기기 위해 무제한의 양적 완화 조치를 취한다고 발표한 첫 번째 나라가 되었다.

각국은 대개 이 네 가지 수단을 동원해 자국 통화의 가치를 조정하려 한다. 그런데 과연 지금까지 통화전쟁이 실제로 일어난 적이 있었는지, 일어났다면 언제 일어났는지에 관해서는 학자들 사이에 의견이 분분하다. 광범위한 통화전쟁이 일어나려면 상당한 수의 주요국들이 경쟁적으로 자국 통화의 가치를 절하하려는 시도가 있어야 한다. 이러한 규모의 통화전쟁은 오직 경제위기가 글로벌 차원에서 진행되는 경우에만 일어날 수 있다. 통화전쟁이 일어나려면 대체로 다음과 같은 조건이 충족되어야 한다.

한 나라가 자국 통화의 가치를 떨어뜨릴 경우 최소한 다른 한 나라의 통화가치가 올라가게 된다. 특정한 통화가치의 절하가 여타 나라들의 통화에도 파급되어 그들 통화의 가치가 올라가지 않으면 통화가치를 떨어뜨린 나라는 혜택을 보지 못한다. 이 단계에서 통화가치가 절상된 다른 나라들이 자국 통화의 가치를 떨어뜨리기 위해 동시에 외환시장에 개입할 경우 통화전쟁은 본격화된다. 이로 미루어 볼 때 최초로 통화전쟁을 일으킬 수 있는 나라는 대규모 경제여야 한다. 왜냐하면 한국 같은 소규모 경제는 통화전쟁을 시작한다고 해도 다른 나라에 미치는 파급효과가 크지 않기 때문에 대부분의 나라들은 그에 따른 자국 통화가치의 상승을 무시하거나 수용하려고 할 것이다. 이런 맥락에서 통화전쟁을 일으킬 수 있는 나라들은 미국, 유로존, 중국, 일본, 영국 정도가 될 것이다. 또한 설령 경제대국에서 통화전쟁을 일으키더라도 통화가치의 상승을 겪는 나라들이 수용할 수 있는 정도의 규모라면 통화전쟁은 일어나지 않을 것이다.

통화전쟁은 많은 나라들이 한꺼번에 어려움에 처해 있을 때 일어나기 쉽다. 개인도 상황이 어려울 때 상대방의 처지를 생각지 않고 자기 살 길을 찾듯, 국가도 경제 상황이 어려울 때 상대국의 입장을 생각지 않고 살 길을 찾는다. 만약 통화전쟁이 통화가치를 절하하는 나라와 그에 따라 통화가치가 절상되는 두 나라로 한정된다면 이는 제로섬zero-sum 게임에 해당한다. 절하하는 나라의 이득은 절상되는 나라의 손해로 끝난다. 그러나 통화전쟁이 보다 많은 나라로 확산될 경우, 영향을 받는 모든 나라들이 동일한 비율로 자국 통화가치의 절하를 시도한다면 그 어느 나라도 통화전쟁으로부터 이득을 보지 못한다. 더 나아가 손해를 보는 나라가 수출보조금, 관세율 인상, 수입할당제 등으로 무역보복을 취할 경우 세계무역이 축소되어 모든 나라가 손해를 보는 네거티브섬negative-sum 게임으로 끝날 수도 있다.

국제적 규모의 통화전쟁은 대공황 때 미국 대 유럽(특히 영국과 프랑스) 구도에서 일어난 것으로 분석된다. 대공황 때 금본위제도는 사실상 붕괴되었고 그에 따라 많은 나라들이 금과 연계되지 않은 은행권(지폐)을 채택했다. 대공황의 그늘이 깊어지고 미국과 유럽 여러 나라들에서 실업이 심각한 문제로 대두되자 각국은 수출을 늘려 실업 문제를 해결하려고 경쟁적으로 평가절하를 단행했다. 이러한 정책을 '근린궁핍화 정책beggar thy neighbor policy'이라고 한다. '상대방의 패를 전부 빼앗아온다'는 의미의 트럼프 용어에서 유래한 이 표현은 한 나라가 자국의 통화가치를 절하할 경우 자국의 실업을 무역 상대국에 수출하는 결과를 가져온다는 뜻으로 사용된다.

근래의 또 다른 통화전쟁은 1980년대 중반에 일어날 뻔했다. 당시 대규모 무역적자로 골치를 앓고 있던 미국은 달러화를 대폭 절하하려는 생각을 가지고 있었다. 다행히 미국과 일본을 포함한 선진 5개국 사이에 플라자협정이 체결되어 미국과 일본의 환율을 절반 수준으로 낮추기로 합의함으로써 통화전쟁을 회피할 수 있었다.

최근에는 2010년부터 2011년에 걸쳐 미국과 중국 사이에 통화전쟁이 국지전 규모로 벌어진 것으로 보고 있다. 2010년 G20 서울정상회담에서는 통화전쟁과 국제불균형 문제가 집중적으로 논의되었는데, 각국은 경쟁적인 통화가치의 절하를 절제한다는 선언문을 채택하는 데 그쳤다.

마지막으로 아베 정권이 출범한 후 2013년 중반에 취한 무제한의 양적 완화 조치는 국제적 통화전쟁을 촉발할 수 있는 여지가 있었다. 러시아 중앙은행 부총재, 한국 재무부장관, 독일 연방은행 총재 등은 일본의 조치에 반대하는 입장을 분명히 했다. 하지만 일본이 자국의 양적 완화 조치는 일본의 통화가치를 떨어뜨리려는 의도로 취한 것이 아니고 디플레이션으로부터 일본경제를 구하기 위해서 취했다는 점을 강조한 후 통화전쟁에 대한 논란은 가라앉았다.

미국은 실업률이 거의 잠재적 실업률 수준으로 하락하고 경기가 회복됨에 따라 2008년부터 세 차례에 걸쳐 추구해왔던 양적 완화 조치를 2014년 10월 말로 끝냈다. 그리고 미국 연준은 2015년 12월에 기준금리를 인상하는 조치를 단행했다. 미국 달러화는 주요 통화(유로화, 엔화, 스위스 프랑화 등)에 대해서 10여 년 만에 가장 강한 움직임을 보이고 있으며 당분간 거의 모든 통화에 대해서 강세를 유지할 것으로 전망된다. 따라서 다른 나라들이 굳이 자국 통화의 가치를 인위적으로 떨어뜨리려 할 가능성은 그만큼 낮아졌다. 미국은 달러화 강세를 미국의 성장을 다른 나라들이 '훔쳐가는 것'으로 고깝게 바라보고 있다.

지금은 주요 선진국 통화 가운데 미국 달러화만 홀로 강세를 보이고 있다. 달러화의 강세가 앞으로도 지속되면 통화전쟁이 일어날 가능성은 줄어들지만 또 다른 금융위기가 발생할 가능성은 높아진다고 볼 수 있다. 달러화 강세는 다른 통화의 약세를 의미한다. 이는 다른 국가들의 수출에 단기적으로는 도움이 되겠지만, 장기적으로 보면 국제 자본은 강세 통화를 향해 이동하게 된다. 게다가 미국은 양적 완화 조치 종료 후 단기 금리를 올린 터라 다른 나라에 비해 자본 투자에 대한 수익률이 상대적으로 높아질 것으로 전망된다. 불나방이 불빛을 향해 모이듯, 국제 자본은 높은 수익을 찾아 미국으로 몰려들 가능성이 높다. 이러한 시나리오가 현실화되면 한국을 비롯한 신흥시장들은 자본의 유출을 겪을 수 있다. 국제금융위기가 재현될 우려가 있다. 1980년대 남미의 외채위기와 1997년 아시아의 외환위기는 모두 미국의 금리 상승과 달러 강세가 겹쳐서 일어났다.

문제는 이제 중국이다. 중국은 2015년 8월 11일부터 3일간 연속으로 위안화 고시환율을 인상했다.* 일련의 위안화 인상 조치를 두고 일부에서는 중국이 통화전쟁의 방아쇠를 당긴 것이 아닌가 하는 의구심을 갖기도 했다. 중국의 조치가 상당히 이례적이기는 하지만 통화전쟁의 시작으로 보기에는 허술한 데가 많다. 이는 일종의 환율조작으로 볼 수 있다. 이러한 환율조작이 가능한 것은 중국이 변형 고정환율제를 채택하고 있기 때문이다.

---

* 중국이 2015년 8월 11일부터 취한 위안화의 환율 인상폭은 다음과 같다. 11일 1.86%, 12일 1.62%, 13일 1.11%.

4 ━━━ 미국 달러화의 시대는 저물고 있는가

달러화 강세에 대한 전망과는 달리 일부 극단적인 견해를 가진 사람들은 앞으로 달러화가 폭락해 세계경제가 다시 한 번 혼란에 빠져들 것이라는 비관적인 시나리오를 내놓고 있다. 미국 연준이 달러화를 마구 찍어 내 세계경제가 달러화로 넘쳐나는데다 특히 미국이 세 차례에 걸쳐 취한 양적 완화 조치로 그 가능성이 더욱 높아지고 있다고 주장한다. 이러한 주장은 그럴듯하게 포장되어 있지만 실현될 가능성은 극히 희박하다.

달러화 중심의 브레튼우즈 체제가 1973년 붕괴된 이후에도 미국 달러화는 국제 무역거래 및 투자활동과 각국의 공적 준비자산 보유에 있어서 사실상 기축통화로서 역할을 수행해왔다. 기축통화란 국제무역 및 금융 거래에서 세계통화의 역할을 수행하는 화폐를 말한다. 각국 공적 준비자산의 대부분을 차지한다는 점에서 준비통화reserve currency라고도 불리며, 국제거래에 있어서 화폐 간 교환의 기준이 된다는 점에서 기저통화anchor currency라고도 불린다. 한 나라의 통화가 기축통화가 되려면 그것은 국제적으로 교환의 매개, 회계의 단위, 가치의 저장이라는 화폐의 기본적인 기능을 수행할 수 있어야 한다.

금본위제도 아래에서는 금이 기축통화의 역할을 수행했으며 2차 세계대전 이전까지는 영국 파운드화가 달러화와 함께 기축통화로 널리 사용되었다. 그러나 2차 세계대전이 끝나고 고정환율제인 브레튼우즈 체제가 확립된 이후에는 달러화가 유일한 기축통화 지위를 누렸다. 그러나 아이러니컬하게도 브레튼우즈 체제가 붕괴된 것은 미국이 달러화에 부여된 특별한 지위를 남용해 달러화를 마구 찍어냈기 때문이었다. 그 결과 달러화의 가치가 속절없이 떨어져 고정환율제 아래에서 다른 나라 통화(특히 독일 마르크화와 일본 엔화)와의 고정환율을 유지할 수 없게 되었다. 이로써 고정환율제는 막을 내리고 변동환율제로 이행되었다.

각국의 통화가치가 달러화에 연계되지 않고 시장에서 자유롭게 결정되도록 허용된 변동환율제 아래에서는 국제거래에서 사람들이 많이 사용하는 통화가 사실상 기축통화로 등장하게 된다. 흔히 IMF가 발행하는 특별인출권Special Drawing Rights(SDR)의 구성 통화를 기축통화로 취급하기도 한다. SDR은 IMF가 주요국의 통화를 가중평균하여 1969년에 만든 가상의 통화이다. SDR은 국제수지가 악화되었을 때 IMF로부터 외화를 인출할 수 있는 권리를 나타내는 지분이며 민간 거래의 결제에 사용되지는 않는다. IMF는 5년마다 각 통화의 영향력을 평가하여 SDR의 구성 통화를 결정한다. SDR의 통화 배스킷은 그동안 미국 달러화(편입 비율 41.9%), 유로화(37.4%), 영국 파운드화(11.3%), 일본 엔화(9.4%) 등 네 개의 통화로 구성되었으나 2015년에 획기적인 변화가 일어났다. 그동안 변방통화로 머물렀던 중국 위안화가 2015년 12월에 SDR의 배스킷에 편입되어 단번에 3위의 기반통화로 등극한 것이다. SDR 구성 통화의 비율도 달러화 (41.73%), 유로화(30.93%), 위안화(10.92%), 엔화(8.33%), 파운드화(8.09%)로 재조정되었다.

그러나 국제거래에서 사용되고 있는 통화의 비중은 SDR의 편입 비율과는 많이 다르다. 국제거래에서는 아직도 미국 달러화가 지배적인 준비통화로서 지위를 유지하고 있다. 변동환율제 아래에서 '달러 우위체제'는 앞으로 도전을 받게 될 것인가? 사실상의 달러 지배체제 아래에서 미국이 과거의 뼈아픈 경험을 교훈 삼아 달러화 발행을 절제 있게 관리해왔으면 과거 몇십 년 동안 세계경제가 겪은 환율의 급격한 변동과 그로 인한 세계경제 질서의 혼란을 어느 정도 피할 수 있었을 것이다. 그러나 미국의 경제운용과 경제구조는 기대와는 거리가 멀었다.

미국은 1973년 브레튼우즈 체제가 붕괴된 이후에도 몇 년을 제외하고 거의 매년 대규모 무역적자와 재정적자를 기록해왔다. 무역적자를 시현한다는 것은 미국이 수출로 벌어들인 돈보다 수입으로 나가는 돈이 더 많다는 것을 의미한다. 미국은 달러를 해외로부터 차입하든지 찍어내야 한다. 한편 재정적자를 시현한다는 것은 미국 정부가 세금으로 거두어들이는 돈보다 지출로 나가는 돈이 더 많다는 것을 의미한다. 미국 정부는 달러를 투자자들이나 중앙은행으로부터 빌려야 한다. '쓰고 빌리는' 관행이 지난 반세기 이상 지속되어왔다. 그 결과 미국의 국가부채는 2015년 12월 말 현재 17조 달러를 넘어섰다. 미국 GDP와 맞먹는 금액이다.

특히 2008년 글로벌 경제위기를 맞이해서 미국 정부와 중앙은행은 돈을 푸는 데 있어서 각각 양쪽 끝을 잡고 그물을 끌듯이 쌍끌이 작업을 했다. 이러한 상황을 배경으로 달러화 폭락 시나리오가 나오게 된 것이다. 미국이 제1차 세계대전 때 세계가 경험했던 초인플레이션을 겪게 될 것이라는 황당한 전망도 나오고 있다. 그러나 결론적으로 말하면 달러 폭락 시나리오는 무대에 오르기도 전에 휴지통으로 버려질 가능성이 많다.

먼저 양적 완화 조치로 달러화가 넘쳐나 미국이 인플레이션을 맞이하리라는 견해가 없는 것은 아니지만, 양적 완화 조치는 이미 2014년 10월에 종료되었고 통화량과 인플레이션의 시차를 고려하더라도 그러한 우려는 이미 시효가 끝난 것이다. 인플레이션은 '너무 많은 양의 통화가 너무 적은 양의 상품을 쫓는 결과'로 일어나지만 그동안 양적 완화로 풀린 많은 양의 통화는 이미 실물경제의 성장으로 거의 흡수된 상태이다.

사실 미국 달러화가 폭락할 가능성은 미국 통화량의 발행 증가 그 자체보다도 다른 데 있다. 두 가지 가능성을 생각해볼 수 있다. 첫째는 현재 미국 재무성증권을 보유하고 있는 나라들, 특히 중국(1조 3,000억 달러)이나 일본(8,000억 달러)이 보유 중인 미국 증권을 대량으로 시장에 내다파는 경우이다. 그동안 중국과 일본에서 보유 증권의 무기화를 주장하는 정치인이나 학자가 있긴 했지만 그러한 투매가 일어날 가능성은 현실적으로 극히 낮다. 달러가치가 폭락할 경우 우선 미국 재무성증권을 보유하고 있는 나라들(외국의 중앙은행과 일반 투자자를 포함)이 피해자가 되기 때문에, 전쟁이 일어나지 않는 한 투매는 현실화되지 않을 것이다. 1%의 가능성을 두고 일어날 수 있는 일이라고 예측하는 것은 균형감각을 잃은 판단이다.

두 번째는 미국 달러화에 필적할 만한 국제 준비통화가 등장하는 경우이다. 1945년부터 1973년까지 국제 통화체제를 떠받들었던 고정환율제 아래에서는 미국 달러화가 유일한 기축통화였기 때문에 달러화에 대적할 만한 준비통화가 등장할 여지가 없었다. 그러나 현재의 변동환율제 아래에서는 달러화의 준비통화로서의 지위가 절대적인 것은 아니다. 통화도 언어와 마찬가지로 사람들이 많이 사용하면 국제거래에서 준비통화로서의 지위를 확보할 수 있다. 영어가 많은 나라에서 공용어로 사용되는 것은 많은 사람들이 영어를 사용하기 때문이다.

1999년 1월 1일 유로존의 공통통화로 유로화가 탄생했을 때 일부에서는 유로화가 국제 준비통화로서 달러화의 지위를 위협할 것으로 내다보았다. 1999년 유로화와 달러화의 교환비율은 1유로 대 1달러 수준의 등가로 출발했지만 이후 10여 년 넘게 유로화의 가치는 달러화에 대해 계속 상승해서 한때는 1유로가 1.4달러와 교환되기도 했다. 그러나 최근 들어 유로화와 달러화의 관계는 다시 거의 등가로 접어들었다.

한 나라의 통화가 국제 준비통화가 되기 위한 조건으로서 가장 중요한 것은 은행이나 사람들이 그 통화를 얼마나 선호하느냐 하는 점이다. 유로화가 출범한 1999년 세계의 공적 준비자산에서 주요국 통화가 차지하는 비중은 달러화가 71%, 유로화는 17.9%였다.* 이후 유로화의 비중은 꾸준한 증가 추세를 보여 2009년까지 26%로 높아진 반면 달러화의 비중은 61.8%로 상대적으로 낮아졌다. 그러나 유로화는 유로존의 채무위기가 심화된 2009년을 기점으로 비중이 감소하는 추세를 보이고 있다. 2014년 현재 공적 준비자산에서 달러화가 차지하는 비중은 62.9%이고 유로화는 22.2%이다.**

공적 준비자산의 보유에서뿐만 아니라 무역과 투자에서도 달러화의 비중은 여전히 압도적이다. 달러화가 공적인 기축통화로서의 왕관을 박

---

*   1999년 현재 공적 준비자산에서 차지하는 주요국 통화의 비중은 다음과 같다. 달러 71%, 유로 17.9%, 영국 파운드 2.9%, 일본 엔 6.4%, 스위스 프랑 0.2%, 기타 1.6%.
**   IMF의 자료에 따르면 2014년 현재 공적 준비자산에서 차지하는 주요국 통화의 비중은 다음과 같다. 달러 62.9%, 유로 22.2%, 파운드 3.8%, 엔 4%, 캐나다 달러 1.9%, 오스트레일리아 달러 1.8%, 스위스 프랑 0.3%, 기타 3.1%.

탈당한 이후에도 국제적인 상품, 서비스 및 자본거래의 65% 이상이 달러화로 거래되고 있다. 또한 각국 민간인들과 투자자들의 달러화에 대한 애정도 식을 줄을 모른다. 현재 그린백의 50%는 미국 밖에서 거래되며 100달러 지폐는 80%가 해외에서 외국인들이 보유하고 있다. 원유와 금의 국제가격도 달러화로 인용되고 있다. 이런 관점에서 보면 유로화가 달러화를 대체하는 것은 아직 시기상조로 보인다.

한편 국제 공적 준비자산에서 '기타 통화'의 비중이 늘어나고 있는 것은 주로 국제 준비자산에서 중국 위안화의 비중이 높아지고 있는 데 기인한다. 기타 통화의 비중은 1999년 1.6%에서 2014년에는 3.1%로 증가했다. 위안화가 앞으로 달러화를 대체할 기축통화로 떠오를 수 있을까? 위안화는 이제 국제 결제에서 더 이상 마이너 선수가 아니다. 불과 2012년까지만 해도 위안화는 국제 결제에서 차지하는 비중이 0.84%로 12위에 머물렀으나, 2015년 8월에는 일본 엔화를 제치고 달러, 유로, 파운드에 이어 세계 4위로 껑충 뛰어올랐다.••• 특히 동남아시아와 남미를 중심으로 결제 통화로서 영향력을 점점 높여가고 있다. 앞에서 보았듯 2015년 11월에는 위안화가 IMF의 SDR 구성통화로 편입되기도 했다.

그러나 GDP 규모에서 중국경제가 미국경제를 추월하는 날이 올지 모르지만 위안화가 달러화를 대체하고 국제 준비통화가 되는 날은 쉽게 오지는 않을 것이다. 주된 이유는 중국이 아직도 시장에서 자유롭게 결정되는 환율체제를 갖추고 있지 못할 뿐만 아니라 자본의 이동에 대해서 여전히 많은 규제를 가하고 있기 때문이다. 또한 공개채권시장이 발달되어

••• 국제 결제에서 차지하는 주요 통화의 비중은 다음과 같다. 달러 44.80%, 유로 27.20%, 파운드 8.46%, 위안 2.79%, 엔 2.76%.

있지 않다는 점도 걸림돌이 되고 있다. 중국 정치체제에 큰 변화가 일어나지 않고서는 그날이 오기를 기대하기는 어려울 것이다.

최근에는 달러화에 대한 대체 통화로서 IMF가 발행하는 SDR을 국제 준비통화로 사용하자는 주장이 심심찮게 나오고 있다. 특히 관심을 끄는 것은 중국이 SDR을 국제 준비자산으로 사용하자는 움직임에 앞장서고 있다는 점이다. 2009년 UN무역개발회의United Nations Conference on Trade and Development(UNCTAD)도 SDR을 근거로 하는 새로운 국제 준비통화의 도입을 요구하기도 했다. 그러나 SDR이 실제로 국제 준비통화로 사용될 가능성도 그렇게 커 보이지는 않는다. 한 나라의 국력과 경제력이 뒷받침되지 않는 통화는 사상누각이 될 수 있다. UN군이 평화유지에는 도움이 될지 모르지만 전쟁 수행력을 갖지 못하는 것과 마찬가지 이치이다.

결론적으로 중국 위안화나 IMF의 SDR은 아직 국제 준비통화로서 미국 달러화를 위협하기에는 역부족이다. 독일 마르크화나 일본 엔화가 달러화의 위치를 넘본 적도 있으나 한때의 꿈으로 그쳤다. 유로화가 앞으로 어느 정도 존재감을 내보일 수는 있겠지만 달러화를 대체하는 것은 먼 장래에나 가능할 불확실한 일이다. 물론 미국 달러화의 가치는 앞으로도 오르거나 떨어지는 등 널뛰기를 계속할 것이며 때로는 그 변동폭이 예상을 뛰어넘을 수 있다. 그러나 그러한 변동은 경제의 자연스러운 조정 과정이다. 국제 준비통화로서의 미국 달러화는 아직 서쪽 하늘을 붉게 물들이며 수평선 너머로 떨어질 준비를 하고 있는 석양이 아니다. 앞으로도 계속 건재할 것이다.

5
장기 침체론의
실체

2008년의 글로벌 경제위기를 뒤로하고 세계경제는 바야흐로 다시 한 번 기지개를 펴고 비상을 준비하고 있다. 미국의 주식시장은 이전의 기록을 갈아치우기에 바쁘고, 일본의 주식시장도 맹렬한 기세로 고공행진을 이어가고 있다. 이러한 상황에서 생뚱맞게도 세계경제가 앞으로 장기간 경기침체 국면으로 접어들 것이라는 비관론이 나오고 있다. 전에도 '만성적 불황론'이 제기된 적이 있었으나 번번이 빗나가곤 했다. 그러나 이번에는 상황이 다른 것 같다. 하버드 대학 총장과 미 재무장관을 역임한 로런스 서머스, 노스웨스턴 대학의 로버트 고든 같은 저명한 경제학자들이 만성적 불황론에 동조하고 있다. 이런 분위기에서 '이번은 진짜가 아닐까' 하고 우려하는 견해들이 많다.

만성적 불황론 또는 장기 침체론은 세계경제가 앞으로 수십 년 동안 침체국면에서 벗어나지 못할 것이라는 비관적인 견해를 말한다. 서머스를 비롯한 일부 경제학자들은 글로벌 경제가 구조적 변화를 겪고 있는 현 상황에서 선진국 경제가 만성적 경기침체를 겪는 것은 장기적인 추세로부터의 일시적인 일탈이 아니라 하나의 패턴으로 굳어지고 있다고 주장한다. 장기 침체론을 펴는 사람들은 미국을 비롯한 선진국들의 경기침체가 사실은 2008년 글로벌 경제위기 이전부터 이미 시작된 것으로 보고 있다. 우선 장기 침체론의 주장을 실증자료를 근거로 살펴보자.

제2차 세계대전이 끝난 후 1949년부터 2000년까지 약 50년 동안 미국의 연간 경제성장률이 3%를 초과한 해가 총 34번에 달했다. 3년마다 두 해는 경제성장률이 3%를 상회했다. 빌 클린턴Bill Clinton 대통령의 임기 8년 동안은 더욱 인상적인 기록을 보였다. 8년 중 5년은 경제성장률이 4%를 초과했으며 3% 이하로 떨어진 적은 딱 2년뿐이었다. 그러던 것이 2000년 이후 2014년까지 14년 동안은 경제성장률이 3%를 상회한 적이 오직 두 해뿐이었으며 4%를 넘어선 적은 한 번도 없었다. 그리고 글로벌 경제위기를 벗어난 2009년 이후 한 번도 경제성장률이 3%를 넘어서지 못하고 있다.

보다 길게 보면 이러한 추세는 더욱 뚜렷하게 나타난다. 1949년부터 2000년까지 연평균 경제성장률은 3.6%에 달했으나, 2001년부터 2014년까지는 1.8%에 지나지 않았다. 한국 등 네 호랑이의 경제성장률만 1990년대 중반 이후 반 토막이 난 것이 아니라 미국의 경제성장률도 2000년 이후 정확히 반 토막이 난 것이다.

또한 미국의 노동통계청에 의하면, 기술발전의 핵심인 노동생산성은 2005년부터 2014년까지 연평균 1.5% 증가하는 데 그쳤으며 그중 2011년 이후 증가율이 0.7%로 더욱 낮아지고 있다. 이 통계를 이전과 비교해 보면, 1948년부터 1973년까지 미국의 노동생산성은 연평균 3.3%로,

1996년부터 2004년까지는 연평균 3.2%로 증가했다. 노동생산성이 연간 3.3%로 증가한다는 것은 평균 노동자가 동일한 자본과 노동시간을 사용해서 연간 3.3%를 더 생산한다는 것을 의미한다. 경제가 그만큼 더 성장하는 것이다.

많은 실증자료와 연구들이 경제가 견고하게 성장할 때만 실질임금이 상승하고 가계소득이 증가한다는 것을 보여준다. 경제가 견고하게 성장한다는 것은 경제가 거의 완전고용 수준에서 운용된다는 것을 의미한다. 가계소득이 증가하면 소비가 증가하고 그에 따라 경제성장이 촉진되는 선순환 구조가 형성된다. 실질임금의 증가 없이 경기부양책만으로 경기를 떠받치려는 정책은 금방 밑천이 드러나는 일시적인 효과밖에 가져오지 않는다. 만성적 불황론자들은 과거의 건실한 경제성장 기조를 회복하는 것이 가능한가 하는 질문을 던지고 있다. 그리고 그러한 가능성이 점점 낮아지고 있다고 결론 내린다.

특히 서머스는 조금 독특한 이론을 제안하고 있다. 그는 세계적으로 넘쳐나는 과잉된 저축과 자금에 대한 수요 감소가 필연적으로 실질금리를 떨어뜨리는 작용을 하지만, 견고한 경제성장을 유지하려면 실질금리가 낮은 정도로는 충분치 않고 마이너스로 떨어져야 한다고 주장한다. 자금 수요 감소는 바로 경제성장의 원천인 투자가 부진하다는 것을 말해준다. 더욱이 인구구조의 변화와 노령화도 저축을 늘리고 소비를 줄이는 결과를 가져오고 있다. 또한 기술의 급격한 발전으로 '고용 없는 성장'이 굳어져가는 추세이다. 이러한 요인들이 겹쳐져 이제는 낮은 금리만으로는 투자와 성장을 촉진시킬 수 없는 상황이 되었다고 보는 것이다. 과거에는 투자가 금리에 민감하게 반응했지만, 경제의 불확실성과 변동성이 증가함에 따라 투자의 금리에 대한 반응이 느슨해지고 있다. 이제 완전고용총생산은 실질금리가 마이너스 수준으로 떨어져야만 달성될 수 있는 '이상한 상황'이 정착되었다고 서머스는 주장한다. 미래에 대한 기대심리가 보다 중요한 역할을 수행하기 때문에 실질금리를 마이너스 수준으로 낮춰야 미래에 대한 부정적인 기대심리를 상쇄할 수 있다고 보는 것이다.

앞에서 논의되었듯이 실질금리는 투자나 저축을 결정하는 중요한 변수이다. 실질금리는 명목금리에서 물가상승률을 뺀 금리를 말한다. 명목금리는 통상 마이너스로 떨어질 수 없다(최근 디플레이션이 심화되자 일부 나라에서 마이너스 명목금리 현상이 나타나고 있다). 그러나 실질금리를 마이너스로 떨어뜨리는 것은 가능하다. 정책당국자는 인플레이션율을 명목금리보다 높게 유지함으로써 사후적으로 실질금리를 마이너스로 만들 수 있다.

그러나 실질금리를 마이너스 수준으로 유지한다는 것은 쉬운 일은 아니다. 특히 지금같이 인플레이션이 매우 낮은 상황에서는 전통적인 통화정책으로 마이너스 실질금리를 유도하기가 쉽지가 않다. 마이너스 실질금리를 유지하려면 정책당국자는 돈을 계속 풀어 인플레이션을 명목금리보다 높게 유지해야 한다. 인플레이션이 높아지면 명목금리도 올라가기 때문에 인플레이션을 더욱 높은 수준으로 끌어올려야 한다. 이러한 정책은 통화금융체제의 안정성을 크게 해치는 결과를 가져올 수 있다. 이처럼 마이너스 실질금리를 유지한다는 것은 경제에 큰 부담을 주지 않고서는 달성하기 어렵다는 데 정책의 한계성이 있다.

만성적 불황론을 주장하는 다른 학자들은 금리 이외의 다른 요인에서 근거를 찾는다. 예를 들면 로버트 고든은 인구의 급격한 노령화, 고등교육의 대중화, 소득불평등 심화, 공공부채 급증 같은 요인들이 장기적 경제성장을 둔화시키는 것으로 보고 있다. 그는 기술발전이 정상적인 속도로 이루어지고 있다고 해도, 경제에 불어닥치는 구조적 역풍으로 인해 선진국 경제는 만성적 경기침체를 벗어나기 어려울 것으로 전망한다. 에드워드 글레이저Edward Glaeser는 21세기의 기술혁신이 소비자와 엘리트 생산자에게는 혜택을 주지만 IT혁명 이전의 산업시대를 이끈 대량생산자들에게는 혜택을 가져다주지 않는다고 진단한다. 지난 몇십 년 동안 대량생산자의 번영은 중산층을 형성하는 데 크게 기여했는데, 이제 중산층이 줄어들고 있기 때문에 만성적인 소비 둔화가 불가피해질 것으로 내다보았다. 퓨리서치센터Pew Research Center의 발표에 의하면, 미국 중산층의 비중은 1971년의 61%에서 2015년에는 49.9%로 떨어졌다. 44년 만에 중산층 인구의 비중이 절반 이하로 떨어진 것이다.*

만성적 경기침체는 또한 기관차 역할을 감당할 나라들이 많지 않다는 사실과도 무관하지 않다. 1940년대부터 1970년대까지는 미국과 유럽이 세계경제를 이끄는 기관차 역할을 담당했다. 1960년대부터 1980년대까지는 일본이, 1970년대부터 1990년대 중반까지는 아시아의 네 호랑이가, 그리고 1980년대부터 최근까지는 중국이 세계경제에 활력을 불어넣는 기관차 역할을 맡았다. 그러나 21세기 전반기의 세계경제를 이끌어갈 기관차로서 부상되는 나라는 인도 정도밖에는 없다. 한때 브릭스(BRICs)로 각광을 받았던 나라들(브라질, 러시아, 인도, 중국) 가운데 러시아와 브라질은 세계경제를 이끌고 갈 만한 동력을 잃어가고 있으며, 포스트 브릭스로 떠오르는 베트남과 인도네시아도 아직은 기관차가 아니라 수레 정도

---

* 퓨리서치센터는 연간 총소득의 중간값을 기준으로 하여 중산층의 상한소득은 중간값의 2배 이하, 하한소득은 중간값의 3분의 2 이상으로 정의했다. 중간값의 2배 이상은 고소득층으로, 3분의 2 이하는 저소득층으로 분류된다. 이에 따르면 4인 가구를 기준으로 할 경우 2014년 미국의 중산층은 연간 소득이 5만 6,000~16만 8,000달러가 되어야 한다.

밖에는 되지 않는다.

만성적 불황론이 나온 것이 이번이 처음은 아니다. 먼저 대공황이라는 최악의 경제적 참사를 겪은 직후인 1938년 하버드 경제학자 앨빈 핸슨 Alvin Hansen이 앞으로 미국경제는 만성적 불황에 빠질 것이라고 예측했다. 그러나 미국이 제2차 세계대전에 참전한 후 얼마 지나지 않아 미국경제가 대공항의 터널을 빠져나오기 시작하면서 만성적 불황론은 한물간 이론으로 치부되었다.

제2차 세계대전이 끝난 후 또다시 만성적 불황론이 등장했다. 케인스는 소득이 증가함에 따라 사람들은 평균적으로 소득에 비해 소비를 줄인다는 가설(평균소비성향의 하락)을 내세웠다. 제2차 세계대전의 종전이 가까워짐에 따라 케인스의 소비이론을 신봉한 일단의 경제학자들은 소득은 증가하지만 소득 대비 소비의 비율이 점점 줄어들기 때문에 종전 후 GDP는 크게 둔화될 것이라는 우려를 표명했다. 그러나 이러한 견해 또한 기우에 지나지 않은 것으로 드러났다. 국민소득이 전쟁 전에 비해 크게 늘어나자 소비도 거의 같은 속도로 증가했으며 미국경제는 전후 장기간의 호황을 누리기 시작한 것이다.

최근의 장기 불황론도 이전에 나온 불황론처럼 뜬구름 잡는 이야기로 끝나게 될까? 이전의 만성적 불황론은 주로 수요측면의 문제점을 잘못 짚은 측면이 있다. 그러나 지금 논의되는 장기 침체론은 인구구조의 노령화와 그에 따르는 저축의 공급과잉, 고용에 도움이 되지 않는 기술발전 같은 경제의 구조적 측면에서 불거지는 문제들을 직시하고 있다는 점에서 하나의 학문적 유행으로 치부하기에는 찜찜한 면이 있다. 한국도 지금 장기적 침체의 늪으로 빠져들 조짐을 보이고 있다.

한국경제의 미래를 생각한다

한국은 일본의 '잃어버린 20년'을 답습하게 될 것인가? 이 질문에 대해서 많은 사람들이 이제 단순한 개연성을 넘어 가능성이 있다고 본다. 한국경제가 성장국면에 있을 때는 일본경제를 추격하는 입장이어서 일본의 사이클을 닮아가는 모습이 어느 정도 예견되었다. 하지만 경제가 하강곡선을 그릴 때도 두 경제가 시차를 두고 비슷한 패턴을 보인다면 이는 우연의 일치라기보다는 경제의 비슷한 구조에서 오는 동조화 현상 또는 절대적 성장수렴으로 보아야 할 것이다.

사실 절대적 성장수렴을 위한 조건은 다른 어느 나라들보다도 한국과 일본 두 나라 사이에 강하게 충족되고 있다. 한국과 일본은 같은 유교 문화권에 속해 있을 뿐만 아니라 그동안 자유민주주의와 시장경제라는 공통의 가치를 공유해왔다. 인구증가 및 저축에서도 비슷한 행태를 보이고 있으며 정치·경제·교육 제도 및 정책에서도 유사점이 많다. 재벌중심의 성장모델도 두 나라가 공유한 특징이었다. 재벌중심의 성장모델은 규모의 경제를 통해 한국경제가 가속 페달을 밟고 성장가도를 질주할 수 있게 해주었으며 일본과의 성장격차를 좁히는 데 크게 기여했다.[*]

따라서 한국경제가 현재 당면한 문제들과 일본경제가 잃어버린 20년을 맞이하기 전에 가졌던 문제들을 비교해보면 한국경제에 대한 해법이 보일 수 있다. 우선 생산가능인구의 감소부터 20년 전 일본을 닮아가고 있다는 점은 예사롭지 않다. 한국의 생산가능인구는 2017년 3,695만 명으로 정점을 찍은 이후 감소할 것으로 전망되는데, 일본은 1995년 8,726만 명을 기록한 후 감소추세로 돌아섰다.[**]

일본은 생산가능인구가 감소추세로 돌아서기 5년 전인 1990년부터 세수가 먼저 감소하기 시작했다. 한국의 재정구조도 2012년부터 악화되고 있다는 징후가 뚜렷하다. 세입부족(재정적자)이 2012년부터 내리 계속되고 있으며 2015년에도 세수부족이 예상된다.[***] 또한 일본의 잃어버린 20년은 부동산시장의 거품이 꺼지면서 디플레이션의 도래로 그 서막을 올렸는데, 한국도 부동산시장의 침체가 장기화되는 조짐이 보이며 디플레이션 우려가 커지고 있다. 최근 한국의 국내총생산(GDP) 및 총세수에 대한 복지지출의 비중이 증가하는 것도 일본과 유사하다.

앞으로 다가올지도 모르는 '잃어버릴 20년'을 피하거나 줄이기 위해서 우리는 일본의 경험을 반면교사로 삼을 수 있을 것이다. 한국경제가 당면한 가장 심각한 문제는 성장잠재력의 저하이다. 이는 생산가능인구의 감

•   Park, Seung Rok and Ky-hyang Yuhn, "Has the Korean *Chaebol* Succeeded?", *Journal of Economic Studies*(2012), pp. 260~274.
••   현대경제연구원, 《한·일 재정구조의 비교와 시사점》(2015년 2월) 참조.
••• 2012년에는 세입부족, 즉 재정적자가 2조 8,000억 원에 이르렀고 2013년에는 8조 5,000억 원, 2014년에는 10조 9,000억 원으로 증가추세를 보이고 있다.

소 및 인구구조의 노령화와 밀접히 관련된 문제이다. 인구감소는 공급측면에서 노동력의 부족을 가져와 잠재성장률을 떨어뜨릴 뿐만 아니라 수요측면에서 경제를 침체의 늪으로 빠져들게 하는 근본적인 요인이다. 인구의 감소는 소비수요의 감소를 가져오고, 소비수요의 감소는 투자수요의 감소로 이어진다. 소비 및 투자의 감소는 승수의 역작용으로 국민소득의 감소를 초래하고, 그에 따라 다시 소비수요와 투자수요의 감소를 가져오는 악순환이 반복된다.

그러므로 먼저 해결해야 할 과제는 인구증가의 둔화(또는 인구감소)를 저지하는 일이다. 이는 쉽지 않은 과제이다(중국은 최근 '한 가정 한 자녀 정책'을 철폐했다). 옛날에는 자녀수가 노동력을 상징했지만 이제는 비용을 상징한다. 따라서 자녀를 갖는 데 따르는 기회비용을 줄이는 것이 중요하다. 일시적인 보조금 지원은 별로 효과가 없는 것으로 드러났다. 인구증가를 촉진하는 데는 세제 혜택이 가장 효과적인 방안이 될 것이다. 미국에서 시행되고 있는 자녀세금공제child tax credit 제도를 도입해볼 만하다. 또한 한국은 여성인구의 노동력참가비율이 OECD 국가들 가운데 현저히 낮다.**** 미혼 여성뿐만 아니라 가정주부들도 노동에 참가하도록 적극 유도하는 정책이 필요하다.

한국의 잠재성장률은 1990년대 후반부터 급속히 떨어지기 시작했다. 이는 일시적인 추세가 아니라 보다 구조적인 특징을 가지고 있다는 데 문제의 심각성이 있다. 잠재성장률은 주로 한 나라의 인구증가율 이외에

**** 2013년 OECD 국가들의 여성인구 노동력참가비율은 다음과 같다. 스웨덴 78.8%, 스위스 78%, 노르웨이 76.1%, 덴마크 75.6%, 캐나다 74.7%, 네덜란드 74.6%, 핀란드 73.5%, 뉴질랜드 73%, 독일 72.6%, 스페인 69.7%, 미국 67.2%, 프랑스 66.9%, 영국 66.4%, 일본 65%, OECD 평균 62.6%, 한국 55.6%, 이탈리아 54.3%.

자본증가율과 기술발전에 의해서 결정된다. 잠재성장률을 끌어올리려면 인구증가를 촉진하는 것만으로는 충분치 않다.

잠재성장률은 전통적인 재정정책이나 통화정책으로써는 끌어올릴 수 없다는 데 정책의 한계가 있다. 다만 공급중시 경제학자들은 균일세 제도가 잠재성장률을 끌어올리는 데 가장 효과적인 장치라고 주장한다. 균일세제는 소득의 많고 적음에 관계없이 동일한 세율을 적용하는 제도이다 (물론 소득이 낮은 계층은 세금면제 혜택을 받는다).

서비스산업을 잠재성장률을 끌어올리는 동력으로 삼고 이를 진작시키기 위한 과감한 정책을 실시한 싱가포르의 사례도 참고할 만하다.

잠재성장률의 둔화 못지않게 한국경제를 옥죄는 것이 '고용 없는 성장'이다. 제조업부문에서는 정보기술 확산과 생산과정 자동화로 고용 없는 성장이 고착되어가고 있다. 피라미드가 건설되고 만리장성이 축조되던 고대에는 장비(자본)의 사용은 최소한에 그쳤고 대부분의 작업이 사람(노동)에 의해서 이루어졌다. 산업혁명은 이러한 생산법칙을 근본적으로 바꾸어놓았다. 산업혁명 이후 노동은 점점 자본으로 대체되어왔으며 그러한 대체가 빠르고 높을수록 경제성장률도 높았다.* 그러나 20세기 후반 IT혁명이 일어나기 전까지만 해도 성장과 고용은 함께 갔다. 예를 들면 아서 오컨은 미국경제에서 성장이 1%포인트 증가하면 실업률은 0.5%포인트 감소한다는 것을 발견했다. 그러나 20세기 후반에 문명의 충격으로 다가온 IT혁명이 인류문명 발전사의 궤도를 바꾸어놓으면서 이제는 고용 없는 성장이라는 또 다른 충격을 인류에게 던지고 있다.

•   Yuhn, Ky-hyang, "Economic Growth, Technical Change Biases, and the Elasticity of Substitution: A Test of the de la Grandville Hypothesis", *Review of Economics and Statistics* (1991), pp. 340~346.

우리는 수출의 승수효과가 매우 크다는 것을 보았다. 수출의 승수효과는 주로 대기업에 의해서 이루어진다. 하지만 고용은 주로 서비스산업에서 그리고 중소기업에 의해서 창출된다. 대기업에 의한 수출의 고용유발효과는 별로 크지 않다고 볼 수 있다. 더욱이 대기업들이 해외에 생산기지를 두어 수출의 전진기지로 삼을 경우, 수출의 고용유발효과는 더욱 작아진다. 반면 소비의 고용유발효과는 매우 강력하다. 소비를 위한 생산의 많은 부분이 주로 서비스산업에서 그리고 중소기업에 의해서 이루어지기 때문이다. 결국 '고용을 수반하는 성장'을 이루기 위해서는 그동안 대기업-수출-제조업으로 편향되었던 성장추의 중심을 중소기업-소비(내수)-서비스산업으로 균형화시키는 성장전략이 필요하다.

　소득불균형 문제도 한국경제의 아킬레스건이다. 일본은 이 점에서 한국보다 훨씬 좋은 상황에 있다. 노동자에게 불리하게 이루어지는 소득불균형은 크게 두 가지 이유에 기인한다. 하나는 임금상승률이 자본수익률보다 낮기 때문이다. 또 다른 이유는 한 나라 경제가 생산하는 부가가치에서 노동자에게 돌아가는 소득의 몫이 점점 작아지기 때문이다.

　한국에서 노동자에게 돌아가는 소득의 몫은 1990년에는 GDP의 45.4%였으나 2013년에는 43.7%로 오히려 줄어들었다. 이는 기업이 한 해에 10억 달러어치의 상품(부가가치)을 생산할 경우 약 4억 3,700만 달러가 노동자에게 돌아가고 나머지 5억 6,400만 달러는 자본소유자, 토지소유자, 기업가 등의 자본가에 돌아간다는 것을 의미한다. 미국의 경우 GDP(부가가치) 가운데 노동자에게 돌아가는 몫이 거의 3분의 2에 달하고 자본가에게 돌아가는 몫은 3분의 1에 불과하다. 그만큼 노동자의 상대적 소득이 다른 나라에 비해 높다.

　기업들이 생산기지를 해외로 이전(아웃소싱)하는 것은 소득불균형과 실업 문제를 더욱 악화시킬 수 있다. 10억 달러어치 상품을 국내에서 생산하면 국내 노동자들의 소득이 4억 3,700만 달러만큼 늘어나고 국내 고용도 증가한다. 그러나 이를 해외에서 생산할 경우 노동자의 몫은 대부분 현지의 노동자들에게 돌아간다. 그리고 자본가에게 돌아가는 몫은 국내에서 생산할 때보다 더 커질 수 있다. 아웃소싱을 함으로써 노동자 몫과 자본가 몫의 비율이 44 : 56(국내 생산)에서 예를 들면 40 : 60(해외 생산)으로 자본소유자에게 더 유리하게 이루어질 수 있기 때문이다. 이와 같이 기업이 생산기지를 해외로 이전할 경우 자본소유자의 이자와 기업가의 이윤으로 돌아가는 몫은 국내에서 생산하는 것보다 더 많아질 수도 있겠지만 국내에서의 소득분배는 노동자에게 더 불리하게 작용할 수 있다.

한국경제에 주어진 또 다른 과제는 구조개혁이다. 일본도 구조개혁이 지지부진해짐에 따라 경제회복이 더뎌졌다. 경제에 대한 구조개혁은 경제체질을 강화시키기 위한 채찍이다. 한국의 노동시장은 OECD 국가들 가운데 가장 경직된 시장에 속하며 한국의 금융시장(특히 은행업) 역시 OECD 국가들 가운데 가장 비효율적인 시장이다.

먼저 경제의 효율성을 높이려면 노동시장의 구조가 더 유연해져야 한다. 노동시장이 유연해진다는 것은 노동자들이 본인의 적성과 생산성을 높이기 위해 보다 자유롭게 직장을 이동할 수 있어야 하며, 기업들은 이윤을 높이기 위해 보다 자유롭게 노동자를 해고할 수 있어야 함을 의미한다. 이러한 유연성이 보장되면 노동자의 임금은 생산성을 반영하게 되고 그에 따라 경제의 효율성은 극대화된다. 문제는 노동시장의 효율성이 높아지면 형평성이 낮아져 소득불균형이 심화될 수 있다는 점이다. 노동시장이 효율적일 때 결정되는 임금은 노동시장이 경직적일 때 결정되는 임금에 비해 낮을 수 있으며 그에 따라 노동자에게 돌아가는 몫이 작아질 수 있다. 따라서 효율성과 형평성은 정치적 타협을 요구한다.

금융산업에 대한 개혁은 은행의 효율성과 수익성을 높이기 위해서는 규제를 풀어야 하지만, 안전성과 건전성을 높이기 위해서는 규제를 엄격히 해야 한다는 것을 핵심으로 한다. 그러나 지금까지 한국의 금융감독기관은 정부의 지나친 개입에서 아직도 벗어나지 못하고 있는 실정이다. 미국에서는 '대마불사'로 표현되는 '너무 커서 망해서는 안 될 은행들'에 대해 스트레스 테스트 같은 체크리스트를 마련하고 강도 높은 규제를 실시하고 있다. 대형 은행들이 위험한 사업에 탐욕적으로 관여하는 것을 막기 위해서 위험부담료risk fee를 부과하자는 논의도 활발하다.

한국에서는 가계부채 문제도 경기회복과 경제성장의 발목을 잡는 요인이 되고 있다. 일본은 국가부채의 비율이 어느 나라보다 높지만 가계부채는 한국이 더 심각하다. 가계부채는 2015년 12월 말 현재 1,200조 원을 돌파했다(국민 1인당 2,400만 원이 넘는 빚을 지고 있는 셈이다). 한국은 외환위기 이후 경기를 진작시키기 위해 국민들을 빚잔치에 초대했다. 김대중 정부는 1997년 외환위기의 여진을 줄이기 위한 손쉬운 방법으로 국민들에게 신용카드의 사용을 적극적으로 권장하여 소비를 진작시키는 방법을 썼다. 그 결과 많은 국민들이 카드빚의 수렁에 빠져들었다. 박근혜 정부는 2009년 글로벌 경제위기의 여파로 부동산경기가 얼어붙자 이를 자극하여 경기를 활성화시킨다는 전략을 채택했다. 이러한 경기부양책은 가계 빚을 늘려 경기를 자극하려는 근시안적인 정책이다.

임금소득의 증가가 뒷받침되지 않은 경기부양책은 반짝 효과만 가져올 뿐 지속적인 효과는 기대할 수 없다. 일본도 실질임금이 거의 상승하지 않아 소비가 좀처럼 살아나지 않았다. 한국에서 GDP의 50%를 차지하는 소비는 주로 가처분소득에 의존하며, 가처분소득의 70%를 차지하는 것이 바로 임금소득이다. 빚잔치나 집값 상승을 통한 경기부양책은 오히려 가계부채의 가파른 증가를 가져와 경제성장에 부메랑으로 작용할 수 있다. 필자의 연구에 의하면, 자산시장이나 주택시장의 거품이 과도한 차입에 의해서 조성될 때 그러한 과열은 경제에 가장 치명적인 영향을 미칠 수 있다.[•] 《시장 변화를 이기는 투자: 랜덤 워크 *A Random Walk Down Wall Street*》이라는 책을 써서 유명해진 예일 대학의 버튼 맬킬 Burton Malkiel 교수도 이와 비슷한 견해를 표명한 바 있다.

많은 사람들이 가계부채의 폭발적인 증가를 우려하는데, 과연 가계부채의 증가가 폭발적일 수 있을까? 실질임금 증가율이 부채에 대한 실질금리보다 높은 한, 가계부채가 폭발적으로 증가하지는 않는다. 가계부채의 뇌관을 제거하기 위해서는 실질임금이 꾸준히 상승해야 한다. 최저임금 인상도 방법이 될 수 있을 것이다. 그러나 최저임금의 인상은 임금 결정을 왜곡시켜 오히려 실업을 증가시킬 수 있다는 비판이 제기되기도 한다.

일본의 잃어버린 세월이 20년이나 지속된 것은 정책당국자의 미숙한 정책운영에 직접적인 원인이 있지만, 단기금리와 물가상승률이 거의 0%로 떨어진 상황에서도 소비와 투자가 회복되지 않았던 데서 보다 근본적인 원인을 찾을 수 있다. 소비와 투자가 살아나지 않은 것은 국민들이 미래에 대해서 희망과 기대를 가지지 못했기 때문이다. 한국경제도 잃어버린 20년이 시작되기 전의 일본경제와 여러모로 닮은꼴이다. 만약 미래에 대한 불안감까지 닮는다면 일본이 겪은 잃어버린 20년을 한국은 피해갈 것이라는 기대는 한낱 물거품이 되고 말 것이다.

• Yuhn, Ky-hyang, Sang B. Kim and Joo H. Nam, "Bubbles and the Weibull Distribution: Was There an Explosive Bubble in U. S. Stock Prices before the Global Economics Crisis?", *Applied Economics* (2015).